BEIHEFTE

ZUR

ZEITSCHRIFT FÜR ROMANISCHE PHILOLOGIE

BEGRÜNDET VON PROF. DR. GUSTAV GRÖBER †

FORTGEFÜHRT UND HERAUSGEGEBEN VON PROF. DR. ERNST HOEPFFNER

HEFT 38

LA DOCTRINE
GRAMMATICALE FRANÇAISE

D'APRÈS

MAUPAS ET OUDIN

PAR

ÉMILE WINKLER

HALLE A. S.

VERLAG VON MAX NIEMEYER

1912

Die Beihefte zur Zeitschrift für Romanische Philologie erscheinen nach Bedarf in
zwanglosen Heften.

Abonnementspreis M. 10,—; Einzelpreis M. 12,—

Beihefte
zur Zeitschrift für romanische Philologie

herausgegeben von

Gustav Gröber und Ernst Hoepffner.

gr. 8.

1. Sainéan, Lazare, La création métaphorique en français et en roman. Images tirées du monde des animaux domestiques. Le chat, avec un appendice sur la fouine, le singe et les strigiens. 1905. VI, 148 S.   Abonnementspreis ℳ 4,—; Einzelpreis ℳ 5,—

2. Skok, Peter, Die mit den Suffixen -ācum, -ānum, -ascum und -uscum gebildeten südfranzösischen Ortsnamen. 1906. VIII, 228 S.
Abonnementspreis ℳ 8,—; Einzelpreis ℳ 10,—

3. Fredenhagen, Hermann, Ueber den Gebrauch des Artikels in der französischen Prosa des XIII. Jahrhunderts, mit Berücksichtigung des neufranzösischen Sprachgebrauchs. Ein Beitrag zur historischen Syntax des Französischen. 1906. XII, 196 S.
Abonnementspreis ℳ 5,—; Einzelpreis ℳ 6,50

4. de Roche, Charles, Les noms de lieu de la vallée Moutier-Grandval (Jura bernois). Étude toponomastique. 1906. 47 S.
Abonnementspreis ℳ 1,60; Einzelpreis ℳ 2,—

5. Goidánich, Pietro Gabriele, L'origine e le forme della dittongazione romanza. — Le qualità d'accento in sillaba mediana nelle lingue indeuropee. 1907. 218 S.
Abonnementspreis ℳ 5,60; Einzelpreis ℳ 7,—

6. Schuchardt, Hugo, Baskisch und Romanisch (zu de Azkues baskischem Wörterbuch, I. Band). 1906. 61 S.
Abonnementspreis ℳ 2,—; Einzelpreis ℳ 2,40

7. Hetzer, Kurt, Die Reichenauer Glossen. Textkritische und sprachliche Untersuchungen zur Kenntnis des vorliterarischen Französisch. 1906. X, 191 S.   Abonnementspreis ℳ 5,—; Einzelpreis ℳ 6,50

8. Meyer, Rudolf Adelbert, Französische Lieder aus der Florentiner Handschrift Strozzi-Magliabecchiana CL. VII. 1040. Versuch einer kritischen Ausgabe. 1907. X, 114 S.
Abonnementspreis ℳ 3,20; Einzelpreis ℳ 4,—

9. Settegast, F., Floovant und Julian. Nebst einem Anhang über die Oktaviansage. 1906. 67 S.
Abonnementspreis ℳ 2,—; Einzelpreis ℳ 2,40

10. Sainéan, Lazare, La création métaphorique en français et en roman. Images tirées du monde des animaux domestiques. Le chien et le porc avec des appendices sur le loup, le renard et les batraciens. 1907. VI, 174 S.
Abonnementspreis ℳ 4,40; Einzelpreis ℳ 5,50

BEIHEFTE

ZUR

ZEITSCHRIFT

FÜR

ROMANISCHE PHILOLOGIE

BEGRÜNDET VON Prof. Dr. GUSTAV GRÖBER †

FORTGEFÜHRT UND HERAUSGEGEBEN

VON

Dr. ERNST HOEPFFNER

PROFESSOR AN DER UNIVERSITÄT JENA

XXXVIII. HEFT

ÉMILE WINKLER:

LA DOCTRINE GRAMMATICALE FRANÇAISE
D'APRÈS MAUPAS ET OUDIN

HALLE a. S.

VERLAG VON MAX NIEMEYER

1912

LA DOCTRINE
GRAMMATICALE FRANÇAISE

D'APRÈS

MAUPAS ET OUDIN

PAR

ÉMILE WINKLER

HALLE A. S.

VERLAG VON MAX NIEMEYER

1912

Table des matières.

Introduction.

Introduction.

———

„On prend aujourd'huy pour des hommes de basse condition et de peu d'esprit ceux qui parlent mal françois; au moins, on les tient pour des provinciaux qui n'ont jamais veu la cour et le grand monde, ou pour des gens mal instruits. On doit donc s'étudier à la politesse du langage autant qu'à celle de la contenance ou de la manière de se vestir et qu'à tout ce qui paroist en l'extérieur; il ne faut pas qu'il manque rien à celuy qui se veut rendre parfait . . ." [Ch. Sorel, La Bibliothèque françoise, 2e éd., Paris, 1667, p. 8.]

Qui est-ce qui s'étonnerait de voir que, dès le début de l'époque à laquelle ces paroles s'appliquent, l'esprit grammatical qui n'avait produit jusque là que des œuvres peu nombreuses, se soit développé de plus en plus? Dans un temps où les préoccupations linguistiques jouaient un si grand rôle dans une grande partie de la société, où les littérateurs [Malherbe] et les gens du monde [Mme de Rambouillet, les Précieuses] traitaient à l'envi de questions de langage, les grammairiens de profession devaient tout naturellement se multiplier. Tout au commencement du siècle, dès 1607, parut Maupas qui, une vingtaine d'années plus tard, en 1631, trouva dans Oudin un continuateur direct. C'est la doctrine de ces deux théoriciens, ou plutôt la doctrine grammaticale de leur temps, qui fera l'objet de notre étude; car tous deux sont des témoins fidèles de l'usage de leur époque, et ils ne voulaient être que cela: Maupas veut enseigner à ses lecteurs „la nayveté" de sa langue, et Oudin compose une grammaire „rapportée au langage du temps".

Nous n'insisterons pas ici sur les rapports qu'il y a entre les deux grammaires, celle de Maupas et celle d'Oudin; la suite de notre étude aura à les montrer point par point. Citons seulement les paroles d'Oudin lui-même, qui s'exprime très clairement dans une préface *„aux curieux"* :

„Mon dessein n'estoit que d'augmenter la grammaire du sieur Maupas; toutefois y ayant recogneu force antiquailles à reformer et beaucoup d'erreurs à reprendre, outre une confusion de discours repetez, obscurs et pedantesques, je me suis resolu de vous en faire une moderne, afin de purger le monde en mesme temps des ordures que j'ay trouvées autre part et vous desabuser entierement. Or, pour monstrer que je

1*

4

*ne pense nullement à chocquer sa reputation, je fais gloire d'avoir
rencontré avec luy en plusieurs endroits, et confesse librement d'en avoir
pris le meilleur; je vous diray pourtant que je rends mes emprunts
bien plus amples et plus nets qu'ils n'estoient auparavant. On jugera
facilement dans mon livre une quantité de nouvelles observations que
je ne tiens de personne, conferées au demeurant à plusieurs beaux
esprits sur la capacité desquels j'ay fondé mon travail . . ."*

Les différences de la doctrine de Maupas et de celle d'Oudin,
comme le progrès incontestable de la dernière sur la première, s'expliquent surtout par deux raisons: d'abord, l'usage s'était réellement
transformé pendant les vingt-quatre années qui séparent les éditions
premières des deux grammaires; Sorel l'a déjà observé: „ . . . *Antoine Oudin a fait une [grammaire] qui est plus ample et meilleure
[que celle de Maupas]; comme la langue françoise estoit déjà
beaucoup changée en son temps, il en a donné plusieurs remarques . . .*". Le grammairien avait donc vraiment „force antiquailles
à réformer". — Puis, Maupas écrit en province (à Blois), mais
Oudin est interprète du roi; dès sa jeunesse, il a fréquenté la
cour,[1] et il est tout naturel qu'il ne codifie que la langue
qu'on y parle. On pense déjà à Vaugelas, qui définira le „bon
usage" comme „la façon de parler de la plus saine partie de
la cour".[2]

M. Brunot (Hist. III, p. 29) a montré par quelques citations
qu'Oudin fait souvent des remarques qui se retrouvent dans
Vaugelas; on peut même dire qu'il est beaucoup plus complet
que son confrère plus célèbre, et l'on trouve chez les deux
auteurs des ressemblances si surprenantes qu'il semble qu'on doive
admettre que Vaugelas a connu la grammaire d'Oudin. En voici
un exemple pour beaucoup d'autres: Oudin remarque (p. 113):
„Je vous veux advertir . . . de prendre garde à ne pas confondre
le demonstratif *ce* avec la particule impersonnelle *il*, comme on
fait en quelques lieux des frontieres, où j'ay ouy dire *quelle
heure est-ce* pour *quelle heure est-il . . .*"; Vaugelas dit (II, 459):
„*Ce* pour *il* ne vaut rien. Par exemple, on demande *quelle heure
est-ce?* et celuy à qui on le demande répond *quelle heure c'est.*
Il faut dire, *quelle heure est-il?* et répondre *quelle heure il est.*
Mais . . . c'est une faute particulière de quelques provinces
de France et de leurs voisins . . .". De pareilles ressemblances ne nous autorisent-elles pas à croire que Vaugelas a
été influencé par Oudin?

Donnons maintenant quelques renseignements sur la vie et les
œuvres de nos deux grammairiens, Maupas et Oudin.

---

[1] Son père avait la même charge que lui.

[2] Comp. l'article de M. Minckwitz dans la „Zeitschrift für franz. Spr. u.
Lit." XIX, p. 134.

I. Maupas et sa Grammaire.

Charles Maupas naquit à Blois; il fut chirurgien et, tout en remplissant ses devoirs professionnels, il passa une grande partie de sa vie („plus de trente ans" dit-il lui-même quelque part) à enseigner la langue française à „maints Seigneurs et Gentils-hommes de diverses nations"; il mourut en 1625,[1] „vers la fin de l'impression" de la troisième édition de sa grammaire (1625). Son fils lui a consacré ce sonnet un peu prétentieux, dans lequel il n'a pas manqué d'appeler sur lui-même l'attention des lecteurs:

La vie avec la mort, au decez de Maupas,
Ont eu un grand debat, celle-ci envieuse
Le voulant obscurcir d'une nuit tenebreuse,
Celle-la le voulant exempter du trespas.

Je vaincray, dit la mort, il passera le pas. —
Je seray, dit la vie, en fin victorieuse
Malgré tous tes efforts, et ta faux impiteuse
Fera tout autre effect que tu ne penses pas,

Car son ame vivra dedans le ciel ravie,
Jouïssant avec Dieu d'une eternelle vie;
En ce dernier labeur il vivra desormais,

Tant qu'on honorera la Françoise faconde;
En son fils renaissant, il vit encor au monde;
Voy tu donc pas, ô mort, qu'il vit plus que jamais?

C'est à peu près tout ce que nous savons sur Maupas; sauf une seule exception,[2] aucun des ouvrages (dictionnaires, encyclopédies) qu'on peut consulter sur les auteurs du 17ᵉ siècle, ne parle de lui. Et c'est là un fait étrange, vu le nombre assez considérable des éditions de son livre. Peut-être faudra-t-il en chercher l'explication principalement dans deux circonstances: premièrement, Maupas semble n'avoir jamais eu de relations avec la cour, ce qui, à cette époque-là, était indispensable pour devenir célèbre; ensuite, sa grammaire étant un livre destiné à l'usage pratique, elle fut bien en vogue pendant un certain temps, mais elle perdit de sa valeur après l'apparition de livres plus récents; et cela à plus forte raison à cette époque de la transformation de la langue, où l'usage changeait si vite et où l'on se piquait de plus en plus de parler comme à la cour. Peu d'années après la grammaire de Maupas (1607) parut celle d'Oudin (1632), et les remarques de Vaugelas suivirent bientôt (1647). Ne pouvant plus être utile à personne, elle fut oubliée, et son auteur avec elle.

---

[1] Peut-être déjà à la fin de 1624.
[2] En passant, Ch. Sorel mentionne la grammaire de Maupas à la page 17 de sa „Bibliothèque Françoise" (2ᵉ éd., Paris, 1667).

6

Nous connaissons 6 éditions françaises et une traduction latine de la grammaire de Maupas[1]:

1⁰. Grammaire Françoise, contenant reigles tres certaines et adresse tres asseuree à la naïve connoissance & pur usage de nostre langue. En faveur des estrangers qui en seront desireux. Par C. M. Bl. (*Charles Maupas Bloisien*). — A Bloys, Par Philippes Cottereau, Libraire & Imprimeur du Roy & de la ville. 1607. Avec privilege du Roy. [*Bibliothèque royale de Munich.*]

Voici l'épître dédicatoire adressée „*à tous Seigneurs et Gentils-Hommes estrangers, amateurs de la langue Françoise*", épître que Maupas a mise en tête de son livre:

„Messieurs, la peine, le soing et diligence que vous employez à apprendre la nayveté de nostre langue, me semble redonner à son honneur et exaltation, et generalement de toute la nation, et donc obliger tout gentil cœur François à favoriser vos estudes à son possible. C'est le but où j'ay depuis quelque temps ençà adressé partie de mon industrie, de laquelle je vous presente en ce livret un bon eschantillon. Quant à sa valeur, et profit que vous en pouvez tirer à vostre dessein, je ne vous en diray mot.

Laudat venales qui vult extrudere merces.

Je vous en lairray le jugement entier, la veue en découvrira le fait. Seulement je vous asseure que je ne pensois rien moins au commencement, que de faire imprimer cet œuvre. Mais je me suis laissé en fin aller aux priéres et suasions de plusieurs Gentils-hommes de bon esprit qui en ont fait plus de cas que moy-mesme . . .".

Sur le frontispice de l'exemplaire que nous avons eu entre les mains, on trouve ce distique manuscrit:

Hic aditum praebet per gallica verba libellus,
At vox autoris planius aptat iter.

Et au-dessous des dernières lignes de l'épître, les quatres vers suivants, écrits de la même main:

Estrangier curieux d'apprendre,
Mets icy ta peine & ton soin;
Que si de plus tu a besoin
Vien de l'auteur la voix entendre.

Est-ce peut-être Maupas lui-même qui a écrit ces 6 vers? On a tout lieu de l'affirmer: ils se retrouvent imprimés dans les éditions postérieures à celle de 1607, avec des différences assez remarquables, il est vrai. Mais précisément ces différences-là font croire que Maupas en est l'auteur; car si, comme on pourrait

---

[1] Cf. Stengel, Verzeichnis. On cite encore „Les Desguisez, comédie françoise, annotée par Ch. Maupas" (parue à Blois, en 1626, après la mort du grammairien).

le supposer, un de ses disciples les avait écrits sur son exemplaire après l'apparition de la grammaire de 1618, ils les aurait reproduits littéralement. Et après tout, pour quelle raison l'aurait-il fait? Ces conseils, donnés à l'élève, n'ont de la valeur que dans la bouche du maître ou écrits de sa main. Aussi est-il plus naturel de supposer que Maupas les a mis sur un exemplaire qu'il allait donner ou envoyer à quelqu'un de ses amis ou de ses disciples. (Il nous a été impossible d'apprendre par quelle voie le livre est entré dans la Bibliothèque de Munich, ce qui peut-être aurait tout à fait éclairci nos doutes.)

Le „*privilège du roi*", daté du 19 juin 1607, termine le volume et permet à Maupas, „*chirurchien demeurant en nostre ville de Blois*", „*de faire imprimer, vendre et distribuer par tout (le) royaume ledit livre, sans qu'autres que luy le puissent imprimer, vendre ou distribuer sans son congé ou permission, pendant le temps et terme de six ans, à compter du jour et date des presentes, sur peine de confiscation desdits livres et d'amende arbitraire.*"

2⁰. Grammaire et syntaxe françoise, contenant reigles bien exactes & certaines de la prononciation, orthographe, construction & usage de nostre langue, en faveur des estrangiers qui en sont desireux. Par Charles Maupas Bloisien. Seconde édition. Reveuë, corrigee & augmentee de moitié, & en beaucoup de sortes amendee outre la precedente, par ledit Auteur. A Orléans, Chez Olivier Boynard et Jean Nyon, au Cloistre Ste Croix. 1618. Avec privilege du roy. (Ce privilege n'est pas reproduit dans le volume.) [*Bibliothèque royale de Dresde.*]

Voici les variantes des vers déjà cités; ils sont imprimés, les deux premiers au recto, les quatre derniers au verso du premier feuillet de notre édition:

Gallica lingua tibi est cordi? hunc perdisce libellum;
Plus petis: Autoris vox adeunda tibi est.

·*Estrangier desireux de nostre langue apprendre,*
Employe en ce livret, et ton temps et ton soin;
Que si de renseignement plus ample il t'est besoin,
Vien-t'en la vive voix de l'Auteur mesme entendre.

Une épître, adressée comme celle de la première édition „*à tous Seigneurs et Gentils-Hommes d'autre langue et païs, amateurs de la langue françoise*", forme pour ainsi dire la préface du livre et contient des passages fort intéressants; nous la reproduisons presque intégralement:

Messieurs, Il y a bien de dix-huict à vingt ans, que les semonces de maints Seigneurs et Gentils-hommes de diverses Nations m'ont porté à employer le plus de mon industrie et diligence à leur enseigner nostre langue. Et dez le commencement, remarquant les passages où ils bronchoient, les fautes esquelles ils tomboient, je leur en dressois, selon mon devoir, des reigles et advertissemens par l'observation desquels ils pourroient marcher seurement par les destroits de nostre dite langue sans chopper; plusieurs aussi d'entr'eux de bon esprit, me proposans les difficultez qui les travailloient, je les leur vuidois par une curieuse attention de la naïve propriété de nostre parler, et couchois par escrit ces miénes observations à mesure que les occasions s'en presentoient, sans m'amuser à esplucher les Grammaires et institutions de cette langue qu'autres pourroient avoir mises en avant. Car ja-soit que je n'ignore qu'il y en a grand nombre, si-est-ce-que je n'ay jamais pensé avoir besoin de les fueilleter, comme de fait je n'en ay leu pas-une, me semblant plus expedient d'examiner judicieusement l'usage de nos parties d'oraison, que de recevoir pour reigle les advis d'autruy; par cette recherche je trouvois assez l'applanissement de ce qui sembloit le plus raboteux. Et tant alla avant cette procedure, qu'à chef de quelques annees je me trouvay garni de quantité de bons esclaircissemens des plus obscures doutes, esquels mes escoliers trouvoient grand satisfaction et advancement, dont ils me suadérent souvent et à bon escient de rapporter en un corps formé toutes ces pieces brisees, et en composer quelque manière de Grammaire ou institution fournie de toutes ses parties. Acquiesçant donc à leurs desirs, je m'y appliquay si tost que mes continuelles occupations me le permirent. Ayant donc assemblé et agencé cet œuvre, je le proposois de-là-en-avant à mes auditeurs, escrit de ma main, lesquels y trouvans à leurs estudes aide non petite et satisfaction à leurs esprits, aucuns s'en faisoient des extraits de ce qui leur sembloit le plus important. Autres des copies entiéres à grand et fatigueux travail, et tous universellement en desiroient des exemplaires imprimez. Ce qui me meut de le faire mettre sous la presse à mes frais et despends; non, certes, en intention de luy faire voir le jour public, ains seulement pour en fournir des exemplaires à mes apprenans; aussi n'en fis-je tirer qu'une quantité de copies vraysemblablement suffisante pour toute ma vie, à n'en départir qu'à ceux qui viendroient prendre leçon de moy. Mais il en est autrement arrivé, dautant que lesdits Gentils-hommes mes auditeurs en faisans part à d'autres, plusieurs aussi prenans de moy quantité de copies pour en faire present à leurs amis absens, il s'est fait en fin que ma Grammaire a esté publiee plus que je n'avois pourpensé et desseigné, grand nombre me rendans honneste tesmoignage d'y avoir beaucoup appris, voire assez de bonnes adresses qu'ils n'eussent, ce leur sembloit, peu trouver ailleurs ni par eux mesmes excogiter. Si bien qu'ainsi toutes mes copies s'en sont allees, et ne m'en restant plus pas-une, on continuë journellement à m'en demander. Ce qui m'a incité de la revoir, repollir, y adjouter, diminuër, ou changer ce que le temps et l'assiduelle experience d'enseigner me peut avoir apporté d'advis, et, puis qu'ainsi va, la publier de la façon tout à fait pour favoriser plainement les studieux amateurs de nostre langue. Or si le premier coup d'essay, puis-je dire, a trouvé assez d'approbateurs, je ne fay doute que ce second labeur ne soit mieux et plus profitablement recueilli; mesme je m'ose promettre qu'on n'y pourra gueres desirer de ce qui peut estre reduit en art de la naïve contexture et parole Françoise. Non que je me vente de satisfaire à tous esprits et jugemens, ja n'adviéne que je sois si presomptueux, ce seroit se promettre l'impossible; on sçait le proverbe: autant de testes, autant d'opinions.

> Trois banqueteurs me semblent
> discordans,
> De divers goust, divers metz de-
> mandans.

Je m'atten bien qu'aucuns la trouveront trop longue pour une Grammaire Françoise, personnages impatiens, qui aiment à estre avant plus mal servis, pourveuque promptement; qui penseroient faire passer un chameau par le pertuis d'une aiguille, ausquels je respondray que la prolixité n'est qu'une imagination d'impatience, et cela n'est prolixe à quoy on ne sçauroit raisonnablement rien oster. Au rebours, il y en aura qui la jugeront courte et manque, y desirans, à l'adventure, l'usage de plusieurs mots particuliers; je les prieray de penser qu'autre chose est de composer une Grammaire, et autre un tresor de la langue. La Grammaire est un amas de preceptes generaux avec leurs exceptions artistement agencez, et je ne pense pas qu'il s'y trouve de ce costé là grand deffaut. Le tresor traite à part et par le menu chaque mot du langage selon l'ordre alphabeticque, œuvre gros et long, non reiglé par art, car singularium nulla est ars.

Paraventure aucuns y trouveront de l'obscurité; si leur promets-je en bonne foy que je me suis estudié à la plus grand'clairté qu'il m'a esté possible, évitant vicieuse prolixité. Et qu'ils advisent bien que les tenebres ne soient en leur entendement plus qu'en mon escrit. Je pareray ce coup des paroles de Ciceron au (sic!) septiéme de ses Epistres familieres, escrivant à Trebat en ces mots: Librum tibi misi, scriptum quàm planissimè res illa scribi potuit. Sin tibi quaedam videbuntur obscuriora, cogitare debebis, nullam artem literis sine interprete et sine aliqua exercitatione percipi posse. Quamquàm tu, si attentè leges, si saepiùs, per te omnia consequêre. Je leur diray de mesme, qu'ils appellent l'assistence d'un docte precepteur, qui leur dénoüe leurs difficultez. Qu'ils me viénent trouver, si leur commodité le permet. Item qu'ils lisent le tout bien attentivement et souvent. Et je leur pleuvie que le temps leur fera reconnoistre tresaisé ce qui d'abbord leur sembloit tresobscur et fascheux, et qu'il ne pouvoit estre enseigné plus clairement.

Il y en a eu assez qui eussent trouvé meilleur que je l'eusse escrite en langue latine, et assez me l'ont dit, et vrayement il ne m'eust pas plus cousté. Mais ne leur des-plaise, leur advis n'est pas bon. Car par dessus l'exemple des plus fameux Grammairiens antiques, qui tous ont escrit en leur langue, Theodore Gaze, Chrysoloras en Grec, Varro, Quintilian, Priscian, Donat en Latin, estant de la bien-seance à chacun d'orner la Sparte qu'il a rencontrée, encor la raison d'une plus estendue utilité y sousscript, à laquelle j'ay eu *plus d'esgard qu'à tout. Est-il question, je vous prie, de ne servir qu'à ceux qui entendent le latin? Ains j'en ay enseigné maints de diverses nations et differens langages, bien qu'ils ne sceussent point de latin, neant-moins leur baillant leçon de ma Grammaire et la leur interpretant dextrement, je leur en ay fait comprendre et practiquer heureusement les reigles à leur grand advancement et satisfaction. Le mesme m'a esté attesté avoir esté fait en d'autres villes par les habiles maistres de la langue.*

Un autre signalable profit en revient infalliblement à tous: sçavoir est que tout d'un mesme soin et labeur on apprend la lecture et prononciation de la langue, l'intelligence, la phrase, le style, avec les reigles et preceptes, qui est faire d'une pierre plusieurs coups. Car il est du tout necessaire que les apprentis s'appliquent à la lecture de quelque livre; on leur propose communément quelques petits et faciles colloques, quelques comédies; hé bien, cela est bon; mais j'ose affermer qu'on ne leur sçauroit mettre en main un meilleur livret que cette Grammaire iudustrieusement practiquee. Ceux qui n'auront nul commencement de nostre langue devront s'aider de l'industrie et conduite de quelque maistre, qui la leur sçache expliquer. Et ceux qui auront ja quelque mediocre intelligence, y pourront d'eux mesmes beaucoup profiter en la lisant et relisant assez de fois, y conjoingnans aussi l'exercice pour practiquer les reigles, combien que le meilleur et plus seur est tousjours de se servir de la direction d'un bon maistre. Car pour un peu de despense d'argent on fait grand espargne de temps et de peine, et on s'advance plus seurement. Au contraire, ne vous laissez jamais abuser à la fantaisie d'aucuns qui, mesprisans tous precepteurs et tous preceptes, se font fort d'apprendre la langue par seul usage et hantise du monde; ceux-là sont menez d'une chicheté à l'envers, car, n'arrivans jamais ou bien tard à la perfection, ils verifient le proverbe plus dépend chiche que large. Et acquièrent peu d'honneur. Nam turpe est mansisse diù vacuùmque reverti . . ."

Cette seconde édition de la grammaire de Maupas est plus complète que la première et elle présente d'avec celle-ci des différences assez nombreuses, différences qui regardent cependant plutôt la composition que le contenu du livre: les règles y sont généralement plus claires et plus précises, et c'est pour cela que nous l'avons prise pour base de notre étude. Toutefois nous ne manquerons pas d'indiquer les points sur lesquels les deux éditions diffèrent.[1]

3⁰. Grammaire et syntaxe françoise, contenant reigles bien exactes et certaines de la prononciation, orthographe, construction et usage de nostre langue, en faveur des estrangiers qui en seront desireux. Par Charles

---

[1] Les remarques quelque peu importantes qui manquent dans la première seront marquées d'un⁰.

Maupas Bloisien. Troisiesme édition, reveue, corrigée et augmentée et en beaucoup de sortes amendée par ledit Auteur. A Bloys, par Gauché Collas devant la grand Fontaine. 1625. Avec privilege du roy.[1] [*Bibliothèque royale de Berlin.*]

Nous avons déjà vu que Maupas est mort pendant l'impression de ce livre, qui fut rendu public par son fils, comme nous l'apprenons d'abord par les vers déjà mentionnés et variés ainsi:

> *„Gallica lingua placet? tenuem hunc evolve libellum.*
> *Plus petis? Authoris natus id ore dabit."*

> *„Estranger desireux de nostre langue entendre,*
> *Ce livret t'apprendra sa syntaxe & ses loix.*
> *Veux tu par un chemin plus aisé la comprendre?*
> *Vien: le fils de l'autheur l'enseigne à vive voix."*

Dans la lettre suivante, imprimée en tête du livret, Maupas demande pour sa grammaire la protection de son élève d'autrefois, le duc de Buckingham:[2]

> *„A tresillustre Seigneur, Monseigneur George, Duc de Bukingan, Vicomte de Villiers, Baron de Waddon, grand Admiral, Grand Escuyer d'Angleterre, Chevalier de l'ordre de la Jartiere, conseiller du serenissime Roy de la Grand Bretagne en ses Conseils d'Estat et privé.*
>
> *Monseigneur, la vertu et le bonheur, partisans de vostre grandeur, conspirent ensemble à l'exaltation de vostre dignité et merite, sous la divine providence du souverain dominateur de tout bien nostre Seigneur Jesus Christ; lequel, maniant les resnes de vos inclinations, dès vostre tendre jeunesse vous inspira l'amour de la premiere et fit reüssir le second à toutes vos actions. J'en puis estre oculaire tesmoin, ayant eu l'honneur d'estre employé à vostre service pour vous instituer en nostre langue françoise, lors qu'à l'entree de vostre adolescence vous fistes un assez long sejour en cette ville de Blois.[3] Je sçay, combien vous avez*

---

[1] M. donne un extrait de ce privilège:
„Par grace & Privilege du Roy, en datte du 12. jour de Septembre 1624. Signé Masclary, & scellee en cire jaune, Il est permis à Gauché Collas, Marchand Libraire demeurant en nostre ville de Bloys, d'imprimer, vendre & distribuer la Grammaire de Maupas, reveuë, corrigee & augmentee de beaucoup outre les precedentes impressions. Avec deffences à tous autres, de quelle qualité & condition qu'ils soient, de l'imprimer, contrefaire, ni alterer pendant le temps & terme de cinq ans, à conter du jour & datte que ledit livre sera imprimé, à peine de mille livres d'amande, & confiscation des exemplaires, comme plus à plein est porté par ledit Privilege."

[2] Voir sa biographie p. 16.

[3] „ . . . *his mother sent him* (George de Villiers) *at the age of eighteen* (en 1610) *to France, strangely enough in company with Sir John Eliot, where he improved himself well in the language for one that had so little grammatical foundation but more in the exercises of that nobility, for the space of three years"* (Dictionary of national Biography, edited by Sidney Lee, London 1909).

esté soigneux mesnager du temps qui est l'inevitable dispensateur de nostre vie, vous ayant recognu discret partageur de vos heures; actif aux exercices corporels sortables à telle noblesse de sang que la vostre; infatigable aux travaux, attentif et studieux à la culture de vostre bel esprit. Ainsi l'Eternelle Sapience vous preparoit au service de ce haut et magnifique Roy de la Grand Bretagne. Lequel juste estimateur du merite des hommes, infaillible au jugement de leurs valeurs, n'eust plutost oeilladé vos perfections, qu'il ne les voulust approcher de sa Royalle majesté, les recognoissant capables de manier des plus belles charges de l'Estat dont il tient le gouvernail, qu'il modere d'une plus qu'humaine prudence, imitant le supreme ouvrier et moderateur de l'univers, dont il est une vive image, lequel d'un art admirable arrange et dispose toutes choses, chacune en son ordre et place, selon qu'elle est utile et bien-seante à l'entretien et decoration de ce grand Tout; aussi ce bon-heur encor qui accompagne vostre valeur, alume les cœurs de tous d'une bien-veillante affection envers vostre seigneurie, contemplans comme contre l'abus commun vous usez temperément de cette haute faveur, qu'ayant en reverance vostre fortune, l'assaisonez d'une bien reiglee liberalité avec une grave-douce debonnaireté, qui vous rend non moins aymé et prisé, que vous estes fructueux à chacun, nuisible à nul. Je ne prodigue point icy les paroles par quelque transport de passion, la pure verité tempere mon affection et guide ma plume, mesme je n'advance rien du mien, car c'est ainsi que j'en ay ouy discourir à plusieurs gentils-hommes, à mon grand plaisir et souhait, faisans bien-loin deça la mer retentir vostre renom. Qui commandant à ma devotion de contribuer mes voeux à l'orient de vostre hautesse, voire de con-sacrer au bon Astre de vos prosperitez l'humble hommage de mes bien-veillants suffrages et acclamations, n'a pourtant semblé bien-seant de la congedier, de se presenter les mains vuides à vostre seigneurie, mais bien sous expresse charge de luy dedier un petit ouvrage (comme on dit de ce rustique qui offrit sa jointee d'eau pure au Roy Xerxes); c'est ma Grammaire et Syntaxe de la langue françoise, la-quelle j'ay pieça recueillie et agencée des plus exquises observations de nostre dite langue. Et il peut souvenir à vostre seigneurie d'en avoir tiré les fondemens de vos pre-mieres exercitations en icelle. Or ne l'ay-je encor jamais renduë publique, moins dediée à aucun particulier protecteur, ains seulement en avois fait tirer sur la presse quelque quantitée d'exemplaires retenus en mes mains pour en servir les gentils-hommes qui me feroient l'honneur de me venir trouver. Mais estant arrivé que lesdits exemplaires ont esté tous distraicts, j'ay donné des heures successives à revoir l'œuvre, l'ayant comme refait de nouveau, selon que l'usage et continuelle experience d'enseigner m'avoit donné advis. Et en tel equipage me suis resolu de le publier tout à fait, luy ouvrant desormais plainement la carriere du monde. Or en telle adventure il auroit grand besoin d'un protecteur et Mecaenas d'authorité et de respect, comme il est ordinaire en cas pareil, pour parer les attaques des langues peu retenuës. Et si j'ay tant d'heur qu'il vous soit *agreable d'en accepter la protection, sublimi feriam sidera vertice, je me sentiray seur à l'abri de vostre adveu tutelaire. Non moins pour le bien d'avoir esté (comme j'ay cy-devant ramenteu) quelquefois precepteur de vostre seigneurie, que pour autant qu'ayant l'honneur d'estre assez recherché des nations circonvoisines, Allemands, Italiens, Hollandois, Danois etc., si est-ce que j'ay tousjours eu plus ordinaire hantise, plus de biens et d'honneur et de civile conversation de la nation Angloise que de nul autre. Bien-heurez donc, Monseigneur, d'un aspect favorable ceste mienne humble oblation, la couvrant du pavois de vostre grandeur, que sa petitesse ne vienne en mespris à personne. De fait, l'œuvre est petit et mince quant à son sujet et estoffe, mais qui ose se hazarder à tracer le monde, et plus long-temps et plus loin que beaucoup d'autres grands et penibles escrits de matieres arduës ou profondes. Car tant que la langue françoise sera en vogue et estime, et qu'il y aura de nobles esprits estrangers qui en rechercheront la propreté, il se promet un cours prospere en son voyage. Et de tant mieux s'il porte en son front le tres-illustre nom de vostre excellence . . ."*

La lettre qu'on vient de lire ne porte pas de date dans l'édition présente, mais nous verrons ci-après qu'elle a été écrite „*A Blois ce penultiesme Sep(tembre) 1618*". Et son contenu, lui aussi, nous fait conclure que Maupas l'a jointe (en manuscrit) déjà à la seconde édition de sa grammaire, lorsqu'il en envoya un exemplaire au duc de Buckingham.

L'épître que voici confirme cette supposition:

„Au mesme Seigneur sur le sujet de cette derniere édition.
Monseigneur, Ayant reveu, repoli et enrichi ce petit œuvre, je l'ay presenté derechef devant les yeux de vostre excellence, pour luy rendre graces en toute humilité du favorable et liberal accueil qu'il luy plût luy faire, quand de grace vostre grandeur agrea qu'il courust le monde, appuyé de vostre authorité, de l'influence de laquelle est procedé le bonheur et prosperité qu'il a eu en sa course par les plus signalez Royaumes et Provinces de la Chrestienté, et maintenant j'espere qu'en ce plein jour de vostre exaltation vous n'aurez moins agreable de luy continuer cette grace de porter à perpetuité en son frontispice vostre tres-illustre nom, lequel vos vertus, qui n'ont rien trouvé jusques icy d'impenetrable et d'inaccessible, ont fait retentir et admirer par tout l'Univers, dont aussi je me sens obligé à tesmoigner la joye et le contentement de mon cœur, de voir que ces mesmes vertus que j'ay dès leur naissance remarquees de vostre excellence, ont tiré du ciel l'accomplissement de mes voeux . . ."

Suit, sauf quelques légères différences (*„vingt-huict à trente ans"* au lieu de *„dixhuict à vingt ans"*; *„ce labeur, disons maintenant ce troisiesme"* a. l. d. *„ce second labeur"*; etc.), une reproduction exacte de l'épître *„à tous Seigneurs et Gentils-hommes d'autre langue et païs etc. . . ."*, épître qui se trouve déjà dans la seconde édition de la grammaire de Maupas.

Sur l'édition présente en particulier, le grammairien donne cet

„Advertissement aux Lecteurs.

Messieurs, vous sçavez le dire ancien que les seconds soins sont souvent les mieux advisez; je vous presente donc ce mien troisieme labeur, avec recommandation de l'avoir fait sortir en lumiere repurgé de plusieurs fautes, qui s'estoient glissees en la seconde impression, manque de ma presence, et aussi d'y avoir changé quelques endroits, quelques autres enrichis d'aucunes curiositez et recherches qui ne se trouveront point és impressions autres que celle-cy;[1] *advis que je vous donne expres, parce qu'il y a environ quatre ans que le Sire Jean Nyon, Libraire et Imprimeur à Orleans, tira de moy un exemplaire, sous promesse qu'il me fit de le remettre promptement sur la presse. Ce que n'ayant fait, ains differé et remis d'an en an, j'ay de là esté occasionné de revoir et enrichir cet œuvre et le mettre és mains du present imprimeur demeurant en cette ville, par l'opportunité dequoy j'ay eu moyen de l'illustrer et voir beaucoup mieux que tous les precedens, ausquels vous devez prendre garde pour n'estre abusé, me faisant fort que, la premiere et seconde edition ayans esté de vous utilement et favorablement recueillies, cette troisiéme sera trouvee digne de credit pour le fruit que vous en pourrez recueillir, bien entendu parce que dessus que cette-cy convie les plus curieux de la rechercher privativement à toutes autres, s'ils desirent jouïr du fruit de ma derniere main, dautant qu'il y a peu d'apparence que j'y puisse plus travailler, estimant qu'elle contient tout ce qui se peut reduire en art pour l'instruction de la langue Françoise, ayant eu assez de temps depuis plus de trente ans que j'en fais profession, de recognoistre tout ce qui y peut estre necessaire . . .‟*

C'est le fils du grammairien, Charles Maupas, qui, nous l'avons vu, a publié cette 3ième édition de l'ouvrage de son père. Pour hériter de sa clientèle, il crut devoir s'adresser, lui aussi, *„A tous Seigneurs et Gentils-hommes estrangers amateurs de la langue Françoise: Messieurs, Je ne preten icy m'estendre en la louange de cet œuvre, car il parle assez de soy mesme et les paroles les plus eloquentes se trouveroient bien au dessous de ce que chacun considerant son admirable contexture en peut en soy-mesme concevoir, joint que je m'asseure que, les deux precedentes editions ayans esté de vous favorablement recueillies, cette-ci où l'autheur a mis, comme on dit, sa derniere main, pour avoir vers la fin de l'impression terminé sa vie, ne peut qu'elle ne vous soit en singuliere estime. Je vous prieray seulement que, comme plusieurs Princes, Seigneurs et Gentils-hommes desireux de plus ample instruction et esclaircissement ont fait l'honneur à mon pere de le venir trouver pour l'entendre de vive voix et en ont remporté satisfation, aussi, si vous estes touchez de mesme affection, il vous plaise vous servir de moy en pareille*

---

[1] En réalité, ces corrections et augmentations ont peu d'importance; elles seront indiquées en leur lieu.

*occasion, et j'espere, voire je vous promets que n'en retournerez les mains
vuides, ains, le succez respondant à vostre desir et reussissant à vostre
contentement, aurez subjet encor apres sa mort de benir la memoire
paternelle, m'ayant elevé, instruit et preparé, long temps y a, pour luy
succeder en l'industrieuse methode et bonne volonté qu'il a tousjours euë
de vous faire tout agreable service, en quoy je m'employeray de tout
mon cœur ...*"

Enfin, nous avons déjà cité le sonnet que Maupas fils a
consacré à son père; pour observer l'ordre de l'original, il faudrait
le placer ici, devant l'*„Extraict du privilege du Roy"* (V. p. 11.).

4⁰. Dans la même année, en 1625, parut à Paris, „chez
Aldrian Bacot, imprimeur demeurant ruë des Carmes à
l'Image S. Jean", encore une autre édition de la Grammaire de
Maupas[1]; elle est, y compris le titre[2], conforme à celle de 1618,
sauf deux points: premièrement, les quatre vers *„Estrangier desireux
etc."* y ont changé de place,[3] et deuxièmement, chose surprenante,
après l'épître *„à tous Seigneurs et Gentils-Hommes ..."* on en
trouve une autre, adressée *„A Haut et puissant Seigneur Messire
George de Villiers, chevalier de l'ordre de la jartiere, conseiller du roy
de la Grand'Bretagne en son conseil privé et d'Estat, grand escuyer
de la dicte Grand'Bretagne, Marquis de Bouquingan, etc."* — A
part quelques différences insignifiantes, la teneur de cette lettre[4]
est exactement la même que la teneur de celle que nous avons
rencontrée dans l'édition *3*. Mais — faisant même abstraction de
tout autre argument — déjà le fait qu'elle porte une date, à savoir
„A Blois ce penultiesme sep. 1618", prouve qu'elle n'est pas une
réimpression de la première.

Comment donc faut-il s'expliquer l'origine de cette dernière
édition de la grammaire de Maupas? Elle ne peut être ni de l'auteur
lui-même ni de son fils, comme le prouve l'édition *3*, parue dans
la même année; au contraire, elle a dû être rédigée par quelqu'un qui ne savait rien de l'existence de celle-ci.

---

[1] Le seul exemplaire qu'on en connaisse se trouve à la Bibliothèque
Ste Geneviève (X 8⁰ 332 Réserve. Comp. Brunot, Hist. III, 274). Nous n'avons
pas pu le consulter nous-même, mais une description minutieuse nous en a
été communiquée par Monsieur Ch. Kohler, administrateur de la Bibliothèque
mentionnée. Dans le même volume X, 332, à la suite de la grammaire de
Maupas, il y en a, d'après les indications de M. Kohler, une autre, de 1625
également, publiée chez le même Bacot, et qui a pour auteur Philippe Garnier:
Philippi Garneri Aurelianensis Galli, linguae gallicae professoris praecepta
gallici sermonis ad pleniorem perfectioremque eius linguae cognitionem ne-
cessaria ... Tertia editio ... Parisiis, apud Adrianum Bacot ... MDCXXV.

[2] il porte: „Seconde édition"; la remarque ‚avec privilège du roy' y
manque.

[3] en 1618, ils se trouvent au verso du premier feuillet du livre; ici,
ils précèdent immédiatement le texte de la grammaire proprement dite.

[4] elle est reproduite, d'après notre édition *5*, dans *Thurot, De la prononciation française.* — On remarquera le mot *marquis*; en 1625, George de
Villiers était déjà duc (voir éd. 3).

Mais, d'où vient alors l'épître adressée au Marquis de Buckingham?[1]

Nous avons vu ci-dessus que Maupas s'adressait aux lecteurs de la troisième édition de sa grammaire en ces termes: „... *il y a environ quatre ans que le sire Jean Nyon, libraire et imprimeur à Orléans, tira de moy un exemplaire, sous promesse qu'il me fît de le remettre promptement sur la presse; ce que n'ayant fait ... etc.*" Donc, d'après cette déclaration de l'auteur lui-même, il n'y a pas de doute que l'édition que Jean Nyon aurait dû faire, eût été une simple réimpression de celle de 1618. D'autre part, le marquis de Buckingham s'étant déclaré prêt à protéger de son nom la publication de l'ouvrage de Maupas (comp. l'épître „*au mesme Seigneur ...*", p. 13), celui-ci avait sûrement l'intention de faire insérer dans la nouvelle édition de son livre la lettre qu'il avait adressée en 1618 à son illustre élève; et dans ce but, il a dû en remettre une copie à l'imprimeur. Mais celui-ci a gardé, sans les imprimer, le volume, comme nous l'apprend Maupas, et avec lui probablement aussi le manuscrit de l'épître. Or, ne se peut-il pas qu'il les ait cédés plus tard à l'imprimeur Bacot à Paris, et que, par hasard, ce dernier les ait mis sous presse précisément dans la même année où devait paraître la troisième édition authentique de la Grammaire de Maupas?

Ce n'est pas que cette hypothèse soit indiscutable, mais elle nous paraît assez bien fondée.

5⁰. Une simple réimpression de l'édition précédente de la grammaire de Maupas[2] parut en 1632 à Rouen, „chez Jacques Cailloué, tenant sa boutique dans la Court du Palais"; seuls les mots „seconde édition" y ont été changés en „troisième édition" [*Bibliothèque municipale de Brême*].

6⁰. M. Brunot (Histoire de la langue française, tome III, p. XXV) indique une édition de la grammaire de Maupas, parue à Rouen en 1638[3]; il dit: „L'édition de 1638, Rouen, 16⁰, est

---

[1] George de Villiers naquit le 28 août 1592 et passa une partie de sa jeunesse (1610—1613) en France, d'où sa famille était originaire; il devint le favori de Jacques Ier, roi d'Angleterre (1603—1625), qui, en 1616, le nomma chevalier de l'ordre de la Jarretière. Deux ans plus tard, le 1er janvier 1619, il fut promu marquis et, en 1623, duc de Buckingham; en 1626, il remplit les fonctions de grand sénéchal d'Angleterre au couronnement du roi Charles Ier (1625—1649), et, l'année suivante, il amena le roi à secourir les protestants qui s'étaient soulevés en France. Il se fit donner le commandement d'une armée navale et fit descente dans l'île de Ré malgré la résistance de Saint-Bonnet-Toiras. Il alla ensuite assiéger le fort S. Martin, mais il fut contraint à se retirer en désordre. Le 23 août 1628, il fut tué à Portsmouth d'un coup de couteau par un Écossais nommé Jean Felton, lorsqu'il s'apprêta à partir avec la flotte anglaise pour secourir la Rochelle. (Comp. Louis Moréri, Le grand Dictionnaire historique, Paris 1759, et le Dictionary of national Biography, edited by Sidney Lee, Londres 1909.)

[2] Y compris celle de Garnier.

[3] Bibliothèque Mazarine, 44986.

due à son fils (= au fils de Maupas), quoique rien ne l'indique, mais cela résulte de la préface des *Desguisez*[1], qui commence: „Comme deffunct mon pere a employé toute la pluspart de sa vie, aussi lui-ay-je succédé . . .“. L'édition en question n'est nullement due au fils de Maupas, mais elle remonte à l'édition de 1632; elle n'en diffère guère et elle parut chez le même éditeur: „Grammaire et syntaxe françoise, contenant reigles bien exactes et certaines de la prononciation, orthographe, construction et usage de nostre langue, en faveur des estrangers qui en sont desireux. — Par Charles Maupas Bloisien. — Derniere édition, reveue, corrigée et augmentée de la moitié par ledit Autheur. De plus a esté adjousté la grammaire latine et françoise de Garnerius. — A Rouen, chez Jacques Cailloué, dans la Court du Palais. 1638.“[2] Quant à l'allusion de la préface des *Desguisez*, elle se rapporte naturellement à notre édition *3*, édition que M. Brunot semble ne pas connaître. C'est donc une erreur, s'il voit dans celle de 1638 un travail influencé par la grammaire d'Oudin de 1632.

En 1623 parut à Lyon une traduction latine de la grammaire de Maupas:

Grammatica et Syntaxis Gallica regulas acuratas et certas prononciationis, orthographiae, constructionis et usus linguae nostrae, in gratiam peregrinorum eius studiosorum, continens. Edita Gallice a Charolo Maupasio Blaesensi, nunc vero primum in Latinam linguam a Theod(oro) Jacom(oto) Gen(evensi) versa. — Lugduni, apud Remundum de la Roviere. — 1623.

Dans une dédicace[3] mise en tête du volume, le traducteur parle du profit qu'on peut tirer de la connaissance des langues étrangères,[4] et du but qu'il poursuivait en traduisant en latin la grammaire de Maupas.[5] A part cette dédicace, la traduction rend

---

[1] Comp. p. 6 note.

[2] Nous devons à l'amabilité de M. Armand d'Artois, Conservateur à la Bibliothèque Mazarine, des renseignements très précieux sur cette dernière édition de Maupas.

[3] *Epistola Dedicatoria, Illustri et Generosissimo Domino Domino Willielmo Reinhardo, Comiti in Hanau et Rhieneck, et Domino in Müntzemberge, etc,*

[4] „ *. . . non ignorans quanta utilitas ex linguis variis percipiatur, quam vero necessariae sint iis, qui non in umbra atque otio delitescere, sed in luce et hominum versari, legationes obire, principum atque regum interesse consiliis, ad rerum publicarum adhiberi gubernacula aliquando cupiunt, sicut quotidiana experientia testatur ac Grecorum Romanorumque exempla confirmant, qui etiam barbarorum atque hostium linguas addiscere non dubitarunt . . .“*

[5] „ *. . . cum animadvertissem quam utilis et accurata esset hæc Grammatica ab authore proprio idiomate exarata, utile etiam duxi illam in gratiam peregrinorum, praecipue vero nobilium Germanorum, qui nondum linguam nostram calluerunt et vix eam primoribus labris degustarunt, ut Latinae linguae auxilio facilior ad illam aditus ipsis pateret, Latino sermone donare . . .“*

à peu près fidèlement l'original (c'est-à-dire l'édition de 1618 de la grammaire de Maupas), et elle est même plus développée que celui-ci, en ce que, naturellement, elle donne les exemples français à côté de leur traduction latine.

Mais à beaucoup d'endroits Theodorus Jacomotus semble n'avoir pas bien compris l'original qu'il traduisait. En voici trois exemples que nous avons choisis au hasard de la lecture:

Sur la feuille 44 r⁰ de l'édition de 1618, Maupas dit: „*(Sont du féminin) . . . tous noms abstraits de vertus*". — Dans la traduction (p. 82), nous trouvons: „*. . . omnia nomina abstracta a virtutibus*".

Sur la feuille 48 r⁰, Maupas cite deux fois de suite le mot „*poisson*"; la première fois il l'indique comme pouvant „*estre de commun genre*", la seconde, comme étant du masculin. Or, dans le premier cas, nous avons affaire à une faute d'impression (le mot devrait être *poison*), faute qui d'ailleurs est corrigée en 1625. Jacomotus s'aperçoit bien que l'identité des deux mots „*poisson*" doit reposer sur une erreur: il rend le premier par „*piscis*", change le second en „*poison*" en le traduisant par suite par „*venenum, toxicum*" (p. 92), et renverse ainsi l'observation de Maupas.

F⁰ 157 r⁰ v⁰, Maupas constate que le participe passé, construit avec l'auxiliaire avoir, s'accorde avec son complément direct, quand celui-ci précède. („*. . . si le . . . participe vient apres son substantif patient, c'est-à-dire sur lequel il s'applique et agit, qui luy est rapporté par l'entremise d'un relatif accusatif ou d'un pronom accusatif prépositif, lors le meilleur est qu'il y conviéne en genre et en nombre, autrement le langage seroit fautif et soloecisme.*) Cette règle est littéralement traduite (p. 303): „*. . . tunc praestat ut (participium) in eo (c'est-à-dire substantivo) genere et numero conveniat, alioqui erronea esset oratio . . .*" Il en est de même de l'observation „*que, ce participe ayant pour but l'accusatif, il s'ensuit que, si le regime est d'autre cas, il n'y doit adherer, ains demeure singulier masculin ou neutre, comme on voudra l'entendre. Exemple: connoissez-vous les damoiselles de la Roine? ouy, je les ay long temps servie, et leur ay obéi de bon cœur; je les ay bien aimee, elles m'ont tous-jours pleu pour leur vertu et honnesteté; je leur ay servi de maistre de musique . . .*" Mais le traducteur confond les deux cas et corrige les fautes d'impression „*servie*" et „*aimée*" en „*servi*" et „*aimé*".

II. Oudin et sa grammaire.

D'après Moréri,[1] Antoine Oudin,[2] „*l'aîné des fils (de César Oudin),*"[3] *eut, comme son père, la charge d'interprète des langues*

---

[1] Louis Moréri, Le grand Dictionnaire Historique, Paris 1759.

[2] Oudin lui-même écrit tantôt Antoine, tantôt Anthoine.

[3] César Oudin, „*secrétaire et interprete des langues etrangeres, fils de Nicolas Oudin, grand prévôt de Bassigni, fut élevé à la Cour du roi Henri*

étrangeres. Le roi Louis XIII l'envoya en Italie, où il demeura assez longtemps, tantôt à la cour de Savoye et tantôt à Rome, où le pape Urbain VIII se faisoit un grand plaisir de s'entretenir avec lui. A son retour en France il s'acquit de la bienveillance de plusieurs personnes de qualité et fut choisi par le roi Louis XIV, l'an 1651, pour lui enseigner la langue italienne. Il mourut le 21 février 1653". Outre cela, le „*Dictionnaire critique de biographie et d'histoire*" de *Jal* (Paris, 1872) nous apprend qu'Oudin naquit de Marie de la Vaquerie le 26 février 1595 à 5 h. du soir, et qu'il épousa Madeleine de la Bussière, dont il eut 3 enfants: deux filles, Catherine et Marguerite, et un fils, Antoine.

Voici ses œuvres:

Grammaire françoise rapportée au langage du temps, Paris, 1632. — Elle nous occupera ci-après plus au long.

Recherches italiennes et françoises, deux parties en 4⁰, *Paris, A. de Sommaville, 1640 et 1642*. (Moréri; Stengel, Verz. — Sur les éditions postérieures de cet ouvrage comp. Brunot, Hist. III, 265).

Curiositez françoises pour supplement aux Dictionnaires ou recueil de plusieurs belles proprietez avec une infinité de proverbes et quolibets pour l'explication de toutes sortes de livres, par Antoine Oudin, secretaire interprette de sa Majesté; à Paris, chez Antoine de Sommaville, au Palais dans la Gallerie des Merciers, à l'Escu de France. 1640. *Avec privilege du Roi* (Vienne, Hofbibliothek[1]).

Nomenclature françoise et italienne. Paris, A. de Sommaville, 1643 (Stengel, Verz., et Brunot, Hist. III, 269).

Petit recueil de phrases adverbiales et autres locutions qui ont le moins de rapports entre les deux langues italienne et françoise. Paris, A. de Sommaville, 1646 (Brunot, Hist. III, 269).

Nomenclature françoise et espagnole. Paris, A. de Sommaville, 1647 (Brunot, Hist. III, 269).

Dialogues fort recreatifs, composez en espagnol et nouvellement mis en alleman et françois. Paris, A. de Sommaville, 1650 (Stengel, Verz., et Brunot, Hist. III, 268).

Dictionnaire italien et françois, contenant les recherches de tous les mots italiens, expliquez en françois avec plusieurs proverbes ... reveu par L. Ferretti. Paris, A. de Sommaville, 1663, 2 parties en 1 vol. (Brunot, Hist. III, 265).

Nouveau et ample dictionnaire de 3 langues divisé en 3 parties:

---

le grand, lors même qu'il n'étoit encore que Roi de Navarre. Ce prince l'employa en diverses négociations importantes en Allemagne et ailleurs, se servit de lui pendant les guerres civiles et lui donna la charge de secrétaire interprete des langues étrangeres, par lettres du 11 février 1597. Il publia des traductions, des grammaires, des dictionaires pour les langues italienne et espagnole, et mourut le premier octobre 1625." (Moréri).

[1] Nous n'indiquons la bibliothèque où se trouve le livre que quand nous avons pu le consulter nous-même.

Italien-François-Allemand, François-Italien-Allemand, et Allemand-François-Italien. Francfort, 1674 (Stengel, Verz.).

Histoire de la guerre de Flandre depuis l'an 1559 *jusqu'à la trêve en* 1609, *traduite de l'italien du Cardinal Bentivoglio par Antoine Oudin; première partie qui comprend depuis l'an* 1559 *jusqu'à la bataille gagnée par Jean d'Autriche en* 1578; *à Paris,* 1634. (Moréri).

De plus, Antoine Oudin a réédité quelques ouvrages de son père:

Le tresor des deux langues espagnolle et françoise de César Oudin, augmenté sur les memoires de son autheur, outre un bon nombre de dictions et de phrases; avec une seconde partie toute nouvelle, beaucoup plus ample qu'auparavant. Le tout corrigé et reduit en meilleur ordre par Antoine Oudin, Secretaire interprete de sa Majesté. Le dictionnaire de Xerigonça au jargon, qui estoit à part, est expliqué en François et mis en son rang dans le corps du livre. — A Paris, chez Antoine de Sommaville, au Palais en la Galerie des Merciers, à l'Escu de France; chez Augustin Courbé, en la mesme Galerie à la Palme, et chez Nicolas et Jean de la Coste, au mont S. Hilaire à l'Escu de Bretagne et en leur boutique à la petite porte du Palais, proche le Quay qui regarde les Augustins. 1645. *avec privilège du roy.* 2 vol. (Esp.-Franç. et Franç.-Espagn.) (Vienne, Hofbibliothek).

Grammaire italienne, mise et expliquée en françois par César Oudin, secrétaire interprète du roi es langues germanique, italienne et espagnole, revue, corrigée et augmentée par Antoine Oudin. Paris, 1645. (Moréri).

Grammaire espagnole, expliquée en François par César Oudin etc., augmentée en cette dernière édition par Antoine Oudin. Rouen, 1675. (Moréri).

Revenons maintenant à la *grammaire françoise* de notre auteur[1]; elle parut pour la première fois en 1632:

Grammaire françoise, rapportée au langage du temps par Anthoine Oudin, secretaire interprete du roy pour les langues Allemande, Italienne et Espagnolle. A Paris, chez Pierre Billaine, ruë Sainct Jacques pres Sainct Yves, à la bonne Foy. 1632. Avec privilege du roy. [*Bibliothèque royale de Stuttgart.*]

Dans une courte dédicace, Oudin soumet son livre „*à tres-illustres seigneurs, Messieurs André et Raphael, comtes de Lesno, fils de Monseigneur le Palatin de Bels*“,[2] pour s'adresser ensuite „*aux curieux*“; nous avons déjà reproduit cette espèce de préface (voir p. 3).

---

[1] Comp. Stengel, Verz.

[2] Le grammairien semble avoir enseigné le français aux deux jeunes [?] comtes („[*je suis*] *particulierement obligé à une juste recognoissance de l'honneur que vous avez fait à ma nation* [*en apprenant le français*]“) et avoir été amené ainsi à publier sa grammaire; car il déclare que „*c'est un propre effect de* [*leurs*] *curiositez, si le public ... reçoit du soulagement* [*de son livre*]“.

Suit la „*lettre d'un Gentil-Homme Allemand à l'autheur*", destinée
à mettre en lumière les qualités du livre:

*Monsieur, l'entreprise que vous avez faite de mettre au jour les
observations de la langue Françoise, me fait bien esperer qu'en fin je
sortiray du labyrinthe où une infinité de grammairiens confus qu'on
trouve par deçà m'a precipité; qui, pour dire le vray, ternissent plus
vostre langage qu'ils ne luy donnent de lumière. Ils meritent qu'on
les reprenne vifvement et que l'on descouvre leurs erreurs. C'est pourquoy je vous en envoye un recueil dont les moindres sont: monnoye
coursable, oiseau d'Apvril au lieu de poisson, endever, engiponné,
fumiere et mille autres impertinences que j'ay tirées d'un certain nil
da in artem ou plustost nil damus in arte, que ces anagrammes
nomment assez[1]; au reste simple traducteur de Maupas, causeur et
vanteur extraordinaire. Il appelle ses preceptes vraiment celtiques, mais
je m'estonne qu'il en face un triomphe, puis que les recevables ne viennent
pas de son cru; et ne deffend la pluspart de ses escrits que par
l'authorité des poëtes et historiens du temps passé, ne considérant pas que
ceux-là sortent souvent hors des bornes se faisans forts de leurs licences,
et que le stile de ceux-cy sent en plusieurs endroits son vieux Gaulois,
quoy que le labeur des uns et des autres soit digne d'immortalité.
Vous prendrez donc la peine de les marquer, pour faire voir que l'on
ne se doibt point arrester à de tels brouillons, mais qu'il faut chercher
en l'Isle de France les plus habiles pour estre fondé en ses estudes. Ce
faisant vous obligerez nostre nation à cherir vostre labeur et moy
en particulier à demeurer tousjours, Monsieur, vostre . . . Jona
Chromander . . . De Strasbourg 20. Juin 1632.*

Une „*table des matières*", une liste des „*fautes d'impression*"
et quelques vers de *Baro*[2] et de *Du Ryer*,[3] éloges un peu exagérés,
précèdent la grammaire proprement dite.

---

[1] Il s'agit de *Daniel Martin[us]*, „*linguiste à Strassbourg*", dont le
Μυροθήκιον κελτικόν (*Grammatica gallica sententiosis exemplis ceu fra-
grentibus floribus referta. Huic accesserunt proverbia gallica . . . Argentorati,
Eb. Fetzner, 1632.*) est indiqué par Stengel (Verz.).

[2] Balthazar Baro „*de l'académie françoise, né à Valence en Dauphiné, avoit été secrétaire du marquis d'Urfé, après la mort duquel il fit
imprimer la quatriéme partie de l'Astrée et composa la cinquiéme sur ses
mémoires. Depuis il se maria à Paris, fut fait gentilhomme de Mademoiselle
de Montpensier et mourut, âgé d'environ 50 ans, en 1650. Sur la fin de sa
vie il avoit obtenu deux offices de nouvelle création, l'un de procureur du
roi au présidial établi à Valence, l'an 1635, et l'autre de trésorier de France
à Montpellier . . . Outre la conclusion et dernière partie de l'Astrée, qui
parut en 1627, on a de Balthazar Baro dix piéces de théâtre . . . plus une
ode sur la mort du maréchal de Schomberg et une autre pour le cardinal
de Richelieu.*" (Moréri.)

[3] Pierre du Ryer „*étoit Parisien, né d'une famille noble. Il fut
reçu de bonne heure à l'académie françoise. En 1626, il fut pourvu d'une
charge de secrétaire du Roi. Mais ayant fait un mariage peu avantageux,
il vendit cette charge en 1633, et la necessité où il se trouva de pourvoir à
la subsistance d'une famille l'obligea de s'attacher en qualité de secrétaire
à Cesar, duc de Vendôme. Il eut sur la fin de ses jours un brevet d'historio-*

Voici le petit poème de *Baro*:

A Monsieur Oudin.

Que ne doibt la France à tes veilles?
Et quel effort de jugement
Eust démeslé plus nettement
Tant de difficultez pareilles?
L'ouvrage dont tu viens à bout
Est si fort au dessus de tout
Que, pour payer tes soins d'un prix qui te contente,
Elle souhaite desormais
Que, comme sa langue est vivante,
Ta gloire ne meure jamais.

Les vers de *Du Ryer* sont les suivants:

Que ton esprit est fort! que la France l'admire!
Nostre langue muable en reçoit une loy,
Et lors que ton travail nous enseigne à bien dire,
Il monstre en mesme temps à bien parler de toy.

A la fin du volume se trouve un chapitre intitulé „*Quelques obmissions et nouvelles observations survenues pendant l'impression de ce livre*" (p. 314—324); il renferme un certain nombre de remarques qu'on retrouvera pour la plupart insérées dans le texte des éditions postérieures de la grammaire d'Oudin. Le „*privilège du roy*"[1] termine le livre. [„*Achevé d'imprimer le 10 novembre 1632*".]

---

graphe de France avec une pension sur le sceau. Il mourut le 6 novembre 1658, âgé de 53 aus, et fut enterré à S. Gervais dans le tombeau de ses ancêtres. Il avoit un style coulant et pur, une égale facilité pour les vers et pour la prose; il ne manquoit que de loisir; comme il travailloit pour vivre, il ne se donnoit pas le temps de travailler ses ouvrages, qui sont éloingnés de la perfection où l'on sent qu'il estoit capable de les porter. La plupart de ses poésies consistent en pièces de théâtre . . ." [Moréri.] (Suit une liste de 18 pièces dramatiques écrites par du Ryer, qui était aussi connu comme traducteur. Mais ses traductions ne sont jugées très favorablement ni par Moréri ni par Baillet [Jugemens des Savans, Amsterdam, 1725]. Sorel [La Bibliothèque Françoise, 2e éd., Paris 1667] au contraire constate que du Ryer „*a toujours passé pour un de nos meilleurs traducteurs.*" [p. 225]).

[1] „*Louis, par la grace de Dieu Roy de France et de Navarre. A nos amez et feaux Conseillers, les Gens tenans nos Cours de Parlement de Paris, Tholose, Roüen, Bordeaux, Aix, Dijon, Grenoble et Rennes, Prevost de Paris ou son Lieutenant, Baillifs et Senechaux desdits lieux ou leurs Lieutenans, et à tous nos officiers qu'il appartiendra, salut. Nostre bienaimé Pierre Billaine marchand libraire à Paris nous a fait remonstrer qu'il a recouvert un livre intitulé Grammaire Françoise rapportee au langage du temps par Antoine Oudin, secretaire interprete du roy, etc. Lequel livre ledit exposant desireroit faire imprimer s'il nous plaisoit luy octroyer nos lettres necessaires. A ces causes, desirant iceluy exposant favorablement traitter et qu'il ne soit frustré de son labeur, luy avons permis et permettons par ces presentes d'imprimer ou faire imprimer par tel imprimeur que bon luy semblera ledit livre, et l'exposer en vente durant le temps de dix ans,*

M. Stengel (Verz.) cite une édition de la grammaire d'Oudin parue en 1633 [*Bibliothèque municipale de Hambourg*], mais le livre ne différant de celui de 1632 que par ce chiffre [l'achevé d'imprimer est également du 10 novembre 1632], il s'agit d'une même édition. Une partie des exemplaires de l'ouvrage n'ayant peut-être pas pu paraître avant la fin de l'année, on a, pour être exact, changé en 1633 la date de 1632.

Une véritable seconde édition de notre grammaire parut en 1640:

Grammaire françoise, rapportée au langage du temps par Antoine Oudin, secretaire interprette de sa majesté. Reveue et augmentée de beaucoup en cette seconde edition. A Paris, chez Antoine de Sommaville, au Palais dans la Gallerie des Merciers, à l'Escu de France. 1640. Avec privilège du roy. [*Vienne, Hofbibliothek.*]

L'ouvrage est dédié à un élève de l'auteur, ,*à tres-illustre seigneur, Monseigneur Jacques, comte de Waldeck, Pyrmont et Culembourg; Baron de Tonna, Palant, Wittem, Weith et Wildembourg; seigneur de Leede, Linden, Kinsweiller, Engelsdorff, etc*':

> „*Monseigneur, le respect que l'on doit aux personnes de vostre merite et de vostre condition, me pouvoit bien deffendre de vous presenter un travail de si peu de consideration; mais puisque vous me faites l'honneur de m'employer prés de vous, j'ay creu, Monseigneur, que le sujet estoit assez propre pour le service auquel vous me destinez. Je vous supplie donc tres-humblement de le vouloir agreer comme un signe d'obeissance ou plustost de mon devoir . . .*"

Suivent les vers de *Baro* et ceux de *du Ryer*, un „*extraict du privilege*",[1] un ,*advertissement*",[1a] une liste des „*fautes d'impression*" et une „*table des matiéres*".

à compter du jour qu'il sera achevé d'imprimer; defendant à tous autres, de quelque qualité qu'ils soient, de l'imprimer et faire imprimer durant ledit temps, sous quelque marque ou caractere que ce soit; à peine de cinq livres d'amende et de tous despens, dommages et interests envers ledit exposant ou ceux ayans droict de luy; à la charge d'en mettre deux exemplaires en nostre Bibliotheque avant l'exposer en vente, suivant nostre Reglement, à peine d'estre descheus dudit privilege. Si vous mandons que du contenu en ces presentes vous fassiez et souffriez jouyr ledit Billaine et ceux qui auront droict de luy, plainement et paisiblement. Voulons en outre qu'en mettant en chacun exemplaire dudit livre ces presentes ou extrait d'icelles elles soient tenues pour bien et deuement signifiées; car tel est nostre plaisir. Donné à Paris le 28 Juillet l'an de grace mil six cens trente deux et de nostre regne le vingt-troisieme. Par le roy en son Conseil: B o r a c e."

[1] „*Par privilege du roy donné à Paris le 4 juillet 1639, signé, par le roy en son conseil, Olier, il est permis à Antoine Oudin de faire imprimer une Grammaire françoise de sa composition, reveuè et augmentée, durant le terme de cinq ans; et defenses à tous autres d'en vendre sinon du con-*

Nous avons basé notre travail sur cette édition-là, tout en tenant compte des points qui la distinguent de la première.[1]

On connaît encore 4 autres éditions de la grammaire d'Oudin, réimpressions (non autorisées) de l'édition précédente[2]. La première est de 1645 (*Rouen, ,chez Jean Berthelin dans la Cour du Palais'*: [*Vienne, Hofbibliothek*]), la seconde[3] de 1648 (*Douay, ,chez la vefve Marc Wion, à l'enseigne du Phoenix'* [*Bibliothèque Universitaire de Gand*]), la troisième de 1656 (*Rouen, ,chez Jean et David Berthelin, ruë aux Juifs et dans la cour du Palais'* [*Bibliothèque grand-ducale de Darmstadt*]) et la dernière de 1664 (*Rouen,* chez les mêmes libraires [*Bibliothèque municipale de Hambourg*]).

---

sentement dudit Oudin, ou de ceux ayans droict de luy, ainsi qu'il est contenu dans lesdites Lettres.

Et ledit Oudin a cedé le privilège cy-dessus à Antoine de Sommaville, Marchand Libraire à Paris, pour en jouir selon sa teneur. — Achevé d'imprimer le 3. Febvrier 1640".

[1 a] „*Je vous donne ma Grammaire beaucoup plus ample et plus nette qu'elle n'estoit auparavant; si vous estes en peine de l'explication des exemples, vous pourrez avoir recours à mes Curiositez Françoises, qui ont esté imprimées en mesme temps par Antoine de Sommaville, où vous treuverez dequoy vous tirer de peine. A Dieu.*"

[1] Les règles et les mots de quelque importance qui manquent dans l'édition de 1632 seront marqués d'un astérisque.*

[2] Dans toutes les quatre, dont chacune est d'ailleurs donnée comme *,dernière édition'*, on a supprimé l'*,extraict du privilège'*, l'*,advertissement'* et la liste des *,fautes d'impression'*, sans même prendre la peine de corriger celles-ci.

[3] La *,table des matières'* y est réimprimée littéralement et chiffre par chiffre, mais, le format du livre ayant changé, elle est tout à fait inexacte.

La doctrine grammaticale française
d'après Maupas et Oudin.

Le Nom.[1]

Noms propres et noms communs.

En traitant de l'article, M. essaie de donner (f⁰ 22 v⁰, 23 r⁰) une définition des termes de „nom propre" et „nom appellatif": „representez vous qu'aucuns mots ont naturellement une signification estenduë et indifferente à tous et chacuns de leurs sujets et individus, ainsi royaume, ville, riviére, animal, cheval, arbre, chesne et autres innumerables; les Grammairiens ont nommé cette sorte de noms-là noms appellatifs, c'est-à-dire desquels on appelle tous individus de leur genre ou espece, car ce mot de roy convient à tout roy et royaume à tout royaume; et ainsi des autres.

Autres mots marquent un seul sujet et certain particulier individu, comme Loys, France, Seine, et on les appelle noms propres."

Nombre des noms.

I. Nombre des noms propres.

Pluriel des noms propres.

O. (p. 83): „. . . les (noms) propres, en certaines façons de parler, peuvent admettre un plurier; nous disons quelquefois: tous les Pierres estoient d'un costé, et les Jacques de l'autre."[2]

II. Nombre des noms communs.

Formation du pluriel.[3]

Pluriel en z. Les substantifs terminés au singulier en é fermé prennent un z au pluriel. (M. f⁰ 52 v⁰; O. p. 85). — M: bonté, bontez; O: beauté, beautez.

---

[1] Suivant le procédé des grammairiens antiques, Maupas et Oudin divisent les noms en substantifs et adjectifs; Maupas (f⁰ 38 r⁰): „Le nom est substantif, comme homme, femme, roy, royne; ou adjectif, comme prudent, prudente, vertueux, vertueuse". Oudin (p. 64): „La division ordinaire des noms se fait en substantifs et adjectifs".

Nous ne comprenons par ‚nom‘ que le (nom) substantif et nous traiterons à part de l'adjectif.

[2] Voir Brunot, H. III, p. 456.

[3] Voir Brunot, H. III, p. 281, 282.

M. ajoute: „Je l'estime meilleur (= d'écrire z) que de croire ceux qui escrivent bonté*s* . . ., parce que l's est propre à l'e fem. brief." — Dans l'édition de 1607 de sa grammaire (p. 99), il dit de plus: „Pareillement aucuns adjoutent z à f et l: œufz, bœufz . . ., combien que l'on se puisse passer à une s."

Pluriel en x. On écrit avec un x le pluriel des noms terminés au singulier en eau ou eu. (M. f⁰ 52 v⁰, 53 r⁰; O. p. 84). — M: eau, eaux; joyau, joyaux; jeu, jeux; feu, feux. O: jeu, jeux; feu, feux.

Pluriel en aux. Les substantifs terminés au singulier en al et ail forment leur pluriel en aux. (M. f⁰ 52 v⁰; O. p. 83 admet aussi la terminaison au*l*x.) — M: ail, aux; bail, baux; canal, canaux; mal, maux. O: ail, aulx; cardinal, cardinaux; cheval, chevaux; email, emaux.

Exceptions: M: bal, bals; bocal, bocals. — O: attirail, attirails; bal, bals, „mais le plurier de ce dernier n'est gueres en usage"; bocal, bocals; cal, cals; mail, mails; naval, navals; portrail, portrails; serrail, serrails; „pour arsenal, corail et cristail, leur pluriers suivent la reigle generale."

Pluriel des substantifs terminés en s, x ou z. Il est conforme au singulier (M. f⁰ 53 r⁰; O. p. 83). M: . . . palais, ris, travers, courroux, . . . nez.

Pluriel des noms terminés en nt. „. . . . vous pouvez changer le t en s, et sera de meilleure grace; ainsi . . . pont, pons." (M. f⁰. 53 r⁰). Cette règle ne se trouve pas dans la première éd. de la grammaire de M.—O., comme les autres auteurs de son époque, l'observe en général, sans pourtant la formuler dans sa grammaire.

Voici quelques pluriels de noms qui ne rentrent pas dans les règles précédentes:

Ayeul — ayeux. (M. f⁰ 52 v⁰). — La distinction tout à fait nette de forme et de sens entre *aïeuls* et *aïeux* ne s'est faite qu'à une époque ultérieure à celle qui nous occupe.[1]

Ciel — cieux. (M. f⁰ 52 v⁰; O. p. 83). O. (p. 84): „Nous avons un ciel de lict qui a pour pluriel *ciels*, et non *cieux*". C'est O. qui, le premier, enregistre cette différence.

Courroüil ou *courroy* — *courroüils, courrois* ou *courreaux*. (M. f⁰ 52 v⁰).

Genoüil ou *genou — genoux*. (M. f⁰ 52 v⁰). O. (p. 83) ne cite que la forme *genoüil*, dont le pluriel est *genoux* ou *genoüils*.

Oeil — yeux (M. f⁰ 52 v⁰; O. p. 84). — [On sait que c'est le seul mot en *euil* dont Malherbe admette un pluriel (Brunot, Malh. p. 352)].

Verroüil ou *verrou — verroux* (M. f⁰ 52 v⁰); O. (p. 83): *verroüil — verroüils* et *verroux*.

---

[1] Sur la prononciation du mot *aïeuls* v. Brunot, H. III, 282.

Tous les autres substantifs forment leur pluriel au moyen
d'une *s* ajoutée à la forme de leur singulier. M. et O. précisent
cette règle comme il s'ensuit; mais les terminaisons qui sont
omises, le sont sans doute par négligence.

M. (f⁰ 52 v⁰): „A tous mots en *ay*, *ou*, *oy*, *uy* (au lieu de ces
4 diphthongues on trouve en 1607 [p. 99] les consonnes *b*, *c*, *d*),
e fem., *f*, *g*, *i*, *m*, *n*, *p*, *q*, *r*, *t*, *u*, adjoustez une *s*, pour les faire
pluriers. Exemp.: ray, rais; clou, clous; roy, rois; estuy, estuis,
car l'y se change en i.“ (Les exemples de l'édition de 1607 sont:
coulomb, coulombs; nid, nids; sac, sacs).

O. (p. 83): „Tous noms terminez en *ay*, *ou*, *oy*, *e* féminin, *d*,
f, *g*, *m*, *n*, *p*, *q*, *r*, *t*, *u*, reçoivent une *s* au pluriel: geay, geays;
trou, trous; roy, roys et rois; estuy, estuys; chambre, chambres;
regard, regards; clef, clefs; estang, estangs; renom, renoms; cap,
caps; cocq, cocqs; barbier, barbiers; escot, escots; cocu, cocus.“
De même les substantifs terminés en *l* (p. 84): vol, vols.

Exception: „universel, substantif, fait universaux“ O. (p. 84).

Formation du pluriel des noms composés.

M. n'en parle pas; O. fait (p. 84) la remarque suivante, qui
manque dans l'édition de 1632 de sa grammaire: „Les pluriers des
composez reçoivent une *s* à la fin: *trenche-plume — trenche-plumes*,
&c. Et pourtant je trouve qu'on l'adjouste au milieu de cocq*s* d'Inde,
gentil*s*-hommes, ponts-levis; davantage elle se met au milieu et à la
fin de quart*s* d'escu*s*, bien qu'avec raison le mot d'escu n'y soit
point au plurier.“[1]

Singulier collectif.[2]

Il faut distinguer deux catégories de singuliers collectifs: la
première, où le singulier est pris pour tout le genre ou toute
l'espèce, et la seconde, où il exprime un nombre indéterminé
d'individus ou de choses semblables.

M. n'en voit que la première, et cela, quand il dit à propos
de l'article défini: „Quand nous posons le nom du genre ou espece
pour tout le genre ou espece, ce propos est defini, et luy applicquons les articles definis. La raison est manifeste, parce que nous
comprenons definiment sous un terme tout le genre ou espece.
Ou bien on peut dire que le terme universel est sousentendu, qui
revient à mesme but. Ainsi disons nous: l'homme a esté cree à
l'image de Dieu. La femme a esté baillee à l'homme pour aide.
Les bouillons de la colere en l'homme produisent de perilleux
effects. Le cheval est propre à la guerre, comme le bœuf au
labourage. La proprieté du laurier est contre le tonnerre; on
attribue une merveilleuse proprieté à la palme, de se roidir contre

---

[1] Cf. la remarque de Vaugelas sur le mot arc-en-ciel (Vaug. II, 202).
[2] Comp. Brunot, H. III, p. 457.

le faix. On doute lequel est plus dommageable ou profitable, l'or ou le fer . . ." (f⁰ 26 v⁰).

[A vrai dire, l'exemple contenant les substantifs *fer* et *or* n'a rien à faire ici, car ces deux mots sont des termes collectifs en eux-mêmes et il n'en existe un pluriel que dans des acceptions toutes particulières.]

Dans la grammaire d'O., nous trouvons les deux catégories de singuliers collectifs. C'est la première, quand le grammairien fait la remarque suivante (p. 86):

„Remarquez . . . icy le singulier pour le plurier: . . . le Turc aura bien de la peine, pour: les Turcs &c. . . .; le François dit, pour: les François disent; et ainsi des autres;" . . . „travailler pour homme et pour femme, c'est-à-dire faire des habits pour les hommes, etc."*

Et c'est la seconde, quand il en fait celle-ci (ibid.):

„. . . nous avons quantité de mots qui se mettent au singulier pour le pluriel avec l'adverbe *bien* et autres de mesme signification: . . . quantité de poisson, bien du charbon[1]; mais il y faut considerer une portion indeterminée".[2]

Remarque: Le singulier s'emploie au sens d'un pluriel dans quelques expressions spéciales: „*une pièce d'argent** == une quantité, où le mot de piece, au singulier, se met pour plusieurs pieces"; „*le poil*"* (au sens de ‚les cheveux'); „*courir, roder le païs** == voyager par les païs"; „*prendre la botte* == mettre ses bottes"; „*donner le tetin** == allaicter" (O. p. 85, 86).

Substantifs qui ne s'emploient qu'au pluriel ou qui changent de sens en changeant de nombre.[3]

Tels sont suivant O. (p. 84, 85, 86):

*Besoignes** (au sens de ‚hardes'), *biens et moyens** (au sens de ‚facultez'; „au singulier, un bien aux champs == une possession"), *bons-hommes** (au sens de ‚Minimes Religieux'), *chausses, cheveux, ciseaux** („dont on se sert d'ordinaire à coupper, car ciseau, au singulier, est un outil de menuisier et tailleur de pierre; l'on dit pourtant, parlant de ciseaux: un coup de ciseau), *deniers** (au sens de ‚de l'argent'; „l'on dit pourtant: c'est un beau denier == une belle somme"), *fonts* („où on baptise"), estre aux *galeres** („pour en galere"), *gens**, *graces* (au sens de ‚actions de graces'), *hardes, lettres* (au sens de ‚patentes'; „lettre, au singulier, s'emploie pour une lettre d'alphabet; il est mieux de mettre ce

---

[1] Il faudrait répéter ici l'observation que nous avons faite ci-dessus à propos de *fer* et *or*.

[2] Cette remarque manque dans l'édition de 1632.

[3] Comp. Brunot, H. III, p. 459.

mot au plurier en parlant de lettres missives"), *linges** (au sens
de ‚drappeaux ou morceaux de linge ou toille, dont on se sert à
medicamenter les playes et autres choses semblables‘; „linge, au
singulier, signifie toutes sortes de linges qui servent à l'usage de
l'homme, comme nappes, serviettes, mouchoirs, chemises, etc. . . ."),
*lunettes** („que l'on met au nez"; mais on dit: lunette de Hollande),
matines (éd. de 1632), *mouchettes**, *papiers* (au sens de ‚escritures‘,
„car papier, au singulier, se met pour un livre de papier blanc
ou bien pour le papier sur quoy on escrit"), *quartiers** (qui
„s'entend du païs: en nos quartiers == en nostre païs; au singulier,
on dit: quartier de ville == costé"), *vacances** et *vacations** (au
sens de ‚temps que l'on ne fait point d'affaires‘), *vespres** („toutesfois l'on dit ‚bon vespre‘ en saluant").

Genre de noms.

M. et O. distinguent trois sortes de noms suivant leur genre:

M. (f⁰ 30 r⁰): „Tout nom est de genre masculin, feminin ou
commun, car de neutre nous n'en avons point . . ."

O. (p. 64): „. . . Leurs genres (== les genres des noms) sont
masculin, feminin, commun et douteux."[1]

I. Genre des noms propres.

Formation du féminin des noms propres.

O. (p. 79): „Pour les feminins des noms propres, ils sont du
nombre des irreguliers; comme de Jean, Jeanne; de Pierre, Perrette;
de Claude, Claudine; d'Antoine, Antoinette; de Jacques, Jacqueline;
d'Estienne, Tiennette; de Tomas, Tomasse."*

Genre des noms propres.

Sont du masculin: les noms propres d'hommes, d'anges, de
dieux et de démons.⁰ (M. f⁰ 43 r⁰; O. p. 64).

Exemples: M: Pierre, Jacques, Aristote, Platon; Gabriel,
Raphaël; Jupiter, Neptune, Satyre, Pan; Astarot, Beelzebut.

O: Jean, Anthoine; Gabriël, Raphaël; Jupiter, Mercure; Astarot,
Satan.

Sont du féminin: M. (f⁰ 43 v⁰, 44 r⁰): les noms propres de
femmes, de déesses, de nymphes et de muses.⁰ Ex.: Alison,
Perrichon, Jeanne; Junon, Pallas; Calliope, Callisto.

O. (p. 65): les noms propres de femmes et de déesses.
Ex.: Magdelaine, Marie, Jeanne; Venus, Minerve, Junon, Diane,
Proserpine.

---

[1] Les termes de „commun" et „douteux" expriment la même chose.

II. Genre des noms communs.

Formation du féminin des noms communs.[1]

Féminins en e muet. M. (f⁰ 41 r⁰, v⁰): „Plusieurs substantifs masculins en font sortir d'eux d'autres feminins suyvant la formation des adjectifs … (= en e muet): cousin, cousine; voisin, voisine; conseiller, .conseillere; marchand, marchande; mercier, merciére. Aussi servent-ils d'adjectifs, quand il vient à point." (f⁰ 42⁰: „renard, renarde"⁰).

O. (p. 78) spécifie cette règle: „Force substantifs feminins se forment, adjoustant un seul e au masculin: premierement les noms d'offices et mestiers terminez en er, comme de conseiller, financier, barbier, menuisier: conseillere, financiere, barbiere, menuisiere. Après cela les noms terminez en d et t: marchand, marchande; advocat, advocate; en ieu, in et on: cousin, cousine; voisin, voisine; chien, chienne; lion, lionne; excepté larronnesse de larron."

Le dernier point de cette règle d'O. n'est plus tout à fait exacte; car, devant l'e de la forme du féminin, la consonne n est redoublée.

Féminin des substantifs en eur. M. (f⁰ 41 v⁰): „Les noms verbaux masculins en *eur*, signifiant action, ont la plus part double forme de leurs feminins: -*euse*, -*resse*: Menteur, menteuse & menteresse, Demandeur, demandeuse & demanderesse[2], Sauveur, sauveuse, sauveresse . Il faut que l'usage appréne quelle forme est la plus receuĕ, car en d'aucuns c'est l'une, en d'autres, c'est l'autre." [En 1607, M. ne donne guère cette règle avec tant de décision: „Tous noms verbaux terminez en eur, qui signifient action virile, font leur féminin ordinairement en *resse*: Demandeur, demanderesse; Defendeur, defenderesse; Sauveur, sauveresse; Quelquefois aussi en euse: Bâteleur, bâteleuse & bâteleresse; Menteur, menteuse & menteresse . Et peut estre que tous peuvent recevoir ces deux formes." (p. 80.)]

„Aucuns retienent la formation Latine dont ils sont empruntez: Tuteur, tutrice; Procureur, procuresse⁰ & procuratrice; Inventeur, inventrice: Necessité a esté inventrice des arts; inventeuse⁰, inventeresse ne sont tant en usage . Curateur, Curatrice; Dominateur, Dominatrice; Empereur, Imperatrice & Emperiére⁰."

F⁰ 42 r⁰, M. cite encore ces trois féminins de substantifs en eur: prieur, prieure; serviteur, servante; gouverneur, gouvernante.

O. (p. 78, 79) reprend ces remarques en corrigeant par endroits, de sorte qu'elles correspondent à peu près à nos règles modernes:

---

[1] Voir Brunot, H. III, 276 et sv.

[2] Cf. la différence qu'observe la langue moderne entre demandeuse et demanderesse; elle se trouve déjà dans le *Trésor* d'O.: demandeuse-pedigueña; demanderesse-actriz, item pedigueña.

„Les noms terminez en *eur* changent en *euse*: menteur, menteuse & non point menteresse; procureur, procureuse & non pas procuratrice[1] ou procuresse; revendeur, revendeuse; pescheur, pescheuse[2]; trompeur, trompeuse; &c.

Il y en a qui n'admettent point de formation de feminin, comme autheur, possesseur, accesseur, successeur, tesmoin.

Ceux-cy changent autrement: pecheur, pecheresse[3]; vengeur, vengeresse; empereur, emperatrice & emperiere; electeur, electrice; tuteur, tutrice; inventeur, inventrice.

Ces autres d'une autre façon: gouverneur, gouvernante; serviteur, servante."

Féminin des substantifs en eau. O. (p. 79): „Les noms substantifs terminez en *eau*, changent en *elle* au feminin: macquereau, macquerelle, &c."

Féminins irréguliers: abbé — abbesse (M. f⁰ 42 r⁰); belistre — belistre ou belistresse (M. f⁰ 42 r⁰); borgne — borgne ou borgnesse (M. f⁰ 42 r⁰); chien — chiéne⁰ (M. f⁰ 42 r⁰)[4]; clerc — clergesse (M. f⁰ 42 r⁰); comte — comtesse (M. f⁰ 42 r⁰; O. p. 78[5]); dieu — deesse (M. f⁰ 42 r⁰; O. p. 79); duc — duchesse (M. f⁰ 42 r⁰; O. p. 79); fils — fille (O. p. 79); larron — larronne ou larronnesse (M. f⁰ 42 r⁰; O. p. 78 ne donne que ‚larronnesse'); levrier — levrette (O. p. 79); lieutenant — lieutenande (M. f⁰ 42 r⁰); lion — lionne⁰ (M. f⁰ 42 r⁰; O. p. 78[6]); loup — louve (M. f⁰ 42 r⁰; O. p. 79); maistre — maistresse (M. f⁰ 42 r⁰); moine — moinesse (M. f⁰ 42 r⁰); nepveu — niepce (O. p. 79); nourricier — nourrice (O. p. 79); prestre — prestresse (M. f⁰ 42 r⁰); prince — princesse (M. f⁰ 42 r⁰; O. p. 78); roy — roine ou reine (M. f⁰ 42 r⁰; O. p. 79[7]); yvrongne — yvrongne ou yvrongnesse (M. f⁰ 42 r⁰).

Genre des substantifs.

Pour le genre des substantifs, „matière qui fatigue assez les apprenans",[8] M. donne tout d'abord (f⁰ 42 v⁰, 43 r⁰) une règle générale qu'il reconnaît lui-même insuffisante:

---

[1] On sait que la langue moderne a accepté les deux formes et qu'elle leur a donné deux sens différents.

[2] Pêcheur.

[3] Pécheur.

[4] O. (p. 78): chienne; cf. la règle, p. 32.

[5] O. (p. 78): „ . . . tous ceux qui ont e feminin à la fin, reçoivent sse: prince, princesse; comte, comtesse; &c."

[6] Cf. la règle à la page 32.

[7] O. (p. 79): „roy, royne et maintenant reyne".

[8] „Je vien aux genres des substantifs, qui est une matiere qui fatigue assez les apprenans à cause de l'impatience, la plus part desirans un bref enseignement & si seur (sûr) qu'en moins d'une heure il les resolve de tout ce sujet. Je leur diray, qu'ils apprennent & practiquent bien ce chapitre, & ils les suffira à les porter fort pres du but" (f⁰ 42 v⁰).

„A ceûx qui entendent bien la langue Latine, et veulent qu'on leur face court, se contentans d'une mediocre doctrine en attendant que l'usage leur amène la perfection, on peut presenter une seule reigle, que nous ensuivons le plus souvent en nos substantifs les genres des Latins, nommément et principalement en ceux qui en derivent; de maniere que les masculins et neutres en Latin sont attribuez au masculin en nostre langue; et les feminins en latin ne changent gueres de genre en François. Cette reigle a bien des exceptions, toutesfois elle pourra contenter ceux qui veulent estre prestement expediez et les conduira bien loin sans s'esgarer.

Mais qui patientera à une plus exacte guide, qu'il examine et practique bien les reigles qui suivent."

D'après ces règles et celles d'O.,

Sont du genre masculin:

Les substantifs désignant des hommes d'après leur état social[0] (M. f[0] 43 v[0]; O. p. 64).

Exemples: M.: chantre, comte, diacre, eunuque, evesque, manœuvre, nonce, orfevre, pape, pedagogue, roy, scribe.

O.: advocat, comte, conseiller, empereur, evesque, licentié, marchand, pape, procureur, roy.

Les noms des mois et des jours[0] (M. f[0] 43 v[0]; O. p. 64).

Exemples: M.: Janvier, Febvrier; Dimanche, Lundi.

O.: Janvier, Fevrier; Dimanche, Lundy, Mardy.

Remarque: O. (p. 65, 66): „Les noms des mois en composition sont feminins; la mi-aoust, la mi-septembre, &c. Item ceux-cy: la S. Michel, la S. Remy, la S. Jean, où le mot de feste est sous-entendu; on dit aussi la mi-caresme."[1]

Les noms des pièces de monnaie.[0] (M. f[0] 43 v[0]; O. p. 64).

Exemples: M.: escu, franc.

O.: escu, franc, sol, double, denier.

Exceptions: M.: pistole, portugaise, jocondale, reale, maille.

O.: pistole, portugaise, reale, maille, pite.

Le mot arbre et les noms des arbres.[2] (M. f[0] 43 v[0]; O. p. 64).

Exemples: M.: chesne, fresne, hestre, coudre (1607: „ou coudrier") &c. — L'éd. de 1607 (p. 83) ajoute: orme ou ormeau, fauteau ou hestre, amandier, figuier.

O.: hestre, fresne, chesne.

Exceptions: M.: palme, espine, vigne, ronce; l'éd. de 1607 ajoute ‚bourdaine'.

O.: palme, yeuse.

---

[1] Cf. la remarque de Vaugelas sur ce sujet (Vaug. II, 158).

[2] En 1607, M. fait remarquer cette différence du français d'avec le latin, où les noms des arbres sont du féminin.

Toutes les parties du discours substantifiées. (M. f⁰ 43 v⁰; O. p. 65).

a) infinitifs: M.: le boire, le manger, le dormir, &c. O.: le boire, le manger.

b) adjectifs: M.: le long, le large, le double, le triple, le haut, le bas, &c. O.: le long, le large, le haut, le bas, &c.

c) adverbes: M.: le trop d'aise mondaine & le peu de soin de servir Dieu en mene plusieurs à perdition; le pis, le mieux, le plus, le moins, &c. O.: le peu, le trop, le plus, le moins, &c.

Les substantifs terminés en

a (O. p. 66: „Il y a quelques masculins terminez en a, comme un la, un fa, notes de musique; du caca, un dada, papa, mots enfantins; le hola; halebreda, mot vulgaire, est feminin").

b (M. f⁰ 45 r⁰; O. p. 66). M.: plomb (1607 [p. 85]: plomb, coulomb). — O.: plomb.

c (M. f⁰ 45 r⁰; O. p. 66). M.: sac, bec (1607 [p. 85]: sac, bec, trac). — O.: sac.

d (M. f⁰ 45 r⁰; O. p. 66). M.: nid, bord (1607 [p. 85]: nid, bord, fond). — O.: accord.

é fermé (M. f⁰ 45 r⁰; O. p. 66). M.: amandé, baraté[0], caillé[0][1], clergé[0], civé[2], congé, costé, dé, degré[0], esté, filé[3], fossé, gré, lé, marché, pasté, pavé, peché, pré, raisiné, ré, salé. — L'éd. de 1607 (p. 85) contient outre les exemples précédents: blé, livé. — O.: congé, costé, pasté.

Exceptions: M.: „. . . tous substantifs terminez en té &ié, . . . issus des latins en tas & tia, ou les imitans sont féminins". Tels sont: beauté, planté[4], prevosté[0], (l'éd. de 1607 [p. 85] contient de plus: cherté, santé, vilté); moitié, pitié (1607: amitié, outre les deux mots précédents).

O.: (sont du féminin): les substantifs en té & tié, qui denotent la qualité, la quantité & l'affection, comme cruauté, prevosté, moitié, pitié; & ceux-cy: cité, nativité, principauté, université."

[Sur *archevesché*, *comté*, *duché*, *evesché*, voir ci-après p. 43, 44, 45, 46.]

f (M. f⁰ 47 v⁰; O. p. 75). M.: œuf[5] (l'édition de 1607 [p. 88] renferme de plus: chef, étrif[6], suif). — O.: bœuf, chef, fief, œuf.

---

[1] Il est difficile de décider s'il s'agit du participe passé substantifié de cailler, ou du substantif que nous écrivons aujourd'hui *cailler*. Theod. Jacomotus traduit le mot par ‚coagulatus', mais cela ne prouve rien, car il traduit amandé par ‚emendatus, correctus' (p. 85), et ré par ‚rasus'.

[2] Civet.

[3] Filet (rets).

[4] Multitude, grande quantité.

[5] L'éd. à laquelle nous empruntons nos citations, porte aussi un mot ‚terf⁰', qui est estropié sans doute, car en 1625 il a la forme ‚tref' et la traduction dit: ‚cerf, cervus; serf, servus'. Tref signifie ‚poutre, solive'.

[6] Querelle, lutte.

Exceptions: M. et O.: clef, nef, soif.

g (M. f⁰ 47 v⁰; O. p. 75). M.: joug, sang (1607 [p. 88]: joug, rang, sang). — O.: bourg, joug, rang, sang.

h (O. p. 75). O.: estomach.

i (M. f⁰ 47 v⁰; O. p. 75). M.: abri⁰, pari, souci. — O.: „... qui sont mieux escrits par y ...: deffi, deffy; souci, soucy; appuy; estuy.“

Exceptions: M.: brebi, souri[1] (1607 [p. 88]: brebi, merci, souri); „on escrit aussi brebis, souris; fourmi est commun, bien que i'aymerois mieux dire fourmie pour le feminin⁰.“

O.: „... mercy, pris absolument, car en composition grand'mercy est masculin; quelques-uns adjoustent: brebi, fourmi, souri, mais il est beaucoup mieux d'escrire brebis, fourmis, souris; pour fourmie, il ne se dit point.“[2]

l (M. f⁰ 47 v⁰; O. p. 75). M.: fil, orgueil, val (1607 [p. 88]: fil, miel, val). — O.: col, email, fil, sel, val.

m (M. f⁰ 47 v⁰; O. p. 75). M.: renom. — O.: parfum, renom.

Exception: M. et O.: faim.

n (M. f⁰ 47 v⁰, 48 r⁰; O. p. 75). M.: brin, bastion, garson, horion, maintien, morion, pain, pinson, poinson[3], poisson, rien, train, vin. (L'édition de 1607 [p. 88, 89] contient outre les mots précédents: avorton, bâton, bien, buisson, enfançon, guerdon, jargon, peloton). — O.: champignon, cotton, oignon, poinçon, poisson, raisin.

Exceptions: M.: „... les (substantifs) verbaux en çon, son, ion, issus des latins en io, ou les imitans. ... Ainsi: leçon, façon, rançon, maison, raison, moisson, cloison, portion, action⁰, &c. Poison[4] peut estre de commun genre.“ (Les exceptions de l'éd. de 1607 sont: boisson, invention, liaison, marisson[5], pamoison, passion, prison, tanson[6]). — De plus: fin, main, nonnain, putain.

O.: „... les noms verbaux en çon, son & ion: rançon, moisson, pasmoison, collation. Ces autres aussi sont feminins: mamman*, mot d'enfant, leçon, façon, raison, pension, maison, cloison, portion, action, prison, foison, boisson, toison, venaison, main, nonnain, fin, putain, noiron*[7] ...“

Remarque: O. (p. 76): „Soupçon est tousjours masculin, unisson tousjours feminin.“

[Sur *guenon* et *poison* voir ci-après p. 47, 50.]

---

[1] Souris.
[2] Voir p. 46.
[3] Poinçon.
[4] Maupas écrit ‚poisson‘, mais c'est une faute d'impression (voir p. 18).
[5] Chagrin, tristesse; le mot est cité comme masculin par Palsgrave, Esclairc. p. 214, éd. Génin, Paris, 1852.
[6] Querelle, dispute, contestation.
[7] Variété de tulipe.

o (O. p. 76): „un duo, un trio, termes de musique, un echo, un zero."*

p (M. f⁰ 48 r⁰; O. p. 76). M.: galop, hanap. — O.: camp, champ, coup, galop.

q (M. f⁰ 48 r⁰; O. p. 76). M.: coq. — O.: cocq.

r (M. f⁰ 48 r⁰; O. p. 76). M.: acier, dangier (1607 [p. 89]: danger), fer. — O.: acier, chantier, clocher, cœur, danger, esvier.

Exceptions: M.: cour, cueiller, chair, mer, rancœur⁰, tour „pro turri" (cf. p. 51); „plus rememorez icy la reigle des noms en eur, signifians qualité, ... lesquels sont feminins: valeur, couleur (1607: ,hauteur' au lieu de ,couleur')."

O.: chair, cour, cuillier, fleur, mer, rancœur, teneur, tour „pour tour de chasteau ou bastiment ...". „Davantage les substantifs en eur, qui signifient quantité, qualité ou passion ..." (cf. p. 40).

[Sur *amour*, *erreur*, *humeur*, *tour*, voir p. 42, 45, 48, 51.]

s (M. f⁰ 48 r⁰; O. p. 76, 77). M.: abus, amas, chois, exces⁰, los, ris (1607 [p. 89]: repos, outre les autres). — O.: compas, eschalas, proces, propos, repas, repos, ris.

Exceptions: M.: brebis, fois, souris, vis.

O.: „brebis, fourmis, souris, & quelques feminins seulement au plurier: chausses, hardes, fois*, mœurs, amours*, pour la personne aimée; orgues, descrotoires, mouchettes, espoussettes, vergettes. Flandres s'escrit avec s à la fin, mais estant mis avec l'article la, jamais on n'escrit la Flandres."[1]

[Sur *gens*, voir p. 47.]

t (M. f⁰ 48 r⁰; O. p. 77). M.: bonnet, salut, tourment (1607 [p. 89]: sonnet, souhait, outre les précédents).

O.: bonnet, escot, gantelet, habit, rabot, salut, tripot.

Exceptions: M.: dent, forest, gent, jument, maict[2], mort, nuit, part.

O.: dent, forest, gent, hart, jument, mort, nuit, part.

Remarque: O.: „Curedent & entregent, composez de dent & gent, sont masculins; minuict sans article passe aussi pour masculin; minuict est sonné; autrement on dit la minuict."[3]

„Le commun peuple abusant de cette reigle, en discourant d'une fille, dit: c'est une belle enfant = une belle fille; la pauvre enfant, &c.; mais c'est une grande improprieté."*

---

[1] Vaugelas (II, 110) a consacré cette règle.

[2] Mait; le *c*, dans ma*ic*t, ne se prononçait pas. M. (f⁰ 4r⁰).

[3] Cf. la remarque de Vaugelas sur ce sujet: „Sur *le* minuit. C'est ainsi que depuis neuf ou dix ans toute la cour parle, et que tous les bons autheurs escrivent ... On dit minuit sonné, et jamais minuit sonnée" (Vaug. I, 158). Le mot est devenu masculin sous l'influence de midi.

u (M. f⁰ 48 r⁰; O. p. 77). M.: bahu,[1] festu, residu⁰ (1607 [p. 89]: ‚residu‘, au lieu de ‚coqu‘). — O.: bahu, festu, residu.
>Exceptions: M.: boutru⁰, glu, tribu⁰, vertu.
O.: bru, glu ou glux, tribu, vertu.

y cf. *i.*

z (M. f⁰ 48 r⁰; O. p. 77). M.: nez. — O.: accez, nez, procez.
>Exceptions: O.: „viz & retz; & ce dernier se met aussi au masculin.“

ay (M. f⁰ 45 r⁰; O. p. 66). M.: ray (1607 [p. 85]: may, quay, ray). O.: geay.

au (M. f⁰ 45 r⁰; O. p. 66). M.: couteau⁰, joyau (1607 [p. 85]: joyau, oyseau.)
O.: couteau, joyau.
>Exceptions: M.: eau, peau. — O.: eau, nau[2], peau.

eu (M. f⁰ 45 r⁰; O. p. 66). M.: feu⁰, jeu, voeu (1607 [p. 85]: ‚milieu‘ au lieu de ‚feu‘). — O.: feu.

ou (M. f⁰ 45 r⁰; O. p. 66). M.: caillou, trou. — O.: trou.
>Exceptions: M.: bridou⁰, goislou⁰, trainou⁰.[3]

oy (M. f⁰ 45 r⁰; O. p. 66). M.: envoy, ottroy (1607 [p. 85]: abboy, arroy, envoy, ottroy). — O.: envoy.
>Exceptions: M.: foy, loy, paroy. — O.: foy, loy.

uy (M. f⁰ 45 r⁰; O. p. 66). M.: appuy, ennuy. — O.: appuy.

Les substantifs composés suivants:

O. (p. 75): bouteselle*, chasse-marée*, chef-d'œuvre*, couppe-gorge*, cur'oreille, gardeboutique, perce-lettre, perç'oreille, porteballe, porte-chaire, port'enseigne, port'espée, serre-crouppiere*, tire-laine*, trenche-plume, trop-aise*.

O. (p. 76): avantmain, arrieremain, essuymain, lavemain, tournemain.

Sont du genre féminin:

*Les substantifs désignant des femmes d'après leur état social*⁰ (M. f⁰ 44 r⁰; O. p. 65).
Exemples: M: duchesse, nymphe, orfevresse, roine.
O: abbesse, barbiere, comtesse, conseillere, duchesse, nonne, reyne.

*Le mot vertu et les noms des vertus*⁰ (M. f⁰ 44 r⁰; O. p. 65)
Exemples: M: force, prudence. — O: force, prudence, temperance.

---

[1] Bahut.

[2] Nef; le mot signifie aussi nage, ou bien bière, cercueil, et il est du masculin dans ces dernières acceptions (Ménage, Dict.).

[3] „Quorum trium vocabulorum significatio me latet“ (éd. de 1623, p. 84).

Les noms des fruits (M. f⁰ 44 r⁰ v⁰; O. p. 65).

Exemples: M: cerise, groseille, noix, prune (1607 [p. 83]: amande, cerise, fraise, poire, prune). — O: cerise, noix, poire, prune.

Exceptions: M: abricot, citrangule⁰, citron, coing, concombre⁰, genievre⁰, gingembre⁰, gland, limon, marron, melon⁰, naveau⁰, oingnon⁰, pepon⁰,[1] poivre⁰, porreau⁰, raifort⁰, raisin.

O.: abricot, champignon, citron, coing, concombre, genevre, gingembre, gland, limon, marron, melon, naveau, oignon, orge,[2] poivre, porreau, potiron, raisin, raifort, seigle.

Les substantifs terminés en:

e muet (M. f⁰ 45 r⁰ v⁰; O. p. 66, 67).

M.: „En e, y a grand'variété. Vous tiendrez pour reigle generale qu'ils sont feminins: eglise⁰, force, grace, liesse⁰ &c. Mais il y a force exceptez . . .“ Les exemples de l'édition de 1607 (p. 86) sont: arche, bouche, entree, fontaine, force, gorge, grace, marchandise, perche, poudre, puce, puissance, richesse, servitude, sortie.

O.: „Quant aux substantifs terminez en e, on doit tenir pour reigle generale qu'ils sont du genre feminin, mais parce qu'il y a tant d'exceptions je remets le tout au jugement de ceux qui aprendront, estant assez facile de cognoistre ce qui appartient à l'homme & à la femme. Pourtant en voicy quelques reigles generales. Tous noms substantifs terminez en ade sont feminins: capitolade, boutade &c. . . .“ [Le reste de ces „reigles generales“ rentre dans les exceptions que voici:]

Exceptions: Sont du masculin les substantifs terminés en:

age. M.: gage⁰, héritage. 1607: gage, héritage, langage, servage, sauf cage, page⁰ (d'un livre), plage⁰, rage. „Aage, image, peuvent estre de commun genre“ (cf. p. 41, 48).

O.: gage, heritage, hermitage, sauf cage, image, page (d'un livre), plage, rage.

*ame, amme, asme, eme, esme*⁰. M.: anagramme,[3] blasme, cataplasme, poëme, baptesme, „issus des grecs. . . . Car s'ils ne sortent des grecs, il y a de l'advis, comme rame, trame &c., feminins.“ L'éd. de 1607 dit seulement: (Est du masculin): blâme.

O.: anagramme,[3] epigramme, blasme, poëme, baptesme, sauf rame, trame.

*aume, ege, iege, eige*⁰. M.: chaume, royaume, manege, privilege, piege, pleige, sauf neige; l'édit. de 1607 se borne

---

[1] Idem quod melon: pepo, peponis (p. 83).

[2] D'après le singulier hordeum; aujourd'hui féminin d'après le pluriel hordea.

[3] Anagramme est féminin à partir de Vaugelas (I, 85).

à constater que chaume, royaume, piége, pleige sont du masculin.

O.: chaume, royaume, manege, piege, pleige, sauf paume, neige.

isme[0]. M.: catechisme, sophisme, „prononçant l's. . . .; ceux qui n'on l's, varient: rime, estime, &c., fem.; crime, regime, masc." L'édition de 1607 dit seulement: ‚catechisme, schisme‘ (sont du masculin).

O.: aphorisme, catechisme, christianisme, sophisme, „où l's se prononce . . . Au contraire en ime, ils sont feminins: rime, estime, &c., excepté crime et regime".

M. et O. donnent ensuite (f[0] 45 v[0]—f[0] 47 r[0]; p. 67—70) des listes de substantifs terminés en e qui sont masculins; elles n'ont rien d'intéressant, sauf les mots qui, de nos jours, ont changé de genre; tels sont:

M.: empeigne, guesde (== guède), haste (il y a sans doute confusion avec hast), moucle (== moule, le mollusque), saye (== saie).

O.: auge (masculin chez Cotgrave), epithete[1], escome (== écome), hymne, hyssope (== hysope), jusquiame, mourre, saye.

Il en est autrement des listes où les deux grammairiens rassemblent les substantifs terminés en e qui peuvent être des deux genres; nous nous en occuperons ci-après.

eur (M f[0] 44 r[0]; O. p. 76)

M: „(Sont du feminin) tous noms abstraits signifians qualité, nommément les noms terminez en eur, bien que la plus part sortent des Latins masculins terminez en or, comme douleur, chaleur[0], hauteur[0], pesanteur[0], &c." Les exemples de l'édition de 1607 (p. 89) sont: couleur, douleur, grandeur, odeur, saveur.

O.: „. . . les substantifs en eur, qui signifient quantité, qualité ou passion, sont du genre féminin, comme largeur, longueur, espaisseur, peur, douleur, chaleur, valeur, couleur. Item liqueur & Chandeleur."

Exceptions: M: bon-heur, cœur, heur, honneur, labeur, malheur, pleur. „Et erreur & humeur qui peuvent estre communs" (cf. p. 45, 48).

O.: heur, honneur, „& leurs composez"; labeur; pleur, „qui se met ordinairement au plurier".

Remarque: M.: „Vous entendez bien n'estre pas icy compris les verbaux actifs en eur, conténans fonction d'homme, qui ne peuvent estre que masculins, comme auteur, docteur, serviteur."

---

[1] Le mot est employé au masculin par M.

x (M. f⁰ 48 r⁰; O. p. 77)

M.: chaux⁶, croix, faux, noix, paix, poix, queux, toux, voix.

O.: chaux, croix, faulx, paix, perdrix, poix, queux, toux, voix.[1]

Exceptions: M.: couroux, faix, prix. O: choix, faix, gueux·

Du genre de certains substantifs (v. Brunot, Hist. III, p. 439 et sv.).

Nous avons déjà fait allusion à la liste dans laquelle M. énumère (f⁰ 47 r⁰ v⁰) les substantifs, terminés en e muet, qui „peuvent estre usurpez indifferemment de commun genre, combien qu'aucuns en peuvent avoir l'un plus familier que l'autre, ce qu'(il) laisse à l'usage à (nous) apprendre." F⁰ 48 v⁰, il en donne une autre des substantifs qui „changeans de signification, changent aussi de genre." O. procède (p. 70—75) d'une façon à peu près analogue, mais il comprend dans un même ensemble les deux catégories de substantifs: „Voicy les substantifs du genre commun & douteux (terminés en e); où l'estudiant trouvera les abus qui se sont glissez insensiblement dans les autres grammaires." [La différence qu'O. semble faire ici entre „douteux" et „commun", n'est cependant qu'apparente; on s'en aperçoit facilement par un coup d'œil jeté par exemple sur ce mot „doubte" qui est „du genre commun ou douteux", et où le grammairien lui-même confond les deux termes. Mais le plus souvent, il est vrai, il déclare „du genre commun" les substantifs qui peuvent désigner des êtres masculins et féminins, comme „camarade", „concierge", etc.]

C'est à ces listes, que sont empruntés la plupart des substantifs suivants:[2]

Aage. Employé tantôt comme masculin, tantôt comme féminin, par Malherbe, le mot est des *deux genres* selon M. (f⁰ 45 v⁰) et *masc.* selon O. (p. 71). Vaug. (II, 444) le déclare masculin.[3]

Abisme⁰. Souvent fém. au 16ᵉ siècle, des *deux genres* d'après M. (f⁰ 47 r⁰), *masc.* d'après O. (p. 67), déclaré masc. par Vaug.: „Abisme est tousjours masculin: c'estoit un grand abisme, et non pas une grande abisme, comme parlent quelques-uns" (II, 457).

Accroche⁰. Des *deux genres.* M. (f⁰ 47 r⁰). — Le mot qui aujourd'hui est vieilli, était généralement fém. au 17ᵉ siècle.

Acte. Des *deux genres* d'après M. (f⁰ 47 r⁰), *„mieux masculin"* d'après O. (p. 71).

---

[1] En réalité, O. renverse la règle de M. en la donnant de cette façon: „(les substantifs en x sont) masculins: gueux, faix, choix; excepté . . ."

[2] Pour les rapprochements et les citations, excepté ceux de Malherbe, de Vaugelas et du Père Bouhours, voir Littré, Dictionnaire (avec Supplément).

[3] Il est du féminin dans ces vers de Corneille:

„Outre l'âge en tous deux un peu trop refroid*ie,*
Cela sentirait trop sa fin de comédie.
(Galerie du Palais, v. 8)

*Adultère**, „*pour le peché, masculin; qui s'entend des personnes, commun*". O. (p. 71).

Affaire. Masc. à l'origine, le mot est des *deux genres* au 15e et surtout au 16e siècle, et encore dans M. (f⁰ 47 r⁰) et O. (p. 71); Vaug. (I, 386) l'a déclaré féminin.[1]

Aide. M. cite ce mot (f⁰ 47 r⁰) dans la liste des substantifs qui „*peuvent estre usurpez indifferemment de commun genre,*" O. (p. 71) le déclare „*du genre douteux*".[2]

*Aigle** est „*du douteux*". O. (p. 71). Le grammairien ne semble donc pas faire de différence entre les deux sens du mot (sens propre et sens figuré), pas plus d'ailleurs que Vaugelas qui déclare que c'est un „de ces substantifs hermaphrodites, car on dit, un grand aigle, et une grande aigle, à l'aigle noir, et à l'aigle noire", et „qu'on le fait plus souvent feminin que masculin" (Vaug. I, 407).[3] — Dans son „Tresor des deux langues", O. donne cet exemple: „un aigle, qui casse les os", sans pourtant discuter le genre du mot.

Aise. Des *deux genres* suivant M. (f⁰ 47 r⁰), du *masculin* suivant O. (p. 67).
Nous avons un souvenir du genre masculin de ce mot dans la locution populaire et vicieuse qui a donné lieu à une remarque de Littré: on ne peut pas avoir tous ses aises.

Alarme⁰. Masc. à l'origine, des *deux genres* au 16e siècle et dans M. (f⁰ 47 r⁰), „*plus feminin que masculin*" dans O. (p. 71). Malherbe l'avait fait féminin à l'encontre de Desportes (Brunot, Doctr., 357).

Amour „*peut estre de commun genre*". M. (f⁰ 48 r⁰); „*amour, pour la passion . . . est du genre douteux*". O. (p. 76) „*amours*, pour la personne aimée, féminin*". (O. p. 76, 77). Cf. Vaug. II, 107.

Ancestre⁰. Le mot se trouve dans la liste où M. énumère (f⁰ 47 r⁰) les substantifs qui „*peuvent estre usurpez indifferemment de commun genre.*" O. (p. 71) le déclare *masculin.* — La question, si ‚ancêtre' peut être employé aujourd'hui comme féminin, n'est

---

[1] „Dans le XVIII siècle, la chancellerie avait consacré l'ancien genre et sur les dépêches du roi on mettait: pour les exprès affaires du roi" (Littré), remarque que Vaugelas avait déjà faite pour son époque.

[2] „Ce mot, qui a été longtemps de genre indécis, est déclaré féminin par Bouhours, d'accord avec Ménage, au sens de secours, et masculin au sens d'aide à maçon; M. d'Andilly le fait masculin. Doutes, 116. Bouhours insiste et se déclare hésitant; peut-être ce mot est-il des deux genres, comme hymne, foudre, sphynx, aigle, fourmi, automne, épitaphe, ou plutôt n'a-til pas deux genres selon les deux sens qu'il a, comme période, pourpre, office, temple? Doutes 118" (Rosset, Bouhours).

[3] C'est Ménage, qui a établi la différence entre les deux genres de ce substantif suivant ses significations. Mais des écrivains comme Bossuet, Lafontaine et Voltaire, ont fait ‚aigle', au sens propre, indifféremment des deux genres.

pas résolue. (Cf. Littré: „Des corps constitués ont dit en parlant à Victoria, reine d'Angleterre, de la reine Elisabeth: La glorieuse ancêtre de votre majesté").[1]

Aposteme. Des *deux genres* selon M. (f⁰ 47r⁰); „Apostheme est *du genre douteux, & non pas absolument feminin.*" O. (p. 71)[2] [cf. Vaug. II, 479: „Aposteme ne vaut rien. Il faut dire apostume". Les deux mots, différents de genre, subsistent.].

*Aproche*⁰. Des *deux genres* d'après M. (f⁰ 47r⁰); „Approche, *plus feminin que masculin.*" O. (p. 71).

*Arbitre*⁰. Des *deux genres* dans M. (f⁰ 47r⁰); „*plus masculin que feminin*" suivant O. (p. 71). On ne saurait dire si les deux grammairiens prennent ‚arbitre' ici au sens concret ou au sens abstrait. Le ‚*Tresor des deux langues*' distingue deux mots: „Arbitre, libre arbitre, aluedrio; arbitre, juge, arbitro, juez arbitrario."

Archevesché. „*De commun genre*" M. (f⁰ 45r⁰); „. . . asseurément *plustost masculin que feminin, encore que commun*". O. (p. 66). Le mot est employé comme féminin par Malherbe; Vaugelas (II, 71) le déclare masculin.

Barbe.* „*Cheval, masculin . . ., Barbe de l'homme, &c., feminin*". O. (p. 73).

Bassecontre.* „*Pour celuy qui chante la basse, masc. . . .; pour la partie de musique, feminin*". O. (p. 73).

*Bonace*⁰. Des *deux genres* suivant M. (f⁰ 47r⁰), du *féminin* selon O. (p. 71).

*Camerade*⁰. De genre „*commun*" selon M. (f⁰ 47r⁰) et O. (p. 71), qui écrit „*camarade*".

*Carre*⁰ ou *Quarre*⁰. Des *deux genres.* M. (f⁰ 47r⁰).[3]

Carrosse. Des *deux genres* d'après M. (f⁰ 47r⁰), qui écrit „carosse"; „*mieux au masculin*" d'après O. (p. 71).[4]

Chanvre.* „*Du commun, & mieux au masculin*". O. (p. 71). Dans l'éd. de 1632, le mot se trouve dans la liste des masculins.[5]

---

[1] Le *Tresor des deux langues* ne donne que le pluriel „Ancestres".

[2] Curiositez françoises, p. 14: „Sa bourse a grosse apostheme, c'est-à-dire elle est pleine d'argent."

[3] „Carre se dit encore en Champagne, en Bourgogne et en Lorraine dans le sens de coin et d'angle rentrant. On dit à Bar-le-Duc: La maison qui fait *le* carre de la rue, dans les villages, qui fait *la* carre." (Godefroy, Dict.).

[4] Au 16ième siècle, le mot était souvent employé comme féminin.

[5] Cf. „Il arriva qu'au temps que la chanvre se sème".
Lafontaine, Fables I, 8.
Encore de nos jours, le mot est féminin dans plusieurs patois.

44

*Chose**. „Pour le membre viril, *masculin*“ O. (p. 71). [Cf.
Vaugelas: „Je connois un homme de grand esprit et reconnu pour
tel de tout le monde, qui n'escrit jamais chose, parce que c'est
un mot qui fait de sales équivoques . . .“ (II, 409).]

Coche. Le mot est dans la liste des substantifs *„de commun
genre“* M. (f⁰ 47 r⁰). F⁰ 48 v⁰, le grammairien le cite une seconde
fois: *„Coche, rheda* (= *voiture*), *commun. Sus* (= *porc*), *crena*
(= *cran*), *feminin“*. — O (p. 71): *„coche . . . mieux au masculin“*;
(p. 73): *„Coche pour chariot, masculin*; *coche pour truye, féminin*;
coche pour cran, feminin“*.

Comté⁰. *„De commun genre“*. M. (f⁰ 45 r⁰); *„. . . mieux pris au
genre feminin“*. O. (p. 66). — *„. . .* on le fait tantost masculin,
tantost feminin, mais il me semble beaucoup plus usité au masculin,
. . . quoy que l'on die la Franche-Comté. Ceux du pays où elle
est, ne sçachant gueres bien notre langue, peuvent l'avoir nommée
ainssi. Ce n'est pas que quelques-uns à la cour et à Paris ne
facent Comté, féminin, . . .“ (Vaug. II, 71.) Cf. le terme de ‚comté-
pairie‘ où comté a gardé son ancien genre comme dans ‚la Franche-
Comté‘.

Concierge⁰. Des *deux genres* selon M. (f⁰ 47 r⁰) et O. (p. 71).

Contraste⁰. Des *deux genres* suivant M. (f⁰ 47 r⁰).

Contrecarre⁰. Du *genre „commun“*. M. (f⁰ 47 r⁰).

Cornette⁰. D'après M. (f⁰ 49 r⁰), le mot est du *masculin*, quand
il désigne *la personne*, et du *féminin*, quand il désigne *„la chose
ou instrument.“* [1] — *„Pour officier de Cavalerie est masculin*; *&° se met
pourtant au feminin, quoy qu'il signifie“* O. (p. 73).

*Couple**. *„De personnes mariées, ou d'amants, masculin:* un beau
couple; . . . *pour paire, feminin:* une couple d'escus“.

Crespe⁰. Des *deux genres* selon M. (f⁰ 47 r⁰), du *masculin* selon
O. (p. 71). — On ne saurait rien affirmer en ce qui concerne le
sens dans lequel les deux grammairiens prennent ce mot.

Desbauche⁰. Des *deux genres* d'après M. (f⁰ 47 r⁰), du *féminin*
d'après O. (p. 71).

Diocese⁰. Des *deux genres* suivant M. (f⁰ 47 r⁰), du *masculin*
suivant O. (p. 71).[2]

---

[1] M. (f⁰. 49 r⁰): „Enseigne, Signifer, masc., ipsum signum vel vexillum,
fem. Et ainsi souvent des autres qui sous un mesme terme peuvent estre
rapportez à la personne, ou à la chose, ou instrument; tels peuvent estre:
Cornette, Sentinelle, Guette, Guide & autres.“

[2] Au 16e siècle, le mot était souvent féminin, conformément à l'étymologie: „Chacune cité avait sa diocese, laquelle elle pour-voyait de prestre“
(Calvin, Just. 858). Ailleurs, Calvin le fait masculin: „chacun evesque ordonnoit
les prestres de son diocese, avec le conseil des autres prestres“. (Ib. 868.)

Divorce 0.[1] M. (f⁰ 47r⁰) le fait des *deux genres*, O. (p. 68) *masculin*.[2]

*Dogue**. „*Du commun*". O. (p. 71).

Doubte. M. ne cite ce mot qu'en 1625, et alors il le déclare *masculin.* O. le cite parmi les *masculins* en 1632; dans l'édition présente, il est „du *genre commun ou douteux*" (p. 71). A partir de Vaugelas (I, 407), il n'est que masculin, tandis que Malherbe le faisait encore féminin: „Nos doutes seront esclaircies, — Et mentirons les propheties" (III, 1).

Duché 0. Des *deux genres* d'après M. (f⁰ 45r⁰), „*mieux pris au genre feminin*", d'après O. (p. 66). „Pour Duché, on le fait tantost masculin, tantost feminin, mais il me semble beaucoup plus usité au masculin . . ." Vaug. (II, 71). Ménage est du même avis, mais l'Académie a décidé en faveur du masculin.[3]

Emplastre 0. Des *deux genres* suivant M. (f⁰ 47r⁰), „*du genre douteux*" suivant O. (p. 71) et pendant tout le 17ᵉ siècle.

Enseigne. „*Signifer masc., ipsum signum vel vexillum, fem.*" M. (f⁰ 49r⁰). „*Enseigne pour celuy qui a la charge, masculin; pour l'enseigne que l'on porte, feminin*" O. (p. 73).

Epigramme 0. Du genre „*commun*" d'après M. (f⁰ 47r⁰), „*plus masculin que fem.*" d'après O. (p. 71); le mot a été déclaré féminin par Vaugelas (II, 93). (Pour la remarque de Balzac sur ce mot, cf. Vaug. I, 94, note de Thomas Corneille.)[4]

Epitaphe 0. Des *deux genres* suivant M. (f⁰ 47r⁰), „*plus masculin que fem.*" suivant O. (p. 71). „Les uns font Epitaphe masculin, les autres feminin; mais la plus commune opinion est qu'il est feminin: une belle epitaphe." Vaug. (I, 94).[5]

Erreur. Du genre „*commun*" selon M. (f⁰ 44r⁰); „*du genre douteux*" selon O. (p. 76). „. . . Amyot a tousjours fait erreur, masculin, et aujourd'huy il n'est que feminin". Vaug. (I, 225).

Escharre 0. Des *deux genres* d'après M. (f⁰ 47r⁰). „*Escarre (est) du douteux, & toutesfois pris plus souvent au feminin*". O. (p. 72).

---

[1] Dans l'édition que nous citons, le mot a la forme ‚divoire', mais c'est une faute d'impression, comme nous l'apprend l'édition de 1625.

[2] „Apres Archade est Peloponese laquelle fait la divorse entre la mer Jonienne et la mer de Crete. (Chron. et hist. saint. et prof., Ars. 3515, f⁰ 61v⁰)." (Godefroy, Dict.)

[3] „. . . duché, s. m. vient du bas-latin ducatus, de dux, duc; le vieux français duchée, d'où la duché, vient du latin fictif ducitatem, qualité de duc. . . . Duché-pairie, s. m. et f. . . . Un duché pairie ou une duché-pairie ., ." (Littré, Dict.)

[4] „Monsieur de Zuglichem n'a pas dédaigné de montrer au public le cas qu'il fait de cette comédie par deux épigrammes, l'*un* fran*çais*, l'autre lat*in*" (Corneille, Menteur, Avis au Lecteur).

[5]   „Je n'ai plus qu'à mourir, mon épitaphe est fait."
(Corneille, Suite du Menteur I, 6.)

Espace „*est masculin, et feminin en terme d'Imprimerie*". O. (p. 71). Vaugelas le déclare masculin (II, 226) et Ménage fait la même distinction qu'O., distinction qui s'est maintenue jusqu'à nos jours. — Malherbe l'avait fait masculin, à la différence de Desportes.

Estude. Dans l'édition de 1607, M., sans s'expliquer davantage, mentionne ce mot parmi les substantifs qui „*peuvent estre de commun genre*"; en 1618, il n'en parle guère. „*Estude est commun, lors qu'il est pris pour l'exercice d'estudier. Et pour cabinet, ou lieu de gens de justice, feminin.*" O. (p. 72). C'est dans Malherbe que l'on trouve déjà cette distinction: „pour un lieu où l'on étudie, il est féminin; pour le travail d'étudier, masculin. Qui fait au contraire n'y entend rien" (Brunot, Doctr. 358); mais Vaugelas a décidé là-contre: „Ce mot en toutes ses significations est feminin, tant au pluriel qu'au singulier . . ." (I, 309). — La règle de Malherbe a été reprise par Ménage. (Voir la note de Th. Corneille à la suite de la remarque de Vaugelas).

Evesché[0]. „*De commun genre.*" M. (f⁰ 45 r⁰); „*. . . asseurément plus tost masculin que feminin, encor que commun.*" O. (p. 66). Jusqu'au 16ᵉ siècle employé au féminin, évêché est définitivement masculin à partir de Vaugelas: „Evesché estoit autrefois un mot féminin, et Ronsard a dit, . . . ,et le dos empesché. Sous le pesant fardeau d'une bonne Evesché', . . . mais aujourd'huy on le fait tousjours masculin" (II, 71).

Exemple. Des *deux genres* d'après M. (f⁰ 47 r⁰), „*mieux au masculin*" d'après O. (p. 71) „Ce mot est masculin sans difficulté, mais j'en fais une remarque, parce qu'à Paris dans la ville on le fait ordinairement feminin, et l'erreur vient apparemment de ce que exemple est de ce dernier genre, quand il signifie le patron, ou le modelle d'escriture, que les Maistres Escrivains donnent aux enfans pour leur apprendre à escrire: De belles exemples. J'ay dit dans la ville, parce qu'à la Cour ou ne l'a jamais fait que masculin: donner bon exemple, de bons exemples." Vaugelas (I, 429).[1]

Foudre. Des *deux genres* suivant M. (f⁰ 47 v⁰), „*indifferent*" suivant O. (p. 72). Vaugelas (I, 405), lui aussi, admet les deux genres indifféremment.[2]

Fourmi[0] „*est commun, bienque j'aymerois mieux dire fourmie pour le féminin*". M. (f⁰ 47 v⁰). „*Fourmis est mieux au feminin*". O. (1632; p. 57). Dans notre édition, O. dit (p. 75): „. . . quelques-uns (emploient comme féminin) . . . fourmi . . ., mais il est beaucoup mieux d'escrire . . . fourmis . . .; pour fourmie, il ne se dit point". Vaugelas (I, 407) admet les deux genres en ajoutant toutefois: „Il est vray qu'on le fait plus souvent feminin, que masculin".

---

[1] Cf. Littré, Dictionnaire.

[2] Cf. la distinction que fait la langue moderne entre *foudre*, du genre fém., et *foudre* du genre masculin.

Friche. „*De commun genre.*“ M. (f⁰ 47 v⁰). L'on sait que ‚friche' s'emploie encore aujourd'hui au masculin dans le sens de chiendent.

Garde⁰. „*De commun genre.*“ M. (f⁰ 47 v⁰); „*pour officier de la garde, masculin; pour la garde mesme, féminin*“. O. (p. 73).

*Garderobbe,** „*pour ce qui sert aux femmes par dessus l'habit, masculin, . . . pour le lieu où l'on tient les habits, ou pour le privé, feminin*“. O. (p. 73).

Gens. M. (f⁰ 48 r⁰) ne cite que le singulier *gent*, qui est *féminin.* — „*Pour le mot de gens, lors que l'adjectif le precede, il est du genre feminin: de belles gens, de bonnes gens, de meschantes gens; mais si l'adjectif suit, il est masculin: les gens de ce quartier-là sont bien meschans; de mesme quand il se rapporte aux hommes: v. g. tous gens de guerre sortiront du pais. Notez de plus, que son singulier n'est gueres en usage.*“* O. (p. 77). Vaugelas (II, 191) donne la même règle, mais il la complète dans le sens que, précédé de l'adjectif *tout*, *gens* est toujours du masculin.

Greffe,⁰ „*pour le lieu où se tient le registre des actes de judicature, masculin; pour scion à enter, feminin*“. M. (f⁰ 48 v⁰), O. (p. 73).

Guenon „*est du commun.*“ O. (p. 76). En 1632, O. avait dit: „*(Guenon) est du douteux, mais il a meilleure grace au masculin*“.

Guette. Voir p. 44 note 1.

Guide⁰. D'après M. (f⁰ 47 r⁰), „*de commun genre*“. „*Guide est du genre douteux, & sonne toutesfois mieux au feminin*“. O. (p. 73). Le mot était souvent féminin au 16ᵉ et au 17ᵉ siècle, mais Malherbe le déclare masculin (Brunot, Doctr. 358).

Guimple⁰1. „*De commun genre.*“ M. (f⁰ 47 v⁰).

Haste. „*Veru, masc.; festinatio, fem.*“ M. (f⁰ 48 v⁰). „*Haste, mot qui n'est pas en usage parmy nous, pour broche, feminin & non pas masculin*“. O. (p. 73).

Homicide.⁰ „*De commun genre*“. — „*(Les substantifs terminés) en ide, comme Homicide, . . . usurpez de commun genre, sont comme adjectifs concrets regardans les personnes; car s'ils sont mis pour substantifs abstraits touchant l'acte, ils seront seulement masculins.*“ M. (f⁰ 47 v⁰)2. „*Homicide est masculin.*“ O. (p. 72).

Horloge⁰. Des *deux* genres selon M. (f⁰ 47 v⁰), „*du douteux, & plus à propos au masculin*“ selon O. (p. 72).

---

1 == Guimpe; l'ancienne forme guimple se trouve encore quelquefois dans Chateaubriand.

2 „Remarquez, ceux qui terminent en iste, comme sophiste, artiste, semblent plustost adjectifs.“ M. (f⁰. 47 v⁰).

Huile „*est du commun, & non pas absolument féminin.* O. (p. 72).

Humeur. Du genre „*commun*“ d'après M. (f⁰ 44r⁰), „*tousjours féminin*“ d'après O. (p. 76).

Idole [0].* Des *deux genres* suivant M. (f⁰ 47v⁰), „*mieux au féminin*“ suivant O. (p. 72). Le mot est féminin dans Malherbe, masculin dans Corneille et Lafontaine.

Image. Des *deux genres* suivant M. (f⁰ 45⁰), du *féminin* suivant O. (p. 72).

Jaque [0]. Des *deux genres* d'après M. (f⁰ 47v⁰), „*mieux au masculin*“ d'après O. (p. 72). Le Dictionnaire de l'Académie a, pour ce mot, conservé le genre féminin.

*Limite.** „*Douteux.*“ O. (p. 72). „Limites est féminin, et ne se dit guéres qu'au plurier, les limites.“ Vaugelas (II, 422).[1]

Livre. „*Liber masc.*; *libra fém.*“ M. (f⁰ 48v⁰). „*Livre à lire, masculin; pour le poids, feminin*“. O. (p. 73).

Manche. „*Manubrium masc.*; *manica fem.*“ M. (f⁰ 48v⁰). „*Manche de couteau, masculin; manche de pourpoint, feminin.*“ O. (p. 73).

Marge. Des *deux genres* d'après M. (f⁰ 47v⁰). Au 16ᵉ siècle, le mot était fréquemment employé au masculin.

Mensonge [0]. De „*commun genre*“ suivant M. (f⁰ 47v⁰), du *masculin* suivant O. (p. 72), ce qui a été confirmé par Vaugelas (I, 97), „quoy que quelques-uns de nos meilleurs Autheurs l'ayent fait feminin“. En effet, le genre primitif (le féminin) s'est conservé jusque dans le 17ᵉ siècle.

Merci. Voir p. 36.

Meslange ou Meslinge. [2] Des *deux genres* d'après M. (f⁰ 47v⁰), du *masculin* d'après O. (p. 72).

Mode.* M. emploie ce mot au *féminin*, même en terme de grammaire. („L'indicatif porte ce nom ... parce que *cette* mode demontre ...“ f⁰ 135r⁰). „*Mode en terme de Grammaire, masculin, mode pour façon ou coustume, feminin.*“ O. (p. 72).

Navire. Des *deux genres* suivant M. (f⁰ 47v⁰), „*du douteux, & plus propre au masculin*“ suivant O. (p. 72). Vaugelas le déclare masculin (I, 224); Ménage, à propos de ce vers de Malherbe: ,Car aux flots de la peur sa navire qui tremble“ dit que navire, féminin, est partout usité en poésie où il fait mieux (Littré).

Negoce. De „*commun genre.*“ M. (f⁰ 47v⁰); *masculin.* O. (p. 72).

---

[1] Masculin au 16ᵉ siècle, ,limite‘ l'était encore q̃uelquefois au 17ᵉ:
„Et ta miséricorde excédant tous les limites“
(Corneille, Imit. III, 10.)

[2] O. ne donne que la forme ,meslange‘.

Obole[0]. Des *deux genres* d'après M. (f[0] 47 v[0]), „*du genre douteux*" d'après O. (p. 72).

Œuvre. Des *deux genres* suivant M. (f[0] 47 v[0]), „*du commun, & féminin au plurier*" suivant O. (p. 72). Vaugelas, déclarant qu'au pluriel le mot est toujours féminin, constate qu'au singulier il est masculin au sens de ,livre, volume', féminin au sens de ,action' (I, 97).

Office[0]. Des *deux genres* d'après M. (f[0] 47 v[0]) comme dans Rabelais, du *masculin* d'après O. (p. 72).

Offre. De „*commun genre.*" M. (f[0] 47 r[0]). „*Du douteux et plus à propos au masculin.*" O. (p. 72). Vaugelas le déclare féminin (II, 416).[1]

Ombre. Des *deux genres* suivant M. (f[0] 47 v[0]), du *féminin* suivant O. (p. 72). Au 16e siècle, le mot était souvent masculin.

*Once**. „*Animal, masculin; ... poids, féminin.*" O. (p. 73).

Ongle. En 1632, O. cite ce mot parmi les substantifs *masculins*, en 1640, il le déclare de genre „*douteux*" (p. 72). Vaugelas condamne le féminin.[2]

Ordre. Des *deux genres* suivant M. (f[0] 47 v[0]), du *masculin* suivant O. (p. 72). Sur ,ordre' au sens de sacrement, voir Vaugelas (II, 70).

Page. M. (f[0] 48 v[0]): „*Page, puellus, masc.; pagina, fem.*" O. (p. 74): „*... pour enfant au service d'un Grand, masc.; page de livre, feminin*".

Parricide[0]. „*De commun genre*". „(Les substantifs terminés) *en ide, comme ... Parricide, usurpez de commun genre, sont comme adjectifs concrets regardans des personnes; car s'ils sont mis pour substantifs abstraits touchant l'acte, ils seront seulement masculins.*" M. (f[0] 47 v[0]).

Part. M. ne cite ce mot que dans l'édition de 1625 de sa grammaire: „*Part, signifiant enfantement, masc.; signifiant partie ou portion, fem.*"

Partie „*est tousjours feminin, encore que le mot signifie celuy qui agit contre nous en Justice, & je ne croy pas que le plus ignorant estranger, ayant ouy plaider à Paris, voulust dire mon partie pour ma partie; j'aimerois autant dire mon teste*" O. (p. 74).

---

[1] Cf. Racine, Bajazet III, 7:

> „Ah, si d'une autre chaîne il n'était point lié,
> L'offre de mon hymen l'eût-il tant effrayé?"

[2] On le trouve cependant dans ce vers de Lafontaine:

> „Elle sent son ongle maline"
>
> (Fables, VI, 15)

et dans plusieurs patois qui l'ont conservé.

Periode[0]. „*Pour la fin ou declin de quelque chose on l'usurpe communément masc. Pour une clausule de propos, fem.*" M. (f⁰ 48 v⁰.). O. (p. 74) fait la même remarque. C'est d'ailleurs la règle que nous observons encore aujourd'hui, sauf le léger changement qu'a subi le sens de période au masculin.

*Planette**. „*Quelques-uns font un masculin de Planette.*" O. (p. 72).

Poisle. „*Pour un dais . . . que l'on porte sur la teste des princes en pompe, ou pour une estuve, est masculin; mais pour une poisle à frire, feminin.*" M. (f⁰ 48 v⁰). „*Poisle pour un drap qui se met sur les mariez ou trespassez à l'Eglise, masculin; poisle & plus proprement poële à frire, feminin*" O. (p. 74).

Poison[1] „*peut estre de commun genre*" M. (f⁰ 47 r⁰). Dans l'édition de 1625, le grammairien ajoute: „bien qu'il semble tiré de potio latin; comme Suetone dit potionatus pour empoisonné". — „*Poison est du douteux, mais il a meilleure grace au masculin.*" O. (p. 76). Vaugelas (II, 308) n'admet que le masculin, „quoy que M. de Malherbe l'ayt fait quelquefois feminin[2] et que d'ordinaire les Parisiens le facent de ce genre et dient de la poison".[3]

Populace. Des *deux genres* suivant M. (f⁰ 47 v⁰), du *féminin* suivant O. (p. 72).[4]

*Poste**. „*De soldat, masculin; poste que l'on court, feminin.*" O. (p. 72).

*Poulpe**. „*Poisson, masculin; . . . chair ou gras de jambe, &c., feminin.*" O. (p. 74).

*Pourpre**. „*Maladie & couleur, masculin; pour l'estoffe ou habit, feminin.*" O. (p. 74).[5]

*Quadruple**. „*Douteux, mieux au masculin*" O. (p. 74). ‚Quadruple' se fait encore de nos jours féminin dans certaines acceptions: une quadruple espagnole.

Rencontre[0]. Des *deux genres* suivant M. (f⁰ 47 v⁰); „. . . *en paroles, masculin; rencontre d'autre chose, feminin; & tous deux sont maintenant douteux, ou du commun*". O. (p. 74). Vaugelas (I, 74) préfère le féminin pour tous les emplois de ce mot, „quoy que plusieurs dient et escrivent aujourd'huy, en ce rencontre . . . Neantmoins en matiere de querelle, plusieurs le font masculin, et

---

[1] Cf. p. 18.

[2] Comme dans „César assiégeant Corfinium, Domitius, qui était dedans, commanda à un qui était son serviteur et son médecin tout ensemble de lui donner de la poison". (Le Traité des Bienf. de Sénèque, III, 24.)

[3] Le féminin, justifié par l'étymologie, s'est conservé dans le parler populaire.

[4] St.-Amand le fait masculin: „le sot populace" (Poète crotté, p. 226).

[5] En effet, l'Académie fait ‚pourpre' encore aujourd'hui masculin, quand il signifie ‚couleur': „Cette étoffe est d'un beau pourpre" (Dict. de l'Académie).

disent, ce n'est pas un duel, ce n'est qu'un rencontre; mais le meilleur est de le faire féminin."

Reproche. M. le fait des *deux genres* (f⁰ 47 v⁰); on le trouve employé au féminin dans Malherbe: „On ne se pique point d'une reproche qu'on peut faire à tout le monde". (Traité des Bienf. de Sénèque, III, 16). Vaugelas (I, 97) et Chifflet (Grammaire p. 251) admettent le féminin au pluriel: „à belles reproches, de sanglantes reproches", ce qui est blâmé par Th. Corneille et par l'Académie.

Reste.* „*Il y a une phrase où le mot de reste se rencontre au feminin, qui est à toute reste.*" O. (p. 74).

Revanche⁰. Des *deux genres* suivant M. (f⁰ 47 v⁰), „*mieux au feminin*" suivant O (p. 73).

Rouille „*est douteux.*" O. (p. 73); dans l'édition de 1632, nous trouvons: „*rouille est douteux & plus propre au masculin*" (p. 58).[1]

Satyre⁰. „*Pour une fabuleuse deité boccagére, masc.; pour un poeme picquant, fem.*" M. (f⁰ 48 v⁰). O. (p. 74) donne la même règle.

Sentinelle⁰. Des *deux genres* suivant M. (voir p. 44, note 1), „*tousjours féminin*" suivant O. (p. 74).[2]

Temple⁰. „*Templum, masc. — tempus, pars faciei ad aures, fem.*" M. (f⁰ 48 v⁰).[3] O. (p. 74) donne la même règle.

Tour. „*Circuitus, masc., turris, fem.*" M. (f⁰ 48 v⁰). O. (p. 76) fait une remarque semblable.

Trompette. „*Tubicen, masc. — ipsa tuba, fem.*" M. (f⁰ 49 r⁰). O. (p. 74) donne la même règle.

Trouble.* „*Pour sedition, masculin; — trouble, ret à pescher, feminin.*" O. (p. 74).[4] Dans l'édition de 1632, le mot se trouve dans la liste des substantifs masculins.

Vague.* „*Pour la vacuité, masculin; vague de mer, feminin.*" O. (p. 75).

---

[1] Le masculin est dû sans doute à une confusion avec la forme ‚rouil' qui, au sens de ‚rouille' (fém.), subsiste encore dans certains dialectes.

[2] Quelques auteurs ont employé ce mot au masculin:

> Sur leurs corps et leurs ailes
> Brillent des yeux sans nombre, assidus sentinelles.
> Delille, Paradis perdu, XI.

> Le bon sentinelle
> En vrai héros se comporta.
> Mancini-Nivernois, Fables, Chien battu.

[3] = Tempe.

[4] = Truble.

52

*Vase**, „*au fonds de l'eau, feminin.*" O. (p. 75).

*Vierge**.   „*Du commun.*" O. (p. 75).

*Voile**.   „*Velamentum, masc. — velum navis, fem..*" M. (f⁰ 48 v⁰);
„*voile de navire, féminin; voile que portent les femmes, masculin.*"
O. (p. 75), Vaugelas (II, 188).

Du genre des noms géographiques[0].

Le genre des „noms propres des regions, provinces & villes"
dépend généralement de leurs terminaisons. Toutefois, „des villes,
nous pouvons tous-jours parler en termes feminins, le nom appellatif
ville ou cité, estant sousentendu comme qui diroit, Orleans est
belle, grande & populeuse, mais Lion, Rouen, Bourdeaux sont plus
marchandes & hantées des trafiqueurs estrangiers. Sans controverse
ces noms de villes ont cadence masculine . . ." M. (f⁰ 44 v⁰).

Pour les „noms propres de pays & provinces", O. partage
l'opinion de Maupas, c'est-à-dire que ces noms „suivent les reigles
de leurs terminaisons" (p. 65); mais

„Les noms des villes sont du genre masculin, un Paris, un
Lÿon, un Orleans, un Blois, &c,[1] excepté lors que le nom de ville
est sous-entendu: v. g: Naples de droit françoise = la ville de
Naples, &c.; la nouvelle Jerusalem = la nouvelle ville de Jerusalem.
Et de plus il y en a qui sont feminins, mais ils portent leur
article avec eux, comme la Chappelle, la Bastie, &c." O. (p. 64, 65).

Exemples:

Noms de villes masculins: M: Orleans, Rouen.
                O: voir ci-dessus la règle citée intégralement.

Noms de villes féminins: M: Marseille, Narbonne, Tolose.
                O: voir ci-dessus la règle citée intégralement.

Noms de pays masculins: M: Dannemarc, Languedoc, Perigord, Poictou.
                O: Dannemarc, Languedoc, Poictou.

Noms de pays féminins: M: Bretagne, France, Italie.
                O: Espagne, France, Gascogne, Italie, Provence.

Du genre des lettres. O. (p. 78).

Sont du genre masculin: a, b, c, d, e, g, i, o, p, q, t, u,
x, y, z.

Sont du genre féminin: f, h, l, m, n, r, s.

---

[1] La suite de cette règle manque dans l'édition première (1632).

Diminutifs de noms.[1]

Diminutifs de noms propres.

„Plusieurs noms propres reçoivent forme diminutive, et ce faisant deviénent noms rustiques et raillards ... Les poëtes employent d'assez bonne grace ces noms rustiques es Eglogues, Pastorelles et chansonnettes champestres." (M. f⁰ 52 r⁰).

Voici tels diminutifs de noms propres (M. f⁰ 52 r⁰; O. . p. 91):

Alis—Alison (O.); Anne—Annette, Annon et Annichon (O.); Catherine—Catin et Cataut (O.)*; Charles—Charlot (M., O.; M. ajoute comme féminins Charlette [en 1607] ou Charlotte [en 1618]); Claude—Claudin et Claudine* (O.; Claudine et Claudinette d'après l'édition première [p. 71]); Denys—Denisot (O); Henry—Henriot (O.); Jacques—Jacquet (M., O.; M. ajoute le féminin Jacquette); Jean—Janot et Janin[2] (M.; O.); Jeanne—Janneton (M., O.); Magdelaine—Magdelon (O.); Marguerite—Margot (M., O.) et Margoton (O.), Marie—Marion et Marotte* (O.); Nicolas—Colas, Colin et Colette (O.)*; Philippe (Philippes suivant M.)—Philippot (M., O.); Pierre—Pierrot (M. [éd. de 1607], O.) et Perrot* (M. [éd. de 1618; le grammairien y ajoute les féminins Perrette et Perrichon]; O.)

Diminutifs de noms communs.

„Les terminaisons ordinaires des diminutifs sont *et, elet, ette* et *elette*" (O. p. 89).

Les noms terminés en c changent cette consonne en *chet*: sac —sachet (M. f⁰ 51 v⁰; donné aussi par O. [p. 89]); arc—archet et archelet (M. 1607, p. 97).

Les noms terminés en eau changent cette diphthongue en *elet*: couteau—coutelet (donné aussi par O. [p. 89]), manteau—mantelet (M. f⁰ 51 v⁰); chapeau—chapelet, ruisseau—ruisselet; vaisselet, fardelet (M. 1607, p. 97).

Les noms terminés en ier changent leur terminaison en *erot*: mercier—mercerot, archier—archerot (M. f⁰ 51 v⁰).[3]

Les noms terminés en n, r *et* t forment leurs diminutifs en *et* ou *eau*; quelquefois on trouve toutes les deux terminaisons: garson—

---

[1] M. (f⁰ 51 v⁰): „Plusieurs noms tant substantifs qu'adjectifs reçoivent forme diminutive sous diverses variations". — O. (p. 89): „Il est assez malaisé de former les diminutifs et d'en donner quelques reigles asseurées; toutesfois parce que j'ay remarqué de grands abus en quelques grammaires, touchant ceste formation, je vous en veux dire quelque chose et les reformer avec l'aide de plusieurs personnes qui l'ont mieux entendu que ces Autheurs-là, qui resvoient asseurément." [voir aussi à l'adjectif].

[2] „Qui est pour epithete ridicule d'un duquel la femme se preste" (M.).

[3] Le mot est donné sous la forme de ‚*archer—archerot*‘ par M. 1607 (p. 97)et O. (p. 90).

garsonnet et garsonneau, jardin—jardinet, amour—amoureau,[1] flateur —flatereau, sergent—sergenteau (M. f⁰ 51 v⁰, 52 r⁰); plaideur— plaiderau, poisson—poissonneau et poissonnet, serpent—serpenteau et serpentet (M. 1607, p. 96).[2]

Les noms terminés en s *et* x changent leur consonne finale en *sset* ou *sselet*: bras—brasset et brasselet (M. 1607, p. 97).

Les noms féminins „diminuënt" généralement en *ette*: femme— femette, femelette[3]; maisonnette[4] (M. f⁰ 51 v⁰, 52 r⁰); bergerette (bergerotte),[5] brebiette, chansonnette, fillette, fleurette, vachette (M. 1607, p. 97). — Pour la moindre part, ils forment leurs diminutifs en *elle*: prune—prunelle, roue—rouelle, rue—ruelle,[1] tonne— tonnelle (M. f⁰ 51 v⁰, 52 r⁰).

Diminutifs qui ne rentrent pas dans les règles précédentes.

Advocat—advocaceau (M. f⁰ 51 v⁰; O. p. 90) et advocacereau „selon aucuns" (O. p. 90)*, arbre—arbrisseau (M. f⁰ 51 v⁰; O. p. 90), asne—asnon (M. f⁰ 51 v₀, O. p. 90), barbeau—barbillon (M. f⁰ 51 v⁰, O. p. 90), berger—bergerot (O. p. 90), bœuf—bouveau, bouvelet (M. 1607, p. 97) et bouvillon (M. ib., O. p. 90); brochet—brocheton (M. 1607, p. 96, O. p. 90), chambriere—chambrillon (O. p. 90), chat—chaton (M. f⁰ 51 v⁰, O. p. 90), cheval—chevalon, chevalet, chevalot (M. 1607, p. 96) et cavalot (M. ib., O. p. 90); chien— cagnot (M. f⁰ 51 v⁰), clerc—clergeon (M. f⁰ 51 v⁰, O. p. 90), couleuvre—coulevreau (O. p. 90), crespe—crespelet „et non pas crespelu, qui signifie autre chose" (O. p. 89); dieu—dieutelet (M. 1607, p. 97), diable—diablotin (O. p. 90), enfant—enfançon et enfantelet (M. f⁰ 51 v⁰; éd. 1607. p. 96, il ajoute enfanteau et enfantet), escu —escusson (M. f⁰ 51 v⁰, O. 1632, p. 70), faix—faisseau et faisselet (M. 1607, p. 97), haim—hameçon (M. f⁰ 51 v⁰); lapin—lapereau (O. p. 90), levrier—levron (O. p. 90)*, lievre—levraut (O. p. 90), lion—lionceau (O. p. 90), loup—louveteau (O. p. 90), mail—maillet; „maillot vient d'ailleurs et signifie les envelopemens d'un enfant nouveau né" (O. 1607, p. 96); main—menotte (O. p. 90)*, oiseau —oiselet et oisillon (O. p. 90), mulet—muleton (M. 1607, p. 96), pendart (O. écrit pendard)—pendardeau (M. 1607, p. 96, O. p. 90)*, pied—peton (O. p. 90)*, porc ou pourceau—porcelet (O. p. 90), pré—preau (M. 1607, p. 97, O. p. 90), procureur—procuraceau (M. f⁰ 51 v⁰), rat—raton (M. 1607, p. 97), verin („ver' d'après M. 1625

---

[1] Le mot est donné par O. (p. 90).
[2] O. (p. 90) donne chapon—chaponneau, cochon—cochonnet et pigeon— pigeonneau.
[3] Femme—femmelette est donné par O. (p. 89).
[4] Maisonnette est donné par O. (p. 89).
[5] Les deux diminutifs de *bergere* sont donnés par O. (p. 90).

et O.)—vermisseau (M. f⁰ 51 v⁰, O. p. 90), vipere—vipereau (O. p. 90).[1]

Formation périphrastique de diminutifs.

M. (f⁰ 52 r⁰): „Souvent nous exprimons la forme diminutive au moyen de ces mots *petit*, *petite*: petit homme, petite femme. Souvent aussi nous y apportons les deux: petit livret, petit cavalot, petit garsonnet. Et mesme parlant avec indignation et mespris: petit larronneau, petit yvrongnet, petit pendardeau, petit procuraceau".

O. (p. 89): „... prenez garde que toutes sortes de noms ne reçoivent pas la forme diminutive, car si on vient à changer la signification, il se faut servir du mot de petit: chappelet ne se peut former de chapeau, parce qu'il signifie un chappelet à prier Dieu, ou à courre la poste; mais il faut dire petit chapeau; de mesme chevalet de cheval, car chevalet est une partie d'instrument qui porte les cordes, ou les retient; de manche, manchette, qui signifie ce que nous portons pour ornement de la main, non pas une petite manche; et ainsi de plusieurs autres, comme roitelet (oiseau), blanchet (sorte d'estoffe), prunelle (sorte de fruict), ou prunelle (des yeux), etc."

. Diminutifs de diminutifs.

M. (f⁰ 51 v⁰): „Aucunefois se peut faire encor une sous-diminution": sergent—sergenteau, sergentet—sergentelet; enfant

---

[1] Voici enfin les noms des mâles, des femelles et des petits de certains animaux (M. f⁰ 42 r⁰ v⁰): cheval (hongre [„cheval chastré"], guildin [„cheval d'Angleterre"]) — jument, cavale — poulin [„jeune cheval non encor dompté"]; cerf—biche; sanglier—laye—marcassin; verrat („porc ou pourceau est un verrat chastré") — truye („coche se dit aucunefois d'une truye qui allaicte des cochons") — cochon; bouc—chièvre—chevreau; belier (mouton [„fin belier chastré"]) — oueille ou brebis — agneau; taureau („bœuf est un taureau chastré") — vache („taure ou genisse est une jeune vache qui n'a point encor porté") — veau („bouveau est un jeune bœuf"); jars—oye—oyson; coq („chapon est un coq chastré") — poule—poulet („hutaudeau ou hetaudeau est un jeune chapon, poussin signifie en general les petits de tous oiseaux, comme d'aigle, de corbeau, de poule, etc." [„poulet ou poussin est un petit coq ou poule." M. 1607, p. 82]). — A cette liste de M. semble être due la remarque suivante d'O. (p. 90, 91): „Ceux (ces diminutifs)-cy sont aussi fort plaisans, qui n'ont rien de semblable à leur substantif et ne sont point diminutifs en effet, encore que Messieurs les Grammairiens (ne leur desplaise) les ayent voulu faire passer pour tels": hameçon; coulevrine, „qui peut venir de coulevre à cause du nom, mais n'a point d'affinité de sens"; bidet, „qui est un petit cheval, mais qui peut avoir son diminutif bidelot"; laideron, „qui signifie plustost une grosse laide qu'une petite"; cochon, „qui a son diminutif cochonnet"; marcassin, „qui est un jeune sanglier et ne passe point pour diminutif"; teton, „qui vaut autant que tetin"; genisse, „qui signifie une jeune vache et ne se met point pour diminutif"; hutaudeau, „gros poullet, qui tesmoigne plustost l'augment que la diminution, et se dit hestoudeau pour l'ordinaire", („qu'on prononce hetoudeau à Paris"; éd. de 1632, p. 316).

56

—enfançon—enfantelet; homme—hommeau, hommet—hommelet;[1]
(éd. de 1607): serpent—serpenteau, serpentet—serpentelet.

Emploi de certains substantifs.

Dame „est nom de simple femme d'artisan ou païsan: Dame
Perrette, Dame Guillemette, etc. Toutesfois on dit: *la Dame du
Chasteau,* etc., parlant d'une femme de condition." (O. p. 100).

Madame „se dit à la Reyne, aux Filles de France, aux Princesses
mariées et autres grandes Dames que nous appellons Dames damées,
aux femmes de Presidens, de Maistres des Requestes et de quelques
officiers de la Maison du Roy et autres, aux Religieuses. Et de
plus à toutes les femmes au dessous de la Noblesse, comme aux
femmes d'Advocats, de Medecins, de Marchands et autres semblables;
de mesme à leurs filles, ce qui ne s'observe pas aux frontieres, car
on y appelle les filles *Mademoiselle* en general." (O. p. 99).

Mademoiselle „est une qualité propre aux filles de Princesses
et grandes Dames, à la Noblesse et aux femmes de Conseillers
aussi. On nomme pourtant à la Cour de ce nom de *Demoiselle*
toutes celles qui en portent l'habit, nobles ou non; et les chape-
ronnettes *Madame.*" (O. p. 100).

Maistre s'emploie „en parlant aux artisans, comme *Maistre
Pierre le cordonnier.*" (O. p. 99).

Messire „se dit aux Prestres de village." (O. p. 99).

Monseigneur se dit „aux Princes et grands Prelats." (O. p. 99).[2]

Monsieur se dit „à *Monsieur frere du Roy* et à toutes sortes
d'honnestes personnes indifferemment." (O. p. 99).[3]

Nourrisson, nourrissonne servent activement pour qui nourrit,
et passivement pour qui est nourri. *Nourrice* seulement activement
qui nourrit. On dit aussi *nourricier, nourriciere* activement (M. f⁰ 41 v⁰).
— O. (p. 79): „... *nourrisson* ne se prend jamais activement pour
qui nourrit, mais passivement pour un enfant en nourrice ou qui
est nourry, et *nourissonne* ne se dit point".

Paire „signifie une accouplement de deux choses qui se peuvent diviser, comme *une paire de bottes*; et toutefois l'on dit *une*

---

[1] Homme—hommet „et non hommelet." (O. p. 89).

[2] „Je ne mets point icy comme on se doit servir de *Monseigneur,
Messire* et *Maistre* en escrivant, ny à quelles personnes on les doit donner,
parce qu'il me semble que ce n'est pas matiere de grammaire." (O. ib.)

[3] „Ce mot construit avec un article definy, accompagné du nom de
qualité ou propre de maison, se retranche à moitié: *Mons de la Rivière,
Mons de la Coudraye.* Quelquefois il se separe par l'entremise d'une autre
particule: *Mon dit sieur.* La mesme chose se voit au mot *monseigneur*: *mon
bon seigneur*". (O. ib.)*

paire d'armes, une paire de ciseaux, qui assemblez en effect ne constituent qu'un seul corps d'instrument." (O. p. 100)*.

Sieur „se met avec un nom propre: le sieur Pierre, etc.; *Seigneur* se met absolument: le sieur Jean, seigneur d'un tel lieu; et quand nous usons de ce dernier devant un nom propre, nous entendons parler de quelque Italien ou Espagnol, dont nous empruntons le mot de *signore*." (O. p. 100)*.

Sire, „parlant au Roy, est vocatif; és autres cas nous ne le laissons seul, ains l'accompagnons de cette phrase: *le roy nostre sire, du roy nostre sire, au roy nostre sire.* On l'attribuë aussi à des notables Marchands, et suivi de leur nom propre, il peut estre construit avec (ou sans articles) indiferemment, sinon mieux, comme il me semble, avec les (articles) définis: le sire Josse envoye de la marchandise au sire Martin, qu'il avoit achettee du sire Leonard" (M. f⁰ 36v⁰). — O. (p. 98, 99): „*Sire* est une qualité qui se donne au Roy et aux simples païsans, mais fort peu aux marchands; au moins en l'Isle de France nous ne disons gueres: le sire Pierre, le sire Jean, etc.; parlant de quelque Marchand, nous nous servons plustost de *sieur*".

L'Adjectif.[1]

Nombre.

Formation du pluriel.

On forme le pluriel des adjectifs de la même façon que celui des substantifs (v. ce chapitre).

Exemples:

du pluriel en z: M. (f⁰ 52 v⁰): aimé, aimez; (édition de 1607 [p. 99]): „Pareillement aucuns adjoutent z à f, & l, ... eternelz, solennelz, combien que l'on se puisse passer à une s."
O. (p. 83): botté, bottez.

du pluriel en x: O. (p. 84): beau, beaux.

du pluriel des adjectifs terminés en s, x ou z: M. (f⁰ 53 r⁰): bas, divers, gros, las, jaloux, peureux (au lieu de ce dernier, l'édition de 1607 donne: doux, roux).

du pluriel des adjectifs terminés en nt: M. (f⁰ 53 r⁰): prudent, prudens; sçavant, sçavans.

Remarques:

„*Artificiel** = fait par artifice, a pour plurier artificiels, & non pas artificieux, qui est aussi singulier, & signifie, plein d'artifice."
O. (p. 84).

Vieil. Le pluriel de ce mot est *vieux* „qui aussi aucunefois est usurpé pour singulier". M. (f⁰ 52 v⁰). „vieil fait *vieux*, qui passe aussi pour singulier, & se met ordinairement devant un mot qui commence par consonne, comme vieux soldat, vieux resveur, &c."
O. (p. 84).[2]

„Les autres terminez en l reçoivent seulement une s: mortel, mortels; ... casuel, casuels; gentil, gentils.

Universel ... estant adjectif ... suit la presente règle." O. (p. 84). [Sur universel, subst., voir p. 29].

----

[1] Voir p. 28, note 1.
[2] Cf. la règle de Vaugelas sur vieil, vieux (II, 85): elle n'admet vieil que devant les substantifs qui commencent par une voyelle ou une *h* muette.

Genre.

Formation du féminin. (Comp. Brunot, Hist. III, 276 et sv.)

Tous les adjectifs terminés en *e muet* ont au féminin la même forme qu'au masculin; ils sont „tous de commun genre“, comme s'exprime M. (f⁰ 38 v⁰), qui en donne une liste (f⁰ 38 v⁰—39 v⁰) d'après les terminaisons des adjectifs latins dont sont dérivés les adjectifs français. — Les adjectifs qui viennent des adjectifs latins terminés en *icus*, sont de ce nombre: anticque, publicque, pudicque,[1] ou bien, leur masculin „peut estre indifferemment en ic ou icq: politic, historic, pudic“. M. (f⁰ 39 r⁰).

„Tous les noms adjectifs terminez en e sont du commun genre: facile, honneste, humide, fantasque, &c.“ O. (p. 79).

Féminin des adjectifs en eau.

Les adjectifs terminés en *eau* au masculin, forment leur féminin en *elle*. M. (f⁰ 39 v⁰), O. (p. 81).

M: beau, belle; gemeau, gemelle, „vous trouverez aussi escrit jumeau, jumelle“; nouveau, nouvelle. „Ils sortent des Latins en ellus“.

O: beau, belle.

Remarque. Ces adjectifs ont, au masculin, une seconde forme en el qui se met devant les mots qui commencent par une voyelle ou une h muette. — M. (ib.) le dit expressément: „Devant leur *substantif* qui commençast par voyelle ou h muette, l'élégance veut que leur masculin se prononce en el: un bel oeil, nouvel ouvrage“.

Faut-il, dans cette remarque qui ne parle que de *substantifs*, voir déjà un sentiment vague de la règle fixée plus tard par Vaugelas (II, 4) qui n'admet la forme en *el* que si l'adjectif se rapporte à un substantif commençant par une voyelle: „... par exemple un bel homme, est bien dit, mais si l'on disoit, il est bel en tout temps, il ne vaudroit rien, il faut dire beau en tout temps“? On y serait porté, mais O., le continuateur de M., ne parle plus seulement de substantifs, mais de ‚diction ou particule‘ en général; les exemples qu'il donne ne mentionnent, il est vrai, que des substantifs (un bel homme, un nouvel hoste), mais on n'en saurait rien conclure contre la teneur expresse de la règle. (Cf., à la suite de la remarque de Vaugelas, celles de Th. Corneille et de l'Académie Française qui autorisent l'expression „cela est bel et bon“).

Féminin des adjectifs en c.

Ils changent leur consonne finale en *che*. M. (f⁰ 40 r⁰); O. (p: 80).[2]

---

[1] En 1607, M. écrit ces mots sans *c*: autentique, catholique, heretique, etc.
[2] Dans l'édition de 1625, M. formule cette règle plus justement ainsi: „Ces trois (adjectifs-ci forment leur féminin) en *ch*: sec, blanc, franc; les autres en *que*.“

60

M.: blanc, blanche; franc, franche; sec, seiche.
O.: blanc, blanche; franc, franche; sec, seiche.
Exceptions: M.: flac, flacque; grec, grecque; porc, porcque.
„Plus raportez icy (les adjectifs) en ic: heroïc, heroi*cque*,
rustic, rusti*que*, &c“ (cf. p. 59).
O.: grec, gre*cqu*e; turc, *turque*; „& les terminés en ic:
public, publi*que*, &c.“

On voit qu'O. observe déjà, peut-être inconsciemment, l'orthographe moderne en ne gardânt le *cqu* que dans ‚grecque‘.

Féminin des adjectifs en f.

L'*f* du masculin se change en la terminaison *ve*. M. (f⁰ 40 r⁰);
O. (p. 80).
M.: brief, briéve; grief, griéve; souef, soueve; vif, vive. „Aucuns
orthographient vif, vifve, veuf, veufve, retenans l'f au terme feminin,
sans qu'il en soit de besoin“.
O.: chetif, chetive; vif, vive.

Féminin des adjectifs en g.

M. (f⁰ 40 v⁰): long, longue. — O. (p. 80): long, longue.

Féminin des adjectifs en l.

L'*l* se double devant l'e du féminin. M. (f⁰ 40 v⁰); O. (p. 80).
M.: gentil, gentille; pareil, pareille; vermeil, vermeille.
O: gentil, gentille.

Remarque: M.: „Vray est qu'où l n'est pas liquide, on n'a
point de nécessité de la doubler, & pourroit suffire une simple:
general, generâle, eternel, eternelle, &c. Mieux toutesfois telle,
quelle“. Le passage de ‚eternel‘ à ‚quelle‘ est remplacé ainsi
dans l'édition de 1625: „subtil, subtile; mol, mole; &c. Toutefois
il semble meilleur apres e, de doubler l: tel, telle; eternel,
eternelle“.

Féminin des adjectifs en n.

M. (f⁰ 40 v⁰).: „(Les adjectifs en) *n*, finis en *on*, adjoutent ne:
bon, bonne; felon, felonne; mignon, mignonne. Les autres se
peuvent contenter d'une simple: chrestien, chrestiene; certain,
certaine; benin, benigne (dans l'éd. de 1607 [p. 78] on trouve
‚benine‘); fine, pleine, miéne, tiéne, &c.“
O. (p. 80): „On adjouste aussi ne aux adjectifs en *on*: bon,
bonne; mignon, mignonne; chrestien fait chrestienne; les autres
terminez en *n* ne reçoivent qu'un e: certain, certaine; benin,
chagrin & malin ont à leurs feminins benigne, chagrigne &
maligne; ... où il faut remarquer qu'(au masculin) on n'escrit point
bening, chagring, maling. ...“

Féminin des adjectifs en s.

M. (f⁰ 41 r⁰): „(Pour former le feminin des adjectifs en) *s*, i
precedent, adjoustez e: gris, grise; bis, bise; niais, niaise; biais,

biaise; mauvaise. Exceptez: frais, fraiche; espais, espaisse; lis, lise
& lisse. Si autre voyelle precede, doublez l's: bas, basse; grasse;
grosse; expresse. Exceptez: ras, rase, et tous les participes: clos
(l'édition de 1607 [p. 79] intercale ici: ‚et ses composez: enclos,
forclos, exclos, exclus, reclus‘), inclus, &c.“

O. (p. 80): „Les adjectifs terminez en s prennent un e, &
ladite s se prononce doucement: gris, grise; niais; courtois, courtoise, &c., excepté bas, basse; gras, grasse; gros, grosse; expres,
expresse; espais, espaisse; frais, fraische; coulis*, coulisse*; tiers*,
tierce*.“

Féminin des adjectifs en t.

M. (f⁰ 41 r⁰): „Ceux qui sont en *et*, ordinairement doublent t:
net, nette; complet, complette. Les autres terminaisons se peuvent
passer à un simple: prudent, prudente; estroit⁰, estroite⁰; subite,
sote, plate, &c.“ Dans l'édition de 1607, nous trouvons en outre
ces exemples-ci: coint, cointe; delicat, delicate; gent, gente.

O. (p. 81): „En *t* on y adjouste te: net, nette; plat, platte;
sot, sotte; quelques-uns ne prennent qu'un e: prudent, prudente;
patient, patiente; & ce sont principalement ceux qui se terminent
en ant & ent.“

„Courtaut, lourdaut, noiraut, rustaut & sourdaut ont pour
feminins courtaude, lourdaude, noiraude, rustaude & sourdaude.“ *
Dans tous ces mots, le t a cédé sa place au d.

Féminin des adjectifs en x.

L'x du masculin se change en la terminaison *se*, „qu'il faudra
prononcer par s douce.“ M. (f⁰ 41 r⁰), O. (p. 81).
M.: heureux, heureuse; jaloux, jalouse.
O.: galeux, galeuse; pouilleux, pouilleuse.

Exceptions: M.: doux, douce; faux, fauce; perplex⁰, per-
plexe⁰; roux, rousse ou rouce.

O.: doux, douce; faux, fausse „& non pas fauce“, roux,
rousse „& non rouce“; „où je vous advertiray en passant,
que recoux comme adjectif ou participe ne fait point
recousse, …; secousse & récousse sont substantifs“.

„*Confez* a pour feminin confesse“. O. (p. 81).

Tous les autres adjectifs forment leur féminin au moyen d'un
e muet ajouté à la forme du masculin; ce sont les adjectifs en

é: M. (f⁰ 40 r⁰): aimé, aimee; donné, donnee; hebété⁰, hebetee⁰.
„Et sont participes de la premiere conjugaison“.

O. (p. 80): hebeté, hebetée; (p. 81): nay* ou né*, née*.

i et *y*: M. (f⁰ 40 r⁰): ami, amie; joli, jolie. „Et les participes
de la seconde conjugaison: nourri, flori, gueri, adverti, &c.“

O. (p. 80): amy, amie; joli ou joly, jolie.

u: M. (f⁰ 41 r⁰): aigu, aiguë; feuillu, feuilluë; menu, menuë; pointu, pointuë; velu, veluë. L'édition de 1607 y ajoute: bossuë, branchuë, cornuë, fourchuë, toufuë.

O. (p. 81): aigu, aiguë; menu, menuë.

d: M. (f⁰ 40 r⁰): froid, froide; gaillard, gaillarde; grand, grande; rond, ronde.

O. (p. 80): gaillard, gaillarde; grand, grande.

Exceptions: M.: nud, nue.

O.: crud, crue; nud, nue; verd, verte „et non verde".

r: M. (éd. de 1607): meilleur, meilleure; seur, seure; (éd. de 1625): dur, dure; fier, fiére; seur, seure.

Les degrés des adjectifs.[1]

Comparatif.

Le comparatif est formé au moyen de l'adverbe plus, mis devant l'adjectif. M. (f⁰ 49 r⁰); O. (p. 87).

M.: chaste, plus chaste; prudent, plus prudent. — L'édition de 1607 de la grammaire de M., parlant expressément du comparatif des participes et des adverbes, donne les exemples que voici: chaste, plus chaste; grand, plus grand; aymé, plus aymé; avant, plus avant; loin, plus loin; outre, plus outre; près, plus près; sagement, plus sagement (p. 91).

O.: grand, plus grand; sage, plus sage.

Comparatif synthétique.

M. (f⁰ 49 r⁰ v⁰) cite quelques comparatifs de forme „extraordinaire": bon, meilleur (bonne, meilleure); mauvais (mauvaise), pire; petit (petite), moindre; bien, mieux; mal, pis et pirement; peu, moins; beaucoup, plus et davantage.

„Vous pouvez dire: plus mauvais, . . . plus petit, et aussi plus mal; mais jamais: plus bon, . . . ni plus bien, plus peu . . ."

„Jadis on a dit graingneur, pour plus grand; on ne s'en sert plus maintenant, il se trouve quelque part en Ronsard excellent poete".

O. (p. 87, 88) fait remarquer les comparatifs suivants:

bon, meilleur (bonne, meilleure); mauvais (mauvaise), pire; petit (petite), moindre & plus petit (petite); bien, mieux; bien pour beaucoup, davantage; peu, moins; mal, pis et plus mal.

„Moindre & plus petit, different en une chose, que le premier se rapporte plus proprement à la condition & qualité, et le dernier à la quantité ou dimension, comme longueur, largeur, &c.; par exemple, si vous dites, c'est le moindre homme de la ville, cela s'entend de la qualité; & le plus petit homme de la ville, c'est-à-dire le plus bas, touchant la grandeur du corps."

---

[1] Voir Brunot, Hist. III, 283 et sv.

Comparatif renforcé.

M. (f⁰ 49 v⁰): „Bien, trop, beaucoup, par trop, servent devant les comparatifs pour augmenter leur force, comme chez les Latins longe, multo: Tu es trop plus heureux que sage. Cesar fut bien plus hardi que Pompée". (Cf. Brunot, Histoire III, 285.[1])

Syntax du comparatif.

Les comparaisons se font au moyen d'un comparatif suivi de la conjonction que: vous estes plus riche que moy; je suis plus dispos que vous; il a une plus heureuse rencontre que les autres; je voudrois apprendre d'un plus sage que moy; ne vous attaquez à plus fort que vous. (M. f⁰ 50 r⁰).

Superlatif.

Superlatif absolu.

M. et O. ne comprennent par ‚superlatif' que celui que nous appelons absolu.

M. (f⁰ 49 r⁰): „Nous exprimons . . . la forme superlative au moyen de cette syllabe tres, adjointe à la teste du positif, comme en liaison d'un mot composé de la façon qui s'ensuit".

O. (p. 87) s'exprime d'une façon analogue.

M.: chaste, tres chaste; prudent, tres prudent; [éd. de 1607 (p. 91): chaste, tres chaste; grand, tres grand; aymé, tres aymé; avant, tres avant; loin, tres loin; outre, tres outre; prés, tres prés; sagement, tres sagement].

O.: grand, tres-grand; sage, tres-sage.

Par suite de cette conception du superlatif, les deux grammairiens mettent tout naturellement à côté des comparatifs synthétiques les superlatifs (absolus) formés régulièrement: bon, tres bon, etc.

O. (p. 88): „On peut aussi adjouster au superlatif le mot de fort au lieu de tres: fort bon, fort mauvais, fort homme de bien, &c; . . . bien, fort bien & tres bien, encore que tres-bien se prenne pour l'adverbe beaucoup. — Peu, fort peu, & non tres-peu."

Remarque: M. (f⁰ 51 r⁰) et O. (p. 88): Le superlatif (absolu) ne s'emploie qu'adjectivement.

M.: Achilles a esté tresvaillant, Ciceron treseloquent. Je vous suis treshumble serviteur.

Superlatif relatif.

Notre superlatif relatif est, d'après M. et O., un comparatif employé partitivement.

M. (f⁰ 50 v⁰): „Nous usons partitivement du comparatif, au lieu que les Latins employent le superlatif. Nous appliquons devant

---

[1] Ainsi Corneille a écrit: „Tant d'autres te sauront en sa place ravir Avec trop plus d'attraits que cette écervelée". Il a changé ce vers en 1660. (Brunot).

luy les articles definis . . .[1]": Achille a esté le plus fort des Grecs, Ciceron le plus eloquent des Romains; j'ay appris ce que je sçay du plus sçavant homme de la ville; soit donnee à la plus belle des trois.

O. (p. 56): „Lors que nous tirons une *partie* d'une multitude, ou d'un tout, nous nous servons de l'article definy avec un comparatif; par exemple: le meilleur tailleur de la ville; la plus belle femme de la terre." (p. 88): „Remarquez . . . qu'en cette phrase, le plus ignorant du monde, ou de la terre, (le comparatif) peut passer pour superlatif."* (Voir le chapitre des propositions relatives.)

Superlatif synthétique.

M. (f⁰ 50 r⁰): „Grandissime est assez receu pour tres grand. Et quelquefois doctissime⁰. Autres superlatifs de cette sorte escorchez du latin, ne sont gueres recevables; sauf qu'és tiltres & inscriptions adressees aux grands on usurpe illustrissime, serenissime⁰, reverendissime, nommément aux prelats d'Eglise".

O. (p. 88) admet comme superlatifs empruntés de l'italien: doctissime, excellentissime, grandissime, ignorantissime, illustrissime, piissime, reverendissime, sanctissime, serenissime.

Sur la remarque du père Bouhours, voir Rosset, *Bouhours*, p. 92.

Substantifs mis au comparatif et au superlatif.

M. (f⁰ 49 v⁰, 50 r⁰): „Homme de bien, femme de bien, reçoivent forme comparative & superlative: plus homme de bien, tres homme de bien, tres femme de bien. — Tous et toutes reçoivent l'adjonction de la syllabe tres, comme s'ils estoient superlatifs: trestous, trestoutes." (comp. Vaugelas II, 470.)

O. (p. 80) consacre: homme de bien, plus homme de bien, tres homme de bien; femme de bien, etc.; fille de bien, etc.; gens de bien, etc.

Diminutifs d'adjectifs.

On forme les diminutifs d'adjectifs de la même façon que les diminutifs de noms (voir ce chapitre).

Exemples:

de diminutifs formés d'adjectifs en *c*: blanc—blanchet et blanchelet (M. f⁰ 51 r⁰).

---

[1] F⁰ 26 r⁰, M. répète en parlant de l'article: „[Toute locution partitive se fait par les articles finis (= définis) applicquez à la chose dont est faite la distraction]: . . . j'estudie les leçons du plus sçavant homme de l'université. J'ay baillé mon ouvrage à faire au plus excellent ouvrier de la ville. *C'est le comparatif usurpé partitivement au lieu du superlatif*, où les estrangers diroient: le plus docte en l'université, le plus excellent en la ville."

de diminutifs formés d'adjectifs en *eau*: nouveau—nouvelet (M. f⁰ 51 v⁰).[1]

de diminutifs formés d'adjectifs en *n, r, t*: fin—finet, brun—bruneau et brunet (M. f⁰ 52 r⁰), noir—noiret (M. 1607, p. 97).

de diminutifs formés d'adjectifs en *s* et *x*: gras—grasset et grasselet (M. f⁰ 51 v⁰);[2] bas—basset et basselet, gros—grosset et grosselet, doux—doucet et doucelet; roux—rousset, rousseau et rousselet (M. 1607, p. 97).

D'autres diminutifs.

Beau, belle—bellot, bellotte (O. p. 90); fol—follet, follion et follichon (O. p. 90)*; grand—grandet et grandelet (M. 1607, p. 97); joli—joliet (M. 1607, p. 97); maigre—maigret et maigrelet (M. 1607, p. 97); mignard—mignardet et mignardelet (M. f⁰ 51 v⁰; O. [p. 89] n'admet que ,mignardelet'); petit—petiot (M. 1607, p. 97; O. p. 90); seul—seulet (M. 1607, p. 96); verd—verdet et verdelet (M. ib.); vermeil—vermeillet (M. ib.).

Diminutifs de diminutifs.

„Aucunefois se peut faire encor une sousdiminution“: brun—bruneau—brunelet; mignard—mignardet—mignardelet (M. f⁰ 51 v⁰).

Accord de l'adjectif.

L'adjectif s'accorde en genre et en nombre avec le substantif qu'il qualifie (M. f⁰ 57 r⁰, O. p. 97); „nous avons pourtant en terme de justice *lettres royaux* et *ordonnances royaux*, où il se voit que l'adjectif est masculin et ne suit pas le genre de son substantif“ (O. ib.).

Position de l'adjectif.

„Il n'est permis de separer l'adjectif loin de son substantif sans necessité, interposant beaucoup d'autres mots entre deux, comme on fait souvent en Latin; ce que non en nostre langue, où rien ne s'y met qui ne serve à les conjoindre, comme le verbe (être) ou equivalant, ou modifier et expliquer, comme quelque adverbe qui les concerne, ou chose semblable“: la vertu est par soy desirable, et les voluptez, maistresses dangereusement flateresses, sont sans controverse rejettables. „Brief, si force est que l'adjectif soit esloingné de son substantif, il faut qu'il y ait telle continuité de sens et liaison de paroles que toute ambiguité soit ostée.“ (M. f⁰ 57 r⁰, v⁰). — O. (p. 97) s'exprime d'une façon semblable: „On n'esloigne point le substantif d'avec son adjectif, si ce n'est en y interposant peu de particules necessaires“: l'homme est fort

---

[1] Le mot est donné par O. (p. 89).

[2] Gras—grasset est donné par O. (p. 89).

heureux; le serviteur se peut dire loyal. „En fin, il les faut disposer en sorte qu'il n'y ait point d'ambiguité." —

Adjectifs qui doivent précéder le substantif qu'ils qualifient.

Les adjectifs qui expriment un éloge ou un blâme (les adjectifs „de louange, blasme, quantité et de bonne ou mauvaise condition et qualité" selon O.) se placent *devant* le substantif. (M. f⁰ 58 r⁰, v⁰): bon homme, bon cheval, bon vin, bonne espee; beau manteau, belle maison ... „Car on dira plus naïvement: un sçavant homme, un brave soldat, un vaillant capitaine, un honneste personnage, un mauvais ouvrier, une sotte opinion, qu'au rebours, ja-soit que ce ne soit necessaire". O. (p. 97): un grand bonnet, un gros soulier, bon cheval, honneste homme, belle femme, sale cuisinier; „on dit pourtant: un manteau court, un habit long." ... (p. 98): „On dit aussi: le feu roy, feu mon pere, grandpere et pere grand, grand'mere et mere grand, mais grandpere et grand'mere sont mieux dits."

Remarque.

„Nous ne mettons pas souvent deux adjectifs ou attributs ensemble devant un substantif sans copulative; on dit toutefois: une bonne grosse fille, un beau jeune homme, etc., où il semble que le premier ait quelque signification particuliere outre son ordinaire: une bonne grosse fille = une fort grosse fille" (O. p. 98).*

Adjectifs qui se placent après le substantif. (M. f⁰ 57 v⁰, 58 r⁰; O. p. 97.)

Tels sont:

Les adjectifs désignant des couleurs: M.: pain blanc, pain bis, vin clairet, vin blanc, paroy blanchie, prez verds, robe purpurine. O.: chapeau gris, manteau noir. „*Exceptez les Blancs-Manteaux, qui est un nom d'une certaine sorte de Religieux".

Les adjectifs exprimant des „qualitez elementaires": M.: chaud, froid, sec, humide, moite, aride, tiede; terre seiche et aride, temps humide, pluvieux, viande froide; O.: eau chaude.

Les adjectifs de „nation ou ville": M.: la langue Françoise, la mode Italiéne; O.: un Gentilhomme François.

Remarques. Il y a des adjectifs „dont on ne peut bonnement establir reigle ou les reduire sous tiltre, ains se doivent apprendre par usage; comme nous disons mieux et plus usitement: le bien et repos public, qu'au rebours, une chose seure, un arbre fruitier, une terre labourable, une forest feuillue, un arbre branchu ..." (M. f⁰ 58 r⁰). — On dit: le bien public, une terre fertile, un arbre feuillu, [la saincte Chappelle, la semaine saincte; aller nuds pieds, nuds bras, à cul nud; un court baston]* (O. p. 97, 98).

La place de l'adjectif, devant ou après le substantif qu'il qualifie, n'est d'ailleurs pas absolûment fixe, „specialement en vers, où il y a une large licence de changer l'ordre coustumier" ... De plus, il y a des adjectifs „où n'y a point d'interest à les placer devant ou après, au plaisir de celuy qui parle ou escrit ou selon la commodité de la sentence ..." (M. f⁰ 58 r⁰ v⁰).

Emploi de certains adjectifs.

Demy „s'approprie mieux aux choses qui ne se partagent point essentiellement, (et moitié à celles qui se divisent)": demy teston, demy escu, demie heure; (la moitié d'un mouton, la moitié d'une pomme; „on dit aussi: la moitié d'un jour, la moitié de la nuict"). [O. p. 101.]

Deschaux et *secoux* „sont vilains mots de frontiere; nous disons *deschaussé* et *sécoué*" (O. p. 81).

Grand, *gros*. „Les estrangers mettent souvent grand pour gros, et c'est une grande improprieté, parce que le mot de *grand* s'entend proprement des choses qui ont la grandeur ou longueur de corps, et *gros* s'entend de celles qui sont ou rondes ou espaisses: un grand livre = long et estendu; un gros livre = espais; on dit pourtant: une grosse heure d'horloge = entiere". (O. p. 87.)*

Méchant, *mauvais*. „Meschant se rapporte aux personnes, et mauvais aux choses que l'on mange ou boit": ce vin ou ce pain est bien mauvais; voila un meschant homme. „On dit pourtant: un mauvais homme, et alors il a moins de force que meschant"; un mauvais discours = un discours mal arrengé; un meschant discours = de mauvaise et pernicieuse qualité. „Pour les autres choses, on se peut servir indifferemment. L'on dit aussi: un meschant ou mauvais habit, et ainsi des autres ..." (O. p. 101).

Neuf, *nouveau*. *Neuf* „se dit des choses faites par art et industrie humaine pour en tirer service et usage, et sont neuves quand elles n'ont point encor servi et sont toutes telles qu'elles sont parties de la main de l'ouvrier": des souliers neufs, une maison neuve. *Nouveau* „se dit de choses qui se montrent et sortent premierement en évidence, ou par nature, comme des fruits nouveaux, du vin nouveau, ou par art humain, comme une nouvelle façon d'habits, un livre nouveau, c'est-à-dire de nagueres composé et mis en lumiére" (M. f⁰ 40 r⁰ v⁰). — *Neuf* „se dit des choses faites pour le service des hommes, quand elles n'ont point encore servy": une maison neuve, un chapeau neuf. *Nouveau* „se dit des fruicts de la terre": vin nouveau, cerises nouvelles, „et des choses qui sortent en évidence par art humain": un livre nouveau; „nous disons aussi": une nouvelle mariée, un nouvel hoste ... [*Cheval neuf*, „c'est-à-dire qui n'est dressé en aucune sorte"; *homme neuf*, „c'est-à-dire qui n'a point d'expérience"].*

Noms de nombre.

I. Cardinaux.[1]

M. (f⁰ 55 v⁰, 56 r⁰) et O. (p. 91, 92) énumèrent les noms de nombre jusqu'à *vingt et un*, ensuite les dizaines, les centaines, etc., et ils font des remarques dont nous relevons celles qui présentent quelque intérêt:

(70—90) M.⁰: septante ou soixante et dix; octante, huitante ou quatre vingts, nonante ou quatre vingts dix.

O.: „Vulgairement et mieux pour l'ordinaire de compter: soixante et dix, soixante et unze, soixante et douze, &c. jusques à quatre-vingts.

Autrement en terme d'Arithmétique: septante, septante et un, &c.

De mesme: quatre vingts, quatre vingts un, quatre vingts dix, quatre vingts unze &c., au lieu de huictante, huictante et un, &c., nonante, nonante et un, &c."

Vaugelas (II, 143) n'admet septante que dans les locutions: les septante (au sens biblique), la traduction des septante, les septante Interpretes.

(100—200) M.⁰: cent, deux cens, &c. (f⁰ 56 r⁰): six vingts, cent quarante ou sept vingts, cent octante ou cent quatre vingts ou neuf vingts, cent nonante ou neuf vingts dix.

O.: cent, cent dix, six vingts „plustost que cent vingt", „& apres cela: cent trente, cent quarante, &c."

Vaugelas (II, 111) donne six vin*ts*.

(1000) M.⁰: mil ou mille.

O.: mille; „mille se retrenche au nombre des années & s'escrit mil quatre cens, mil cinq cens, &c."

O. est le premier grammairien qui ait fait la distinction entre *mille* et *mil*; Malherbe employait indifféremment les deux formes[2] et Vaugelas ne parle guère de mil; il ne fait qu'interdire qu'on écrive mille avec une s au pluriel. (II, 111.)

---

[1] M. les appelle „cardinaux ou primitifs".

[2] Généralement mil devant les autres noms de nombre (cf. Brunot, H. III, 286).

(2000—1,000,000) M.⁰: deux mille; dix mille; cent mille; deux cens mille; un million.
O.: million.

(1,000,000,000) M.⁰: un milliard ou une milliace.[1]
O.: milliars (éd. de 1645: milliards).

Pluriel des noms de nombre cardinaux.

M. (f⁰ 56 r⁰)⁰: „Vous pouvez avoir remarqué ... que vingt, cent & million & milliard reçoivent forme pluriére quand nous comptons: quatre vingts, ... six vingts, ... sept vingts, ... neuf vingts, ... neuf ving*ts* dix, ... deux cens, ... trois cens, &c.“.

O. (p. 86)*: „Des nombres cardinaux, un, une et cent ont un plurier: les uns, les unes; deux cens escus, trois cens hommes, &c. Adjoustez à cecy quatre vingts & quatre ving*ts* dix“.

(p. 95): „Davantage, vingt en composition prend une s de plus, comme quatre vingts, six vingts, sept vingts“.

Genre des noms de nombre cardinaux.

M. (f⁰ 55 v⁰)⁰ et O. (p. 91): ‚un‘ prend un féminin: ‚une‘.

M. (f⁰ 39 v⁰)⁰: „... de commun genre sont tous nombres cardinaux depuis deux, trois, &c. jusques à l'infini“.

O. (p. 81): „Les nombres cardinaux sont du genre commun depuis deux jusques à l'infiny.“

Fonctions de quelques noms de nombre cardinaux.

Un, une. M. (éd. de 1607 p. 114): „Un, une sont adjectifs, & au plurier s'appliquent à des substantifs qui manquent de singulier, ce qui est rare. — L'un, l'une, sont partitifs“.

Cent. M. (f⁰ 56 r⁰)⁰: „Cent est mis souvent substantif quand nous disons: un cent d'œufs, un, deux, trois cens de fagots“.

O. (p. 95): „Cent, pour quantité specifiée, prend l'article definy singulier: le cent couste 30 livres; à quoy il faut adjouster le demy cent, le quarteron, le demy quarteron.

Il y a quelque chose à considerer pour ce cent, car il faut dire alors un cent & demy; autrement en terme d'arithmetique, cent cinquante“.

Mille. M. (f⁰ 56 r⁰)⁰: „*Mille* est tous-jours *adjectif*; mille hommes. *Millier* est le substantif: un millier d'hommes, un millier de brebis“.[2]

„*Million, milliard, milliace* sont tousjours substantifs“ (M. f⁰ 56 r⁰)⁰.

---

[1] Milliace ne se trouve pas dans les dictionnaires du 17ᵉ siècle.

[2] Dans l'éd. de 1607, la règle de cent et de mille est beaucoup moins juste, car M. se borne à dire: „Cent et mille sont substantifs au singulier, adjectifs au plurier ... Au lieu de mille, substantif, nous disons plus ordinairement millier“ (p. 115).

Cardinaux sùbstantifiés.

M. (f⁰ 55 r⁰). Substantifiés, c'est-à-dire précédés de l'article, les noms de nombre cardinaux servent à désigner les chiffres: „ . . . tous nombres cardinaux se trouvans precedez de quelque article singulier supposent materiellement pour la marque ou chifre de leur nombre & semblent substantifs; ainsi: un deux ou le deux, c'est la marque ou chifre de deux, à sçavoir 2; un trois ou le trois, 3; un quatre ou le quatre, 4; et ainsi consequemment. Mais mis en plurier ils sont adjectifs, & supposent leur nombre en quantité . . .“

Cette règle de M. n'est pas du tout exacte; car ne pourrait-on pas parler de plusieurs chiffres 2 et dire par exemple au pluriel: ‚faire des deux en chiffres arabes‘? — D'autre part, dans des locutions comme *tous les deux*, deux est pluriel et sans doute substantif.

Noms de nombre cardinaux, substantifiés en termes de jeu.

O. (p. 94): „Outre ce que j'ay dit du genre et de l'application des noms numeraux, on doit sçavoir qu'au jeu des cartes, les cardinaux depuis deux jusques à dix reçoivent l'article masculin au singulier: le deux, le trois, le quatre, &c., & se construisent aussi avec le nom d'unité: un deux, un trois, un quatre, un cinq, &c.“.

Emplois particuliers des cardinaux.

I. Les adjectifs cardinaux s'emploient quelquefois à la place des ordinaux.

1⁰. O. (p. 93): „ . . . Il faut remarquer que (les cardinaux) ne se mettent jamais en suite de ces deux dictions an et année accompagnez de mille, mais on y construit les numeraux; par exemple, l'on dit: l'an mil six cens vingt-cinq, & non pas vingt-cinquiesme.“ *

2⁰. O. (p. 95): „On se sert aussi des nombres cardinaux pour exprimer les heures du jour, sans y adjouster le mot d'heure: v. g. entre une et deux, entre deux et trois, entre trois et quatre, &c., c'est-à-dire entre deux et trois heures, entre trois et quatre heures, et ainsi des autres“.

3⁰. O. (p. 95): „ . . . quelquesfois aussi nous employons les nombres cardinaux pour les ordinaux: v. g. le deux, le trois, le quatre, pour le deuxiesme, le troisiesme, le quatriesme, &c.“ *

Remarque.

O. (p. 93): „En quelques (locutions) il est indifferent d'user (de cardinaux ou d'ordinaux): v. g. page trentecinq ou trente-cinquiesme; feuillet dixhuict ou dixhuictiesme.“ *

O. (p. 93): „Remarquez icy que, quand nous disons Charles cinquiesme, cela s'entend du Roy de France, et Charles quint s’entend de l’Empereur; on dit aussi Charles neuf pour Charles neu*f*iesme.“

Vaugelas (I, 225) se prononce pour ,chapitre neufviesme‘ et ,Henry quatriesme‘, contre ,chapitre neuf‘ et ,Henry quatre‘, quoiqu’il reconnaisse que „le grand usage semble en quelque façon authoriser“ les secondes formes.[1]

4[0]. „Item, un douze & un seize, c’est-à-dire un douziesme & un seiziesme, qui sont parties d’une aulne.“ *

II. O. (p. 96): „Il sera bon de dire de l’usage general de ces nombres. Lorsque nous comptons de degré en degré indeterminément, nous disons un ou deux, deux ou trois, &c. jusques à dix; & depuis dix, si d’aventure on n’est asseuré du nombre, on dit: dix ou douze, douze ou quinze, quinze ou vingt, vingt ou trente, jusques à soixante; et puis soixante ou quatre vingts, quatre vingts ou cent, cent ou six vingts, &c.; mais si on peut specifier au juste, cela n’empesche pas qu’on ne puisse compter dix ou onze, douze ou treize, quinze ou seize; et ainsi des autres.

Il y a encore à remarquer, touchant le nombre & la disposition des jours, des sepmaines, des mois & des années; car au lieu que les hauts Allemands disent quatorze jours, nous disons quinze pour deux sepmaines; huict jours & non une sepmaine, si ce n’est que le terme ou le nombre soit precis; trois sepmaines; un mois, & non quatre sepmaines; cinq sepmaines; six sepmaines, & non pas un mois & demy; sept sepmaines; deux mois; neuf sepmaines; deux mois & demy, plus proprement que dix sepmaines; onze sepmaines; trois mois, & jamais un quart d’an; trois mois & demy; six mois, plustost que demy an; neuf mois, & jamais trois quarts d’an; un an ou douze mois; quinze mois, & non pas cinq quarts d’an; un an & demy & dixhuict mois; vingt mois; deux ans; vingt-sept mois; deux ans & demy, &c.

Place des noms de nombre cardinaux.

M. (f[0] 58 v[0]): „. . . tous nombres cardinaux precedent necessairement: un, deux, trois, &c. Vous me devez cent escus. Aagé de vingt, de trente ans. Cent mille hommes de front, &c.“

O. (p. 98): „Les nombres cardinaux precedent le substantif: deux escus; trois pistoles, &c.“

II. Ordinaux.[2]

Les adjectifs ordinaux sont:

(1er) M. (f[0] 56 v[0])[0]: premier, premiére.

O. (p. 93): premier, „qui n’entre point en composition . . . Pour uniesme, il ne se met qu’en composition: vingt et uniesme . . .“

---

[1] Cf. aussi les notes de Patru, de Th. Corneille et de l’Académie Française à la suite de la remarque de Vaugelas (I, 215) (Rosset, Bouhours p. 102).
[2] M. les appelle „ordinaux ou d’arrengement“.

($2^{\text{ième}}$) M. (f⁰ 56 v⁰)⁰: second, seconde ou deuxiéme.

O. (p. 93): deuxiesme. „Second se dit aussi pour deuxiesme & ne se met point en composition avec un autre nombre."

($3^{\text{ième}}$) M. (f⁰ 56 v⁰): tiers, tierce ou troisiéme.

O. (p. 93): troisiesme; tiers n'entre pas en composition avec d'autres noms de nombre.

($4^{\text{ième}}$) M. (f⁰ 56 v⁰)⁰: quart, quarte ou quatriéme.

O. (p. 93): quatriesme; quart n'entre pas en composition.

($5^{\text{ième}}$) M. (f⁰ 56 v⁰)⁰: quint, quinte ou cinquiéme.

O. (p. 93): cinquiesme; quint n'entre pas en composition.

($6^{\text{ième}}$) M. (f⁰ 56 v⁰)⁰ et O. (p. 93): sixiéme (sixiesme).

On forme régulièrement tous les autres noms de nombre ordinaux, en ajoutant la terminaison iéme (iesme) aux noms de nombres cardinaux correspondants. M. (f⁰ 56 v⁰); O. (p. 93).

O. (p. 94): „On peut adjouster icy: quantiesme, penultiesme & dernier."

Remarque.

O. (p. 95): „Pour quarte et quinte, à cause de l'equivoque en leur signification, on ne s'en sert gueres pour terme ordinal, parce que quarte est une mesure et quinte une fantaisie; et tous deux termes de musique."

Quart et quartier.

O. (p. 93): „Le mot de quart se met avec des substantifs de choses qui ne se divisent point essentiellement, comme un quart d'heure, un quart de lieuë; et quartier au contraire avec ceux qui se peuvent partager, comme un quartier de drap, un quartier de toille. On dit aussi: le premier et dernier quartier de la Lune."*

Genre des noms de nombre ordinaux.

M. (f⁰ 56 v⁰)⁰: Tous les adjectifs numéraux en iéme sont „de commun genre".

O. (p. 95): „Des ordinaux ceux-cy ont deux genres: le premier, la premiere; le second, la seconde; le tiers, la tierce; le dernier, la derniere; les autres sont du commun: le deuxiesme, la deuxiesme &c."

Remarque de style.

O. (p. 95): „Remarquez aussi ces phrases: il est party luy sixiesme; il est venu luy troisiesme, &c."

Composition des noms de nombre.

O. (p. 92): „...avant que de passer outre, il faut que je vous advertisse qu'apres les nombres composez, nous ne mettons point de copulative qu'avec le nom d'unite. Par exemple: vingt et un, vingt-deux, vingt-trois; trente et un, trente-deux, trente-trois; et l'on ne dit gueres, trente et deux, trente et trois, & ainsi des autres jusques à cent, qui n'en reçoit jamais; car nous disons, cent un, cent deux, cent trois &c. Vous pouvez observer la mesme chose pour les ordinaux, vingt-deuxiesme, vingt-troisiesme, &c."

O. lui-même ne respecte pas cette règle, quand, plus haut, il dit d'une part: soixante *et* dix, soixante *et* unze, etc., et d'autre part: quatre vingts un. Elle n'était d'ailleurs pas observée au 17e siecle[1] et elle ne l'est aujourd'hui que pour les noms de nombre de vingt à soixante.

„On dit vingt-et-un, trente-et-un, et non pas vingt-un, trente-un; mais on dit quatre-vingt-un, cent-un, et non pas quatre-vingt-et-un, cent-et-un. On dit trente-deux, trente-trois, quarante-quatre, quarante-cinq, cinquante-six, cinquante-sept, et non pas trente-et-deux, quarante-et-quatre, cinquante-et-six. Je dirois aussi vingt-deux, vingt-trois, etc. Monsieur Menage est pour vingt-et-deux, et vingt-et-trois, et dit que parce qu'on prononce à Paris vinte-deux, vinte-trois, et non pas vingt-et-deux, vingt-et-trois pour représenter la prononciation Parisienne, il escriroit vinte-deux, vinte-trois, comme on escrit trente-deux, trente-trois." (Thomas Corneille à propos de la remarque de Vaugelas II, 111).

III. Noms de nombre multiplicatifs.

M. et O. les appellent proportionnels.

M. (f⁰ 56 v⁰)⁰: „Les autres formules que plusieurs mettent en avant, sont manques,[2] ne servans pas en tout degré de nombre; il se faut retrancher en l'usage, comme ceux qu'ils appellent proportionnels: simple, double, triple, quadruple ou quatruple, &c. Vous suyvrez les latins en rejettant l'x."

O. (p. 94): „Les proportionnels sont à remarquer en l'usage: simple, double, triple, quadruple, et rien de plus."

IV. Noms de nombre collectifs.

M. (f⁰ 56 v⁰)⁰: „(Il ya des) collectifs ou d'assemblage, terminez en ain, aine; mais ils ne servent pas en tout nombre, ni tous-jours en l'un & l'autre genre, l'usage regne en cecy comme ailleurs ... Quatrain, sixain, sixaine, huitain, huitaine, neuvain, neuvaine, (f⁰ 57 r⁰) dixain, dixaine, douzain, douzaine, dem*ie* douzaine, vintaine, trantaine, &c., centaine s'appliquent à plusieurs choses ..."

O. (p. 94): „Les collectifs ne servent pas à tout genre & nombre; car on dit seulement: sixaine, huictaine, neufvaine, dixaine, douzaine, quinzaine, vingtaine, trentaine, quarantaine, &c. jusques à centaine. Où huictaine se prend aussi pour l'espace de huict jours, & neufvaine pour une sorte de dévotion qui en dure neuf.

---

[1] Cf. Brunot, H. III, 286.
[2] = défectives.

V. Expressions adverbiales de nombre.

1. M. (f⁰ 56 v⁰)⁰: „Apres doivent marcher les adverbiels, comme une fois, deux fois, trois fois, quatre fois et ainsi à continuer.“

O. (p. 275, 276) cite les expressions telles que une, deux, trois . . . etc. fois parmi les adverbes de „nombre ou compte“, et il ajoute „qu'au lieu de la diction *fois*, on se sert aussi de *coup*: un coup, deux coups . . .“

2. O. (p. 94): „Les distributifs se mettent ainsi: un à un, deux à deux, trois à trois, etc.“

VI. Substantifs dérivés de noms de nombre.

Outre les substantifs déjà cités tels que douzaine, etc., on peut compter parmi les dérivés de noms de nombre les substantifs suivants:

Quadrin, qui signifie „une menuë piece de monnoye antique valant quatre petis deniers“ (M. f⁰ 56 v⁰).

Quarteron, qui, „en nombre, signifie la quarte partie de cent: un quarteron d'espingle“ (M. f⁰ 57 r⁰).

Les substantifs en *ain*: *quatrain* [„une composition de quatre vers“], *sixain* [„de six vers“], *huictain* [„de huict vers“], *dixain* [„de dix vers; et de plus un chapelet qui n'a que dix grains, ou bien la partie du chapelet entre les deux plus gros, qu'on nomme Paters“], douzain [qui „signifie un sol“]. O. (p. 94).

Les substantifs en *aire*, „tirez des latins“: quinquagenaire, sexagenaire (M. f⁰ 57 r⁰; O. p. 94), centainaire ou centenaire (M.), septuagenaire (O.).

Les substantifs en *ier*, „qui denotent charge ou office“ (M.): quartenier, dixenier, centenier (M. f⁰ 57 r⁰; O. p. 94), cinquantenier (M.).

L'Article.[1]

„L'on appelle communément articles certaines syllabes dont nous nous servons à distinguer & qualifier nos propos." (M. f⁰ 21 v⁰).

Article défini et article indéfini.

M. (f⁰ 21 v⁰): „On les distingue (= les articles) communément en articles finis et infinis ou, pour mieux dire, articles definis et indefinis."

O. (p. 51): „On distingue les articles en definy et indefiny."

Les Formes.

Article défini.

M. (f⁰ 21 v⁰): „... aucuns (articles) sont du genre masculin, autres du feminin, et autres du commun genre, c'est-à-dire qui servent indifferemment aux noms masculins et aux feminins. Il y en a aussi pour le nombre singulier, autres pour le plurier et quelques-uns à l'un et et à l'autre indifferemment. On met peine aussi de les distribuer en cas pour imiter en quelque sorte les Grecs et (f⁰ 22 r⁰) Latins en leurs declinaisons, bien que cette distribution serve plus pour commodité d'enseigner, que pource qu'il soit ainsi realement et de fait. Car à vray dire, il n'y a que le, la, les qui semblent articles; les autres sont comme prepositions desquelles nostre langue se sert pour arranger ses mots, et les adapter les uns aux autres." Cette dernière remarque prouve déjà que Maupas ne se rend pas tout à fait compte de la nature de l'article; aussi ce chapitre est-il des plus embrouillés.

M. (f⁰ 22 r⁰) et O. (p. 51, 52) énumèrent les articles définis suivant les genres, les nombres et les cas („nominatif et accusatif; genitif et ablatif; datif"): le, la, les; du, de l', de la, des; au, à l', à la, aux; M. ajoute és.

---

[1] La composition de ce chapitre présente, dans l'éd. de 1618, des différences assez remarquables d'avec la composition du même chapitre dans la première édition (1607) de la grammaire de Maupas; les différences qui touchent la doctrine, seront indiquées le cas échéant.

Remarques.

Elision. M. (f⁰ 3 1 r⁰): „Le, la, sont sujets à l'apostrophe toutes et quantesfois qu'ils rencontrent des mots commençans par voyelle ou h muëtte. Ainsi pour le masc: l'œil, de l'œil, à l'œil; l'homme de l'homme. Pour le féminin: l'ame, de l'ame, à l'ame; l'humilité, de l'humilité, à l'humilité. C'est pour montrer que ceux errent, qui baillent pour reigle, que les mots masculins commençans par voyelle ou h muëtte, empruntent l'article feminin; car, sauf leur grace, c'est le masculin apostrophé."

O. (p. 51): „(L'article défini masculin) estant construit avec un nom qui commence par voyelle ou h muette, c'est-à-dire qui ne s'aspire point, reçoit l'apostrophe, et semble qu'il emprunte deux cas du féminin; par exemple: l'ange, de l'ange, à l'ange; l'homme, de l'homme, à l'homme."

(p. 52): „(L'article défini féminin) reçoit aussi l'apostrophe devant une voyelle et h muette: l'ame, de l'ame, à l'ame; l'humeur, de l'humeur, à l'humeur."

Ès. M. le cite, comme nous l'avons vu[1]; O. (p. 52) déclare: „Pour es, les bons autheurs et les modernes le bannissent entierement, tant en parlant qu'en l'escriture". (Voir Brunot, Hist. III, 273).

Article indéfini.

Les articles indéfinis, d'après M. (f⁰ 22 r⁰) et d'O. (p. 52) sont: *de*, pour ,le genitif et l'ablatif', et *à*, pour ,le datif'.[2] On voit donc, que nos deux grammairiens ne connaissent pas l'article indéfini, tel que nous le concevons aujourd'hui. Seul M. dit quelque part (f⁰ 24 r⁰) qu'à certains substantifs, nous „appliquons la note d'unité pour leur servir d'article". Ailleurs (f⁰ 34 v⁰) il parle de la préposition *à*, et il dit: Il appartient à Roy de gouverner ses sujets comme père, c'est-à-dire à quelque Roy que ce soit; „on pourroit aussi dire": à un roy, comme un pere; chien qui d'abbayer s'égueule jettez luy un os en la gueule, incontinent il se taira; à chiens hargneux aureilles deschirees. „Au plurier on pourroit dire à des, à des chiens, etc." Et le grammairien s'exprime encore avec plus de précision en 1607 (p. 31): „Pour les choses integrales et d'une nature non divisible en leur usage, nous leur adoptons la marque d'unité pour article: un, d'un, à un; une, d'une, à une; et ce seulement au nombre singulier; car il est évident que ceste consideration ne tombe point en plurier nombre ..."[3] Et dans la liste des articles qu'il établit dans cette première édition de sa grammaire, il cite un, une, etc., en les caractérisant comme „indefinis, mais seulement pour les choses integrales".

---

[1] Dans les listes des articles et partout ailleurs il le mentionne à côté de aux, comme, en 1625, il cite *en* à côté de *à* comme „datif" de l'article indéfini.

[2] M. (f⁰. 22 r⁰): „Par ainsi se void ... que les articles indefinis n'ont que deux cas, genitif et datif, sans nominatif."

[3] Dans l'édition de 1607 (p. 47) on trouve cependant äu chapitre de l'„article" à: unes armoires à serrer habits.

Dans l'éd. de 1625, *un* et *une* portent le nom d'„Articles d'unité singulière seulement".

Article partitif.

L'article partitif a la forme de l'article défini composé de la préposition *de*, ou, dans certaines conditions, celle de cette préposition seule. M. (f⁰ 24 v⁰.) O. (p. 52).

Syntaxe de l'article.

Fonction de l'article défini.

M. (f⁰ 22 v⁰): „Nous appellons articles definis ceux qui ont cette vertu de reserrer et restraindre les mots qui d'eux mesmes ont une signification generale et indefinie. Ce que font aussi les articles Grecs, Allemands, Anglois et Italiens definis, et de toutes autres langues ..." (f⁰ 23 r⁰): „Les definis determinent la vague signification des appellatifs et la recueillent et appliquent à un seul comme si je dis: j'ay veu le Roy; je suis serviteur du Roy, j'ay parlé au Roy. La force de ces articles definis ramasse et attache l'intelligence de l'auditeur à un certain et unique Roy, à sçavoir celuy du païs où je suis, ou si on a desja parlé de quelque Roy, on entendra de celuy là; ou bien l'article m'oblige à le nommer, comme le Roy de France, d'Angleterre, ou tel autre." [1]

O. (p. 54): „Il faut premierement entendre que l'article definy restraint et resserre les dictions, tellement (que nous le mettons) avec une chose specifiée: par exemple le nom de Roy estant spécifié pour le nostre, ou de quelque autre royaume, nous dirons: le Roy; le Roy d'Angleterre; le Roy d'Espagne, etc.; si on ne le specifie point on dira: il est fils de Roy; il est serviteur de Roy; ... je diray en général que ... l'article définy ... sert ... à l'espèce."

(p. 55): „(Nous employons l'article défini) avec les appellatifs sous un terme resserré, comme le livre, le bœuf, le cheval, le lion; ... le conseiller, le financier, le barbier, le tailleur; ... lorsqu'on specifie quelqu'un de ces officiers, on dit: c'est le valet du conseiller N.; autrement dans une estenduë generale il faut dire, il est clerc de conseiller, &c. ... [Nous nous servons aussi de l'article

---

[1] Dans cette dernière remarque, M. renverse l'ordre naturel des idées, car il devrait dire qu'il faut employer l'article défini quand le nom est pris dans un sens déterminé, et non pas, qu'il faut préciser le nom parce qu'un article défini le précède. La même faute logique se retrouve dans la remarque que voici: (f⁰. 30 r⁰ v⁰) „(Le, la, les) ont force de determiner et restraindre le mot auquel ils sont adaptés, et l'obligent à un certain sujet, comme il a esté veu cy devant, comme si l'on dit, le livre, la harangue, les œuvres, on doit avoir pour sujet quelque certain livre, harangue, ou bien on est obligé à les exprimer, ou par les relatifs qui, que, lequel, dont: le livre que vous m'avez prêté, ou par quelque autre indice et specification: la harangue prononcee aux Estats, etc."

definy, en parlant des noms particuliers de quelques lieux, maisons ou palais; v. g.: sortir ou venir du marché, venir du Louvre, sortir de l'Escurial."]*

Ellipse de l'article.

Règle générale.

On omet l'article (on emploie, selon M. et O., l'article indéfini), quand le substantif est pris dans un sens indéterminé (M. f⁰ 23 r⁰; O. p. 54), et en général pour exprimer le „genre" et l'„individu" (O. ib.); toutefois faudra-t-il faire ici une distinction entre la doctrine de M. et celle d'O.: tandis que le premier admet l'omission de l'article sans aucune restriction, si le substantif est employé indéterminément, le dernier dit, il est vrai, „qu'il n'y a point de nom qui ne puisse recevoir les deux articles", mais les exemples qu'il donne correspondent tous à l'usage actuel inauguré par Malherbe, qui n'admettait l'omission de l'article que dans des conditions particulières[1]; il n'en cite point de pareils à celui de Maupas: „. . . il affiert à Roy de regir ses sujets comme père."[2] Quoi qu'il en soit, on voit qu'à l'époque qui nous occupe, la question de l'article n'était pas encore définitivement résolue et que l'usage en était encore assez flottant.

Voici encore quelques exemples de l'omission de l'article avec un substantif pris indéterminément:

M. (f⁰ 22 v⁰): celuy est vray Roy qui regne souverainement et legitimement sur ses sujets en pitié et justice; il promet en foy de Roy de garder equité; car il affiert à Roy de regir ses sujets comme pere.

M. (f⁰ 29 v⁰): J'estime celuy vray roy qui regit ses sujets comme pere; („icy on peut mettre aussi pour article cette particule d'unité en sens indefini: J'estime un vray roy qui regit comme un pere.") De long travail heureuse recompense („ou d'un long travail".) De jeune logicien argument cornu; de jeune medicin cometiére bossu; à cheval donné on ne doit regarder à la bouche, etc.

On pourrait encore citer ici tous les exemples du genre de ‚authorité de roy' (M. f⁰ 31 v⁰), ‚poisson de riviére' (id. f⁰ 32 r⁰), ‚brusler d'amour' (id. f⁰ 32 r⁰), ‚brusler d'envie' (O. p. 60), ‚pot à vin' (M. f⁰ 35 r⁰), ‚tomber à peste' (id. ib.), exemples que nous rangeons dans le chapitre des prépositions de et à.

---

[1] Voir Brunot, Malherbe, p. 337 et sv. Dans ses propres écrits, Malherbe use très librement de l'article.

[2] On trouve cependant (p. 307) dans le traité de la préposition à: „à cheval donné, à cœur vaillant"; mais ces expressions-là sont prises dans les exemples suivants de M. et elles présentent des locutions proverbiales: (f⁰. 29 v⁰) „à cheval donné on ne doit regarder à la bouche" (l'omission de l'article dans ce proverbe est restée dans l'usage de nos jours); (f⁰. 37 v⁰) „à cœur vaillant rien impossible".

Remarques.

1⁰. M. (f⁰ 37 r⁰ v⁰)⁰: „Souvent il peut estre ambigu si le propos est determiné ou non, et de fait semble qu'il n'y a interest à le prendre defini ou non, lors aussi peut on sans scrupule employer les articles definis ou indefinis. Cette indifference gist le plus souvent es choses dont l'essence n'est pas corporelle ni materielle, mais intellectuelle. Exemple: noblesse provient de vertu, ou, la noblesse provient de la vertu. Nourriture passe nature, ou, la nourriture passe la nature. Tout los de vertu consiste en action, ou, tout le los de la vertu gist en l'action. A cœur vaillant, au cœur vaillant, à un cœur vaillant rien impossible."

2⁰. O. (p. 307) fait une observation très ingénieuse sur l'emploi et l'omission de l'article avec la préposition à: „On dit: le pot au lait, le pot au vin, et non le pot à vin; un pot à beurre, ... terre à fourment, ... la bouteille à l'encre ... (Là) où la preposition à se met toute seule, le sens tend à un infinitif sous-entendu, au et à la expriment une matiere contenue." Il est vrai que le grammairien ne prend pas garde à ce que, dans le premier sens, on peut parfaitement dire ‚pot à vin‘, mais sa remarque n'en est pas moins juste et la différence de l'omission et de l'emploi de l'article se retrouve, quand nous disons par exemple ‚pot *à* lait‘, c'est à dire un pot où on *met* du lait, et ‚café au lait‘, c'est-à-dire du café où est *contenu* du lait.

Cas spéciaux.

On supprime l'article:

dans les phrases „*generalement negatives*, ayans ordinairement ces mots en suite: aucun, quelconque ou equivalentes phrases".

M. (f⁰ 29 r⁰): Je n'ay secours d'homme quelconqne, d'homme vivant, d'aucun homme, d'homme qui soit. Je ne voy raison du monde en vostre dire.

O. (p. 58): Je n'ay secours d'homme quelconque, d'aucun homme, d'homme qui soit;

dans les phrases „*generalement interrogatives*".

M. (f⁰ 29 r⁰): Trouvez-vous apparence quelconque en ce propos? Avez-vous rencontré homme du monde à qui parler?

dans les phrases „*generalement dubitatives et conditionnelles*".

M. (f⁰ 29 r⁰): Je ne sçay si je trouveray amy quelconque. Avisez s'il vous manque aucune chose. Si avez besoin de chose que je puisse, ne m'espargnez pas.

dans *certaines expressions verbales*, dont O. établit (p. 62, 63) la liste suivante:[1]

---

[1] Nous supprimons ici, pour les reproduire ailleurs, les locutions dans lesquelles il s'agit, non pas de substantifs, mais d'adjectifs (employés comme adverbes). — L'éd. de 1632 ne contient que: chercher maistre, chercher fortune, prendre medecine, party, possession, sçavoir bon gré.

80

Avancer païs
Avoir bien
avoir égard
avoir haste.
avoir opinion
avoir paix
avoir prise
avoir raison
avoir soin

Boire chopine
boire pinte
busquer fortune

Couper broche
courir danger, risque,
    fortune
crier mercy

Demander compte
demander pardon
donner assignation
donner charge
donner congé
donner conseil
donner courage
donner entree
donner esperance
donner ombrage
donner parole
donner prise
donner quartier

Faire alte[1]
faire assaut
faire butin
faire compagnie
faire conscience
faire conte
faire credit
faire dessein
faire difficulté
faire emplette
faire escorte
faire estat

faire estime
faire faveur
faire feste
faire force
faire gloire
faire gogaille
faire grace
faire hommage
faire honneur
faire honte
faire jour
faire lecture
faire marché
faire mine
faire monstre
faire nuit
faire office
faire partie
faire peur
faire pitié
faire rencontre
faire semblant
faire teste
faire trefve
faire vente
faire voile
fausser compagnie

Gaigner pays

Hanter compagnie

Jouer partie

Lever boutique

Mettre enchere
mettre ordre

Ouir messe
ouvrir boutique

Passer maistre
payer tribu

perdre cœur ou courage
porter coup
porter envie
porter malheur
porter ombre
prendre advis
prendre congé
prendre courage
prendre delay
prendre femme
prendre garde
prendre langue
prendre medecine
prendre naissance
prendre ombrage
prendre party
prendre peine
prendre pied
prendre plaisir
prendre possession
prendre querelle
prendre resolution
prendre terre
prester aide
prester faveur
prester serment

Rendre combat
rendre compte
rendre gorge
se rendre maistre
retenir place

Sçavoir gré

Tenir bordel
tenir boutique
tenir breland
tenir conseil
tenir compagnie
tenir compte
tenir conte
tenir mesnage
tirer pays
trousser bagage.

---

[1] = halte. Cf. Henri Etienne, Nouv. Lang. franç. italian. I, 36.

„Mais en quelques-unes, si l'on vient à specifier, on y peut adjouster l'article; par exemple, on dit: pour avoir le bien de vous voir, avoir la raison de son costé, avoir le soin qu'il est necessaire d'avoir, ... demander le compte à l'hoste, faire le conte ou l'estime que je dois de vostre personne, faire la faveur toute entière."

Omission de l'article avec les noms propres.

1⁰. On ne met pas d'article devant les noms propres, „qui d'eux mesmes contiénent une signification assez definie." M. (f⁰ 26 v⁰ et sv.) O. (p. 56 et sv.).[1]

M. (f⁰ 27 r⁰): La statue de Cesar qui fit la guerre à Pompee; l'homme est l'image de Dieu; adressez à Dieu vos prières; „car Dieu est reputé nom propre, entendu du vray Dieu."

O. (p. 56): Jean, Pierre. „Le nom de Dieu pris pour le vray Dieu, et ces autres, Monsieur, Madame et Mademoiselle, passent pour noms propres ..."

Remarques.

a) Si le nom propre est *précédé* d'un adjectif qualificatif, on emploie l'article.

M. (ib.): La statue du dictateur Cesar, qui fit la guerre au grand Pompee. La belle Hélène.[2]

O. (ib.): La femme du gros Pierre; le livre du gros Guillaume.

b) M. (f⁰ 27 v⁰, 28 r⁰): „l'usage veut, que si on adjoute quelque epithete à ce nom Dieu, soit devant, soit apres, tous-jours est requis l'article defini: j'adore le vray Dieu; le monde est l'ouvrage du Dieu fort. J'adresse mes priéres au Dieu vivant. De mesme y adjoustant quelque nom de faux Dieu: L'Idole du Dieu Jupiter; s'attaquer au Dieu Mars.[3] Contre cet usage plus receu, il a esté observé qu'un celebre Docteur Theologien subjoignant cet epithete *vivant*, a usé de l'indéfini *de*, en plusieurs lieux de ses escrits: les prophetes de Dieu vivant; la doctrine de Dieu vivant. Ce qui semble propre à ce personnage et à cet epithete. Il y a encore ce mot *seul*, qui, s'il precede, demande articles definis: le seul Dieu, du seul Dieu,

---

[1] Maupas (f⁰ 28 r⁰): „(Il) se peut faire une reigle pour generale, que tous noms propres d'Hommes, de Mois, de Villes, Chasteaux, Bourgs, Bourgades, Villages, Royaumes, Contrees, Isles, Rivieres, Lacs & Montagnes, & de quelques animaux que ce soit ausquels on impose noms, comme à chevaux: Bucephal, Rabican, Bayard; chiens: Cerberus, Melampe, & tous autres attribuez propres à un seul individu, veulent estre construits par articles indefinis." Pour les exceptions de cette règle, voir les remarques.

[2] Maupas dit: „ ... si on met avant le nom propre quelque epithete [c'est-à-dire substantif] ou adjectif, lors est requis l'article defini devant l'epithete." Cette remarque n'a de valeur qu'en ce qui concerne l'adjectif; car il est évident que, dans l'exemple cité, l'article *du* appartient au nom commun „*dictateur*' et non pas au nom propre „*Cesar*'. Cf. p. 77.

[3] C'est au nom commun *dieu*, que, naturellement, est dû l'emploi de l'article.

82

au seul Dieu; s'il vient apres, indefinis: Dieu seul, de Dieu seul, à Dieu seul." (M. ne semble pas remarquer la différence de sens entre „le seul Dieu' et „Dieu seul').[1]

O. (p. 57): „... adjoustant quelque epithete ou nom de faux dieu à ce nom de Dieu, nous disons: le vray Dieu, le seul Dieu, le Dieu Mercure, etc."

c) M. (f⁰ 34 r⁰, v⁰): „Il a esté dit, que Monsieur, Madame, Madamoiselle ne reçoivent qu'articles indefinis, ce qui est à cause de leurs pronoms. Excepté en ces langages: vous faites du Monsieur, voila une gueuse qui tranche de la Dame; voicy un sot qui taille du brave. Nous disons aussi: faire le Monsieur, faire la Damoiselle. Et telles maniéres de parler denotent une sotte et presomptueuse imitation sous ces verbes: faire, trancher, tailler, coucher: faire le suffisant ou du suffisant, tailler, trancher, coucher du Gentilhomme."

O. (p. 57): „... on peut dire par derision: le beau Monsieur, la belle Madame, vous faites le Monsieur, vous faites la Madame."

d) M. (f⁰ 34 r⁰): „Ces deux mots Saint et Maistre, joints à quelque nom propre, se construisent avec articles indefinis à mode de nom propre: les œuvres de Saint Augustin; Dieu a dit à Saint Pierre, pais mes brebis; je veux parler à Maistre Jean."

O. (p. 57): „Sainct, Maistre et Dame, mis avec un nom propre, reçoivent l'article indefiny; v. g.: le livre de Sainct Ambroise; la femme de Maistre Jacques; le frere de Dame Guillemette; et sans nom propre ils se construisent avec le définy, comme: le sainct Empire, le maistre du logis, la Dame du lieu.

e) M. (f⁰ 28 v⁰, 29 r⁰): „(Il y a) plusieurs noms de riviéres, ausquels l'usage applique articles definis, comme s'ils estoient appellatifs, ou que l'appellatif fleuve ou riviére y fust sousentendu; ainsi: Le Tibre, le Rhin, le Pau, le Danube, le Nil. Souvent indifferemment: Tamise ou la Tamise, Charante, Saone, Seine, Garonne, Dordonne, Meuse. Et autres que l'usage apprendra. Nous disons aussi: l'Appenin, les Alpes, les Pyrenees. Il y a apparence que c'est parce que ces noms là comprénent chacun plusieurs montagnes."

O. (p. 54): „L'article definy se construit avec les noms de fleuves et de montagnes; v. g.: le Danube, le Rhein, le Rhosne, la Seine, les Alpes, les Pirenées."

f) M. (f⁰ 28 r⁰, v⁰): „(Il existe) plusieurs noms de royaumes, provinces et contrees, qui aucunesfois et en certaines façons de parler s'adjoignent articles definis, comme nous disons: par ou parmi l'Europe, l'Asie, la France, l'Italie, etc., plustost et plus usi-

---

[1] En 1607 (p. 42), il ajoute: „Vous noterez en cet endroit que pour le nominatif et accusatif, les noms propres n'ont point d'article. César déconfit Pompee en bataille. Cesar le Dictateur déconfit Pompee le grand, etc."

tément que: parmi Europe, France, Italie, etc. Item aussi: à la
France, à l'Europe, à l'Italie, plustost qu'à Europe, France, Italie.
Mais tant seulement: le Roy de France, d'Angleterre, d'Espagne.
Item: je suis, je vien de France, d'Italie, d'Espagne; je vay, je
demeure, je suis en France, en Italie, etc.; indifferemment: les
villes de France, d'Italie, de Poitou, ou: de la France, de l'Italie,
du Poitou. Et autres qui gisent en usage et observation.“

O. (p. 57): „Pour les noms propres, on en excepte plusieurs
noms de royaumes et provinces qui reçoivent l'article definy,
comme: la France, l'Angleterre, l'Allemagne, etc. Et toutesfois en
construction on ne laisse pas de dire: le roy de France, et non
de la France; le roy d'Angleterre, etc.; estre de France, venir de
France, aller en Allemagne, demeurer en Italie.

[La principale raison de cecy est qu'il faut considerer le
grand lieu comme general, d'avec le plus petit, comme particulier;
car lors que je dis: cela est fort utile pour la France, je restrains
ce pays dans son particulier; et disant au contraire: je sors de
France, je le laisse dans sa généralité au respect de ses provinces
qui sont moindres.]* Il faut excepter les noms masculins de quelques pays de cette derniere reigle, comme: venir du Perou, aller
au Perou, aller au Palatinat, venir du Palatinat, du Mans, du
Perche, du Languedoc, du Dauphiné, etc.“

g) M. (éd. 1625): „(Il y a) ... quelques noms propres de
villes et chasteaux qui portent en leur nomination l'article défini,
comme: le Mans, le Plessis, la Charité, la Rochelle; mesmes aucuns
noms de Seigneurie dont on appelle ceux qui s'en disent posses-
seurs, ou noms de guerre attribuez à des hommes, comme: la
Fleur, le Pont, la Renaudie, la Palisse et autres.“

O. (p. 55): „Le nom de Chasteau veut l'article definy; mais
ses composez, comme noms propres de ville, prennent l'indefiny:
de Chasteau neuf, de Chateau Renaud, de Chasteau vilain, de
Chasteau vieux, de Chasteau Thierry, etc.“

h) O. (p. 54, 55)*: „Le Soleil et la Lune sont deux astres
uniques en leur espece, et qui reçoivent l'article definy; par
exemple: les rayons du Soleil, le clair de la Lune; et cependant
l'on dit: il fait clair de lune, c'est un rayon de soleil; par les
premiers vous pouvez connoistre la restriction de ces rayons
appartenans au soleil et la lumiere de la lune qui luy est propre
en son particulier; mais aux dernieres façons de parler, ce rayon
de soleil demeure dans l'estenduë de la generalité ou quantité
des autres lumieres qui peuvent produire des rayons, ce que vous
jugez bien aussi de ce clair de lune, qui n'est point restraint dans
nne particularité de lumiere.“

Voici la remarque dans laquelle M. (éd. 1607, p. 72) parle de
l'emploi de l'article avec les mots soleil et lune; nous la citons
ici quoiqu'elle regarde les noms propres par ces deux mots
seuls: „... parlans des Elemens, du Soleil, de la Lune, des

84

Estoiles, nous employons plus usitément articles definis: la cholere
en l'homme est de la nature du feu, la pituite de celle de l'eau;
le Soleil distribue sa clarté à la Lune, aux Estoiles et autres
choses semblables."

L'Article dans l'apposition.

Les deux grammairiens ne parlent que de l'apposition qualifiant
des noms propres.

M. distingue deux cas: ou bien l'apposition „porte remarque
de speciale prerogative ou preeminence", et alors on emploie l'article
(défini); ou bien, elle sert simplement à qualifier le nom propre
sans „emphase", et alors on omet l'article.

1⁰ (f⁰ 27 r⁰, v⁰). La statue de Cesar le dictateur, qui fit la
guerre à Pompee le grand; ... Helene la belle, Medee la sorciere,
etc. „Ces phrases sont emphaticques et portent remarque; Cesar.
le Dictateur vaut autant que, celuy qui a esté dictateur. Et Pompee
le grand, c'est celuy qui a porté ce titre de grand". Charles le
simple, le sage; Loys le debonnaire.

2⁰ (f⁰ 27 v⁰): „... si l'adjectif[1] n'estoit chargé de telle emphase,
ains estoit une qualité commune ou simple attribut, on ne seroit
point obligé d'y employer l'article defini, comme qui diroit: Alexandre
jeune et vaillant desconfit en bataille Darius trespuissant roy de
Perse. Croesus, roy de Lydie, fut assez sagement admonesté par
Solon, philosophe grec. Charles, Empereur d'Allemagne, prit prisonnier
Frideric, Duc de Saxe."

En 1607 (p. 42), M. ne mentionne que la première catégorie
d'appositions, à savoir celle où l'on se sert de l'article.

Les remarques d'O. sont moins nettes:

(p. 64)*: „Nous ne mettons point (d'article) entre un nom
propre et un attribut de condition; v. g.: Marie, mère de Dieu;
Henry, roy de France; de mesme avec les nombres ordinaux:
Charles huictiesme etc. Mais il s'en faut servir pour faire une
difference d'office ou de nation; par exemple: Scipion l'Affricain,
Pierre le Conseiller, etc."

(p. 61)*: „Je croy que l'on jugera facilement que, quand un
nom de dignité suit un nom propre, qu'il n'y faut point mettre
d'article; v. g: Monsieur Pierre, conseiller de la cour ..."

On se sert de l'article, pour joindre des appositions aux mots
Monsieur, Madame et Mademoiselle.

M. (f⁰ 27 v⁰): Monsieur le Duc, Monsieur le Capitaine, Madame
la Contesse. „Et avec desdain et injure: Monsieur le sot, Madame
la putain".

---

[1] M. devrait dire, „le substantif ou l'adjectif"; les exemples suivants (roy,
philosophe, empereur, duc) le prouvent.

Remarque.

Dans toutes ces appositions-là, on ne répète pas les prépositions (de, à) mises devant le substantif qualifié.

M. (f⁰ 30 v⁰, 31 r⁰): La statue de Cesar *le* Dictateur, qui fit la guerre à Pompee *le* grand. Le Palais de Monsieur *le* Duc. J'ay communiqué mon affaire à Monsieur *le* Docteur.

„Ainsi de mesme, quand quelque preeminence de bien ou mal est attribuee à quelque chose premie*r* nomm*ee*. Telle attribution se fait par le comparatif faisant office du superlatif, comme: J'escri à une Dame, la plus belle de la Cour. J'ay appris cette leçon d'un Docteur, le plus sçavant de la ville. Vous parlez d'un Roy, le parangon des Rois, à une fille, la fleur de pudicité, à un Capitaine, le rempart et le mur*t* de la patrie.

Je sçay bien, qu'on peut resoudre ces phrases par une maniere d'ellipse ou manque de ces mots ,qui est' ou ,qui a esté': à une Dame, la plus belle etc., qui est la plus belle. La statue de Cesar le Dictateur, c'est, qui a esté Dictateur. Mais cette resolution ou explication seroit dure en aucunes rencontres comme: le Chasteau de Monsieur le Duc, la chambre de Madame la Contesse, la table de Monsieur le maistre d'hostel".

L'Article défini au singulier collectif.

M. (f⁰ 26 v⁰): „Quand nous posons le nom du genre ou espece pour tout le genre ou espece, ce propos est defini & luy applicquons les articles definis; la raison est manifeste, parce que nous comprenons definiment sous un terme tout le genre ou espece. Ou bien on peut dire que le terme universel est sousentendu, qui revient à mesme but. Ainsi disons nous: L'homme a esté créé à l'image de Dieu. La femme a esté baillee à l'homme pour aide. Les bouillons de la colere de l'homme produisent de perilleux effects. Le cheval est propre à la guerre comme le bœuf au labourage. La proprieté du laurier est contre le tonnerre; on attribue une merveilleuse proprieté à la palme de se roidir contre le faix. On doute lequel est plus dommageable ou profitable, l'or ou le fer. La gueule en perd plus que le glaive."

Emplois particuliers de l'article défini.

1⁰ En parlant des membres du corps, l'article défini s'emploie à la place de l'adjectif possessif:

M. (f⁰ 25 v⁰): La teste me fait mal, un tel est blessé à la teste. Gardez de vous rompre la jambe. „Et non comme font plusieurs estrangiers qui disent: ma teste me fait mal, un tel est blessé à sa teste, etc.".

O. (p. 56): Le cœur me fait mal, il a mal au pied, elle est blessée à la jambe; „et non pas: mon cœur me fait mal, il a mal

a son pied, elle est blessée à sa jambe. On dit pourtant: Il porte
sur le front, et, sur son front; cela se cognoist, se lit, se void, se
juge ou paroist sur son visage.

[On pourroit dire, ma teste n'est pas bien disposée, mais alors
il faudroit considerer cette partie separée de soy-mesme, et comme
d'une troisiesme personne."]*

Il est étonnant qu'O. ne voie pas, dans le second cas, la vraie
raison de l'emploi de l'adjectif possessif, à savoir que, la personne
n'étant pas nommée dans la proposition, il faut l'indiquer au moyen
du possessif; il n'en est pas de même dans le cas précédent, où
l'emploi de l'adjectif possessif présenterait un pléonasme qui n'est
permis que dans de rares locutions, comme: *il* porte sur so*n* front.

2⁰ M. (f⁰ 25 v⁰, 26 r⁰): „... les actions et exercices designez
par leurs noms aiment les articles definis, comme: un tel est trop
adonné au jeu, il aime le jeu de la paume, nous devisons du jeu
de la paume, nous nous exerçons au jeu de la paume; c'est l'acte
de jouër. Un jeu de paume, c'est le lieu, où on y jouë. Tout
de mesme des autres jeux: jouër aux dez, à la boule, aux eschecs;
et autres actions: courir la bague, aller le trot ou au trot, le galop
ou au galop; ainsi nommant tous-jours une action, non la maniere,
comment elle est faite, car cette consyderation demanderoit l'indefini
a, ... comme qui diroit: sauter à joints pieds, courir à bride avallee.
De mesme, si nous employons le nom verbal, il regit les articles
indefinis: coureur *de* poste courir *la* poste, tireur *d'*armes tirer *des*
armes, jouëur *de* lut jouer *du* lut. Ainsi des arts et mestiers:
enseigneur de musi*c*que enseigner la musique, tailleur de pierre
tailler la pierre, faire des habits faiseur d'habits.

La cause de cette difference, en mon advis, est que le nom
verbal contient l'habitude ou faculté d'œuvrer, laquelle est indifferente
à tout instrument et à toute matiére; et le verbe porte l'action, qui
ne s'applicque à chaque fois qu'à un instrument et à une matiére."

O. (p. 56): „Lorsque nous specifions les actions ou les exercices,
nous prenons l'article definy; v. g: il aime la paume ou le jeu de
la paume, le jeu des cartes, des dez, de la boulle, aller l'ambe,
courir la bague. Au contraire en specifiant la maniere, le lieu ou
l'instrument de tels exercices, nous usurpons l'indefiny: il aime un
jeu de cartes, etc., courir à bride abattuë, à cloche pied, à joints
pieds."

Cette règle sent un peu l'artifice; elle est même fausse en partie,
à force d'être une généralisation de cas spéciaux réglés par l'usage
seul. Ainsi, on ne saurait nier que la locution ,*aller au trot*' (M.)
exprime bien une *manière* d'aller à cheval; et comment pourrait-on
voir dans ,*il aime un jeu de cartes*' (O.), une maniere, un lieu
ou un instrument?[1] La différence entre ,il aime *le* jeu *des* cartes'
et ,il aime *un* jeu *de* cartes' est plutôt due à la différence de
l'article du mot *jeu* (le — un), de sorte que le premier article

---

[1] Voir le point suivant.

défini (le) aurait amené l'article défini *des*, et que le premier article indéfini (un) aurait été la cause de l'omission de l'article dans ,de cartes' (cf. par exemple: *la* vie de *l'*homme, mais: *une* vie *d'*homme). Et quant à l'emploi de l'article devant jeu, c'est une pure question de sens, en ce qu'une phrase comme ,un tel aime *le* jeu de cartes', exprime une affection durable de la personne pour le jeu de cartes, tandisque ,*un* jeu de cartes' pourrait être dit dans une proposition comme ,un tel aime à faire parfois un jeu de cartes'.

On sait que l'usage moderne n'admet plus de dire ,jeu *des* cartes', et ,jeu *de la* paume'.

3^0. On emploie l'article défini (avec la préposition à), pour indiquer l'instrument à l'aide duquel on fait quelque chose, et pour exprimer une marque distinctive (cf. la préposition à).

M. (f^0 35 v^0, 36 r^0): Un ouvrage duit au marteau, à la lime, tourné au tour, compassé au compas, esquarri à l'esquierre, dressé au niveau. L'éd. de 1607 (p. 60) ajoute: ouvrage de broderie fait à l'aiguille, au metier, etc. —

(f^0 36 r^0): La lune au teint d'argent, Berthe au grand pied, François au grand nez, la belle fille aux jaunes cheveux; l'éd. de 1607 (p. 60) contient outre les exemples précédents: la belle au gent corps, la fille au laict, la femme au beurre, l'homme au chapeau gris; (mais on dit, du taffetas à gros grain (f^0 35 r^0), car dans ce cas-là, le substantif est pris indéterminément).

4^0. O. (p. 61):* „L'article definy se met quelquefois pour le nom d'unité, comme en ces phrases: il n'a pas le sol, il n'a pas la maille, c'est-à-dire, il n'a pas vaillant un sol ou une maille.“

5^0. Sur les locutions telles que *à la Française*, voir le chapitre de la préposition *à*.

Article partitif.

M. (f^0 24 v^0) remarque que, „quand nous entendons indeterminément quelque portion ou quantité de choses, … (nous) leur appliquons tant au singulier qu'au plurier … les particules signifiantes partition et distraction, à sçavoir au singulier De, Du, De l', De la, et au plurier De, Des …“ C'est ce que nous appelons *article partitif*.[1]

---

[1] M. (éd. de 1625): „Aucuns voudront … prendre ces articles pour praepositions, … autres y sousentendent un terme de quantité indefinie, comme aucun, aucuns, quelques, etc. Autres encor accomodent ces phrases au sens de ces termes latins aliquid, comme aliquid vini, aliquot Doctoribus, etc. Pour moy, je n'enten point mouvoir debat sur cette consideration, pourveu que l'usage soit entendu.“ Le terme ,partitif' se trouve dans l'éd. de 1607 (p. 62): „Pour les substances usuëlles en portions et pieces, nous leur appliquons les articles distributifs et partitifs“; dans la liste des articles établie dans cette édition, l'article partitif figure au singulier comme ,indefini pour les substantifs appellatifs des choses ou substances dont l'usage est par portions semblables

O. (p. 52, 53): „Outre la disposition reiglée des cas de ces articles, il se rencontre qu'en parlant d'une portion indeterminée, ceux qui ont lieu au genitif et à l'ablatif, servent au nominatif et à accusatif; par exemple: voilà du pain, voilà de l'argent, donnez-moy du vin, apportez-moy de l'eau . . .

De mesme en parlant d'un nombre de corps non divisez ou individus; v. g.: . . . j'ay veu des Gentils-hommes . . .[1]

Remarques:

1⁰ Quand le nom est précédé d'un adjectif, on emploie *de* au lieu de *du, de la, des.* C'est la règle établie déjà par Malherbe (Brunot, Doct. 345).

M. (f⁰ 25 r⁰): „. . . si . . . les adjectifs sont mis et construits

---

au tout et qui en portent le nom, et au pluriel comme ,indefini pour les substantifs indeterminément pris'.

[1] Voici un passage où M. établit une division des noms communs, pour expliquer l'emploi des divers articles; ce passage est assez embrouillé et confus, mais, tout en n'ayant pas beaucoup de valeur doctrinale, il montre que le grammairien possédait à un très haut degré le don de l'observation exacte: (f⁰. 23 v⁰ et sv.) „Or il arrive extrémement souvent que nous parlons des choses comme d'un tout et corps integral. Et ces choses sont de deux sortes. La premiere est des substances qui ont leur estre en la vie humaine par cette integrité et totalité; et tiénent leur nom à cause de cette forme entiére, comme: un Roy, un Royaume, une espee, un livre, une riviére. Coupez ces choses en piéces, elles perdront leur nom et usage.

La seconde est des qualitez, ou adherentes aux substances, comme une chaleur, une froideur, une durté, et semblables, ou qui consistent en l'intelligence, comme une peine, un souci, une joye, un respos, et semblables. Nous en parlons de la sorte, quand nous entendons indeterminément quelque telle chose, comme: un roy, quelque Roy; un soin, quelque soin, un remede, quelque remede, etc. Et leur appliquons la note d'unité pour leur servir d'article; masc.: un, d'un, à un; fem.: une, d'une, à une. De ces mesmes choses, si nous voulions parler en plurier de mesme sens, nous leur appliquerions l'article *des* devant les substantifs, comme: des rois, des soucis, des recompenses. Et l'article *de* devant les adjectifs, s'ils precedoient ces substantifs-là, comme: de bons rois, de poingnans soucis, de grands recompenses.

Il arrive non moins souvent que nous parlons de choses comme par piéces et morceaux ou quantité d'icelles, qui est un sens à contre-pied du precedent, et ces choses sont aussi de deux sortes.

La première est des substances qui, au service qu'elles prestent en la vie humaine, sont mises en piéces et morceaux, et chaque piéce ou morceau retient le nom du tout, comme: du pain, du vin, de la toile, de la soye, du papier, de l'encre. Vous ne sçauriez tirer service de ces choses sans estre destaillees et départies; et chaque portion s'appelle comme son tout. [En 1607, M. appelle ces ,substances' ,homogènes'.]

La seconde sorte est des qualitez dessusdites mesmes, ou adherentes aux sujets, ou qui gisent en l'action de l'intelligence, comme: de la chaleur, de la blancheur, du froid, de la peine, du souci, du plaisir, de l'esprit.

Et en parlons de la façon, quand nous entendons indeterminément quelque portion ou quantité de telles choses, et à cette cause leur appliquons, tant au singulier qu'au plurier, et les particules signifiantes partition et distraction . . ."

Il y a là pêle-mêle une division des noms en noms concrets et noms abstraits, et la constation que tous les deux peuvent être employés dans un sens ,intégral' ou dans un sens partitif.

devant leurs substantifs, au lieu des articles du, de l', de la, des, il vaudra mieux mettre de: de bon vin, de fine soye, de belle estoffe, de magnifiques rois, de braves gentils-hommes, de sçavans Docteurs". (f⁰ 24 r⁰): De bons rois, de poingnans soucis, de grand's recompenses.

O. (p. 53): „... voila de bon vin, voila de bonnes gens, j'ay achepté de belles chemises, il vend de bonne marchandise ...; de bons compagnons disent, d'autres personnes veulent.[1] [(De) se construit aussi devant un adjectif seul, lorsque l'on respond à quelque proposition ou interrogation faite auparavant; par exemple: y a-t'il de bons chevaux en Espagne? Il y en a de bons. On dit que vous avez de fort bon vin, j'en ay d'excellent.]*"

(p. 58): „De mesme (emploie-t-on *de*) avec les adjectifs mis absolument apres la particule relative en: il y en a d'autres, il y en a de beaux, et non pas, il y en a des autres, etc."

2⁰ Les noms employés partitivement, c'est-à-dire construits avec les articles partitifs, peuvent être précédés de toutes les prépositions (sauf *de*).

M. (f⁰ 24 v⁰): Cette liqueur ressemble à du vin, j'ay employé mes deniers à du blé, à de la marchandise, ... j'ay communiqué mon affaire à des Docteurs. —

Dans l'édition à laquelle nous empruntons les exemples cités, le grammairien ne s'exprime pas très clairement sur ce point-là; au contraire, sa règle est inexacte, car „... ces articles (les articles partitifs)", dit-il, „n'ont *pas* s e u l e m e n t *lieu au genetif et ablatif, mais* a u s s i *és autres cas, nominatif, accusatif et datif, moyénant* l'article à ..." — L'article partitif ne peut jamais remplir les fonctions d'un „genitif ou ablatif", et c'est précisément pour cette raison que là, où il devrait le faire, par suite de la construction de la phrase, il faut le supprimer. (Garni *d'*étoffe correspond, si on peut s'exprimer ainsi, à ,garni avec *de* l'étoffe', beaucoup *d'*argent à ,*de* l'argent en grande quantité:' etc. Voir le chapitre de la préposition De).

La remarque que fait M. à ce propos en 1625, est beaucoup plus nette et elle corrige pour ainsi dire celle de 1618: „(On peut mettre l'article partitif) devant les substantifs, pour representer le nominatif et accusatif, ou après quelqu'une de ces præpositions à, en, par, avec, et autres qui regissent le nominatif ... (L'article des[2]), s'il represente le genitif ou ablatif ou les praepositions latines é, ex et semblables, *sera toujours defini*".

O. (p. 52): cela ressemble à du vin, cela ressemble à de la paille, j'ay dit mon secret à des femmes, cela ressemble à des bois, à

---

[1] Ces deux derniers exemples, O. les donne dans une règle à part, procédé dont on ne saurait voir la raison: „Et quelquefois (on emploie *de*) au pluriel sans aucun sujet qui oblige, comme en commençant un discours; v. g.: d'autres personnes disent, de bons compagnons veulent, etc.; et je tiens qu'alors il a un sens de *quidam* latin."*

[2] On pourrait ajouter du, de la, de l'.

des bleds, à des pailles, „où il faut considerer que bois, bleds et pailles se prennent pour substances qui denotent l'unité, et non pas une portion de bois, de bled ou de paille".

3⁰. L'emploi de l'article partitif ou de l'article indéfini *un, une* peut être amené par une différence de sens: „il n'est pas malaisé à recueillier ... qu'il y a maintes ... substances lesquelles à divers esgards peuvent estre prises pour un tout ou corps intégral, et pour choses partageables et divisibles en pieces et portions, comme: *un blé, un bois* se dira entendant une piéce de terre ensemencee en blé, une forest entiére; *du blé, du bois*, parlant de quelque quantité de telle substance; *une paille*, parlant d'un bien de paille; *de la paille*, supposant quelque quantité de telle matiere. Item és animaux qui servent de viande, nous disons: *du bœuf, du mouton, du veau*, entendans quelque partie ou piéce de tels animaux; mais si on dit: *du bœuf, du mouton*, etc., on entend un tel animal tout entier" (M. f⁰ 24 r⁰).

L'article partitif au singulier collectif.[1]

O. (p. 53): „(L'article partitif) se voit, lorsque la partie d'un tout se prend pour une quantité, comme, en marchandise, on dira: il vend de l'espice, il vend du cloud, du charbon, au lieu de dire: il vend des espices, des clouds, des charbons".

Répétition de l'article.

M. n'en parle guère. O. (p. 62) déclare: „On peut repeter l'article en tous les noms d'une periode; v. g.: aux hommes, aux femmes et aux enfans; et de cette façon il a tousjours meilleure grace".

Vaugelas décide (II, 253) qu'il est *nécessaire* de répéter les articles devant les substantifs, tandis qu'ailleurs (I, 347) il reconnaît „que, quand deux substantifs ... sont synonymes ou approchans ...", il ne faut pas repeter l'article, mais quand ils sont contraires, ou tout à fait differens ..., alors il faut (le) répéter ..."[2]

---

[1] Voir p. 29.
[2] Cf. l'usage moderne (*le père et la mère*, mais *les officiers, sous-officiers et soldats*).

Le Pronom.

Pronoms personnels et pronoms réfléchis.[1]

Emploi des différentes formes.

Formes toniques et atones.

On emploie les formes toniques *moy, toy, soy, luy* et *eux*:

I. Dans la *réponse „absolue“*:

M. (f⁰ 67 r⁰): Qui m'appelle? moy, toy, luy, eux.

De qui tenez-vous cette nouvelle? de luy, d'eux, de toy.

---

[1] M. (f⁰. 60 r⁰ v⁰) divise les pronoms personnels en pronoms „*prepositifs*“, pronoms „*postpositifs*“ et pronoms „*communs*“: „On prendra en gré que j'appelle aucuns ... pronoms prepositifs, c'est ceux qui doivent estre mis devant les verbes, assavoir pour nominatifs je, tu, il, ils, on, datifs et accusatifs me, te, se, nous, vous, luy, leur, le, la, les ...; j'appelle en second lieu postpositifs ceux qui se mettent apres les verbes[a] ou servent en response absoluë, c'est-à-dire sans liaison avec autres paroles, et sont moy, toy, luy, nom. ou accus., eux, elle, elles, accusatifs seulement, et tous ceux qui ont l'article adjoint: de moy, à moy, de nous, à nous, de toy, à toy, de vous, à vous, de luy, à luy, d'eux, à eux, d'elle, à elle, d'elles, à elles.

Les troisiesmes sont ces quatre seulement: nous, vous, tant au nominatif qu'accusatif, elle, elles, nominatifs seulement, que je nomme communs parce qu'ils prestent l'un et l'autre usage, tantost devant les verbes, tantost apres ou absolus, selon l'exigence du propos ...“

Le grammairien appelle donc „*prépositifs*“ nos pronoms *atones*, „*postpositifs*“ nos pronoms *toniques*, et „*communs*“ ceux, qui sous une même forme nous servent de toniques et atones.

O. (p. 103, 104), lui, distingue des pronoms „*conjonctifs*“ (= atones), qui „se mettent *devant* les verbes et, à l'accusatif, devant ... voicy et voila“, et des pronoms „*absolus*“ (= toniques), qui „se prennent absolument“ et qu'on „construit *après* les verbes: qui a fait cela? c'est moy, c'est toy, c'est luy, c'est elle; je desire de vous, je m'attends à vous, etc., excepté en cette phrase *soy disant* pour *se disant* et quand on les joint avec la copulative, comme: vous et moy disnerons ensemble, luy et elle viendront demain; et ainsi des autres.“

[a] (f⁰. 66 r⁰ v⁰): „... car s'ils se trouvent quelquefois autrement, c'est une maniére de transposition plus licite en vers qu'en prose, comme il est plus droit de dire *je fay mention de vous, je me recommande à vous*, que *de vous je fay mention, à vous je me recommande*; d'autant qu'en ces derniers il faut, par un ordre renversé, que les genitifs et datifs precedent le nominatif, qui n'est pas le style ordinaire de nostre langue, ore qu'il soit licite.“

A qui est ce livre? à moy, à toy, à luy, à eux.
Qui cherchez-vous? toy, luy, eux.

O. (p. 104): Qui a fait cela? c'est moy, toy, luy, elle.

II. Quand le pronom est précédé d'une préposition:

M. (f⁰ 60r⁰): de moy, de toy, ... à moy, à toy, etc. (O. p. 104): je desire de vous, ... (p. 105): je boy à vous; je pense à eux.

Ainsi on emploie *moy, toy, soy, luy* et *eux* avec la préposition *à*:

1⁰ après les *verbes de „mouvement local"*, comme aller, venir, courir, fuir et retourner: j'ay recours à vous; vous venez à moy; elle va à luy[1] ... (M. f⁰ 66v⁰); je viens à elle (O. p. 105).

2⁰ après le verbe *parler indéterminément pris*:

M. (f⁰ 67r⁰): „... Le verbe parler a cette propriété que, sans expression de la chose dont on parle, il se construit mieux avec les datifs postpositifs: je parle à vous; il parle à moy; j'ay veu un tel et ay parlé à luy ...; parlez à moy; parlez à luy.

Si vous exprimez la chose, vous userez de prepositifs: vous parlez de vos affaires, et je voulois vous parler des miénes; un tel m'a parlé du mariage de son fils avec ma fille; ... parlez-moy de rire et non pas de tanser; parlez-luy de faire bonne chere."

O. (p. 105) exprime une opinion légèrement différente de celle de M.: „Le verbe parler se construit diversement, car on peut dire il m'a parlé, et, il a parlé à moy; mais il faut observer que, quand on adjouste le sujet dont on parle, alors on se sert des personnels conjonctifs: ... il luy a parlé de son affaire. Autrement il est indifferent de dire: il luy a parlé, ou, il a parlé à luy."

3⁰ comme *compléments indirects* de verbes construits avec me, te, se, nous et vous comme compléments directs.

M. (f⁰ 66v⁰): je me rapporte à vous de tout mon affaire; ils se recommandent à vous; monsieur vous envoye à elle; la dame s'adresse à luy; vostre père vous a baillé en charge à moy, pour vous instruire; ce paquet s'adresse à vous.

O. (p. 105): fiez vous à moy.

III. Avec l'impératif, comme compléments directs ou indirects, même sans la préposition à. (Il ne s'agit ici que de *moy* et *toy*.)

Cela résulte de plusieurs remarques des deux grammairiens.

Ainsi: „... pour (les formes *me, te*), nous subjoingnons moy, toy ...: baillez moy à boire, oste toy de mon soleil ..." (M. f⁰ 64r⁰, v⁰).

Remarques.

M. (éd. de 1625): „... si les syllabes relatives *y, en* se trouvoient necessaires en la phrase impérative, il faudroit employer me,

---

[1] Le grammairien: „ ... si ces verbes estoient suivis d'un infinitif, il faudroit employer les (formes atones): je vous vien dire des nouvelles; j'iray vous secourir ou je vous iray secourir au besoin." Cette remarque est pourtant inutile, car ici le pronom se rapporte à l'infinitif et non pas au verbe de mouvement.

te, apostrophez, (au lieu de moi, toi): j'ay bien affaire d'argent, prestez m'en; je t'adverty de ton dommage, garde t'en; vous allez aux nopces, menez m'y; il faut que tu harangues demain en public, prepare t'y; tu as affaire aux plaids, va t'y en."

M. (f⁰ 64 v⁰): „. . . si vous subjoingnez un second commandemant lié au premier par quelque conjonction, lors le pronom peut retourner en son lieu prepositif apres la conjonction, et sera mieux: si vous voyez mes amis, saluez-les et leur dites que je me porte bien; escrivez leur, puis me baillez vos letres; servez-moy à mon gré ou vous en allez . . ."

(f⁰ 68 v⁰): Repentez-vous et vous convertissez au Seigneur, ou vous asseurez de perir malheureusement.

M. (éd. 1625): „Cette observation n'est point à oublier, que les imperatifs des verbes *aller* et *venir*, suivis d'un infinitif, peuvent avant l'infinitif avoir *me* et *te* au lieu de *moy* et *toy* . . .: allez moy querir, ou, me querir le tailleur; va te coucher, vien te reposer, venez me conduire, etc."

O. (p. 107): „Il y a une phrase imperative où il est necessaire de mettre (la forme tonique du pronom personnel) pour (la forme atone): . . . laissez-moy faire, et non, laissez-me faire. Et la reigle n'est que pour les pronoms *moy* et *toy*."

IV. „devant un adjectif ou participe et la particule qui" (O. p. 105).[1]

Les exemples d'O. n'ont pour objet que des participes passés et des pronoms sujets: luy arrivé se plaça aupres de nous; . . . moy qui n'ay jamais parlé. — Cependant, en 1632 (p. 321), le grammairien dit: „. . .les pronoms nominatifs (atones) ne peuvent estre employez devant les participes, ains, pour je, tu, il, ils, il faudra dire moy, toy, luy, elle, eux, elles, comme: moy estant à Paris, toy estudiant à l'université, luy portant les armes, eux suivans la cour &c."

Pour la construction du complément, le grammairien ne cite que *soy-disant*, et cela en guise d'exception (p. 104). Il y a donc lieu de supposer qu'en général on emploie, avec le participe présent, les formes atones du pronom personnel. — C'est d'ailleurs aussi l'avis de Maupas, en ce qui est du complément *in*direct (éd. 1625): me faisant ce plaisir, vous m'obligerez grandement; vous offrant mon service, je n'en pretens autre recompense que vostre amitié; luy donnant cet advis, il se gardera de mesprendre . . .

Mais avec le participe *passé*, il faut employer les formes *toniques* avec la préposition à, comme compléments indirects (id. ib.): par vos lettres, à moy dernierement escrites, j'ay recognu vostre benevolence en mon endroit; le conseil, à vous donné de ma part, a reüssi heureusement.

V. Quand on insiste sur l'idée de la personne ou de la chose répresentées par le pronom.

---

[1] Devant les autres pronoms relatifs aussi, sans doute.

94

Dans ce cas-là, lè pronom doit être redoublé par sa forme atone:

M. (f⁰ 60v⁰): „(il) ... ne seroit pas bien dit, moy croy, toy lis, etc., sinon par une maniere distributive d'ordre, on peut dire: moy, je croy, toy, tu lis, comme distribuant à chacun son office et action."

O. (p. 105): „Il faut aussi prendre garde à une façon de parler où deux personnels se rencontrent, et il est permis de dire: il m'a fait ce discours à moy, il t'a dit à toy, il luy a osté à elle, je vous diray à vous, et non pas: il a dit à toy, il a fait ce discours à moy, je diray à vous, si ce n'est qu'il y aye quelque particule disjonctive." Une telle „particule disjonctive" se trouve dans les deux exemples süivants (p. 104): vous *et* moy disnerons ensemble, luy *et* elle viendront demain.

Vous, forme de politesse.

Maupas (f⁰ 60 v⁰, 61 r⁰): „Notez en passant que parlans par honneur & respect à quelque personne, nous employons communement la deuxiéme personne plurier, *Vous*: vous estes de mes amis, je vous honore, vous me faites plaisir, je vous baise les mains.

De la deuxiéme singuliere, nous n'usons qu'à l'endroit de nos sujets & inferieurs, ou par desdain & courroux, ou bien à nos privez amis pour une privauté & familiarité tresestroite; et s'appelle cela *tutoyer*, comme qui diroit parler par *tu* & *toy*. Mais parlans à Dieu en prieres & Cantiques, nous retenons le singulier, tant pour ensuivre le style de l'escriture, que pour signifier cette unité d'essence.

Toutesfois aucuns suivans la mollesse de nostre langue, usent du plurier, estimans le langage plus respectueux: Mon Dieu je vous prie qu'il vous plaise, &c.".

Oudin (p. 108): „Lors que nons parlons aux personnes de respect, nous nous servons du plurier, et du singulier, parlant aux familieres ou de basse condition; et prenez garde que traittant avec une personne presente, on ne se sert jamais de la troisiesme, comme les Flamans qui disent, Monsieur veut-il, Madame veut-elle, en parlant à vous-mesmes.

Il est bien vray que parlant à un Roy, Prince ou grand Seigneur, nous usons de la troisiesme personne; par exemple: Vostre Majesté commande-t'elle, vostre Altesse, vostre Excellence me pardonne, &c."

Remarques:

O. (1632, p. 321); „... les deux derniers mots, Altesse et Excellence, doivent estre necessairement dans le discours, autrement on diroit à un Prince: Monseigneur, que me commandez-vous? Et mesme: Sire, que vous plaist-il? Mais ce seroit assez mal parlé; il est mieux de dire: que plaist-il à vostre Majesté?"

„Combien que nous nous servions ainsi de la seconde pluriére
par honneur & respect, comme dit est, toutesfois entendez que,
parlant à une seule personne & és temps composez, le verbe auxiliaire sera plurier, mais non pas le participe commun, comme:
vous avez receu mes lettres; si vous m'eussiez commandé, je vous
eusse obei.

Construction.

Pronom personnel sujet.

Omission du pronom personnel sujet.[1]

M. (f⁰ 63 r⁰): „Rarement advient que nous obmettions les
pronoms nominatifs, car nostre langue qui évite, tant qu'il se peut,
l'ambiguité, en use pour distinguer les personnes des verbes.

Exceptez és responses concessives des propos énonciatifs precedens: Vous escrivez; ce fait-mon; non fay; si faites.

Item nous les obmettons souvent, quand les conjonctions *et* et
si conjoingnent quelque appendice à un propos precedent, où la
personne a esté suffisamment exprimee: vous m'avez bien conseillé & vous croiray une autre fois. Il vous respecte, & si vous
servira bien.[2]

Souvent aussi obmettons-nous les premiere & seconde personnes plurieres en suite de propos & après les conjonctions *et,
aussi, que,*[3] *aussi que*: j'ay receu les letres que m'avez envoyees;
vous voyez qu'avons soin de vous & aimons vostre profit.“

Oudin (p. 106) n'est pas tout à fait du même avis:

„Pour ce qui concerne l'obmission des pronoms, je vous
advertis qu'on n'en use plus comme on faisoit anciennement, parce
qu'au lieu d'escrire sans particules en quelques lieux où on ne les
repetoit point, on les y repete maintenant; par exemple, on disoit,
j'ay receu les lettres que m'avez envoyées, & nous disons, que vous
m'avez envoyées; vous voyez qu'avons soing; il est mieux de dire,
vous voyez que nous avons soing.

---

[1] Sur les observations de Malherbe, faites à ce sujet, voir Brunot,
Malh. 377 et sv. Vaugelas (II, 143) condamne la suppression du pronom pers.
sujet, „lors que la construction change tout à fait (une chose mal donnée ne
sçauroit estre bien deüe, *et ne* venons . . .)“ ou „lorsqu'elle est interrompuë
par une particule separative ou disjonctive, comme *mais, ou,* et autres semblables (ou nous le confesserons *ou le* nierons)“. „Mais cette suppression a
tres-bonne grace, quand elle se fait à propos, comme: nous avons passé les
rivieres les plus rapides *et pris* des places que l'on croyoit imprenables, *et
n'* aurions pas fait tant de belles actions, si nous estions demeurez oisifs,
etc. . . .“ Tous ces exemples de Vaugelas montrent la suppression du pronom
après la conjonction *et.*

[2] M. (f⁰ 62 v⁰): vous m'avez fait plaisir, et vous en aimeray toute ma vie.

[3] Même quand *que* est pronom relatif, comme on voit dans les exemples
suivants. — La distinction de *que, pronom relatif,* et de *que, conjonction,* n'est
faite ni par M. ni par O.

Mais il faut observer que c'est apres le relatif que, où cette repetition se fait; car apres la conjonction copulative il n'est pas necessaire de repeter les pronoms personnels: je vous ay escrit & prié de faire, au lieu de dire, je vous ay escrit & je vous ay prié, y ayant de la superfluité en ces pronoms je & vous."[1]

Pronom personnel complément direct.[2]

Omission du pronom personnel complément direct.[3]

M. (f⁰ 65 v⁰): „Souvent avec les datifs *luy*, *leur*, nous obmettons les ... accusatifs (*le*, *la* et *les*), qui sont sousentendus: ne luy ottroyez pas; je luy ay promis; ne leur dites pas; je leur escriray."

O. (p. 107) donne la même règle, mais en la développant davantage:

„Pour l'arrengement des relatifs *le*, *la* et *les*, avec les pronoms personnels, on doit remarquer que les construisant avec les datifs *luy* et *leur*, les phrases en sont presque vicieuses, comme de dire: je les luy donneray, je les leur envoye. Il est bien mieux de n'y mettre que lesdits datifs: je luy donneray, je leur envoye, encore que l'un et l'autre se puisse dire.

Au contraire, *me*, *te*, *se* et *vous* veulent ces relatifs tousjours apres eux: Monsieur me l'acheptera; Madame te le dire; Jean se le fera payer; le valet nous le monstrera; la servante vous les apportera ..."

Le, neutre.

Maupas (f⁰ 63 v⁰, 64 r⁰): „Le est aussi employé pour neutre rapporté à un fait ou à tout un sens, comme signifiant hoc, illud: Trouvez-vous cette femme belle? Si elle ne l'est, elle le pense estre. Estes vous bien disposé? Si je ne le suis, je le voudrois bien estre, & le seray quand il plaire à Dieu."[4]

---

[1] On remarquera que, dans ce dernier cas, il ne s'agit pas seulement de l'omission du pronom, mais aussi de la suppression de l'auxiliaire.

[2] M. (f⁰ 29 v⁰, 30 r⁰): „Quand l'une de ces trois syllabes *le*, *la*, *les* se trouve devant un verbe ou subjointe à mode de l'enclitique à un verbe impératif, on ne la repute pas pour article, mais pour pronom ou particule relative, c'est-à-dire, qui rapporte au sens quelque mot ou sentence precedent."
(f⁰ 63 v⁰): „Les accusatifs me, te, se, nous, vous, le, la, les sont („prepositifs"). Entre (eux), nous employons *le*, *la*, *les* devant les verbes comme des relatifs, pour rapporter au sens et relater la chose entiére preallable au propos; ainsi: j'ay esgaré mon livre, l'avez-vous point veu quelque part? Qui aime la bonne renomee, la pourchasse par vertu. Respectons les gens de bien, car Dieu les aime. — Devant le verbe (être) *le*, *la*, *les* se trouveront nominatifs à la syntaxe latine: sont-ce là vos livres? ouy, ce les sont."
O. (p. 125) appelle *le*, *la* et *les* pronoms relatifs: „ces relatifs sont faciles à comprendre: donnez-moy cela: je vous le donne. Envoyez-moy une espee; je vous l'envoyeray. Je ne cognois pas ces gens-là; apprenez à les cognoistre."

[3] Comp. Brunot, Malh. 385. — Vaugelas (I, 95) condamne la suppression de *le*, *la* et *les* avec *luy* et *leur*.

[4] Comp. la remarque de Vaugelas (I, 87).

Place des pronoms personnels dans la phrase.

Place du pronom personnel sujet.

Le pronom personnel sujet[1] précède généralement le verbe (M. f⁰ 60 v⁰; O. p. 103) et il n'en peut être séparé que par un autre pronom personnel faisant fonction de complément direct ou indirect[2], ou par la négation *ne*[3] (M. f⁰ 64 r⁰; O. p. 106, 202):

M. (f⁰ 60 v⁰): je croy en Dieu; tu lis l'Evangile; il nous escoute; ils sont joyeux.

(f⁰ 64 r⁰): je ne vous refuse pas; vous ne me plaisez pas; si vous ne me vouliez tenir promesse, il ne me la falloit pas faire.

O. (p. 103): je suis à vous; tu veux ma perte; il est venu; nous vous prions; ils partent.

(p. 106): je te dis, je vous declare.

(p. 202) je te commande, je ne te commande pas; je l'ay, je ne l'ay pas; je n'en ay point; je n'y suis pas venu; il y en a; on n'en veut point.

Mais le pronom se met après le verbe:

dans les *interrogations*:

M. (f⁰ 61 r⁰): Feray-je mal afin que bien en viéne? crois-tu aux prophetes? Messieurs, sont-ils céans? irons-nous à l'église? viendrez-vous avec nous? que dit-on? que fait-on?

O. (p. 104): que fay-je? que dit-il? que pense-t'elle? (p. 107): te lasseras-tu jamais? ne t'en iras-tu point? (p. 202): que fait-il? que dit-elle? que faut-il? que veut-on?

dans *certaines formules*

„comme correctives, qui sont comme courtes parentheses": di-je, veux-je, ce pensé-je, ce croy-je, ce dit-on, ce dites vous, ce croira-il, ce pensoit-elle; c'est vous, ce disent-ils, qu'ils cherchent; le Turc, ce dit-on, met sus une puissante armée. (M. f⁰ 61 r⁰ v⁰).

„qui sont de petites parentheses": ce dit-il, ce pensent-ils (O. p. 104); fit-il, dit-il, dit-on (p. 202).[4]

---

[1] De même que *on* (O. p. 202).

[2] Y compris *en* et *y*.

[3] „De mesme, *nous* et *vous* (peuvent être) mis avec la particule *autres*: nous autres sçavons bien, vous autres toutefois devriez considerer" (O. p. 106).

[4] „Et pour monstrer aussi que le pronom personnel ne s'esloigne point de la personne de son verbe qui luy est propre, il ne faut que proposer cecy: peut-estre qu'ayant veu ces letres, vous conclurez. Et l'on ne diroit pas proprement: peut estre que vous ayant veu ces letres conclurrez.*
Une seule exception que je trouve touchant la separation du pronom d'avec son verbe, est en cette façon d'escrire, *je soubsigné confesse* etc., qui se met au commencement des cedules; car d'autres pareils arrengemens qui se rencontrent aux vieux autheurs, ne sont aucunement passables, comme en Rabelais: voulant donc, je, vostre humble esclave, accroistre etc. Et je croy qu'en l'un et l'autre le conjonctif *je* se prend pour *moy*, qui est pronom absolu, et alors la disposition seroit plus nette, si on disoit *moy, qui suis soubsigné, confesse* etc.; moy, vostre humble esclave, voulant accroistre . . ." (O. p. 202, 203.)

„*és (phrases) adversatives elegamment exprimees par cette conjonction si, pour toutefois*“ (M.):

M. (f⁰ 61 v⁰): vous me blasmez, si fay-je mon devoir; Jean ne
sçait rien, si a-il esté longtemps à l'escole; vous faites du seigneur,
si sçait-on bien qui vous estes.

O. (p. 104): Pierre est ignorant, si a-t'il estudié fort long-
temps; vous faites l'entendu, si vous cognoist-on bien.

après *si* et *aussi*, „*adverbes concessifs*“:

M. (f⁰ 61 v⁰): Allez tost où je vous ay dit; si feray-je, aussi
feray-je. Pour bien apprendre, il faut bien estudier; si faut-il,
aussi faut-il. Je pensois que Monsieur se voulust aller pourmener;
si veut-il, aussi veut-il, si fait-il, aussi fait-il. „Et ainsi par toutes
les personnes et temps des verbes *avoir, estre, faire, faloir* et *vouloir*,
qui sont ceux par lesquels se font lesdites responses concessives . . .“

O. (p. 104): aussi feray-je, aussi faut-il.

dans les „*propositions suppositives*“ (avec le verbe à l'imparfait
du subjonctif):

M. (f⁰ 61 v⁰, 62 r⁰): Je ne le crain point, fust-il un Roland,
c'est-à-dire, encore qu'il fust; on vous tiendra tousjours pour suspect
et fissiez vous le bon valet tant et plus; je ne le croiray ja, m'en
jurast-il cent fois, c'est-à-dire, ja soit qu'il m'en jurast . . .“

O. (p. 104): je ne vous crains point, fussiez-vous un Rodomont;
on ne vous croira point, fissiez-vous les plus grands sermens du
monde.

dans les phrases „*optatives véhémentes*“:

M. (f⁰ 62 v⁰): fusse-je aussi heureux que vous! puisse-je mourir,
s'il n'est vray! maudit soit-il, qui a fait ce meschant tort! à la
bonne heure soyez-vous venu!

Dans les cas précédents, l'inversion du pronom personnel
sujet est obligatoire; mais, dans les propositions qui suivent, elle
n'est que facultative, „c'est-à-dire qu'il est licite de changer ou
mettre indifferemment le pronom devant le verbe ou apres,
bien qu'après le langage semble plus vigoureux et de meilleure
grace“ (M. f⁰ 62 r⁰).

Il en est ainsi après certaines „*parties indeclinables*“ telles que
et, lors, alors, adonc, tant, à ce, partant, bien, etc.: le roy se porte
bien, et dit-on qu'il viendra bien tost icy . . . on dit que vous
mesdites de moy, à ce me veux-je opposer; vous m'avez fait une
promesse, or est-il temps de l'accomplir, or verray-je si vous m'estes
ami, or sçaura-on quel homme vous estes. (ib.). On peut ajouter
ici les adverbes de „*difficulté*“, comme *à peine, à grand regret, difficilement, malaisément, à toute force*: vous parlez si bas qu'à peine
vous puis-je entendre; un tel est si coustumier de mentir que bien
envis le croit-on, voire quand il dit vray (f⁰ 62 v⁰).

O. (p. 202): „ . . . il se rencontre des manieres de parler, où, sans interrogation, on met (le pronom personnel sujet) après, principalement avec des adverbes et quelques conjonctions, et en des propos douteux ou necessitans“: . . . encore faut-il que je face; peut-estre n'est-il pas bon . . .

Place du pronom personnel complément.

Dans la proposition *non impérative,*

avec ou sans négation, le pronom personnel faisant fonction de complément direct ou indirect, se place devant le verbe (M. f⁰ 63 v⁰; O. p. 103).

M.: je te donneray les clefs du royaume des cieux; je vous annonce aujourd'huy une grand joye; vous luy presenterez mes humbles recommandations; dites leur que je leur suis serviteur; j'ay esgaré mon livre, l'avez-vous point veu quelque part? qui aime la bonne renommee, la pourchasse par vertu; respectons les gens de bien, car Dieu les aime.

O.: il m'a dit; je t'aimebien; on luy a donné; on l'a pris; on la demande; il se fasche; on vous croit; on leur defend; on les accuse. (p. 107): te lasseras-tu jamais? ne t'en iras-tu point? (p. 203): je ne te le commande pas; je ne te la veux pas donner.

Dans la proposition *impérative*,[1]

s'il y a négation, les pronoms se mettent devant le verbe;

M. (f⁰ 64 v⁰): ne luy faites point de mal; ne la faschez pas; ce que je vous di, ne le dites à personne, ne le leur dites pas.

O. (p. 105): ne m'offensez pas; ne m'importune point.

s'il n'y a pas négation, les pronoms se mettent après le verbe et les formes atones *me* et *te* se remplacent par les formes toniques *moi* et *toi.* (Comp. p. 91).

M. (f⁰ 64 r⁰ v⁰): baillez-moy à boire; oste-toy de mon soleil; versez luy de l'eau à laver les mains; cetuy-là sçait bien le chemin, suivons-le; si vous voyez mes amis, saluez-les de ma part. (f⁰ 68 r⁰): Repentez-vous de vos pechez; souvenons-nous de Dieu.

O. (p. 104): donnez-nous; dites-luy; despouille-la; haste-les; haste-toy.

Construction de deux pronoms personnels, l'un servant de complément direct, l'autre de complément indirect (sans préposition).

Tout d' abord il faut noter (M. f⁰ 65 r⁰) que le complément direct doit être *le, la* ou *les,* „car si autre accusatif . . . (se trouve) avec le verbe, et soit besoin au propos d'un datif attributif, il faut employer (la forme tonique du pronom précédée de la préposition à).“

---

[1] M (f⁰ 64 r⁰): „De nominatif, nos imperatifs n'en admettent point en premiere ni seconde personne“.

Quant à la place de ces pronoms, voici ce qu'on peut en dire:

1° pour les phrases *non impératives* (avec ou sans négation):

Me, te, nous et *vous* „peuvent estre placez indifferemment devant ou apres (le complément direct)“ (M. f⁰ 65 r⁰ v⁰): j'ay envie d'apprendre la langue françoise, je vous prie la me montrer, ou, me la montrer; si vous avez à faire de mes livres, je les vous presteray, ou, je vous les presteray; je ne la vous, ou, je ne vous la donneray pas.

En revanche, le pronom réfléchi *se* précède tout autre pronom (id. f⁰ 65 r⁰): voila une belle espee, Monsieur se la veut acheter; ces beaux ornements-là, Madame se les fait faire.

O. (p. 107) est plus moderne: „ . . . *me, te, se, nous* et *vous* veulent (*le, la* et *les*) toujours *apres* eux“: Monsieur me l'acheptera; Madame te le dira; Jean se le fera payer; le valet nous le monstrera; la servante vous les appostera. „Et gardez vous bien de dire, la m'acheptera, les me donnera, la te payera, etc., car c'est fort mal parlé et la reigle en est grandement fausse; encore moins, il le m'a donné, pour il me l'a donné; il le t'a promis, pour il te l'a promis . . .“ [1]

Luy et *leur* se placent toujours apres le complément direct (M. f⁰ 65 r⁰): si vous mesdites de mon maistre, je le luy diray; qui trouvera les gands à Madame, qu'il les luy rende; la leçon aux escoliers, je la leur dicte. (Comp. p. 96).

2° pour les phrases *impératives,*

a) sans négation (M. ne parle expressément que de celles-là):

Le complément indirect suit le complément direct (M. f⁰ 65 v⁰) [2]: vous ne vous servez plus de ces habits-là, donnez-les-moy; vos amis ne sçavent pas que soyez icy, mandez-le-leur; sa requeste est juste, ottroyez-la-luy. [3]

b) avec négation:

M. n'en parle pas expressément, mais on peut relever des exemples qui montrent que, pour les phrases impératives avec négation, les règles de la position des pronoms sont les mêmes que pour les phrases non impératives (f⁰ 65 v⁰): si ce cheval n'est bon, ne le me faites, ou, ne me le faites pas achetter; sa requeste est incivile, ne la luy ottroyez pas.

Place du pronom personnel complément dans des propositions qui ont deux verbes dont l'un (à l'infinitif) dépend de l'autre.

---

[1] Vaugelas (I, 96) est du même avis.

[2] Voici la teneur exacte de la règle du grammairien: „ . . . en propos impératif le verbe va devant, puis le pronom accusatif pour le mieux, puis le datif, hormis se, datif, qui tousjours precede . . .“

[3] „ . . . si l'accusatif estoit nom, le pronom datif devroit devancer: donnez-moy ces habits; ottroyez-luy sa demande; mandez-leur vostre séjour.“

Le pronom personnel se met indifféremment devant l'un ou l'autre des deux verbes (M. f⁰ 65 v⁰, 66 r⁰): vostre demande est raisonnable, je veux vous l'ottroyer, ou, je vous la veux ottroyer.[1] „Mais si l'infinitif est regi d'une préposition, il faut loger vos pronoms entre la préposition et l'infinitif ...“: je desire de la vous ottroyer; j'ay oublié à les vous envoyer; je m'appreste à le leur mander; pour le leur faire entendre.

O. (p. 225): ne parle que du pronom réfléchi: „Quelques verbes, comme *devoir*, *faloir*, *pouvoir*, *sçavoir*, *vouloir* etc., reçoivent devant eux les particules reciproques; toutefois, à le bien prendre, elles se rapportent plustost à un autre verbe qui entre en la mesme construction: se devoir contenter; on peut dire aussi, devoir se contenter, pour monstrer que la particule n'appartient pas au mot de *devoir*, mais a *contenter*, qui est actif reciproqué; et ainsi des autres: je ne me puis appaiser, je ne me sçaurois taire, je ne me veux pas fascher, il ne me faut pas retirer ...“

En.

„En, devant les verbes, est une relative,[2] mais, devant d'autres parties d'oraison, on sçait assez qu'elle est une preposition extrêmement frequente“ (M. f⁰ 78 r⁰).

Nous ne nous occuperons pas, ici, de *en*, préposition.

Mais voici les principaux emplois du pronom *en*:

Il a gardé son rôle originaire d'adverbe (de lieu):

M. (f⁰ 78 r⁰): „En, ... estant ... devant un verbe, ... rapporte le lieu. Et parce qu'(il) sent la nature d'un ablatif, pour le lieu ,(il) infere issuë d'iceluy“: viens-tu de la maison? ouy, j'en vien; non, je n'en vien pas; quelles nouvelles de la Cour? on dit que vous en venez, que vous en arrivastes à soir.

D'une façon explétive, en s'emploie avec certains verbes réfléchis de mouvement, sans qu'il y ait un antécédent auquel il se rapporte.

... „Sans certain antecedant, (*en*) se construit avec ces verbes, *aller*, *venir*, *retourner*, *fuïr*, *courir*, qui signifient bougement ou remuement de place. Mais (il) demande devant soy l'un des pronoms accusatifs prepositifs, me, te, se, nous, vous, de la mesme personne que sera le nominatif“: je m'en vay, tu t'en vas, il s'en va, nous nous en allons, &c. (Discedo vel abeo, discedis, discedit, &c.) Tu t'en retournes, ils s'en fuyent. „C'est-à-dire que ces verbes sont reciproquez. Et ainsi employez absolument, ils signifient depart du lieu où on estoit, & neant-moins nous pouvons en suite exprimer ledit lieu d'où on part & celuy où on va moyenant les prepositions

---

[1] Vaugelas (II, 84) préfére *je ne le veux pas faire* à *je ne veux pas le faire*, mais il ajoute: „tous deux sont bons“.

[2] (f⁰ 79 r⁰): „... les antécédans d'*en*, (s'ils estoient expliquez et exprimez, seroient regis) des prepositions partitives et exclusives de l'ablatif, *de, du, des*. *En* semble signifier *eius, inde, hinc, ex hoc, ex hac, ex his*, etc. ...“

convenables“: je m’en vay de cette ville à Paris. Je m’enfuis de la bataille en lieu de seureté. „S’il y a antecedant exprimé ou certain entendu avant ces verbes, les deux particules (y et en) y sont requises en cet ordre“: je vien d’Orleans, je m’y en retourne. Il a affaire aux plaids, il s’y en va.

„Si vous ne reciproquez point lesdits verbes, aussi n’y sera point la relation *en*; ainsi: j’y retourne, il y va.“

La valeur adverbiale de *en* se retrouve dans le cas où, se rapportant à toute une proposition précédente, il exprime un rapport de cause:

(f⁰ 80 r⁰): „. . . au rapport de la cause efficiente ou materielle qui aura esté prémentionnee, *en* est bien séante et usitee avant le verbe qui en propose l’effect; ainsi“: s’estant eschaufé, il en est tombé malade d’une pleureusie. Il aime tant la chasse qu’il en perd le boire et manger; il est si amoureux de cette Damoiselle qu’il en perd les pieds; plusieurs sont tellement curieux des affaires d’autruy qu’ils en oublient les leurs.

O. (p. 132): „*En* . . . denote . . . le lieu“: . . . venez-vous de cette ville? j’en vien . . .

(p. 143, 144): „*En* est une particule qui se joint avec les verbes *aller, venir, fuir, courir* et *retourner* moyennant les reciproques me, te, se, nous, vous et se . . .“: je m’en vay, tu t’en viens, nous nous en courons, vous vous en revenez, ils s’enfuyent; „mais il faut que ces verbes soient reciproquez, parce que, ne l’estans pas, la relation n’y sera pas necessaire et l’on dira: il va, il vient, il fuit, il court, il retourne.“

[„Or, il faut remarquer qu’il se rencontre une force particuliere en la composition de cette particule; car *s’en aller* ne s’entend que de sortir ou partir du lieu où nous sommes, ou bien, où nous habitons d’ordinaire, pour ne pas revenir; et lors qu’un homme demeure en une maison ou dans une ville et qu’il y doit encore retourner le mesme jour pour continuer à y demeurer, nous ne disons pas, il s’en est allé, mais simplement, il est sorty ou allé pourmener.

S’en retourner s’entend d’un lieu esloigné et non pas de celuy où nous sommes: il s’en est retourné chez luy ou en son pays.

S’en revenir là où nous sommes: il s’en est revenu de loing demeurer icy, ou, en cette ville, ou, chez ses amis.

S’en venir s’entend aussi proprement d’une personne qui loge au mesme lieu ou qui nous appartient, et a la force de venir pour demeurer: allez dire à mon valet qu’il s’en vienne, c’est-à-dire, qu’il se retire au logis; mais il faut que ce soit absolument et sans suitte, car autrement il perd cette force.“]*

Il est pronom véritable et équivaut à des substantifs ou à des pronoms personnels précédés de la préposition de.

M. (f⁰ 78 v⁰, 79 r⁰): On m’a dit que vous mesdites de moy; sauf vostre grace, je n’en mesdi point, si j’en mesdisois, ce seroit à tort. Nous joüons à la prime; en voulez-vous estre? Prestez-moy de l'ar§ent, si vous en avez; je n'en ay point, si j'en avois, je vous en presterois. Combien avez-vous d'enfans? j'en ay assez, j'en ay un, deux, etc. Y a il beaucoup d'estrangiers en cette ville? il y en a peu, beaucoup, assez, etc.

„Car c'est une reigle sans exception, qu'il faut mettre *en* devant le verbe, quand quelque quantité ou partie de la chose est entenduë pour sujet du propos . . .“

(f⁰ 80 r⁰): „(*En* s'emploie) . . . aussi devant tous verbes qui regissent les . . . articles de, du, des“: si j'entend quelques nouvelles, je vous en advertiray; un tel me fera beaucoup de secours, s'il vous plaist l'en prier, etc.

O. (p. 132): „*En*, relatif, denote la personne, la chose, la portion“: . . . qu'avez vous tiré de vostre maistre? j'en ay tiré quatre escus. Que dites vous de cela? je n'en dy rien . . . Avez-vous de ce vin-la? j'en ay.

„Cet *en* est correlatif des articles du, de l', de la, des et de“: avez-vous du pain? j'en ay.

(p. 133): „On doit remarquer que ce relatif *en* se rapporte à une partie ou quantité“: . . . avez-vous appris la Philosophie? j'en ay appris quelque chose. . . . „Si on entendoit ou specifioit la chose entiere, il faudroit dire, je l'ay apprise.“

„Toutesfois avec les nombres cardinaux, encore que le total ou entier soit signifié, il faut user de ce relatif“: avez vous un valet? j'en ay un. Avez-vous dix escus? ouy, j'en ay dix. „Et alors il ne faut pas exprimer ou repeter le sujet, car on ne dit pas, j'en ay un valet, j'en ay dix escus.“

Y.

M. (f⁰ 77 v⁰): „Y est particule relative approchant de la nature du cas datif, laquelle rapporte ou le lieu ou la chose dont a esté faite preallable mention.“ [1]

O. (p. 131): „Cette particule relative indeclinable ne s'applique qu'au lieu des prepositions, rapportant l'endroit ou la chose, selon les constructions où elle se rencontre.“ [2]

Y est adverbe de lieu.

M. (f⁰ 77 v⁰): „. . . Quant au lieu, (*y*) signifie quelquefois *alleure ou transport* vers luy“: va au marché; bien, j'y vay, j'y iray tantost. Quand voulez-vous aller à l'Eglise? j'y veux aller tout à cette heure. Vous plaist-il escrire à Orleans? j'y envoye mon

---

[1] (f⁰ 79 r⁰): „ . . . advisez, qu'*y* supplee antecedans, lesquels, s'ils estoient expliquez et exprimez, seroient regis des prepositions *à, au, aux, és, en, avec.*
[2] „(La particule *y*) est correlative de *à, à la, au,* etc. . . .: est-il à la maison? ouy, il y est . . .“ (ib.); „j'ay esté avec vous, mais je n'y retourneray plus“, est une phrase „remarquable“ (ib.).

laquais; ouy, j'y escriray. — „Quelquefois *repos ou residence* en iceluy: ton maistre, est-il au logis? ouy, il y est, ou, il n'y est pas; je vay à Blois, pour y sejourner quelque temps. — Item *par le lieu*: j'y passerai."

O. (p. 131): Est-il au logis? ouy, il y est. Va. t'il à l'Eglise? il y va.

Y est pronom faisant office de complément indirect.

M. (f⁰ 78 r⁰): „ . . . A la chose, (*y*) signifie application et entente à icelle": prenez garde à vous; bien, j'y prendray garde aussi; personne n'y prendra pour moy. Vons sçaurez bien tost la langue françoise, vous y prenez bonne peine, vous y estudiez sans cesse."

O. (p. 131): nous y sommes sujets, vous y estes propres, vous y contredisez.

Quelques locutions formées à l'aide de *en* et *y*.

Tout le monde en va à la moustarde, „c'est-à-dire, cela est commun" (O. p. 132) [„vulgaire"].

Il en aura tout le long de l'aulne, „c'est-à-dire, il lúy coustera beaucoup, il sera tout à fait mal traitté, on l'accomodera mal" (O. p. 132).

Gardez vous en bien, „c'est-à-dire, ne faites pas cela, ne le dites pas, etc." (O. p. 132).

En estre, „c'est-à-dire, estre de la partie" (O. p. 132).

N'en pouvoir plus, „c'est-à-dire, n'avoir plus de force" (O. p. 132).

N'en pouvoir mais, „c'est-à-dire, n'en estre pas cause ou n'y avoir pas de sa faute" (O. p. 132).

En vouloir à quelqu'un, „c'est-à-dire, vouloir mal" (O. p. 132).

La fortune m'en veut, „c'est-à-dire, la fortune me favorise" (O. p. 132).

Le jeu luy en dit, „c'est-à-dire, le jeu luy vient à souhait" (O. p. 132).

Je ne sçay, où j'en suis, „c'est-à-dire, je suis troublé, je ne sçay ce que je dois faire" (O. p. 132).

Dy, que tu en as, „c'est-à-dire, que tu es attrappé" (O. p. 132). [„vulgaire"].

**En chercher, en prendre, en trouver*, „c'est-à-dire, chercher du bien ou de l'argent, etc. (O. p. 132).

Il y a.

M. (f⁰ 80 v⁰): „Quelquefois, usant de l'impersonnel *il y a*, les termes ausquels *y* se rapporte luy sont postposez": il y a beaucoup de peine à apprendre une langue estrangere; il y a eu cette annee peu de fruits en ce païs; il y aura du danger sur la mer, si la tempeste s'esmeut. „Et ainsi par tous les temps.“

Il y en a.

M. (f⁰ 79 v⁰, 80 r⁰): „Ces deux syllabes (*en* et *y*), mises sans aucun autecedant devant les tierces personnes singuliéres du verbe *avoir* employé impersonnellement, le sujet de rapport d'*y* s'entend au monde, en la nature des choses, et pour sujet d'*en*, des hommes, des gens, des personnes: il y en a de si curieux des affaires d'autruy, que les leurs en demeurent; il y en avoit du temps de Cesar, qui entretenoient le trouble pour leur profit particulier. On explique en latin ces façons de parler-là par les tierces personnes du verbe substantif, sunt, erant: sunt, quibus in satyra´ videar nimis acer, il y en a qui me trouvent trop acre en satyre“.[1]

O. (p. 132): *Il y en a* „se met pour il y a des personnes.“

Vous y estes signifie „vous avez deviné, vous avez entendu, vous avez bien rencontré en vostre opinion, vous faites bien. La contraire negative, *vons n'y estes pas*, dont le vulgaire seulement peut user, veut dire, vous ne l'entendez pas, vous n'aurez pas ce que vous demandez, vous ne tenez rien . . .“ (O. p. 131).

Place de *en* et *y* dans la phrase.

En et *y* précèdent le verbe (sauf le cas où celui-ci est à l'impératif), et il n'y a que les adverbes tels que *bien* et *trop*, qui puissent se mettre entre lui (quand il est à l'infinitif) et les pronoms en question; *y* se place toujours devant *en* (M. f⁰ 79 r⁰, v⁰; O. p. 133, 202).

M.: Estudiez ces preceptes, mettez peine d'en bien user. Il est temps d'aller au marché; allez y et revenez en bien tost, allez-vous-y-en, souvenez-vous-en. La langue françoise est elegante; estudiez-y, appliquez-vous-y, apprenez-en la perfection.

O.: prenez garde d'en bien user; gardez vous d'en trop prendre. Allez-y, prenez-en, souvenez-vous-en, revenez-en bien tost.

„Prenez garde de ne pas construire *en* devant *y*, comme beaucoup qui disent, il en y a, on en y voit, pour il y en a et on y en voit“ (O. p. 202).

En et *y* se placent immédiatement après les autres pronoms personnels: il m'en a donné, il m'y a contraint (O. p. 105).

---

[1] M. (f⁰ 80 r⁰): „Pareillement *en*, seul avec plusieurs verbes: j'en sçay, j'en ay connu, il s'en trouve, on en void, (c'est-à-dire), quosdam novi, aliquos scio, nonnullos videas.“ O. (p. 132) cite: j'en sçay, j'en connoy, j'en voy, il s'en trouve.

Pronoms et adjectifs possessifs.[1]

Mien, tien, sien, nostre, vostre (plur. nostres, vostres)
et leur s'emploient:

dans la réponse „absolue“.

M. (f⁰ 82 r⁰): „. . . *mien, tien, sien* ne se plaisent pas avec un substantif à leur suite, ains servent absolus à rendre response aux interrogans et se rapportent au substantif antecedant contenu en l'interrogation“: à qui est ce livre? mien, tien, sien; à qui est cette espee? miéne, tiéne, siéne, „et non pas mon, ton, son, ma, ta, sa. Autrement force seroit de repeter le substantif et dire: c'est mon livre, c'est mon espee, c'est ma plume.“ . . . (f⁰ 85 v⁰): à qui est ce livre? leur; à qui sont ces livres? leurs; et ces bagues? leurs. (f⁰ 84 r⁰): à qui est ce livre? nostre.

O. (p. 120): „. . . qu'on se garde bien . . . de respondre simplement mien, tien, vostre, etc., au lieu de dire, il est mien, il est tien, etc.“

attributivement, avec le verbe être.

M. (f⁰ 84 r⁰): à qui est ce livre? il est nostre. (f⁰ 85 v⁰): à qui est ce livre? il est leur; à qui sont ces livres? ils sont leurs; et ces bagues? elles sont leurs.[2]

O. (p. 119, 120): „(Les pronoms possessifs) . . . se mettent absolument sans substantif et se rapportent à un antecedant: ce livre est mien, ce cheval est tien, est sien, est nostre, est vostre; exepté *leur*, parce qu'on ne dit jamais, ce païs est leur, cette maison est leur, mais plustost, c'est à eux; encore moins il est leur, elle est leur, ils sont leurs, mais bien c'est le leur, c'est à eux, c'est la leur, c'est à eux, ce sont les leurs, ils sont à eux. Et pour dire sainement, il est mieux de se servir des façons modernes: ce cheval est à moy, à toy, à luy, à elle, à nous, à vous, à eux; il n'est plus à moy, à vous, etc.“

---

[1] Au temps de M. et d'O., la différence du pronom et de l'adjectif possessifs n'est pas encore bien prononcée, et c'est ainsi que M. se borne à constater que *mon, ton, son* etc. sont „purs adjectifs“ (f⁰ 81 r⁰), que *mien, tien, sien,* etc. „ne se plaisent pas avec un substantif“ (f⁰ 82 r⁰) et que *nostre, vostre* et *leur* peuvent „se (coupler) avec les substantifs exprimez“ (plur. nos, vos) (f⁰ 84 r⁰) ou être construits sans „substantif exprimé“ (plur. nostres, vostres) (f⁰ 84 v⁰).

[2] „Par ainsi on peut respondre en quatre maniéres aux interrogans de possession: à qui est ce livre? mien, il est mien, c'est le mien, c'est mon livre, il est à moy; à qui est cette plume? miéne, elle est miéne, c'est la miéne, c'est ma plume, elle est à moy (ib.) . . . Les deux premiéres formules sont les moins usitées, bonnes neantmoins“ (f⁰ 86 r⁰).

substantivement, avec l'article défini.

(M. (f⁰ 82 v⁰): „Avec l'article definy . . ., (les pronoms possessifs) sont comme relatifs absolus et aussi responsifs, se rapportant tousjours au substantif precedant“: si vous n'avez point de cheval, je vous presteray le mien; vostre frere se recommande à vos bonnes graces, et moy aux siénes meilleures . . . (f⁰ 84 r⁰): à qui est ce livre? c'est le nostre. (f⁰ 84 v⁰): pource que mon cheval se deut d'un pied, je vous prie me prester le vostre; nos chevaux sont meilleurs que les vostres; vos habits ressemblent aux nostres; de quels arbres avez-vous cueilli ces beaux fruits? des nostres, des vostres. (f⁰ 85 v⁰): a qui est ce livre? c'est le leur; les hommes font moins de cas de la perte d'autruy que de la leur. (f⁰ 86 r⁰): à qui sont ces livres? ce sont les leurs; et ces bagues? ce sont les leurs.

O. (p. 120): voir les exemples dans le passage ci-dessous.

Remarque.

O. (p. 120): „. . . Il y a quelque chose à spécifier touchant l'interrogation; car si on demande, à qui est ce valet-là?, on doit respondre, il est à moy, plustost que c'est le mien; autrement, si on dit, quel valet est-ce là?, il faut respondre, c'est le mien, plustost que c'est à moy ou il est à moy . . .“

partitivement avec de.

M. (f⁰ 82 r⁰, v⁰): „(Le *pronom* possessif) . . . portant l'article *de* n'entre gueres en service, sinon en negation et autres propos qui admettent la mesme syntaxe, comme interrogans, conditionnels, dubitatifs: un tel loë un cheval, parce qu'il n'en a point de sien, c'est à dire, qui soit à luy; vous demandez des bottes à emprunter; si j'en avois de miénes, je vous les presterois, c'est à dire, qui fussent à moy.“

Oudin (p. 121) blâme cette construction du pronom possessif:

„Voicy encore une mauvaise façon de parler, lors qu'on demande, pourquoy ne vous a-t'il pas presté son cheval?, si on vient à respondre, il n'en a point de sien, au lieu de dire, il n'en a point qui soit à luy ou qu'il puisse dire sien.

avec certains termes.

M. (f⁰ 83 r⁰, v⁰): „(Mien, tien, etc.), estans precedez au nombre singulier de ces termes *un, une, ce, cette, quelque, nul, nulle, aucun, aucune, chaque, chacun, chacune, tel, telle,* et au plurier de *ces, des, plusieurs, quelques,* et autres *termes indefinis*[1], reçoivent en bonne syntaxe devant ou apres eux les substantifs expres en signification indefinie“: un ami mien, ou, un mien ami m'a convié à

---

[1] Des noms de nombre (*deux, trois,* etc.) aussi. (éd. de 1625).

souper; quelques tiens sages voisins m'ont adverti d'aucuns fois déportemens tiens. Je vous consacre ces miens labeurs, ou, ces labeurs miens.

„Et, bien qu'avec l'article defini ils rejettent la société du substantif expres, toutesfois les poetes, par une certaine licence, disent aucunefois, le cœur mien ou le mien cœur, l'ame miéne, la rigueur siéne, la tiéne vertu, et semblables langages qui ne semblent pas recevables en prose."

La même construction se retrouve avec *nostre, vostre* et *leur*: un nostre ami; quelque nostre voisine a esté enhuy espousée; quelque vostre compagnon se recommande à vous (f⁰ 84 r⁰); un leur ami, une leur voisine (f⁰ 85 v⁰).

O. (p. 120, 121): „Je croy que les Poëtes de nostre temps ne se serviroient pas des phrases des anciens: le pere tien, le mien cœur, le frere sien . . .

Je remarque, contre les reigles de nos vieux Grammairiens, que les possessifs . . . ne se peuvent pas tous accomoder avec le nom d'unité, mais seulement *mien, tien* et *sien*: un mien amy, un tien parent, un sien frere; pour les autres, on ne dit point maintenant, un nostre garçon, un vostre serviteur, un leur amy; la phrase n'en vaut rien, il est plus à propos de dire: un garçon qui est à nous, un de vos serviteurs, un de leurs amis, et ainsi des autres. Observez la mesme reigle avec le nombre cardinal *deux*.[1]

Et laissons les vieux Autheurs à part, qui ont manqué à bien escrire, faute de bien digerer ou de rechercher la delicatesse; les phrases qui suivent le tesmoignent: quelque sien amy, au lieu de quelqu'un de ses amis; un certain leur parent, pour un certain de leurs parens; quelque leur sujet, au lieu de quelqu'un de leurs sujets; aucun sien ennemy, pour dire, pas un de ses ennemis; un autre mien valet, pour un autre valet que j'avois; chaque sien effet, pour chacun de ses effets; et si les possessifs en general se pouvoient construire en ce temps-là auec *quelque, aucun, certain, autre* et *chaque*, il n'est plus permis à cette heure; imaginez-vous le beau son & la belle concordance: quelque vostre, quelque leur, aucun sien, aucun vostre, aucun leur, autre vostre, chaque nostre, chaque leur, &c. Tout cela n'est plus recevable."

On dit: ces miens labeurs, ce mien frere, cette sienne parente, cette tienne maistresse, „encore que les derniers soient un peu rudes; mais on ne dit point, ce vostre, cette vostre, ce nostre, ce leur, cette nostre, cette leur, &c."

---

[1] Déjà d'après Vaugelas (II, 64), *mien, tien, sien* ne s'emploient plus dans le beau stile pour *mon, ton, son: un mien frere, une tienne soeur, un sien amy* ne sont plus admissibles, à la différence de la locution *à la mienne volonté* (II, 452).

M. (f⁰ 82 v⁰): „A peine peut-on se servir du pronom possessif portant *à* pour article; je l'eusse obmis comme inutile, sinon que l'on peut (en) user en quelque langage contraint, et tousjours est meilleur de se servir du (pronom possessif) accompagné de l'unité: à un mien, à une miéne."

Emplois particuliers du pronom possessif.

M. (f⁰ 91 r⁰): „... *tous pronoms possessifs* avec l'article defini, mis absolument au nombre singulier sans certain substantif, portent ... emphase (c'est-à-dire signifient „le bien, l'avoir")": le mien, le tien, le sien; à chacun le sien n'est pas trop; qui perd le sien, perd le sens; je ne veux rien du vostre, mais aussi je ne vous donneray pas le mien; plusieurs s'enrichissent en meslant l'autruy avec le leur.

„Mais au plurier, *les miens, les tiens, les siens,* &c. s'entendent des personnes: il n'est pas vray pere de famille qui n'a soin des siens; je ne crain ni vous ni les vostres; les nostres ont gangné la bataille, c'est à dire, ceux de nostre parti ...“

(f⁰ 91 v⁰): *Des miénes, des tiénes, des siénes, des nostres, des vostres, des leurs,* „genitifs ou ablatifs definis pluriers feminins, usurpez sans substantifs certains, s'entendent par une eclipse emphaticque des folies, des fredaines, des bravades ou autres tels substantifs convenables en sinistre part: quand vous m'aurez bien fait endurer des vostres, je pourrois bien faire des miénes; auras-tu tantost assez fait des tiénes?“

O. (p. 122): „Quelquefois (les) pronoms (possessifs) signifient absolument ce que nous possedons de biens ...: qui perd le sien, c'est à dire, qui perd ses richesses ou ce qu'il possede; riche du mien, c'est-à-dire, pour m'avoir pris mes biens.[1]

Ces autres sont considérables: l'amitié des siens, c'est à dire de ses sujets, de ses parens ou de ses valets, selon la personne qui est sous-entenduë, un Roy, un Prince, un particulier ou un maistre. Faire des siennes; je feray des miennes; tu fais des tiennes; ce sont des vostres; cela veut dire, faire des actions, et principalement mauvaises, selon nostre coustume ou volonté.“

Adjectifs possessifs.

Mon, ton, son devant des noms féminins commençant par une voyelle ou une h muette.

---

[1] „*riche de l'autruy* est une mauvaise phrase, il faut dire, riche du bien d'autruy".

M. (f⁰ 81 v⁰): „ . . . Ja-soit que *mon, ton, son* soient masc., si est-ce que tous mots feminins commençans par voyelle ou h muette les requierent avant eux pour eviter un son desagreable, qui se feroit à la rencontre des deux voyelles. Ainsi disons nous, mon ame, mon esperance, mon humble obeissance, son honneste recompense, &c.

Toutesfois deux mots soufrent eclipse: *amië* et *amour*: m'amie, t'amie, s'amie, m'amour, t'amour, s'amour, pour, mon amie, ton amie, son amie, mon amour, ton amour, son amour, qui aussi se peuvent egalement bien dire."[1]

O. (p. 118): „ . . . lorsque les noms féminins commencent par une voyelle ou h muette, on met les masculins *mon, ton, son* au lieu de *ma, ta, sa*: mon ame, ton authorité, son esperance, mon hostesse, ton honnesteté, son harquebuse."

Syntaxe.

Mon, ton, son, ma, ta, sa, mes, tes, ses „sont purs adjectifs, ne pouvans subsister en oraisons sans substantifs expres à leur suite: voilà mon livre; icy ma plume. On peut bien interposer des épithetes: cetuy-cy est mon plus grand ami, et cet autre mon capital ennemi; Dieu est mon souverain, voire seul bien" (M. f⁰ 81 r⁰, v⁰).

„Dont appert que *mon, ton, son* peuvent estre dits possessifs prepositifs, parce qu'ils precedent tous-jours un substantif exprimé" (f⁰ 83 r⁰).

Nostre, vostre, leur, nos, vos et leurs, étant adjectifs possessifs, doivent, eux aussi, précéder le substantif (M. f⁰ 84 r⁰, v⁰; 85 r⁰, v⁰; 86 r⁰): nostre pere qui es és cieux; nostre force est du tres haut [„Et n'est pas licite de changer l'ordre et dire, pere nostre, force nostre"]; le salut est de nostre Dieu; pensez à vostre devoir; d'où venez-vous? de nostre maison, de vostre logis; leur train ne tend qu'à toute vanité; leur cœur est fin faux et couvert, leur gosier un sepulchre ouvert; de menterie fauce et vaine leur langue est pleine . . .; dites à nos amis qu'ils ayent soin de leur santé, nous commandant à leur bonne grace; les bons rois aiment leurs sujets comme leurs enfans; les avaricieux idolatrent leurs richesses; ceux qui sont nos voisins, ne sont pas tousjours nos amis; possedez vos ames en patience. „Il n'est pas licite de dire, nostres voisins, vostres ames".

Les exemples donnés par O. (p. 118) sont: mon pere, ton frere, son fils, ma soeur, nos amis, vos parents, leurs ennemis.

---

[1] Vaugelas (II, 42) n'accepte m'amie et m'amour qu'„en termes de caresses".

Emplois particuliers de l'adjectif possessif.

O. (p. 123)*: „(Les adjectifs) possessifs en quelques façons de parler changent entierement le sens: ... sentir l'homme, c'est-à-dire, avoir l'odeur d'un homme; sentir *son* homme, c'est-à-dire, avoir la qualité d'un brave homme; ... faire fortune et faire *sa* fortune; le premier signifie, gaigner quelque chose, et le second, establir sa fortune ou sa maison.“

Remarques de style, concernant le pronom et l'adjectif possessifs.

M o n.

O. (p. 123): „J'entens ordinairement des estrangers qui disent, en mon païs, pour, en nostre païs; qu'ils apprenent donc que pour se servir de mon, il faut que la chose nous appartienne en propre; on dit bien, en ton païs, en son païs, en vostre païs, en nostre païs; quelques-uns aussi disent, en vos païs, en nos païs, en vos quartiers, en nos quartiers, mais il y faut adjouster *de delà* et dire, en nos païs de delà; encore faut-il que plusieurs provinces soient sous-entenduës. Notez de plus, je suis bien de mon païs, je suis bien de mon village, c'est à dire, je suis bien simple. Observez les mesmes reigles pour ville, bourg, village, fauxbourg, rue, maison et autres lieux de demeure.“

La 2ᵉ personne du pluriel comme forme de politesse.

M. (f⁰ 84 v⁰, 85 r⁰): „Encor que nous ne parlions qu'à une personne, nous usons du pronom *vostre* par honneur et respect, ne plus ne moins que nous avons cy devant adverti du pronom seconde personne *tu*, au lieu duquel nous disons *vous*: Monsieur, je me recommande à vostre bonne grace. Et noterez bien qu'il seroit tres ridicule de varier en mesme propos tantost tu et puis vous, vostre et ton, tien, parlant à mesme personne, comme j'ay veu faire d'aucuns estrangers; gardez-vous en bien, persistans tous-jours en mesme style encommencé.“

L'adjectif possessif précédant une proposition relative.

O. (p. 122): „Il faut prendre garde de ne pas user indiscretement (des adjectifs) possessifs, qui sont superflus quand ils sont suivis de la conjonctive que et du verbe actif: ... je suis obligé à ma promesse que je vous fis, où il est mieux de dire, à *la* promesse, parce que le relatif tient lieu de possessif en cet endroit-là; il suffit autrement de dire, je suis obligé à ma promesse.“

(p. 131, en parlant des pronoms relatifs); „En une mesme periode sans particuliere specification de sujet, il est mal de poser un relatif apres un pronom possessif joint à son substantif: ses justes pretentions qu'il a; il vaut mieux dire, les justes pretentions qu'il a."

Pronoms et adjectifs démonstratifs.[1]

Cetuy et Celuy.

M. (f⁰71 v⁰, 72 r⁰, v⁰): „Ces demonstratifs-cy representent aussi les latins hic, haec, is, ea, ille, iste, illa, ista et semblables. Mais il y a notable difference. Car *cetuy* n'a ni feminin ni plurier qui luy soient propres, et sert en response absolue, et *celuy*, en monstrant, sert d'antecedent aux relatifs qui, que, lequel, dont, ou devant les articles de, du, des; c'est son plus ordinaire service, quand il faut que la demonstration se rapporte à quelque substantif certain & expres ... *Celuy* donc ne peut estre en response absoluë comme *cetuy*: qui t'a poussé? luy ou cetuy, non pas celuy; mais devant les relatifs: celuy que vous voyez, ceux qui s'enfuyent, celle qui s'en va là devant; celuy qui aime Dieu, croit en celuy qu'il a envoyé. Et c'est parce que *cetuy* apporte une plus presente et expresse demonstration, qui semble n'avoir besoin de la terminaison qu'apporte le relatif ou l'article. Au contraire, *celuy* en a besoin, comme estant de soy plus indefini, dont il est employé à preceder les relatifs susdits ou les articles; quoy faisant, il a rapport au substantif antecedant en cette sorte: vos accoustremens d'aujourd'huy vous siésent mieux que ceux d'hier. Ce n'est pas icy mon cheval, c'est celuy de mon frère. Ils ont mieux aimé la gloire des hommes que celle de Dieu. Chacun cherche plus son profit que celuy du public. En tels langages, *cetuy* ne seroit convenable, lequel peut pourtant estre usurpé demonstrant chose precisément toute presente: cetuy que vous voyez. Cetuy qui a l'accoustrement de taffetas. Mais encor *celuy* est plus usité.

Encor se trouvera quelquefois *cetuy* employé comme relatif, comme *iceluy*. Mais non si coulant, ce me semble: des deux freres que vous avez, l'aisné s'adonne à la vertu, et cetuy me plaist fort, le puisné est vicieux, et de cetuy j'ay bien mauvaise opinion.

Ces deux pronoms recevans l'addition des syllabes cy, pour démonstration proche, là, pour esloingnee, deviénent plus doux coulans et usitez démonstratifs, aussi de mesme sens & usage.[2] ...

Estans ainsi composez, servez-vous en indifferemment, y appliquant les articles indefinis de, à, comme aux autres."

---

[1] M. (f⁰ 68 v⁰) cite *luy* et *elle* parmi les pronoms démonstratifs.

[2] Dans cette composition, *cetuy* a un féminin: cette-cy, cette-là, cettes-cy, cettes-là (f⁰ 72 v⁰). Pour le pluriel du masculin, nous n'avons que celui de *celuy*, à savoir *ceux* (M. f⁰ 72 v⁰). — O. (p. 116): „Il n'y a personne qui ne voye bien ... que cettuy-cy et cettuy-là empruntent ceux-cy et ceux-là pour leur plurier."

O. (p. 114—116) est d'accord avec Maupas, en ce que, d'après lui aussi, *celuy* ne s'emploie que lorsqu'il est suivi des pronoms relatifs *qui*, *que*, *dont* ou de la préposition *de*: celuy que vous sçavez, celle que vous aymez, ceux qui vous hantent, celles dont vous croyez, ceux du logis, celles de la ville; le valet de nostre logis et celuy de nostre voisin.

Il n'en est pas tout à fait de même de *cetuy*:

„(*Cetuy*) . . . ne se rencontre point sans les sillabes *cy* et *la*; je diray . . . qu'on ne le doit point mettre devant les relatifs à la place de celuy, et ce seroit mal parlé de dire: cettuy qui a fait, cettuy que vous pensez. Encore moins à la fin du discours: je suis obligé à cettuy, pour, à cettuy-cy ou cettuy-là.

Je prieray icy l'estudiant de ne se pas amuser à de fausses reigles que j'ay trouvées en quelques grammaires touchant ce pronom demonstratif cettuy.“

Les formes composées (*cetuy-cy*, *cetuy-là*, *celuy-cy*, *celuy-là*, etc.) ne „precedent point les substantifs ny les relatifs, . . . car on ne dit point, celuy-cy qui m'a dit . . .“[1]

Emplois particuliers de *celuy*, *celle*.

M. (f⁰ 91 r⁰): „*Celuy* et *ceux* s'entendent tous-jours des personnes, s'il n'y a autre antecedant certain: ceux de chez nous, c'est-à-dire nos domestiques; ceux de Paris, ceux d'Orléans, c'est-à-dire les Parisiens, les Orléanois; ceux de la religion, ceux de la ligue. Parmi nostre populas, la femme, parlant de son mari, dira aucunefois *celuy de chez nous*, et le mari aussi *celle de chez nous*, parlant de la femme.“

O. (p. 115): „(*Celuy* et *celle*) signifient aussi quelquefois *nul* ou *personne*: il n'y a celuy qui n'aye envie, il n'y a celle qui ne pense, etc.“

Iceluy,

„. . . se rapportant tous-jours à un antécédent, ne peut donner commencement à un propos, car il faut qu'il y ait un sujet preallable; et ainsi il est plus doux coulant et usité en relation que *cetuy*. Souvent il tient la place de *il*, *luy*, pouvant en syntaxe avec les verbes estre subrogé en leur place, et l'un pour l'autre“: embrassez les promesses de Dieu et vous confiez en *icelles*, ou, en *elles*.[2] Dieu est mon roc, je m'appuyeray sur *iceluy*, ou, sur *luy*[3]; *iceluy* est mon deffenseur, ou, *il* est . . . (M. f⁰ 73 r⁰).

O. (p. 124): „. . . parce que personne ne s(e) sert plus gueres (d'*iceluy*), je ne veux pas m'arrester à en dire de grandes particu-

---

[1] Voir Brunot, Malh. 394, Hist. III, 290, 296 — „Cettuy-cy commence à n'estre plus gueres en usage“ (Vaugelas II, 69).

[2] Vous pourriez dire: et vous y confiez.

[3] „Ou, je m'y appuyeray“.

laritez, je vous advertis seulement d'en user le moins que vous pourrez; il y a *il, luy, elles, y* et *en*, que l'on met à leur place; par exemple, au lieu qu'autrefois on disoit, les promesses de Dieu sont asseurees, confiez-vous en icelles, nous disons maintenant, confiez ou fiez-vous en elles; je vous ay parlé d'iceluy, dites plustost, je vous ay parlé de luy, ou, je vous en ay parlé; fiez-vous en iceluy ou icelle, dites, fiez-vous y. Dieu est mon esperance, je m'appuyeray sur luy; iceluy est mon defenseur; il est mieux de dire, il est mon defenseur, &c; on s'en sert pourtant encore en matiere de justice": sera iceluy tenu de faire, etc. Sera icelle reveuë et rapportée.[1]

Cil.

Condamné par Malherbe,[2] il n'est plus dans Maupas. O. (p. 115) ne le mentionne qu'en passant: „Pour cil poëtique, je m'en rapporte à ceux qui en voudront user."

Cecy, cela [3]

s'emploient en général „absolûment": je ne croy pas cela; je feray cecy; vous dites cecy pour vous mocquer de moy; si vous m'ostez cecy, je prendray cela. Toutefois, ils peuvent servir d'antécédents à des propositions relatives, „mais non si fluidement" que *ce.* (M. f⁰ 69 v⁰, 70 r⁰).

O. (p. 111): „(*Cecy* et *cela*) ont fort mauvaise grace (devant les pronoms relatifs que, qui et dont), d'autant qu'on ne dit pas, cela que je vous dy, cecy que je fay, au lieu de: ce que je vous dy, ce que je fay."[4]

(p. 113): „*Cecy* et *cela* se construisent devant les reciproques me, te, se: cela se voit, cecy m'oblige, cela t'accomode, et jamais, ce se voit, ce m'oblige, etc."

---

[1] Iceluy et icelle „sont les plus mauvais mots et les plus barbares dont on se sçauroit guéres servir en nostre langue" (Vaug. II, 418). Comp. Brunot, Hist. III, 292.

[2] Brunot, Malherbe 393; Hist. III, 290.

[3] M. 1607 (p. 145): „... *Cecy* et *cela* sont comme substantifs neutres et du nombre singulier, comme *ce* neutral, et montrent les choses non nommément exprimees et point les personnes, representans les latins *hoc, illud,* quand ils n'ont point de substantif, ains sont eux-memes substantifs referez à un fait ou à quelque chose qui n'a point esté nommé, *cecy* pour chose prochaine, *cela* pour éloingnée."

[4] Le grammairien ajoute cependant: „Remarquez pourtant qu'en exprimant une substance par une demonstration plus expresse, moyennant une virgule ou pause, on dit ordinairement: c'est bien cela, que je vous avois mandé, c'est bien cecy, que vous desirez, où *cecy* et *cela* denotent quelque substance specifiée; tout de mesme: est-ce cecy, que vous cherchez? est-ce cela, qu'on vient d'apporter? ..." *Que,* dans les exemples précédents, est *conjonction* et non pas *pronom relatif* — deux catégories de mots souvent confondues par M. et O., comme nous aurons l'occasion de le voir — et il ne se rapporte pas à *ceci, cela,* joignant le verbe suivant à l'expression entière *c'est ceci, c'est cela.*

Ce.

Ce, antécédent d'un pronom relatif.

M. (f⁰ 69 r⁰, v⁰): „(*Ce*) veut . . . preceder . . . les relatifs qui, que, lequel,[1] dont, et c'est lors qu'il tient lieu de neutre singulier, ne demonstrant aucun substantif contenu au propos, ains se rapportant aux actions ou à tout un sens, comme qui diroit, laquelle chose. Je l'appelleray neutral . . .“: ce que je dis, ce dequoy ou dont vous me parlez; vous vous mocquez de moy, ce que je trouve fort estrange, ce qui vous est mal séant; (f⁰ 70 r⁰) je ne croy pas ce que vous dites; je feray ce qu'il vous plaira; . . . ce que vous dites, tend à vous mocquer de moy.

O. (p. 111): „. . . *Ce* se place tousjours devant les relatifs que, qui et dont“: . . . ce que je vous dy, ce que je fay.

Ce employé à la place de *cecy*, *cela*.

M. (f⁰ 69 v⁰): „. . . En . . . sens neutral, (*ce*) se trouve quelquefois usurpé pour *cecy*, *cela*, mis au chef de la sentence et sans relatif“: ce ne croy-je pas; de ce estant esmerveillé; estant de ce fort joyeux; „où nous dirons plus communément *cecy*, *cela*, . . . (f⁰ 70 r⁰) dont la cause est, que *ce* n'est pas si expres et determiné demonstratif que (les deux autres pronoms).“

O. (p. 111): „. . . Autresfois on mettoit *ce* pour *cecy* et *cela*, comme en ces vieilles phrases: ce ne croy-je pas, estant de ce fort content. A present, *cecy* et *cela* sont plus en usage et nous disons: je ne croy pas cela, estant fort content de cela, etc.“[2]

Pourtant, „*ce* se met devant les participes terminez en *ant*: ce faisant vous m'obligerez, et non pas, cela faisant; ainsi aux parentheses devant quelque verbe, comme *ce disoit-il, ce disoy-je*.“ (p. 113.)[3]

„Sçachez aussi que, hors de l'interrogation (avec le verbe être), *ce* ne se rencontre point à la fin, mais plustost *cecy* et *cela*; car on ne dira pas, je suis asseuré de *ce*, au lieu de dire, je suis asseuré de cecy ou de cela, hors quelques phrases particulieres où il se met pour *cela*: non content de ce; sur ce il luy dit; et pour ce; à cause de ce; . . . mais je trouve ces façons de parler un peu antiques.“ (p. 113, 114.)

Ce est employé, au même sens, dans les *réponses* „*concessives*“:

M. (f⁰ 71 v⁰): „Es concessions responsives, que nostre vulgaire remplit de l'enclitique *mon*, . . . l'on employe *ce* devant les verbes

---

[1] L'édition de 1607 (p. 146) donne *dequoy* au lieu de *lequel*, ce qui est plus juste, *lequel* ne pouvant correspondre à *ce*, neutre.

[2] Comp. Vaugelas (I, 418): „*outre ce* ne vaut rien, il faut dire *outre cela*.“

[3] „*En ce faisant*, sent le style des Notaires“ (Vaugelas I, 420). — „On dit tous les jours *ce dit-il, ce dit-on*, en parlant, mais on ne le doit point dire en escrivant que dans le stile bas. Il suffit de *dit-il, dit-on* . . .“ (id. I, 418).

faire, avoir, estre, faloir et *vouloir*, qui sont ceux qui servent ausdites concessions": voilà vostre femme; c'est-mon. Ce sont là vos
enfants; ce sont-mon. Vous les aimez bien; ce fay-mon. Et les
avez instruits; ç'ay mon. Et les voulez avancer aux bonnes letres;
ce veux mon, ce fay mon. Il vous en faut donc estre bien soingneux; ce faut-mon, ce fay-mon.

Ce construit avec le verbe être.

M. (f⁰ 70 r⁰, v⁰): „... es demonstrations substantives, que le
verbe substantif regit, nous employons *ce* devant luy, quand il y a
apres un nom substantif ou un pronom personnel": c'est la vérité;
c'est une chose vraye et certaine; ce sont de claires et evidentes
raisons; ce furent les causes qui l'induisirent; ce seront les argu-
mens qui le persuaderont.[1]

„Mais ce verbe est le plus souvent employé comme impersonnellement, ou plustost les tierces singuliéres servent à toutes,
quand il est appliqué à quelque pronom personnel": C'est moy,
c'est toy, c'est luy, c'est vous; „aucuns tiénent ces maniéres de
dire pour anomalies." — „Toutesfois les premiéres et tierces personnes se peuvent dire en deux sortes: c'est nous, et, ce sommes
nous, c'est eux, et, ce sont eux; item: ce suis-je, pour, c'est moy,
plus usité." [2]

„Encore, quand ce dit verbe est suivi d'un participe commun
en signification active, avec expression de la qualité de l'action":
... c'est bien dit,[3] c'est combatu en braves hommes,[4] ce sera sagement
parlé, ç'a esté subtilement argué, c'eust esté prudemment advisé.[5]

O. (p. 111, 112): „Le demonstratif *ce*, devant le verbe *estre*,
se construit en toutes sortes de phrases, avec tous genres et nombres,
lorsqu'il se rapporte directement audit verbe": c'est une belle chose,
c'est la vérité, c'est bien fait, c'est bien dit,[6] ce sont de belles gens, ce
doit estre, ce doivent estre; „de mesme aux interrogatives": où est-ce?
est-ce elle? est-ce luy? est-ce moy? quel homme est-ce? quelles
gens sont-ce? c'est nous, et non pas, ce sommes nous, etc.

---

[1] Dans l'éd. de 1625, M. ajoute ici: „Aucunefois la demonstration se
trouve fortifiee de la conjonction *que*: c'est la plus opulente ville de France
que Paris; c'est une belle vertu que la chasteté entre les Dames: c'est un
des plus vaillans et sages princes de ce temps, que le prince Maurice de
Nassau." Comp. O. (p. 128)*: „L'usage nous fait trouver *que* en de certaines
façons de parler, où il semble superflu": qu'est-ce que d'un homme? quelle
beste est-ce que d'un loup servier?"

[2] Comp. Vaugelas I, 413 et sv.

[3] Maupas 1607 (p. 147): „benedixisse est, vel, est rectè dicere".

[4] Maupas 1607 (p. 147): „hoc est pugnare ut fortes decet".

[5] Maupas 1607 (p. 147): „où il semble que l'auxiliaire avoir est sousentendu,
comme qui diroit, cela est avoir bien parlé,' etc.; c'est fait, c'est avoir bien fait."

[6] „*Ce* demonstre proprement l'action de l'homme; ... mais la particule
il marque l'essence ou la qualité de la chose: il est bien fait, il est bien
accomodé" (O. p. 113)*.

(p. 112)*: „C'est grand fait, c'est grand cas, c'est grand'merveille, sont phrases retranchées."

(p. 113): „(*Ce*) a quelquefois une force particuliere, ... comme en cet endroit: ce que je viens icy, n'est que pour vous dire, c'est-à-dire, la raison pourquoy je viens, etc."

Remarques.

1⁰ „En tous tels langages est consideree une action pour sujet du propos, et non pas un certain nom substantif; autrement il faudroit employer un pronom personnel convenable au genre et nombre du substantif supposé pour sujet, à sçavoir *il, ils, elle, elles,* et le verbe aussi convenant en nombre et personne": Que dites vous de ce livre? il est doctement composé. Et cette harangue? elle est élegamment tissuë, disertement et eloquemment prononcee. (M. f⁰ 70 v⁰).

„Quand il n'y a point de nom d'unité ou d'article immediatement apres le verbe, ... on se sert des pronoms *il* et *elle*": il est homme de bien, il est bon compagnon, elle est bonne femme; „de mesme en l'interrogation": est-il bon compagnon ...?

*„Et l'on peut voir (ainsi) que le demonstratif *ce* denote la presence de la personne ou sa qualité, mais le personnel *il* regarde essentiellement la personne et son estat ou condition." (O. p. 112).

2⁰ „... Si le verbe substantif est suivi d'un adjectif ..., nous employons *cecy, cela,* et *ce* ne vaudroit rien": cela est vray, cela est certain, cecy est clair et evident, cecy est bon, cela est beau. „De mesme, si le substantif estoit construit au genitif apres cedit verbe": cecy, cela est de bonne grace, cecy est de grand travail, cela sera de plaisir et recreation.

„Ou bien nous employons *il,* comme une marque impersonnelle": il est vray, il est certain et asseuré, il est de grand profit, etc. (M. f⁰ 70 v⁰, 71 r⁰).

Les exemples donnés par O. (p. 112) sont: cela est bon, cela est vray, cela est fort bien fait, cecy est fort veritable; cela est-il bon? („... nous ne disons jamais, c'est bon, c'est vray, c'est fort veritable, ce est-ce bon?"). —— *Il est bon de dire, *il est bien séant de faire.

3⁰ „Je vous veux advertir outre cela de prendre garde à ne pas confondre le demonstratif *ce* avec la particule impersonnelle *il,* comme on fait en quelques lieux des frontieres, où j'ay oüy dire, quelle heure est-ce, pour, quelle heure est-il, ne considerant pas, si la prase est impersonnelle ou demonstrative; car quand on demande quelle heure il est, on ne specifie point de demonstration du substantif *heure,* mais le poinct du temps, par le moyen de l'impersonnel *il est*; autrement, si l'heure se specifie particulierement par demonstration, on peut dire, quelle heure est-ce qui vient de sonner? quelle heure est-ce qui sonne? Et alors on respond, ce sont dix heures, c'est une heure, et non pas, il est une heure, qui seroit la response à l'interrogation quelle heure est-il?" (O. p. 113).[1]

4⁰ "Remarquez aussi que, lors que le verbe *estre* est mis pour *avoir*, on peut user du pronom *il*, encore que le nom d'unité suive ledit verbe, par exemple au commencement de cette chanson: il estoit un bon homme, pour, il y avoit un bon homme" (O. p. 112).

5⁰ "En interrogant, les pronoms suivent le verbe . . .: qui est-ce? est-ce moy? est-ce luy? sera-ce nous? fut-ce eux? qu'est-ce? qu'est-ce là? qu'est-ce cy? quand fut-ce? où a-c'esté? En ces façons de parler, où *ce* est construit avec le . . . verbe substantif, il faut que les relatifs *qui, que, lequel, dont* facent la suite du propos . . .": est-ce vous dont on parle tant? sera-ce nous qui payerons? estoit-ce luy que vous prisiez tant? „Ou bien ainsi": est-ce là le roy? est-ce là la roine? est-ce cy mon livre? est-ce cy la Ville d'Orléans? „Car si la particule *ce* n'y est mise, ledit verbe doit estre personnel avec les pronoms convenables, et les articles *le, la, les* seront en suite, ou *celuy, celle, ceux, celles, un, une* avant les relatifs": sommes-nous les arbitres de vos differens? suis-je le respondant? estes-vous celuy qui m'appelle? „Et d'autres pronoms encore": suis-je vostre juge? est-elle ma maistresse? (M. f⁰ 71 r⁰, v⁰).

Adjectifs démonstratifs.

M. (f⁰ 69 r⁰): „Nous escrivons et prononçons ·*ce* devant les mots commençans par consonante, et *cet*, ou *cest* à l'antique orthographe, devant les mots commençans par voyelle ou h muette": ce livre, ce cheval, cet arbre, cet homme . . . „Il demontre tous-jours chose certaine, et, pour plus expresse demonstration, nous y adjousstons les syllabes adverbiales *cy* et *là*: *cy*, pour demontrer chose proche, *là*, pour une esloingnee. Mais il faut que le substantif demonstré soit interposé entre le demonstratif et les dites syllabes: ce livre-cy, cette plume-là, cet honneste homme-cy, cette belle fille-là, cette luisante et bien tranchante espec-cy. Et au lieu de *cy*, vous pouvez dire *icy*: cette plaisante ville-icy . . ".[2]

O. (p. 109, 110) partage l'opinion de Maupas, mais il trouve que „*cest* ne se doit point escrire, non plus que *ceste* pour *cette*, encore que ce dernier, qui est feminin, soit demeuré plus avant dans l'usage . . . On peut aussi mettre *icy* pour *cy*, toutesfois il n'est gueres bon d'en user . . . Je vous diray en passant que, pour la particularité de demonstrer une chose proche ou esloingnée, nous ne l'observons gueres bien, car de ce que je tiens à ma main, qui

---

[1] La même observation se trouve dans Vaugelas (II, 459). Comp. p. 4.

[2] „Tout Paris dit . . ., cet homme-cy, ce temps-cy, cette année-cy, mais la plus grand'part de la Cour dit, cet homme icy, ce temps icy, cette année icy . . ." (Vaugelas II, 68) — Comp. Brunot, Hist. III, 393.

ne peut estre plus proche, je puis dire *là*: ce papier là que je tiens; et ainsi des autres, comme d'un homme proche de moy: cet homme là . . ., de sorte que *là* se peut mettre au lieu de *cy*; mais jamais *cy* ne se construit à la place de *là* . . ."

Remarques.

O. (p. 110): „. . . on ne dit pas, *ces Mesdames*, mais *ces Dames-la*, ou, *Mesdames que voila* . . .

Voicy encore une autre particularité: on dit, au pluriel, *ces Messieurs-la* et *Messieurs que voila*, et pourtant, au singulier, il faut dire, *Monsieur que voila*, de mesme de Madame, *Madame que voila*, et non pas, *ce Monsieur-la, cette Madame-la*, ou bien, *cette Dame-la*, si ce n'est quelquefois par colere ou derision: ce beau Monsieur-la, cette grosse Madame-la, ces Mesdames font bien les entenduës, où le nom de Madame se forme un plurier; mais il faut entendre que ce sont des phrases vulgaires."

Sens spéciaux de ces.

O. (p. 110): „Remarquez ces (expressions):
ces jours passez, c'est-à-dire les derniers passez;
je l'ay veu *ces jours cy*, c'est-à-dire ces derniers;
un de ces jours, c'est-à-dire des prochains à venir;
un de ces matins, un de ces soirs, c'est-à-dire des derniers jours passez;
il viendra *un de ces matins*, c'est-à-dire des jours prochains."

Pronoms relatifs. [1]

Qui [2]

s'emploie comme sujet et, avec une préposition, comme complément indirect (M. f⁰ 74 r⁰; O. p. 125): Monsieur, chez qui j'estois hier. (O.) Il peut se rapporter à des personnes ou à des choses (M. f⁰ 74 r⁰; O. p. 126), mais, dans le second cas, c'est-à-dire se rapportant à des choses, il ne peut pas servir de complément indirect; les „choses animées", cependant, équivalent à des personnes (O.): celuy qui est venu; ceux qui sont venus, de qui vous parlez, à qui vous donnez. [„plustost que de mettre: lequel est venu, lesquels sont venus, duquel et desquels vous parlez, auquel et ausquels vous donnez"]; un cheval à qui il donne à boire, de qui il a receu un coup de pied; la rose est une fleur, à qui j'ay donné mon cœur [3] [„j'ayme la rose, seroit pourtant beaucoup meilleur"]. „On dira de

---

[1] Les pronoms relatifs sont, d'après M. (f⁰ 73 r⁰): iceluy, icelle; quel, quelle; lequel, laquelle; qui, que, quoy; dont; y; en; (f⁰ 29 v⁰, 30 r⁰; 63 v⁰); le, la, les. (Comp. p. 96 note 2). O. (p. 124 et sv.) ajoute *il, luy* et *elle*. Les deux grammairiens appellent donc relatifs tous les pronoms qui marquent une relation, c'est-à-dire qui remplacent „un sujet preallable" (M.).

[2] „*Qui ne*, vulgairement, se met pour *si on ne*": on n'en sçauroit jouir, qui ne leur donne, c'est-à-dire, si on ne leur donne. (O. p. 302.)

[3] Comp. Vaugelas (I, 125).

mesme d'un fol ou d'un resveur qui parle tout seul: c'est à une maison ou à une pierre, à qui il. parle" (O. p. 126).

Qui construit sans antécédent exprimé.

M. (f⁰ 75 v⁰): „*Qui*, du nombre singulier de nominatif cas, peut bien entamer un propos sans antécédant, mais non du nombre plurier": qui a bon voisin, a bon matin; qui est content, est riche. „Au plurier, il faut un antécédant expres": ceux qui sont nos voisins, nous mesprisent; ne craignez point ceux qui ne peuvent tuer que le corps; contemplez les cieux, qui sont l'ouvrage de Dieu. „La cause est que *qui*, au nombre singulier, signifie *quiconque*."

O. (p. 125, 126): „*Qui*, au nombre singulier, peut commencer un propos sans antecedent": qui a de l'argent, n'est pas mal; qui a bien disné, n'a plus faim. „Au plurier, il y faut un antecedent": ceux qui pensent cela, s'abusent; ceux qui croyent ce que vous dites, ont raison . . .

(p. 127): „Considerez ces phrases: . . . arrive qui pourra, pour, ce qui pourra. Et cette autre vulgaire et sans raison: vienne qui plante, au lieu de hazard, parlant de ce qui pourroit arriver . . ."

Remarque.

M. (f⁰ 74 r⁰): „Et notent les Allemans qu'il ne faut jamais, après (le pronom relatif *qui*), adjouster le pronom nominatif personnel de la personne à qui se rapporte cedit relatif, comme on fait ordinairement en allemand: nostre pere qui es és cieux, et non, qui tu es; vous me devez aimer, qui vous ay bien servi, et non, qui je vous ay; je vous suis grandement obligé qui m'avez secouru au besoin, et non, qui vous m'avez. Car ce seroient deux nominatifs pour une mesme et seule personne."

Que

est presque toujours complément direct; il se rapporte à des personnes et à des choses (M. f⁰ 74 v⁰; O. p. 125): le serviteur que vous m'avez envoyé. (O.) — Avec le verbe *être*, il est attribut: pauvre sot que tu es; je ne suis plus celuy que j'estois (O. p. 128).[1]

Pour *que*, construit sans antécédent exprimé, voir le chapitre du pronom interrogatif.

Quoi

s'emploie:

comme complément direct d'un participe, dans le sens de ce que.

M. (f⁰ 76 v⁰): „quoy entendu = ce qu'entendu; quoy fait = ce que fait; quoy voyant = ce que voyant; quoy ayant recité = ce qu'ayant recité."

---

[1] „J'estime, que (dans ces) maniéres de parler *que* se doit prendre pour conjonction" (id. ib.).

O. (p. 135): „Nous disons *à quoy faire* et *pour quoy faire*, mais ces phrases cy: quoy faisant, en quoy faisant, quoy voyant, quoy ayant dit, ne sont plus gueres en usage; il faut dire: ce que faisant, ce que voyant, ce qu'ayant dit . . .“[1]

comme complément indirect.

M. (f⁰ 77 r⁰): voilà l'homme, dequoy je vous ay parlé; la femme, dequoy l'on fait des contes par la ville; c'est la raison, dequoy l'on vous bat; le fleuve, dequoy il est fait mention; le but, à quoy je vise; l'esperance, en quoy je me repose; le secours, à quoy je m'attens; la cause, pour quoy je fay cecy.

O. (p. 135): „Servant de relatif, (*quoy*) ne se rapporte proprement qu'à la chose et non pas aux personnes: on m'a fait un discours, à quoy j'ay respondu; c'est la raison, pour quoy; voila le livre, de quoy vous avez payé. Encore cette derniere façon de parler n'est pas des meilleures, ny celles-cy: voila l'homme, de quoy je vous ay parlé; voila la femme, de quoy il est question; il est mieux de dire *de qui* et *dont*“.[2]

avec la préposition de, dans des cas spéciaux.

M. (f⁰ 77 v⁰): „*De quoy* emporte une emphase de biens ou de sujet et matiére: cet homme a bien de quoy, c'est, a beaucoup de biens, il est riche; vous me remerciez, mais il n'y a pas de quoy.“

O. (p. 135): „*Avoir de quoy*, c'est-à-dire, estre riche. *Il n'y a pas de quoy*, c'est-à-dire, il n'y a rien; *y avoir de quoy*, c'est-à-dire, y avoir occasion, sujet ou raison de parler ou de faire . . .“

Dont.

M. (f⁰ 81 r⁰): „*Dont* peut signifier *unde*. Nous nous en servons comme d'un relatif ablatif, en général rapportant et le lieu et la chose, au singulier, au plurier, masc. (et) femin. Et vaut *dequoy, de qui, duquel, de laquelle, desquels, desquelles*. Et en latin, *cujus, quorum, quarum, de quo, de qua, de quibus*“: je vien du lieu, dont vous m'aviez parlé; voila l'homme, dont est question; vacquez aux affaires, dont avez pris charge; vous me parlez de choses, dont je n'ay que faire.

O. (p. 130, 131): „Ce relatif, qui sert au genitif et à l'ablatif, singulier et plurier, et se couche indifferemment pour *de qui, duquel, de laquelle, desquels* et *desquelles*, a meilleure grace que les precedents et beaucoup plus d'estenduë, parce qu'il exprime les choses

---

[1] „*Quoy*, pour *ce que*, ne vaut rien, comme quand on dit, quoy faisant, pour dire, ce que faisant“ (Vaugelas II, 464).

[2] C'est également l'avis de Vaugelas (I, 124), qui admet cependant des phrases comme celle-ci: le cheval sur quoy j'ay couru la bague (I, 126).

et les personnes, sans admettre aucune preposition": ... l'espée, dont vous m'avez blessé; la femme, dont vous m'avez parlé; les bottes, dont vous avez payé; le cheval, dont vous avez donné ou baillé; les Messieurs, dont vous esperez, &c. „Et qui desire eviter ce qu'il y a de superflu aux autres relatifs, peut usurper celuy-cy sans scrupule, mais toujours au genitif et à l'ablatif. Et notez qu'il ne se doit point confondre avec l'adverbe *d'où*, encore que le vulgaire dise quelquefois, dont venez-vous? pour, d'où venez-vous?"[1]

Lequel[2].

M. (f⁰ 75 v⁰): „*Lequel* est relatif, ... comme *qui*, et signifie bien de mesme, pouvans estre subrogez l'un pour l'autre, fors que *lequel* ne se peut passer d'antecedant ou de substantif exprimé et parce ne peut entamer un propos, comme fait bien *qui* ... Ainsi donc: c'est Dieu, qui, ou, lequel m'a assisté toute ma vie, de qui, ou, duquel j'atten tout mon heur, à qui, ou, auquel je remetz toute ma fiance."

O. (p. 128 et sv.): „*Lequel* a plus d'estendue que le relatif *qui*, car il se rapporte aux personnes et aux choses indifferemment, et ne se separe point de l'article ou, pour mieux dire, de la preposition, excepté aux cas obliques du singulier feminin ...

Esquels & *esquelles* ne sont plus en usage.[3]

Les doctes modernes bannissent le nominatif de ce pronom mis apres l'antecedent, car pour bien parler, on ne dit point, voìla un homme lequel veut, etc., j'ay une maison laquelle me couste deux mille escus, mais il se faut servir de: qui veut, qui me couste, etc.

*[Il faut pourtant icy faire une exception, lors que l'on recommence une periode, et qu'il est accompagné d'un substantif: lesquels ornemens furent apportez; laquelle femme voulut estre courtisee, etc.] ...

Pour les cas obliques, il est necessaire de les garder en plusieurs phrases, où le relatif *qui* n'a pas bonne grace; par exemple: j'ay receu vos lettres, par lesquelles j'ay appris, et non, par qui, ou, par où j'ay appris; et ainsi des autres."

(p. 126): „L'accusatif *que* ne se construit point immediatement devant les participes passifs ou preterits, mais bien le relatif *lequel*: on apporta des lettres, lesquelles receües, et non pas, que receües. Ce qui ne s'observe pas devant les participes en *ant*, car l'un et l'autre se peut dire: on luy apporta des lettres, lesquelles ayant veües, ou bien, qu'ayant veües; on tient pourtant que le premier est beaacoup meilleur."

---

[1] Comp. Vaugelas (II, 30) et Brunot, Malh. 397, Hist. III, 294.

[2] Comp. les remarques de Vaugelas concernant ce pronom (I, 206) et Brunot, Malh. 397.

[3] Les deux formes sont données par M. (f⁰ 75 v⁰).

Pronoms et adjectifs interrogatifs. [1]

Qui

sert de sujet et de complément direct, aussi bien que de complément indirect, quand il est précédé d'une préposition; il s'emploie pour exprimer une interrogation directe ou indirecte et ne se rapporte qu'à des personnes: qui estes-vous? qui demandez-vous? qui cherchez-vous? de qui tenez-vous ces nouvelles? à qui parlent-ils? qui faites vous vostre chef? je sçay bien qui ils sont; qu'ils prénent garde qui ils offencent; considerez, de qui on parle et à qui il faut s'adresser.

„Or, non-obstant ce que dessus, si est-ce qu'en certaines phrases et au cas nominatif seulement, n'ayant point d'antecedant exprimé et certain, il semble bien emporter une generalité comprenant tant les personnes que toutes autres choses, comme en façon de neutre“: dites moy qui vous tourmente l'esprit; je sçay bien qui vous guidera, que vous ne sçauriez vous esgarer; je ne puis penser qui les meut de m'injurier. „Et tels propos qui semblent ecliptiques et ces mots estre sousentendus: *ce, que c'est, quelle chose c'est.*“ (M. fº 73 vº; 74 rº).

O. (p. 125): „Nous avons un *qui* interrogatif, qui ne se rapporte qu'aux personnes et ne veut point de substantif exprimé“: qui estes-vous? qui demandez-vous? je scay, qui ils sont; „où vous remarquerez qu'il sert à tous les cas.“

(p. 127): „Considerez cette phrase: je sçay bien qui vous meine, pour, ce qui vous meine.“

Remarque.

O. (p. 126): „Pour signifier un homme de rien, nous disons, c'est un je ne sçay qui.“

Que,

„interrogant, ... regarde seulement les choses à mode de neutre ...“: qu'est ce? qu'y-a-il? que demandez-vous? je voy bien que vous cherchez; vous sçavez assez que je desire; „et semble bien y avoir ... ecclipse en ces deux derniéres et semblables, et que ces mots ... *ce,* ... *que c'est* ou *quelle chose c'est* y peuvent estre sous-entendus. Et ainsi on le trouve quelquefois au cas nominatif, à sçavoir, quand il est construit avec le verbe substantif [: être :], quelquefois à l'accusatif, à sçavoir, quand il devance un verbe actif; pour les autres cas, il faut en mesme neutre sens prendre *dequoy, à quoy.*“ (M. fº 74 rº, vº).

---

[1] Ils sont traités, par M. et par O., comme pronoms relatifs. (Le pronom interrogatif indirect, par exemple, est, d'après M., un pronom relatif „sans interrogant, mais aussi sans antécédent exprimé“).

124

Voici les exemples que donne O. pour confirmer la même règle: que demandez-vous? que cherchez-vous? qu'est-ce que vous cherchez? „Autrement on ne construit point le pronom *que* sans antecedent, car le discours seroit defectueux, si on disoit, vous sçavez assez que je cherche, pour, ce que je cherche." (O. p. 127).[1]

„Quelquefois, (*que*) passe pour négative: je n'ay que faire de vous, c'est-à-dire, je n'ay pas affaire de vous; et pour la diction rien: il n'y a que dire, c'est-à-dire, il n'y a rien à dire; il n'y a que frire, il n'y a que reprendre, c'est-à-dire, il n'y a rien." (O. p. 128.)*

Quoy

s'emploie

absolûment:

M. (f⁰ 77 r⁰): je veux vous dire quelque chose; quoy? et quoy? mais quoy encore? je ne vous diray pas quoy; que fait mon laquais là-bas? il cherche je ne sçay quoy, qu'il a esgaré. — Quoy? vous voulez vous perdre? quoy? me donnerez-vous tous-jours tant d'ennuis?

O. (p. 135): „*Quoy* a de l'affinité avec . . . *que*, mais il ne se met point avec les verbes, hors les infinitifs, ny apres les pronoms demonstratifs, excepté, quand il sert d'admiratif: quoy? voulez-vous que je meure? ou bien en gaussant, lors qu'on n'acheve point un discours: ce quoy? cette quoy?

Outre cela, il est absolu en l'interrogation: je vous demande quelque chose; quoy? mais quoy? et quoy? Davantage, finit la phrase: j'ay perdu je ne sçay quoy; je ne veux pas dire quoy; où *que* ne se pourroit pas construire."

précédé d'une préposition, comme complément indirect:

M. (f⁰ 75 r⁰): „(*Que*) ne peut en neutre sens interroguer en cas obliques, ains faut user des obliques articulez": de quoy parlez-vous? à quoy pensez-vous?

(f⁰ 77 r⁰): De quoy avez-vous besoin? de quoy me parlez-vous? à quoy est bon cecy? je trouve ce*t* affaire si douteux que je ne sçay à quoy m'en tenir.

O. (p. 128): à quoy pensez-vous? de quoy parlez vous? [„dautant qu'on ne peut pas dire: à que pensez-vous? de que parlez-vous?"]

Lequel.

M. (f⁰ 76 r⁰): „. . . estant interrogant, (*lequel*) a une plus particulière recherche partitive ou élective entre plurieurs, comme *uter* en latin entre deux": lequel de ces livres est le vostre? laquelle de

---

[1] Vaugelas (I, 287): „On ne dit gueres maintenant *que c'est*, comme l'on disoit autrefois. On dit *ce que c'est*". Ainsi, le pronom interrogatif indirect a cédé sa place à l'expression *ce que*.

ces espees vous plaist le plus? qui a escrit cecy? un de mes garçons; lequel? le plus jeune.

O. (p. 130): „*Lequel* est . . . interrogant comme *qui*, mais different en une chose, qu'il ne se peut construire sans substantif exprimé ou sousentendu; lequel est-ce qui a fait cela? de vous autres y estant sous-entendu; lequel est-ce de vos frères qui est venu chex nous? où vous voyez que *lequel* peut aussi bien entamer un discours comme *qui*, pourveu que la condition requise y soit adjoustée; de mesme au plurier; lesquels sont-ce que vous m'avez apportez? lesquels m'envoyez-vous?"

Adjectif interrogatif: *Quel.*

Il peut être qualificatif et attributif; dans le second cas, on peut le remplacer par *qui*: quel homme estes vous? quelle personne vous pourroit endurer? quelle parole dites-vous? quel livre tenez-vous? je ne sçay quel respect me tient, que je ne vous dechasse; sçachez quelle personne me demande; je me doute bien quel personnage. „Vray est, que (*quel* et *qui*) peuvent convenir en ce point, que adherans au verbe substantif, le nom, precedé de son article ou d'un pronom possessif ou demonstratif, est subjoint de cette mode": qui est l'ennuy, ou, quel est l'ennuy qui vous tourmente? advisez, qui est le respect, ou, quel est le respect qui me tient; que je sçache, quel sera le bien que me ferez, quelle sera vostre bonne reception, quel a esté ce soin que j'ay eu de vous; on parle d'une bonne espee, et quelle est cette-cy?" (M. f⁰ 76 r⁰, v⁰).

O. (p. 133, 134): „*Quel* . . . est different de *qui*, en ce qu'il se peut mettre avec le substantif: quel homme est-ce là? et non pas, qui homme est-ce là? . . .

On le construit ainsi devant le verbe substantif: quel est l'ennuy qui vous presse? quelle est la fascherie, qui vous tourmente? quels sont les maux que vous sentez? où je vous advertis de ne vous point servir de *qui*, si ce n'est quand le propos se rapporte à une personne: qui est le badin qui dit le contraire? qui est l'honneste homme qui me donnera du vin? et en ces dernieres phrases, *quel* n'a pas tant de grace, parce qu'il n'est pas necessaire d'y specifier une double qualité."

Pronoms et adjectifs indéfinis.[1]

Aucun.[2]

M. (⁰ 87 v⁰, 88 r⁰): *Aucun, aucune* peut être substantif ou adjectif et „sert mieux en négation ou autres propos de mesme

---

[1] „J'apelle pronoms indefinis les termes qui signifient quelque personne ou chose incertaine" (M. f⁰ 86 v⁰).
[2] Brunot Hist. III, 296, Malh. 403.

construction, assavoir conditionnels, interrogatifs et dubitatifs": je ne connoy aucun en cette ville; je n'ay eu aucunes nouvelles de mon païs; avez-vous accointance aucune avec cet homme? je doute, si je trouveray aucun qui me face faveur. „Hors telles phrases, ils ne (coule) pas si bien, sauf en nombre pluriel, auquel (il vaut) *nonnulli, nonnullae*: aucuns se sont à leurs tresors tenus; on en void aucunes, qui n'ont que la piafe et point d'argent. En ces termes pluriers on y adjoint assez souvent l'article *les* . . . au nominatif et accusatif."

„La difference est notable d'*aucun, aucune,* d'avec *quelcun, quelcune*; c'est que *quelque, quelcun* sont mieux en propos *affirmatif, aucun* en *negatif,* au surplus equivalans."

O. (p. 136): „*Aucun* en son singulier est tousjours negatif: d'aucun amy, d'aucune parente, c'est-à-dire, de nul et nulle. Au plurier il est affirmatif: aucuns disent, aucuns croyent, c'est-à-dire quelques-uns; et quelquefois aussi negatif: d'aucuns enfans, d'aucunes personnes, c'est-à-dire *de nuls* et *de nulles.* Pour moy, je me servirois plustost de *quelques-uns* et *quelques-unes* en sens affirmatif, et *de quelques* devant un substantif: il y a quelques personnes, plustost que de dire, il y a aucunes personnes."

Autre.[1]

M. (f⁰ 90 v⁰): „*Autre* est pur adjectif et n'a rien d'observation particuliere outre les autres adjectifs de commun genre . . ."

O. (p. 141, 142): „*Autre* et *autres* sont du genre commun; leur syntaxe est fort facile, entant qu'ils (se construisent avec ou sans article)": l'autre jour, l'autre année; je ne l'ay dit à autre personne qu'à vous. „Remarquez cecy: quand on dit *à d'autres,* c'est-à-dire qu'on ne reçoit ou qu'on n'approuve pas ce qui nous est dit ou ce qu'on pretend de nous faire, comme qui diroit: adressez-vous à d'autres personnes."

Autruy.

M. (f⁰ 90 v⁰): „. . . *Autruy* n'a point de plurier, il est de commun genre et signifie *alter.* Son usage est different, car *autruy* avec ses obliques indefinis ne se dit que des personnes et se construit avec les verbes à mode de substantif": n'offensez point autruy; c'est mal fait de mesdire d'autruy; ne faites à autruy que ce que vous voudriez vous estre fait. „*L'autruy,* avec ses obliques definis, signifie *le bien, l'avoir d'autruy, ce qui appartient à autruy*": plusieurs ne font conscience de ravir l'autruy; je ne veux rien de l'autruy; à l'autruy ne porte envie. „C'est comme le latin *alienum.*"

O. (p. 141, 142): „*Autruy* est comme substantif et se rapporte seulement aux personnes": parler d'autruy; ce qu'autruy ne fait pas; cela vient d'autruy, etc.

---

[1] Brunot, Malh. 403, Hist. III, 296.

„Au demeurant, on ne se sert plus de *l'autruy*, pour dire, *le bien d'autruy*."[1]

Certain.

O. (p. 142): „Ce pronom se doit ordinairement construire devant le substantif, car se mettant apres, il deviendroit adjectif et changeroit de signification; considerez la differance qu'il y a entre *certain gage* et *un gage certain*."

„On dit vulgairement *un certain quidam*; il seroit mieux de dire simplement *un quidam*. S'en formalise qui voudra."

Chaque[2]

est adjectif et peut se mettre au pluriel. (M. f⁰ 88 r⁰; O. p. 137).

M.: chaque homme, chaque femme, chaques personnes.

O.: chaque seigneur, chaque femme, chaques choses.

Chacun

s'emploie comme substantif ou comme adjectif (M. f⁰ 88 r⁰, v⁰): chacun aime son plaisir; à chacun plaist tout ce qu'il fait; chacun homme doit avoir sa femme et chacune femme son mari. „Le plurier est assez usité en suite de ces termes *tous, toutes*": il oblige tous et chacuns ses biens venus et à venir, renonçant à toutes et chacunes loix, coutumes et ordonnances à ce contraires, etc. „Aucunefois nous y apportons encor ces mots *un, une, uns, unes*: un chacun homme; une chacune ville. Suivi aussi d'un genitif, il est partitif: chacun de vous préne sa part . . ."

O. (p. 137, 138) modifie les remarques de son prédécesseur dans un sens plus moderne: „. . . il . . . faut", dit-il, „user de *chacun* avec discrétion, car, devant un substantif, il a maintenant fort mauvaise grace, nous ne disons plus gueres, *chacun homme, chacune femme*. Toutesfois en phrase partitive on s'en sert au singulier, plaçant entre deux quelque autre particule, comme: chacun de ces hommes-là; chacune de ces femmes-cy; chacun de vous; chacun de nous."

„Le plurier se met en quelques propos au masculin, comme en terme de justice: tous et chacuns ses biens. Et je ne voy point que le plurier feminin soit fort en usage.

„Lors qu'on y adjouste le nom d'unité, *un chacun* comprend seul toutes sortes de personnes generalement, où je vous advertis de ne point user *d'une, uns* et *unes*, ny les mettre jamais devant

---

[1] C'est aussi l'opinion de Vaugelas (II, 290).

[2] Inaugurée par Malherbe (Brunot, Malh. 404), la distinction très nette de *chaque, adjectif*, et *chacun, nom*, sera définitivement établie par Vaugelas (II, 393). — Comp. Brunot Hist. III, 297.

128

un substantif. On ne dit point, *un chacun homme, une chacune femme, unes chacunes villes*, et encore moins, *uns chacuns chevaux*. Mais au lieu de tout cela il faut escrire *chaque homme, chaque femme, chaque ville, chaques chevaux*, etc."

Maint

se construit sans article (M. f⁰ 37 r⁰; O. p. 61).

O. (p. 139): „. . . *maint, mainte, maints* et *maintes* se rapportent à toutes choses en général": maint homme, maint arbre, mainte femme, mainte chevre, maint troupeau, maints pensers, maintes peines, etc."[1]

Mesme

„est vray et pur adjectif et reçoit entiére application d'articles [c'est-à-dire il se construit avec ou sans article]; il vaut autant que les latins *idem, eadem*": mesme cause en mesme sujet, disposé de mesme, doit produire mesme effect.

„Subjoint aux pronoms, il vaut l'adjonction *met*: moy-mesme— ego-met; luy-mesme—ipse-met; ce mesme homme—ipsemet homo. Et se peut subjoindre à tous les pronoms hormis *je, tu, il, ils, me, te, se*, et à tous autres mots substantifs ou adjectifs . . ." (M. f⁰ 91 v⁰).

Mesme est „du commun genre": le mesme, la mesme, les mesmes, de mesme sorte, à mesme fin. „Où l'on peut considerer qu'il (se construit avec ou sans article)." (O. p. 141).[2]

Nul[3]

„peut subsister en oraison avec le verbe, sans et avec nom substantif": nul ne vid oncques Dieu; nul ne m'a aydé en ma deffence. „Du féminin l'usage sans substantif ne semble pas si bien couler": je n'ay commis nulle faute; il n'a nulle connaissance de vos affaires. — „Parce que nonobstant *nul* et *nulle* il faut tousjours appliquer la negative devant le verbe en liaison d'oraison, ils semblent ne valoir qu'*ullus, ulla*. Et aussi leur peut-on partout substituer *aucun* ou *quelconque* apres un nom substantif."

„Toutesfois en response absolue — connoissez-vous quelcun icy? nul. — ou bien servans d'attribut apres le verbe substantif ou equivalant à quelque nom substantif precedant, ils valent *nullus, nulla*: vostre procedure est nulle, ou, n'est pas nulle; cet argument est nul, ou, n'est pas nul" (M. f⁰ 89 r⁰, v⁰).

---

[1] Proscrit par Malherbe (Brunot, Malh. 266), *maint* s'est peu à peu éteint à partir de Vaugelas, qui l'admettait encore pour la poésie héroïque (I, 252). Comp. Brunot, Hist. III, 298.

[2] Id. (p. 58): „*Mesme* reçoit les deux articles indifferemment: de mesme sorte et de la mesme sorte."

[3] Comp. Brunot, Hist. III, 298.

O. (p. 140) n'admet pas qu'on se serve de *nul*, „hormis en ces façons de parler: vostre raison est nulle, vostre argument est nul." Il préfère *personne* et *pas un*: cognoissez-vous quelqu'un en cette ville? personne.

Nulli

„est comme un substantif et rejette un autre substantif; il signifie *nemo* et est de commun genre . . .: ce que ne voulez estre sceu, ne le dites à nulli. Les anciens en usoient plus que ne faisons à cette heure, et en son lieu nous disons *personne*" (M. f⁰ 89 v⁰).

O. (p. 140): „*Nulli* est si vieil qu'il est inconneu".*

On (l'on)[1]

„constitue l'impersonnel de sens passif" (M. f⁰ 60 v⁰); il s'emploie avec „toute tierce personne singuliere de quelque verbe que ce soit, transitif, reciproqué, neutre et passif, et convient entièrement à cette particule allemande *mann*. Les latins le rendent par leurs tierces passives": on dit, on lit, on aime, on est aimé, on sera aimé, on va, on court, etc. (f⁰ 124 r⁰); si l'on fait (f⁰ 3 r⁰).

O. (p. 144): „. . . *On* sert au passif: on fait, on dit, on croit, etc. *L'on* se met aussi au lieu d'*on*, *mais je voudrois qu'on en usast discrettement, car il sonne fort mal avec les relatifs et pronoms personnels joints ensemble qui commencent par *l*: que l'on la luy monstre. Il est mieux de dire *qu'on le luy donne* ou *qu'on luy donne, qu'on luy monstre*, afin d'éviter ce mauvais son et cette repetition de liquide."[2] (Comp. p. 143.)

Pas un.[3]

M. (f⁰ 90 r⁰, v⁰): „. . . ce terme est bien usité au lieu de *nul, personne* et d'autres negatifs. On l'applique aux choses considerées en un total entier, c'est-à-dire d'une piece et non par portions: je n'ay pas un denier en ma bourse, pas une goutte de vin en ma cave, pas un grain de blé en mon grenier. Ce ne seroit pas bien dit: je n'ay pas un argent, pas un vin, pas un blé. Car il faut dire: point d'argent, point de vin, point de blé . . . Et parlans des personnes: il n'y a pas un au logis; je n'ay apprins de pas un ce que je sçay. Il est aussi partitif comme les autres: vous estes plus riche que pas une de vos compagnes; cette Damoiselle me semble plus belle que pas une de ses sœurs."

---

[1] M. le cite comme pronom personnel (f⁰ 58 v⁰), pour une raison qu'il indique dans la première édition de sa grammaire: „. . . ceste syllabe *on* laquelle, bien qu'elle ne designe aucune certaine personne, ains est comme un nominatif vague et indéfini, toutefois puis qu'elle suit en tout et par tout le regime (des pronoms personnels sujets), j'ay pensé estre à propos de l'enroler avec eux." Comp. les verbes impersonnels.

[2] Brunot, Hist. III, 297; Vaugelas I, 64 et sv.

[3] Brunot, Hist. III, 300.

La remarque d'O. (p. 139, 140) sur *pas un* est, quant à son contenu, analogue à celle de Maupas: pas un ne dit cela; avez-vous point d'amy? je n'en ay pas un; y a-t'il point de chambres? il n'y en a pas une.[1]

Personne,

„mot qui signifie bien autant que *persona* latin, et lors est nom substantif féminin.

Mais nous l'usurpons pour *nemo*, en fil d'oraison avec la negation *ne* devant le verbe, ou absolu en response negative. Et en ce sens je le remets entre les pronoms, (et il est) seulement du nombre singulier: je ne connoy personne icy; ce que je sçay, je ne l'ay appris de personne; ne fiez à personne vostre secret. Item en interrogant ou propos conditionnels et dubitatifs, qui tous-jours se reiglent à la nature des negations: connoissez-vous personne icy? Et en response absoluë: qui est au logis? personne; de qui tenez-vous ce secret? de personne; à qui l'avez-vous ouï dire? à personne.

Le vulgaire use de ce mot *Ame* assez souvent en mesme sens: je n'ay veu ame à qui parler." (M. f⁰ 89 v⁰, 90 r⁰.)

O. (p. 139): „(*Personne*) ne sert qu'au singulier & denote une privation contraire à la signification du substantif feminin personne; on le construit indifferemment devant ou apres les verbes & les autres particules, & jamais immediatement avec un substantif; par exemple: personne ne me donne; je ne croy personne; personne du monde; personne qui vive. Quelquefois, au lieu de ces derniers, nous disons, homme du monde, homme qui vive, ame qui vive."

Plusieurs.

O. (p. 139): „Ce pronom ne s'accorde qu'aux pluriers: plusieurs personnes, plusieurs choses, plusieurs valets, plusieurs habits, etc."

Qui, quoy, quel + la conjonction que.

M. (f⁰ 87 r⁰): „*Qui que* signifie *quisquis* vel *quicumque*; *quel que* et *quelle que*, *qualiscumque*. Et faut les arranger avec un nominatif et un verbe ...": je suis prest d'obeïr à vos commandemens, quels-qu'ils soient, ou, quels soient-ils, ou, quels puissent-ils estre; il faut se contenter chacun de sa condition, quelle-qu'elle soit, quelle soit-elle, quelle qu'elle puisse estre, quelle puisse-elle estre; il n'est pas licite de murmurer en affliction, quelle-que Dieu l'envoye, quelle-que Dieu la vueille envoyer. „Si le substantif du propos est une personne à qui s'adresse la sentence, vous pouvez dire *qui-que*": je

---

[1] „On ne dit pas pourtant *je n'ay pas un argent, je n'ay pas un or*, dautant que ce sont noms qui ne s'entendent que de quantité indeterminée" (O. ib).

ne vous crain qui-que vous soyez, qui-que puissiez estre, qui puissiez vous estre ... (f⁰ 87 v⁰): „*Quoy-que* signifie aucunefois quicquid“: quoy-que vous me faciez; quoy-qu'il y ait; quoy-que ce soit; de quoy-que vous luy parliez. A quoy-que vous vous en rapportiez ... (Comp. le chapitre des conjonctions).[1]

Quelque

est „pur adjectif, estant necessaire qu'il ait un substantif exprimé après luy“: quelque homme, quelque femme, quelque bien. (M. f⁰ 86 v⁰.)

„*Quelque* est du commun genre, il fait *quelques* au plurier et se construit necessairement avec un substantif“: quelque homme, quelque femme, quelques Seigneurs, quelques Dames. (O. p. 136.)

M. (f⁰ 87 r⁰, v⁰): Nous employons *quelque* dans le même sens que *quel que* et *qui que*, „mais il faut qu'il soit suivi d'un substantif ou d'un adjectif, si le substantif precede; et prenez garde à l'arrangement“: je ne vous crain point, quelque grand que vous soyez; j'obeïray à vos commandemens, quelques difficiles qu'ils soient; je vous obeïray, quelques commandemens que vous me faciez.

„Vous pouvez aussi user de cette manière bien elegante“: j'obeïray à vos commandemens, pour grands et difficiles qu'ils soient; je me contente de ma condition, pour petite ou quelque petite qu'elle soit. „Et tous-jours le verbe de mode optative“ (au subjonctif).

„En ces phrases, aussi le relatif *qui* peut servir de nominatif au verbe subjonctif“: L'homme sage et vertueux ne se déconforte point, pour calamité ou quelque calamité qui luy adviéne, et ne s'enorgueillit point, pour prospérité ou quelque prosperité qui luy surviéne.

Donc, Maupas ne fait pas encore la distinction de *quelque, adjectif*, et *quelque, adverbe*; les subtilités de l'usage moderne ne s'introduiront qu'à partir de Vaugelas. (II, 56.)

Quelcun,

„qui aussi se peut escrire *quelqu'un*“, s'emploie substantivement: quelcun vous demande; ... quelcun, quelques-uns de mes amis; quelcun d'entre vous; prestez-moy quelcune de vos chemises. (M. f⁰ 86 v⁰.)

O. (p. 136): „(*Quelqu'un*) est composé de *quelque* et *un*, et ne se separe point de sa composition; au plurier il reçoit une *s* au milieu: quelqu'un, quelqu'une, quelques-uns, quelques-unes[2]; il

---

[1] Sur *quelque* et *qui que* voir Brunot, Malh. 406. Comp. aussi Brunot, Hist. III, 299 et Vaugelas I, 231 et sv.

[2] „Quelqu'un et quelqu'une font au pluriel quelques-uns et quelques-unes, et non pas quelcunes et quelcuns, comme escrivent plusieurs personnes, qui mesme ont la réputation de bien escrire“ (Vaug. II, 465).

rejette un substantif, estant substantifié de luy-mesme, si ce n'est au genitif: prestez-moy quelqu'un de vos mouchoirs, quelqu'une de vos chemises.

*Ce mesme plurier ne se met qu'au commencement du discours: quelques-uns disent, etc.; et jamais apres le verbe, car l'on ne diroit pas, *l'on a trouvé quelques-uns*, au lieu de *quelques personnes*; mais cela s'entend lors qu'il est substantifié, car estant relatif, on en peut user: on en a veu quelques-uns aujourd'huy."

Quiconque

„... n'a point de plurier et se joint sans nom substantif au verbe en fil d'oraison ...": quiconque veut vivre sainement, vive sobrement; quiconque sois, tant sois-tu brave. (M. f⁰ 88 v⁰.)

„*Quiconque* est mieux que *quiconques*. De plus, on ne le devroit jamais mettre au plurier, parce que de soy il a une force collective, ne se rapporte qu'aux personnes et ne se construit point avec un substantif." (O. p. 138.)

Quelconque (pluriel: quelsconque*s* [M.])

s'emploie „... és negations, interrogations, conditionnelles et dubitatives, et apres le nom substantif": je ne voy raison quelconque en vostre dire; avez-vous ouï nouvelles quelsconques de vos affaires? si je m'aperçoy de faute quelconque, je vous en advertiray; cherchez si vous trouverez chose quelconque qui vous appartiéne. „On peut partout substituer *aucun, aucune* pour *quelconque*." (M. f⁰ 89 r⁰.)

„*Quelconque* se rapporte aux personnes et aux choses, et se met tousjours apres les substantifs": sans personne quelconque; nonobstant opposition ou appellation quelconque. (O. p. 138.)

Tel.

M. (f⁰ 55 r⁰) ne fait qu'énumérer les formes de ce mot; il en résulte que *tel* peut être précédé de l'article indéfini *un*: „tel, telle; un tel, une telle; tels, telles, de tels, de telles."

O. (p. 141) s'exprime plus clairement: „*tel, telle, tels, telles* s'accomodent aux personnes et aux choses": tel homme, telle beste; tel maistre, tel valet.

„*Tel* se met quelquefois absolument": tel menace qui a peur.

„*Tel quel, telle quelle* signifient *médiocre*": j'ay une maison telle quelle; j'ay un serviteur tel quel.

Tout.

Suivant M. (f⁰ 54 v⁰), *tout* peut être *substantif* ou *adjectif*. „*Substantif*, il ne sert qu'au nombre singulier et y reçoit tous articles: tout, un tout, le tout." Étant *adjectif*, il précède le substantif, et suivant que celui-ci est construit avec ou sans l'article (défini ou indéfini), il signifie *totus* ou *omnis*: tout le monde, tout l'homme, toute la rivière; mais: tout homme, toute rivière. — „. . . au nombre plurier, il semble estre indifferent“: tous hommes sont sujets à tous accidens de fortune, ou, tous les hommes sont sujets à tous les accidens de fortune.[1]

O. (p. 60, 61) ne traite que de l'adjectif *tout* et il est entièrement de l'avis de M.: tout le monde, mais: tout homme est sujet, toute femme est prompte. „Pour le pluriel, il semble indifférent.“ — (p. 140): tout un pays, toute une ville.

*[„Nous usons d'un plurier (de *tout*) au lieu de *chaque*: tous les ans, c'est-à-dire chaque année; tous les six mois, tous les quinze jours . . .“

Tout, suivi de la conjonction *que*, „a quelquefois la force de la conjonction *bien que*: tout monsieur qu'il est, tout seigneur qu'il est, c'est à-dire, bien qu'il soit seigneur, . . .“ (O. p. 140, 141.)]

Un.

Voir le chapitre des noms de nombre, p. 69.

Place de l'adjectif indéfini.

L'adjectif indéfini *précède* le substantif:

M. (f⁰ 58 r⁰): maints hommes, plusieurs richesses, tout le monde, toute puissance.

O. (p. 98): chaque oiseau, maintes personnes, plusieurs personnages, quelque ange, tout homme.

[Comp., pour tout le chapitre du pronom, Brunot H. III, p. 477 et sv.].

---

[1] Au pluriel, *tous* n'a, naturellement, que le sens de *omnes*.

Le Verbe.

Les auxiliaires.

M. (f⁰ 98 r⁰): „Nous appellons ordinairement les deux verbes *avoir* et *être* auxiliaires, d'autant qu'ils aident à tous les autres, qui empruntent de ceux-cy plusieurs temps pour aider à composer les leurs . . .“

Conjugaison des auxiliaires.[1]

Avoir (M. f⁰ 92r⁰v⁰, 93r⁰v⁰, 94r⁰; O. p. 145—149)

Indicatif prés.: j'ay, tu as, il a; nous avons, vous avez, ils ont.

impft.: j'avoy, j'avoye ou j'avois [M.; O: „*j'avoy* et *j'avoye* ne s'escrivent plus“], tu avois, il avoit; nous avions, vous aviez, ils avoient.

passé simple: j'eu [j'eus, suivant O.], tu eus, il eut; nous eusmes, vous eustes, ils eurent.

futur: j'auray, tu auras, il aura; nous aurons, vous aurez, ils auront.

Conditionnel prés.: j'auroy (M. 1607 [p. 206] et O.: j'aurois; O. ajoute: „*j'auroy* ne s'escrit plus; et que ce soit dit pour le mesme temps des autres verbes“), tu aurois, il auroit; nous aurions, vous auriez, ils auroient.

Subjonctif prés.: j'aye, tu ayes, il ait ou aye („pour la troisiesme personne du sing. . . . *ait* est meilleur qu'*aye*“ [O.]); nous ayons, vous ayez, ils ayent.

impft.: j'eusse, tu eusses, il eust [„ou eusse“, suivant M.]; nous eussions, vous eussiez, ils eussent.

Impératif: aye [ayes toy, suivant O.], ayons, ayez.

Infinitif prés.: avoir.

Participe: prés.: ayant. passé: eu.

Remarque: Pour l'auxiliaire avoir, M. n'indique pas de „preterit indéfini redoublé“, comme pour *être* et les autres verbes (j'ay eu aimé).

Être (M. f⁰ 95r⁰v⁰, 96r⁰v⁰; O. p. 149—151).

Indicatif prés.: je suis, tu es, il est; nous sommes, vous estes, ils sont.

---

[1] Sur leurs temps composés, qui se forment à l'aide d'*avoir*, voir p. 140, 141.

impft.: j'estois (j'estois, j'estoy⁰ ou j'estoye⁰ suivant M.), tu estois, il estoit; nous estions, vous estiez, ils estoient.

passé simple: je fu (je fus, suivant O.), tu fus, il fut; nous fusmes, vous fustes, ils furent.

futur: je seray, tu seras, il sera; nous serons, vous serez, ils seront.

Conditionnel prés.: je serois (serois, seroy⁰ ou seroye⁰ suivant M.), tu serois, il seroit; nous serions, vous seriez, ils seroient.

Subjonctif prés.: je sois (sois, soy⁰ ou soye⁰, suivant M.; O. observe: „*soy* et *soye* ne se disent point“), tu sois, il soit; nous soyons, vous soyez, ils soient.

impft.: je fusse, tu fusse, il fust (fust ou fusse, suivant M.); nous fussions, vous fussiez, ils fussent.

Impératif: sois (O.: sois toy), soyons, soyez.

Infinitif: Prés.: estre.

Participe prés.: estant. passé: esté.

Remarques: Le subjontif du „*préterit indéfini redoublé*“ (j'aye eu esté) „n'est point en usage“ (M. 1607 [p. 212]). En 1618, le grammairien n'indique gueres ce mode. — Dans l'édition de 1607, il fait observer de plus que les temps „redoublez“: *j'eusse eu esté, j'aurois eu esté* et *j'auray eu esté*, sont „peu en usage“. Ils sont également supprimés en 1618.

O. (p. 149): „Qu'on prenne garde de ne pas user du terme de quelques-uns qui disent, *je suis esté.*“

Emploi des auxiliaires.

L'emploi différent des auxiliaires amène M. à indiquer „trois dispositions ou manières d'incliner et conjuguer nos verbes“:

„la première est l'active, à sçavoir quand l'effect du verbe passe d'un agent en un autre sujet qui est patient, que les grammairiens appellent transitifs, c'est-à-dire passagiers; ainsi: j'ayme les letres, la vertu me plaist, nature fuit le vuide, j'obeiray au roy; de manière que leur construction contient deux personnes, l'une du nominatif, l'autre du datif ou accusatif.

La seconde disposition est que nous appellerons reciproquee ou reflechie. Et c'est, quand les mesmes verbes actifs susdits ou autres ne font leur action passagiere d'un sujet en un autre, ains employent leur force sur un mesme sujet; sçavoir est, l'agent reciproque son action en soy-mesme, et ainsi un mesme agit et patit; de là vient que tels actifs inferent souvent un sens passif: ... je me delecte à l'estude, tu te plais à jouer, ton pere s'en fasche, tu ne t'en soucies pas.

La syntaxe de cette sorte ne contient pas deux personnes, le nominatif et accusatif ou datif sont une mesme personne.

La troisieme est neutre, qui ne differe gueres de la precedente en application des temps de l'auxiliaire, et par celle-cy plusieurs neutres se meuvent, notamment ceux qui contiénent un mouvement local, comme *aller, venir, retourner.* On les reciproque aussi, comme nous avons touché sur le propos des syllabes relatives *y* et *en* . . ." (f⁰ 98 r⁰ v⁰). [Comp. p. 102].

Il faut se garder de prendre ici le terme de 'neutre' dans le sens d''intransitif', car M. appelle 'neutre' la conjugaison qui se fait à l'aide de l'auxiliaire *être*; la division précédente des verbes suivant trois 'dispositions' reposant donc sur l'emploi de l'auxiliaire, on doit supposer que le grammairien veut désigner comme 'actifs' ('transitifs') les verbes qui se conjuguent à l'aide de l'auxiliaire *avoir* (le sens ne jouerait dans cette dénomination qu'un rôle secondaire); cela résulte aussi de la remarque (f⁰ 109 v⁰, 110 r⁰) qui dit qu'„aucuns verbes *neutres* (de sens) s'approprient la forme *active*, comme je dors — j'ay dormi, je vi — j'ay vescu, je sue, je tremble, je frissonne, je géle et quelques autres. Et à tels“, continue Maupas, „n'aurons autre esgard quant à present, les remettans sous la *disposition active*“.

L'auxiliaire **avoir** sert à former

les temps composés des *verbes transitifs* (M. f⁰ 92 r⁰; O. p. 145) et ceux d'une partie des *verbes intransitifs (neutres)* (M. f⁰ 110 r⁰; O. p. 157).

L'auxiliaire **être** sert à former

a) les temps composés de certains verbes intransitifs (O. p. 157) [1], notamment de ceux „qui contiénent un mouvement local, comme *aller, venir, retourner*“.

---

[1] (O. p. 219 et sv.): „ . . . jugeant ici que les estrangers ne trouveront pas facilement (la) difference des verbes neutres qui se construisent avec *avoir* et de ceux qui se construisent avec *être*, je vous en donne . . . une liste . . .; mais pour plus de briefveté je ne marqueray que les preterits de ceux qui reçoivent le verbe (*être*); tous les autres qui ne seront point marquez se formeront par le moyen du verbe *avoir*.“ Cette liste est des plus confuses; elle ne contient pas seulement des verbes réellement neutres, mais aussi un grand nombre de verbes transitifs, qui, naturellement, peuvent quelquefois se construire sans complément. O. s'en aperçoit lui-même: „pour le sens actif et le sens neutre, je ne le particularise point“ (p. 219). [Comp. Brunot, Hist. III, p. 536, note 3.]

Mais voici la liste:

Aboutir, aller (être), *ambler, apprendre, attenter.*

Baailler, badiner, banqueter, beguayer, blesmir (être ou avoir), *bouffer, bouger, brasser, brusler* („actif et passif“ avec avoir).

Chanter, cheminer, cheoir (être), *claquer, conclurre, condescendre, conferer, convenir, couler, cracher, cueillir.*

Daigner, dancer, decheoir (avoir ou être; „le dernier est meilleur“), *decocher, defaillir* (être), *deliberer, demeurer* (avec avoir au sens d'habiter, et avec être au sens de s'arrêter en un lieu), *dependre, deroger, desjeuner, despendre, despenser, desplaire, deviner, devoir, differer, digerer, diligenter, disconvenir, discorder, discourir, disputer, dissimuler, dormir, douter, durer.*

Eclipser („le soleil est eclipsé“), *encourir, enfraindre, enrager, entrer* (avoir ou être), *envier* („au jeu“), *errer, eschancrer, escheler, esmailler, esmier, esperer, esternuer, estinceler, estudier, exploiter, extravaguer.*

b) les temps composés des verbes de forme pronominale.
(M. f⁰96v⁰, f⁰107r⁰; O. p. 149, p. 156, 157; modèle: s'aimer,
suivant M. et O.).

Remarque.

Les temps surcomposés des verbes pronominaux manquent:
„(avec les verbes réfléchis, nous) n'employons du verbe *être* que les
temps simples, fuyans les composez, parce qu'ils empruntent (l')auxi-
liaire *j'ai*, lequel ne peut jamais entrer en la disposition reflechie"
(M. f⁰ 107 r⁰). —

c) le passif; le participe passé s'accorde alors en genre et en
nombre avec le sujet de la proposition. (M. f⁰97r⁰, 123v⁰; O.
p. 155, 156).

Les autres verbes.

Conjugaison.[1]

M. (f⁰ 99 r⁰ v⁰, 100 r⁰) et O. (p. 151) groupent les verbes d'après
4 conjugaisons, division qui s'est maintenue jusque dans ces derniers
temps avec cette différence, que M. compte parmi les verbes de

---

Fantastiquer, fermer („le composé de celuy-cy est actif: enfermer une
personne), *financer, filer, franchir.*
Gager („gaiger, pour donner des gaiges à qn. est actif") . . ., *graver.*
Heriter.
Inventer, jeusner.
Labourer, luicter, luire.
*Malfaire, marcher, mediter, mentir, mesdire, mesfaire, moyenner,
mourir* (être).
Nager, naistre, naviguer, nier . . .
Occasionner, operer, ouvrer,
Paillarder, parler, paroistre, partir (être), *parvenir* (être), *passer** (avoir
ou être), *pecher, penser, permettre, persister, pescher,* . . . *peupler,* . . . *poindre,
pouvoir, predire, presager, prester, presumer,* . . . *presupposer, pretendre,
procurer, proferer, profonder, prononcer, prosperer, protester, prouver,
puiser* . . .
Raconter, radoter, . . . *rapporter, regner, repartir, ressembler, resider,
respandre, respondre, resver, retentir,* . . . *revenir* (être), *ronfler* . . .
Signifier, . . . *solemniser, sommeiller, sortir* (être), . . . *subsister, suer,
suffire, supputer, survenir.*
Taire, tarder („son composé retarder est actif"), *temporiser, terminer*
(„exterminer, composé, est aussi actif"), . . . *tesmoigner, tomber* (être), *tousser,*
. . . *trembler, triompher.*
Uriner.
Vacciller, vaquer, valoir, . . . *venir* (être), *vivre,* . . . *vouloir.*
Yvroigner.

[1] O. (p. 144, 145): „Je n'ay point veu de grammaire où je n'aye rencontré quelque defaut touchant l'arrengement des verbes; en l'une j'ay trouvé
des anomaux placez au lieu des reguliers, en l'autre des terminaisons confondues, et où l'ordre (à mon advis) a esté le mieux observé, j'ay remarqué
encore des auxiliaires parmy les irreguliers, ce qui m'a semblé mal à propos,
estant fort necessaire de les estendre devant les autres, comme ceux qui servent
à toutes les conjugaisons."

138

la seconde conjugaison non seulement ceux dont l'infinitif est terminé en *ir* (bastir, choisir), mais encore ceux dont l'infinitif est terminé en *ire* (lire, dire), et parmi les verbes de la troisième conjugaison non seulement ceux en *oir* (voir, vouloir) mais aussi ceux en *oire* (croire) et *aire* (faire).[1]

Quant à la 3ième et à la 4ième de ces conjugaisons, O. en donne des paradigmes (*devoir* et *rendre*), mais M. se borne à indiquer les formes caractéristiques d'un certain nombre de tels verbes, trouvant qu'ils sont tous „assez irréguliers" (f⁰ 121 r⁰).[2]

Nous suivrons le procédé de Maupas, en ce que nous comprendrons dans un ensemble les verbes du type *aimer* et dans un autre ceux du type *finir*, pour énumérer un à un les autres verbes.

Mais, tout d'abord, il importe d'exposer la nomenclature des deux grammairiens, pour ce qui est des temps et des modes; car elle est assez compliquée, vu que M. et O. considèrent les modes d'un point de vue auquel nous ne nous plaçons plus aujourd'hui. Ainsi, ils appellent *optatif* tout mode (subjonctif ou conditionnel) qui sert à exprimer un souhait. On y emploie, suivant M. (f⁰ 142 r⁰), les „formules optatives" suivantes:

---

[1] M.: „... pour en quelque sorte imiter les Latins, la coutume a prins pied de les distribuer en quatre ordres, qu'on appelle conjugaisons; afin de ne rompre cette coutume, je m'y accommoderay à ma fantasie, sans negliger le departement en (verbes réguliers et verbes irréguliers).

Il y a de la variété d'opinions en l'ordre de ces conjugaisons icy, aucuns faisant seconde celle que d'autres comptent pour troisiéme, etc. Et n'importe pas beaucoup. De moy, je suivray l'esgard qu'ont eu les Grammairiens latins à l'arrangement de leurs conjugaisons, qui ont regardé à la suite des voyelles, faisans *a* marque de la leur premiere, *e long* pour la seconde, *e brief* pour la troisiéme, et puis *i*, regnant en leur quatriéme ...

Aussi feray-je nostre premiere (conjugaison) de ceux esquels *a* et *e* regnent, sçavoir *e* au theme (1. pers. sing.) et *a* au premier preterit simple (passé défini). Exemple: j'aime, je parle, je prie, j'aimay, je parlay, priay; aimer, parler, prier. Et de cette-cy n'y a point de debat, tous s'y accordent.

Apres suit i et partant je luy donne la seconde compagnie, assavoir de ceux qui ont le theme et le premier preterit en i, et l'infinitif en ir ou ire: je gueri, je basti, je li; guerir, bastir, lire, escrire.

O marche apres, qui m'occasionne de mettre en trosiéme escadron ceux ausquels la diphthongue oy fait la terminaison du theme, et oir ou oire celle de l'infinitif: je voy, je doy, je croy; voir, devoir, croire; je donne place en ce troisiéme rang-cy à aucuns qui semblent avoir quelque convenance avec ceux-cy. Quoy que ce soit, pour leur irregularité, ne peuvent estre rangez en meilleure troupe, car la plus part de cette livree sont anomaux, chacun ayant quasi quelque particularité.

A la quatriéme conjugaison j'attribue ceux qui ont *re* en l'infinitif avec une consone precedente, sçavoir l'une de celles cy: *c, d, p, r, t, v*: vaincre, prendre, rompre, etc.; qui aussi sont assez irreguliers, ayans chacun quelque remarque particuliere; ..."

O: „La première conjugaison a son infinitif en *er*, la seconde en *ir*, la troisiesme en *oir*, la quatriesme en *re*."

[2] M. (f⁰ 100 v⁰) fait reposer „toute la conjugaison" sur cinq „parties": le „theme" (= 1. pers. du sing. de l'ind. prés.), le „premier preterit simple ou defini" (= passé simple), l'infinitif, le participe „actif présent", et le participe „preterit passif ou commun" (= participe passé). —

A la miéne volonté que } [avec le présent, l'imparfait, le passé in-
A mon vouloir que } défini et le plusqueparfait du subjonctif.]

Pleust à Dieu que } [avec l'imparfait et le plusqueparfait du sub-
Voulust Dieu que } jonctif.]

Dieu veuille que
Dieu face que } [avec le présent et le passé indéfini du
Plaise à Dieu que } subjonctif.]

Volontiers
Ô que volontiers
De bon cœur } [avec le conditionnel présent et les deux
Du bon du cœur } formes du conditionnel passé.]
De bonne volonté
A bon exient

O., dans son exposé de la conjugaison (p. 146 et sv.), fait précéder par *Dieu veuille que* le présent et le passé indéfini du subjonctif, par *pleust à Dieu que* l'imparfait et le plusqueparfait du même mode, et par *volontiers* les deux conditionnels.

Sous le terme de „*conjonctif*", M. entend le subjonctif, le conditionnel et le futur antérieur employés dans la proposition subordonnée (après une *conjonction*: „Le conjonctif est en tout semblable à l'optatif, hormis le futur qu'il a de propre. Vous n'avez qu'à observer la deuë application des formules conjonctives . . ." (fᵒ 93 rᵒ). — O. appelle ainsi tout mode (indicatif, subjonctif et conditionnel) construit dans une proposition subordonnée.

Mais voici une table où nous plaçons face à face les noms des temps et modes tels que nous les concevons aujourd'hui, et tels qu'ils ont été compris par Maupas et par Oudin.

Nomenclature actuelle. Nomenclature de Maupas et d'Oudin.

Indicatif:

Présent Indicatif présent (M. et O.)
— (après une conjonction Conjonctif présent (O.)
qui régit l'indicatif)
— (après la conjonction *si*) Conjonctif futur (O.)
Imparfait Indicatif imparf. (M. et O.)
— (après la conjonction *si*) Conjonctif prés. (O.)
Passé défini Premier preterit parfait, temps défini (M.)
Parfait simple ou définy (O.)
Futur Futur (M. et O.)
Passé indéfini Second preterit parfait composé,
temps indéfini (M.)
Parfait composé ou indéfiny (O.)
— (après une conjonction qui Conjonctif preterit parfait (O.)
régit l'indicatif)

Passé antérieur	Premier preterit défini redoublé ou plusqueparfait défini (M.)
	Parfaict troisiesme (O.)
Plusqueparfait	Indicatif plusqueparfait (M. et O.)
— (après la conjonction *si*)	Conjonctif imparfaict (O.)

M. mentionne de plus un ‚*Preterit indéfini redoublé*‘ ou ‚*plus-queparfait indéfini*‘: j'ay eu esté; j'ay eu aimé; d'après l'édition de 1607, il existe encore un ‚*plusqueparfait redoublé*‘ (j'avois eu aimé), mais qui „ne vient gueres en service“, non plus que le ‚*futur renforcé*‘: j'auray eu aimé.

Futur antérieur	Conjonctif futur (M. et O.)

Conditionnel:

Présent (après certaines formules optatives)	Second imparfait optatif (M. et O.)
— (après une conjonction)	Second imparfait conjonctif (M.)
— (avec la „particule *quand*“)	Conjonctif présent (O.)
Passé [j'aurois aimé]	
— (après certaines formules optatives)	Second plusqueparfait optatif (M. et O.)
— (après une conjonction)	Second plusqueparfait conjonctif (M. et O.)

[j'eusse aimé]: voir: Subjonctif du plusqueparfait.

Un „deuxième plusqueparfait renforcé de l'optatif ou conjonctif (j'aurois eu aimé) vient quelquefois en service“ (M. 1607).

Subjonctif:

Présent (après certaines „formules optatives)“	Optatif présent et futur (M. et O.)
— après les conjonctions qui régissent le subjonctif)	Conjonctif présent (M. et O.)
Imparfait (après certaines formules optatives)	Premier imparfait optatif (M.)
	Imparfait optatif (O.)
— (après les conjonctions qui régissent le subjonctif)	Premier imparfait conjonctif (M. et O.)
Passé indéfini (après certaines formules optatives)	Preterit parfait optatif (M. et O.)
— (après les conjonctions qui régissent le subjonctif)	Preterit parfait conjonctif (M. et O.)
Plusqueparfait (après certaines formules optatives)	Premier plusqueparfait optatif (M. et O.)
— (après les conjonctions qui régissent le subjonctif)	Premier plusqueparfait conjonctif (M. et O.)

Un „premier plusqueparfait renforcé [de l'optatif ou conjonctif]: j'eusse eu aimé, vient quelquefois en service“ (M. 1607).

Impératif.

Tandis que nous ne parlons aujourd'hui que de deux personnes de l'impératif (2ième personne du singulier, 1[ière] et 2ième pers. du pluriel), M. et O. en indiquent encore une troisième (sing. et plur.) formée avec *que*; c'est notre subjonctif employé pour exprimer un souhait (qu'il aime).

Infinitif:

Présent   Infinitif présent et imparfait (M.)
                             Inf. prés. (O.)

Passé   Infinitif parfait et plusqueparfait (M.)[1]
                             Infinitif passé (O.)

O. connaît un *infinitif futur*: devoir aimer.

Participe:

Présent   Participe actif présent et imparfait (M.)
                             Participe présent ou gérondif (O.)[2]

Passé   Participe preterit passif ou commun (M.)
                             Participe passé (O.)

M. connaît de plus un *„participe actif preterit parfait et plusqueparfait‘*: ayant esté.[3]

Remarques générales sur la formation des temps et des modes.

Nous avons cru pouvoir supprimer les conseils pratiques donnés par M. et par O. sur la formation des temps et des modes; mais voici quelques remarques plus importantes:

S aux 1[ières] *personnes du singulier de l'ind. prés. et du passé simple.*

M. (f[0] 111 r[0]): „. . . ja-soit que naturellement la première personne ne finisse point en *s*, toutefois l'usage a gangné qu'és verbes (à l'exception de ceux du type *aimer*) nous usurpons licitement (une *s*) à la première (personne), tant de (l'indicatif présent), que du (passé simple)“: je gueri ou gueris, je voy ou vois, je pren ou prens . . .

„Exceptez: *j'ouvre, je couvre, j'offre, je souffre* et leurs composez, qui imitent en leurs thèmes ceux de la première conjugaison; item *je cueille.“* —

f[0] 100 v[0] (dans les remarques générales sur la conjugaison) et dans les paradigmes, M. ne donne que les formes sans *s*. —

---

[1] Dans l'édition de 1607 de la grammaire de Maupas figure un infinitif passé surcomposé: avoir eu esté, avoir eu aimé.

[2] D'après O., la proposition *qui a*, par exemple, serait aussi un participe présent du verbe avoir.

[3] Dans l'édition de 1607 de sa grammaire se trouve un participe passé surcomposé: ayant eu esté.

142

O. ne connaît plus que ceux avec *s* (p. 151, 152). [Comp. Brunot, Hist. III, 319, et Vaugelas I, 226.]

1 ᵉʳᵉˢ *personnes du singulier de l'indicatif imparfait et du conditionnel.*

D'après M. (f⁰ 97 v⁰, 101 r⁰), ces formes peuvent être terminées en *oi* (*oy*), *oye* et *ois*: j'avoy, j'avoye, j'avois; j'auroy, j'auroye, j'aurois. — O. ne connaît plus que les formes en *ois*.

1 ᵉʳᵉ et 2 ᵉᵐᵉ *personnes du pluriel du subjonctif présent et de l'indicatif imparfait.*

M. (f⁰ 104 v⁰, 105 r⁰): „. . . aucuns baillent ce precepte qu'en tous verbes ayans le theme en voyelle pure, comme j'envoye, je prie, je joue, j'agrée et semblables, les premières et secondes personnes plurieres des imparfaits indicatifs sont semblables à celles de leurs presens. Pour moy, je ne suis de cet advis, qui tiens qu'en tous imparfaits indicatifs et en tous presens (du subjonctif), ces personnes-là ont un *i* voyelle avant la terminaison; ainsi: envoyions, envoyiez . . . Tel est l'usage et prononciation ordinaire de tout le peuple françois. Et quand deux *i* s'y rencontrent, nous alongeons et trainons la syllabe, comme se fait es autres voyelles doublees: *roole, aage, guéér*; de mesme *pryions, cryions, nyions, ryions*, etc.“ [Comp. Vaugelas I, 197, et Brunot, Hist. III, 321.]

3 ᵉᵐᵉˢ *personnes du singulier de l'indicatif présent et du passé simple.*

Tous les verbes, excepté ceux du type *aimer*, „font leur tierce personne singuliére du present indicatif et du (passé défini) en *t* ou *d*“: il guerit, il void ou voit, il prend, il rompt (M. f⁰ 111 r⁰).

3 ᵉᵐᵉ *personne du singulier de l'imparfait du subjonctif.*

M. (f⁰ 97 v⁰, 98 r⁰): „. . . les tièrces personnes singulieres (de l'imparfait du subjonctif) sont doubles, combien que celle qui finist en *st* est la plus usitée: il eust ou eusse, il fust ou fusse; et tousjours est semblable (dans la prononciation) à la tierce singuliere (du passé défini), fors que ladite definie est briéve et l'imparfaite (du subj.) est longue, et à cette cause admet une *s*, pour l'alonger: eut—eust, fut—fust, aima—aimast, benit—benist, etc. Es livres imprimez en françois souvent se trouve l'une pour l'autre, par la negligence des imprimeurs ou compositeurs des letres, ou faute de bons correcteurs . . .“ — O. ne signale plus que les formes en *st*.

Impératif.

Suivant M. (f⁰ 101 v⁰), la „deuxième personne singuliere imperative est tousjours le theme mesme (sans *s*) rejettant le pronom personnel je“: aime, beni, quiér, reçoy. — O. (p. 153) fait une observation analogue: aime, finy, doy; mais „pour (les verbes comme) rendre, on oste“, dit-il, „*ds*: ren; ou bien (l'impératif) est semblable (à la deuxième personne de l'indicatif), selon aucuns: rends.“

„. . . si on employe la seconde singuliére des impératifs, elle recevra (devant *y* et *en*) une *s* de surcroist au bout, pour favoriser la prononciation“: tu as à faire au marché; vas y et reviens en tantost. Tu as beaucoup d'affaires en charge; songes-y, prens en soin. (M. f⁰ 79 r⁰, v⁰.) — O. (p. 2) fait une observation analogue. [Comp. Brunot, Hist. III, 320, et Vaugelas I, 319.]

Première personne du singulier de l'indicatif présent dans l'interrogation.

O. (p. 203): „Apprenez ... que le vulgaire et beaucoup de personnes d'esprit forment inconsiderément des pluriers au lieu de singuliers aux verbes terminez en consonnes à la première personne du present de l'indicatif, et le font pour la commodité de la liaison du pronom personnel: *perdez-je* pour *pers-je*, *attendez-je* pour *attens-je*, *dormez-je* pour *dors-je*, *allez-je* pour *vay-je*. Et cet erreur est si avant dans l'usage qu'il eschappe à quantité de bons discoureurs. A la verité, il y a des verbes, qui, prononcez selon les vrayes règles, sont fort rudes et font des equivoques comme *cours-je*, qui se rapporte à *courge*; *vends-je*, qui sonne comme *venge* de *venger*. Et toutefois il est mieux d'observer la netteté du langage, ou de se servir plustost de circonlocution.“ [Comp. Vaugelas I, 343, et Brunot, Hist. III, 306.]

Nous avons affaire naturellement, non pas à une confusion de deux formes différentes, mais à une influence de la première personne des verbes en *er* (parlé-je)[1] exercée sur la forme correspondante des verbes à terminaison consonantique (perds-je).

T intercalé entre le verbe et les pronoms il, elle et on, quand ceux-ci suivent.

M. (f⁰ 6 r⁰) veut qu'on intercale le *t*, „en parlant; aucuns aussi l'escrivent“: desire-il ou desire-t'il que je l'enseigne? aime-t'elle son mari? parle-on ou parle-t'on bon françois en cette ville? (f⁰ 3 r⁰): le roy viendra-il? la royne sera elle avec luy? leur fera on quelque magnifique entree? „lisez: viendra-t'il, fera t'on; vray est que pour le regard de cette syllabe on, nous luy mettons souvent une *t* devant pour remplir: que fera l'on au bois sec, si l'on fait ces choses au bois verd?“ Dans O. (p. 274) on trouve: combien y *a t'il*, combien de fois *y va t'il*, mais l'édition première de sa grammaire donnait encore *a il, va il* (p. 277); la remarque suivante se rencontre cependent également dans les deux éditions: „Lors qu'après les verbes terminez en *e*, nous mettons l'une de ces trois particules, *il, elle* et *on*, il faut adjouster un *t* entre deux: pense-il, pense-t'il; aime-elle, aime-t'elle; souffre-on, souffre-t'on“

---

[1] „... En certaines phrases esquelles le pronom *je* ... vient immédiatement apres le verbe terminé en e féminin, iceluy e requiert une prolation plus expresse et comme masculine, pour donner poids ausdites phrases ...: cherche-je vostre dommage? puisse-je mourir s'il n'est vray; vous dites que je n'entends rien en françois, si parle-je mieux que vous. De là vient qu'aucuns y apposent un accent aigu: cherché-je...; autres veulent que l'on escrive avec la diphthongue ay: cherchay-je ...“ (M. f⁰ 5 v⁰, 6 r⁰). „Lors que le pronom *je* vient après (la première personne du singulier de l'indicatif prés. des verbes en *er*), l'*e* se prononce long et fermé, comme *aimé-je, contenté-je*“ (O. p. 8).

(p. 7). Il en est de même de celle où il s'agit des formes terminées en a: que dira-il ou que dira-t'il? que fera-elle ou que fera-t'elle? que pensa-on ou que pensa-t'on? „Et gardez-vous bien d'escrire: aima-l'on, pensa-l'on“ (p. 2).

Conjugaison des verbes du type aimer.

[Paradigme *aimer* (M. f⁰ 103 r⁰ — 104 v⁰; O. p. 151—155)].

Elle ne présente pas de différences d'avec l'usage actuel, sauf ce qui a été dit dans les remarques générales sur la formation des temps et des modes; mais il est à noter que, suivant Maupas, il faut „se garder de dire *aimarent, parlarent, criarent* (au lieu d'*aimèrent*), à la mode de Gascogne“, que les formes *aimassions* et *aimassiez* peuvent être remplacées par *aimissions* et *aimissiez*, et que, chose curieuse, en 1607 on trouve *j'aimois, j'aimoy* et *j'aimoye* au lieu de *j'aimoy* en 1618 et au lieu de *j'aimois* en 1625. En 1607, le grammairien donne *aimeroy* au lieu de *aimerois* en 1618. (Pour le reste des terminaisons voir le verbe *avoir*.)

„Ceste Conjugaison est la plus riche et copieuse, ayant plus grande abondance de mots …“ (M. 1607).

Irrégularités de certains verbes en er.

Aller (M. f⁰ 108 r⁰, v⁰, 109 r⁰; O. p. 160, 161): [1]

Indicatif prés: je vay (je vay, vais ou vois suivant M.; „je vas et vois … ne sont aucunement en usage parmy ceux qui parlent bien“ [O.]), tu vas, … etc., comme de nos jours.

Futur: j'iray, … etc.

Cond. prés.: j'irois, … etc.

---

[1] Le „redoublé indéfini“ (j'ay esté allé) est, d'après M., „assez usité“; suivant l'éd. de 1607 (p. 232) il est „peu usité en ce verbe“, mais „assez usité és autres neutres“: j'ay esté venu, cheut, né, mort, tombé, etc. — Cette même édition de 1607 donne:

    un passé antérieur surcomposé: j'eu esté allé. „On s'en sert és autres neutres: j'eu esté tombé, venu, né.“

    un passé indéfini sursurcomposé: j'ay eu esté allé …, qui n'est „point usité en ce verbe; és autres neutres, on s'en peut servir“: j'ay eu esté venu, tombé, arrivé, etc.

    un passé indéfini surcomposé du subjonctif: j'aye esté allé; il est „peu usité en ce verbe, assez usité és autres neutres“: j'aye esté venu, arrivé.

    un „1. *plusqueparfait redoublé* (du subjonctif), peu usité en ce verbe“: j'eusse esté allé.

    un „2. *plusqueparfait redoublé* (= conditionnel passé surcomposé), gueres usité en ce verbe“: j'aurois esté allé … „Ces deux (derniers) renforcés peuvent mieux servir es autres verbes qu'en celuy-cy.“

    un „*futur renforcé*“: j'auray esté allé; „il sert mieux es autres verbes“: j'auray esté venu, tombé, arrivé, cheut.

    un infinitif „*parfait redoublé*, peu usité en ce verbe, ouy bien es autres neutres“: avoir esté venu, tombé, né, arrivé.

    un participe passé „*redoublé*“: ayant esté arrivé; „on s'en sert gueres en ce verbe, mais assez es autres neutres“: ayant esté venu, tombé.

Subj. prés.: j'aille, . . . etc., comme de nos jours. — M. donne un second subjonctif du verbe aller: je voise, tu voises, . . . etc., mais O. trouve que „voise, . . . etc. ne sont point à recevoir.“

Impératif: va, allons, allez.

[Comp. Brunot, Malherbe 413, et Vaugelas I, 24, 85, II, 417.]

Amener peut avoir *amerray* pour futur et *ammerois* pour conditionnel, mais „rarement“ (M. f⁰ 108 r⁰). — O. (p. 160) constate que ces deux formes „ne s'escrivent point“.

Demourer, *demourray* (futur) et *demourrois* (cond.) „sont antiques et hors d'usage, ou pour mieux dire vitieux“ (O. p. 159).

Donner. La 3ᵢᵉᵐᵉ pers. du singulier du subj. prés. peut être *doint* (de même *pardoint*), le futur *donray* et le cond. *donrois*: Dieu vous doint heureuse et longue vie (M. f⁰ 107 v⁰). — O. (p. 159) déclare ces trois formes „antiques et hors d'usage, ou pour mieux dire vitieuses.“

Garder. La 3ᵢᵉᵐᵉ pers. du sing. du subj. prés. „soufre apostrophe en telles manieres de parler de saluade“: Dieu gard la compagnie; Dieu vous gard de mal (M. f⁰ 107 v⁰).

Laisser. Futur: *lairray*, cond. prés.: *lairrois*, à côté des formes régulières (M. f⁰ 108 r⁰, O. p. 159). [V. Brunot, Malherbe 413, et Vaug. I, 210.]

Polluer „a *pollu* et non *pollué* pour participe“ (O. p. 159).

Tisser, „qui est mieux que *tissir* ou *tistre*, ces deux n'estans aucunement recevables, fait *tissu* en son participe et n'a point le (passé simple)“ (O. p. 159).

Conjugaison des verbes du type finir.

M. (f⁰ 111 r⁰) se borne à indiquer les „cinq maistresses parties“ des verbes *guerir*, *bastir* et *choisir*, tandisqu' O. (p. 151 et sv.), lui, expose la conjugaison de *finir*. — La conjugaison de ces verbes, d'après M. et O., ne diffère de l'usage actuel que dans les formes mentionnées dans les remarques générales. [Sur le reste des terminaisons, voir le verbe *avoir*].

M. établit une liste des verbes en *ir*; elle présente quelque intérêt par des verbes qui, aujourd'hui, sont hors d'usage, ou qui ont changé de conjugaison: *afolir, agreslir, alangourir, alouvir, amoitir, anonchalir, apallir, apietrir, aquarrir, asprir, assotir, atenurir, atombir, basir, blaudir, bluir, chanzir, chovir, claquir, craquir, develir, durvir, desassopir, empunaisir, eslourdir, essourdir, fannir,* „qui aussi se dit de la première conjugaison: *fanner* et *fener*“, *fermir, flachir, greslir, guerpir, pleuvir,* „qui aussi se dit *pleuvier*“, *taudir, trebelir.*

Verbes irréguliers en ir.[1]

Les formes suivantes sont, sauf indication contraire: L'infinitif — la 1ᵢᵉʳᵉ personne du singulier de l'ind. présent — la 1ᵢᵉʳᵉ personne du singulier

---

[1] O. (p. 162): „Je prieray les lecteurs, et principalement les doctes, de considerer ce que je reforme en l'observation de ces anomaux, parce que les mots que je bannis sont autant d'erreurs estranges et insupportables.“

du passé défini — le participe présent — le participe passé. — Les rapports des différentes formes entre elles sont analogues à ceux que nous voyons aujourdhui dans la conjugaison des verbes. [On devra observer pourtant ce que nous avons dit dans les remarques générales (*s* au passé défini)].

Assaillir. voir *saillir.*

Benir, *benire* ou *benistre*, „anciénement". (M. f⁰ 113 v⁰.) O. (p. 162) n'admet que la forme *benir.*

Les irrégularités de ce verbe consistent, suivant M., en ce que son subjonctif présent et son participe passé peuvent avoir deux formes: je *benie* ou *benisse*[1]; *beni* ou *benit.* (Comp. Vaugelas, I, 387.)

La première et la seconde personnes du pluriel n'ont cependant que les formes *benissions*, *benissiez.*

M. 1625: „*Benoist* n'est point participe, mais nom propre d'homme, ou bien adjectif, comme on dit: la benoiste vierge Marie."

O. (p. 162): *Benir* „n'a rien d'irrégulier que *benie* ou *benisse* à l'impératif."

Bouillir (M. f⁰ 113 v⁰; O. p. 162) — je bouls (plur. *bouillons*; „*boullons* n'est pas bon." [O.]) — je bouilli[s] („et non *boulus*". [O.]) — bouillant — bouilli („ou suivant aucuns *bouillu*" [M.]; *boulu* est condamné par O.). — Futur: M.: je bouilliray ou boudray. O. condamne *boudray*, pour n'admettre que *bouilliray.*

Composés: *esbouillir* et *rebouillir.*

Courir ou *courre* (M. f⁰ 114 r⁰; O. p. 162, 163) — je cour[s] — je couru[s] — courant — couru. — Futur: je courray.

Composés: *accourir*, *discourir*, *recourir* (M. et O.); *concourir*, „qui fait, au plurier du présent, *concourent* et *concurrent*", *encourir*, *parcourir* (O.). Voir *escourre.* (Comp. Vaugelas I, 400.)

Couvrir (M. f⁰ 114 r⁰; O. p. 163) — je couvre — je couvri[s] — couvrant — couvert.

Composés: *descouvrir*, *recouvrir* (M. et O.). M. fait remarquer que „plusieurs abusent (du verbe recouvrir), l'usurpans pour *recouvrer*, qui est de la première conjugaison, signifiant *recuperare*". O. reprend cette remarque, mais, „parce que de bons autheurs modernes se sont servis (de *recouvrir*) et que l'usage le veut", il „le laisse à la discretion, encore que d'habiles gens avec lesquels" il a „conferé ne soient pas d'opinion qu'il soit fort bon de dire *recouvert* pour *recouvré* . . .". (Comp. Vaugelas I, 69.)

On conjugue, pareillement à *couvrir*, les verbes *offrir*, *ouvrir* et *souffrir* (*soufrir*) (M. f⁰ 114 r⁰; O. p. 165, 167).

Cueillir (M. f⁰ 114 r⁰; O. p. 163) — je ceuls, „ou bien plus usité, je cueille". (M.; O. n'indique que la seconde forme, en rappelant néanmoins „qu'un grammairien qui passe pour sçavant, a mis sans rougir, je ceuls") — je cueilli[s] — cueillant — cueilli. —

---

[1] „Et peut estre n'y auroit-il pas grand erreur à faire de mesme en tous les autres reguliers de ceste conjugaison (c'est-à-dire en tous les verbes en *ir* et *ire*), jaçoit qu'il ne soit tant usité es autres. (M. 1607, p.246).

Futur: je cueilliray, cueilleray ou cueudray, „moins en usage“ (M.); je cueilliray, „et non pas“ je cueilleray ou cueudray, suivant O. (Comp. Brunot, Malherbe 411, et Vaugelas II, 259.)

Composés: *accueillir* et *recueillir* (M. et O.).

Dormir (M. f⁰ 115 v⁰; O. p. 163) — je dors — je dormi[s] — dormant — dormi.

Composé: *endormir* (O.).

Faillir (M. f⁰ 115 r⁰; O. p. 163, 164) — je faux (O.: je fauls, tu fauls, il faut) — je failli[s] — faillant — failli. — Futur: je failliray ou faudray („selon aucuns“ [O.]).

Composé: *défaillir* (M. et O.).

Ferir (M. f⁰ 115 r⁰) — je fiér — je feri, je feru — fiérant — feru. — „Les temps composez de ce verbe sont plus en usage que les simples, il sort du latin ferire“.

O. (p. 164): „Il n’y a plus de *ferir* que *feru*; car *fiers, ferus, fierray* ne sont point du tout en usage“. (Comp. Brunot, Malh. 414.)

Fuir („et *fuire*“ [M.]) (M. f⁰ 115 r⁰; O. p. 164) — je fui (fuy ou fuis, suivant O.) — je fui[s] — fuyant — fuï (*j’ay fui, je suis fui* ou *je m’en suis fui* [M.]).

Composés: M.: *refuir, défuir*, mais le dernier s’emploie „seulement activement et passivement“.

O.: *S’enfuir* „est (le) seul composé“ de *fuir*.

Gesir (M. f⁰ 115 r⁰) — je gis — je gesi — gisant — gesi. — Futur: je gesiray et gerray, „du vieil infinitif gerre“. — „Anciénement, aussi pour les deux preterits, on a dit, je geru et j’ay geu. Maintenant hors d’usage, *gesant* ne sert point pour participe, ouy bien pour nom substantif feminin d’une femme qui est en gesine, c’est-à-dire en couche ou accouchée; *La gesant*, c’est-à-dire l’accouchée“.

O. (p. 164): „*Gesir* est un mot de Champaigne, le commun peuple s’en sert icy en signification d’accoucher; nous avons *git* et *gisant*, dont on use, mais *gir, gerray, gistray, gesiray, geu* et *la gesant*, pour l’accouchée, sont de fort mauvais mots“.

Haïr (M. f⁰ 115 r⁰; O. p. 164) — je hay („et non hais“ [O.]) — je haï[s] — hayant et haïssant (O. condamne *haïons* pour n’admettre que *haïssons*) — haï. — Futur: je hairay et haïray (M.; O. condamne *je hairay*.) (V. Brunot, Malh. 414, et Vaug. I, 75).

Issir ou *istre* (M. f⁰ 115 v⁰) — j’is — j’issi — issant — issu (*je suis issu*.) — Futur: j’issiray et j’istray.

O. (p. 164): „Nous n’avons d’*issir* qu’*issu* qui soit bon, *istre*, *j’is, j’istray*, ne sont aucunement usitez“.

De même qu’*issir* sont conjugués, suivant M. (éd. de 1607, p. 251): *Tissir* ou *tistre* et ses composés *detitre* et *retitre* (éd. de 1625), „sinon qu’ils sont actifs“. D’après O., *tissir* et *tistre* „ne sont pas usitez“ (p. 167) et *je tis, tu tis, il tist, je tissus, j’ay tissu*

148

„sont tous mots qui tesmoignent l'ignorance de leur autheur. Nous avons bien *tissu*, qui est substantif" (p. 182).

Mentir (M. f⁰ 115 v⁰; O. p. 164) — je mens (ments, suivant O.) — je menti[s] — mentant — menti.

Composés: *démentir* (M. et O.); „*rementir* ne se trouve point" (O.).

Mourir (M. f⁰ 115 v⁰; O. p. 164, 165) — je meur[s] (nous mourons, vous mourez, ils meurent) — je mouru[s] — mourant — mort. — Futur: je mourray.

„On le reciproque aussi indifferemment: je me meurs . . ." (M.).

Offrir. voir *couvrir*.

Ouvrir. voir *couvrir*.

Ouïr (M. f⁰ 116 r⁰; O. p. 165) — j'oy („ou ois" [O.]) — j'ouï[s] — oyant — ouï. — Futur: j'orray ou j'oiray (M.; „j'oyray et non j'orray" [O.]). (Comp. Brunot, Malh. 411.)

Composé: *entrouïr*.

Partir (M. f⁰ 116 r⁰; O. p. 165) — je parts (O.: je pars) — je parti[s] — partant — parti.

„Et ainsi *partir* signifie *s'en aller*, à la différence de *partir*, *diviser*, qui (se conjugue régulièrement comme finir). Cette différence regne és composez *repartir*, *départir*, combien que *compartir* et *mipartir* ne signifient que division et non point délogement" (M.).

„Les composez (de partir) suivent la mesme reigle (que le verbe) simple. Il est bien vray que plusieurs veulent faire passer un *partir* regulier pour *partager*, et en tirent des composez ausquels il ne se faut pas amuser; par exemple, *départir* ne fait pas *departisse* et *departissons*, mais *departe* et *departons*, et s'il y en a qui soient de ce genre de reguliers, il faut que ce soit *compartir* et *my-partir*; pour moy, je me serviray plustost du verbe partager en cette signification" (O.). (Comp. Brunot, Malh. 270 et 319.)

Puïr (M. f⁰ 116 r⁰) — je pu — je puï — puant — puï. — Futur: je puray.

O. (p. 166): „Le present est en usage: je pus . . . nous puons . . .; item l'imparfait: je puois, le futur: je pueray, l'impératif: pue, et le (conditionnel prés.): puerois; pour les autres temps, je ne voy point que l'on y en puisse former; et son infinitif n'est point usité".

Querir ou *querre* (M. f⁰ 116 r⁰) — je quier[s] (ils quiérent) — quis — querant — quis. — Futur: je querray.

Composés: M.: *acquerir*, *conquerir*, *enquerir*, *requerir*.

O. (p. 166): „Le simple n'est gueres en usage qu'à l'infinitif; on ne se sert que des composez *acquerir*, *conquerir* et *requerir*; *querre* n'est pas recevable".

Se Repentir (M. f⁰ 116 v⁰; O. p. 166) — je me repen[ts] — je me repenti[s] — se repentant — repenti.

De mesme que *repentir* sont conjugués *sentir* et ses composés *consentir, ressentir* (M. et O.), *dissentir* (M.) et *présentir* (O.).

Saillir — M. (f⁰ 116 v⁰)⁰: „Aucuns luy baillent *je saille, tu sailles* ..., mais je ne l'approuve pas pour indicatif, ouy bien pour (subjonctif). Autres veulent dire *je sau, tu saux*, qui est encore moins receu, sinon es composez. Sauter en est dérivé, qui est entier de la première conjugaison“.

O. (p. 166): „*Saillir* n'a point de singulier du present de l'indicatif, le plurier fait *saillons, saillez, saillent*“.

Les composés de ce verbe sont *assaillir, tressaillir* (M. et O.) et *sursaillir* (M.); M. (f⁰ 113 v⁰) expose la conjugaison d'*assaillir*, „parce que le simple manque de singulier présent indicatif et donc par conséquent de seconde singuliere imperative“⁰:

Assaillir — j'assauls — j'assailli — assaillant — assailli. — Futur: j'assailliray et j'assaudray.

O. (p. 166): „... les composez de *saillir* ont un singulier: *j'assauls, je tressauls; assaudray* et *tressaudray* ne se disent point“.

Sentir. voir se *repentir*.

Servir (M. f⁰ 116 v⁰; O. p. 166) — je sers — je servi[s] — servant — servi.

Composés: *resservir, desservir* (M.); *asservir* se conjugue régulièrement, comme *finir* (M. et O.).

De façon analogue est conjugué

Sortir (M. f⁰ 116 v⁰; O. p. 167), qui „signifie *exire* à la différence de *sortir* qui peut signifier *eschoir, advenir, obtenir*. Dont aussi *ressortir*, qui est dépendre de la puissance et autorité, subjici ditioni, *assortir*, qui est garnir et pourvoir de toutes sortes, et suivent la conjugaison générale (des verbes en *ir*)“ (M.) O.: „*Assortir* est regulier et n'est point vray composé de sortir“. (Comp. Vaugelas I, 369.)

Souffrir. voir *couvrir*.

Tenir (M. f⁰ 117 r⁰; O. p. 167) — je tien[s] (ils tiennent) — je tins (ils tindrent [M. et O.], „et non pas *tinrent*, si ce n'est en la prononciation“ [O.]) — tenant — tenu ou tins (M.; O.: *tenu* et non pas *tins*).

Composés: *contenir, detenir, maintenir, obtenir, retenir, sou[s]tenir* (M. et O.), *appartenir* (M.), *abstenir, entretenir* (O.).

Sont conjugués de façon analogue:

Venir (M. f⁰ 117 r⁰; O. p. 168) et ses composés *advenir, convenir, devenir, prevenir, provenir, revenir* (M. et O.), *intervenir, parvenir, subvenir, survenir* (M.), *souvenir* (O.). — (Comp. Vaug. I, 144, 182).

Tissir. voir *issir*.

Tollir (M. f⁰ 117 r⁰) — je tolli — je tolli et je tollu — tollissant — tolli et tollu.

„Il signifie *oster*, mais en sinistre part, comme iniquement et outrageusement oster." (M.)

Tollir est „encore moins" usité que *tissir* (O. p. 167).

Toussir „ne se dit point, mais tousser, qui est regulier de la première conjugaison (O. p. 167).

Venir. voir *tenir*.

Vessir — „Puisqu'il a pleu à Messieurs de traitter d'une affaire puante, j'en diray quelque chose avec permission; il faut donc dire *vessir* et non *vesser*. Prés.: je vesse, tu vesses, il vesse, nous vessons, etc." (O. p. 167, 168).

Vestir (M. f⁰ 117 r⁰; O. p. 168, 169) — je vests et je vestis (M.; O. condamne la seconde forme) — je vesti[s] — vestant et vestissant (M.; O. n'admet que vestant) — vestu („et vesti" [M.]).

Composés: *devestir, revestir* (M. et O.), „esquels *s* se taist" (M.); *investir*, „auquel on prononce l's" (M. et O.), „n'est pas vray composé de vestir" (O.). — (Comp. Brunot, Malh. 415.)

Verbes qui ne rentrent pas dans les catégories précédentes.

(Voir en tête des verbes irréguliers en *ir* la légende à appliquer à la liste suivante.)

Il affiert est un „vieil impersonnel qui signifie les latins pertinet, convenit, spectat, il appartient, il touche, il est du droit ou devoir; je n'en sçay temps ni inflexion que il *affiert, il affieroit, il affiera, qu'il affiére.* Peut estre qu'il est dérivé du latin affert, ayant un peu gauchi de signification" (M· f⁰ 125 r⁰).

Absoudre. voir *soudre*.

Appercevoir. voir *devoir*.

Ardre ou *ardoir* — j'ars — j'ardi — ardant — ars (M. f⁰ 123 r⁰).
„Nous n'avons rien du verbe *ardre* qu'*ardant* dont on se sert encores; *j'ars, nous ardons, j'ardois, j'ay ars*, etc. ne sont plus en usage" (O. p. 173).

Avoir. voir les verbes auxiliaires.

Battre. voir *respondre*.

Boire (M. f⁰ 117 v⁰; O. p. 173) — je boy [bois, suivant O.] — je beu[s] (M. 1607 [p. 256]: je bu) — beuvant (M. 1607: buvant et boivant; „les temps suivent indifferemment l'un et l'autre participe") — beu (M. 1607: bu).
Futur: M.: je beuray (1607: buray) et je boiray; — O. (p. 173): „Pour *beuray* et *buray*, au lieu de *boiray*, un homme qui parle nettement ne s'en servira jamais; ce sont des mots tirez du patois de Paris".[1]

---

[1] „ ... Vous prononcerez tous les temps du verbe *boire* en *u* simple, bien qu'ils se trouvent escrits en *eu* diphthongue ..." (M. f⁰ 120 v⁰, 121 r⁰).

Braire — je brahi, „peu en usage" — le passé défini manque — brayant — brait (M. f⁰ 120 v⁰).

O. (p. 173): „Je ne trouve point qu'on se serve de ce verbe qu'en la troisiesme personne du présent, et de fait, il faudroit parler en baudet, pour dire: je bray, nous brayons, je brayois, j'ay brait, etc."

Bruir ou *bruire* — je brui (plur.: nous bruyons) — je brui — bruyant — bruit (M. f⁰ 113 v⁰).

O. (p. 173) n'admet que l'infinitif *bruire*, et il constate qu'on dit *nous bruissons* et non pas *nous bruyons, je bruissois* et non pas *je bruyois*; „les preterits ne se trouvent point".

Chaloir — il chaud — il chalut — chalant ou chaillant — chalu. Futur: il chaudra — Subjonctif du présent: il chaille (M. f⁰ 120 r⁰).

„*Chaloir*, impersonnel, ne s'escrit plus" (O. p. 169). „*Chaloir* est pur impersonnel" (M.).

Choir — je ché („ou chay" [1607, p. 257]) — je cheu — chéant ou chésant[1] — cheut. — Futur: je cherray (M. f⁰ 120 r⁰).

„Ce verbe n'est gueres en usage; pour le présent de l'indicatif, on peut dire à sa troisiesme personne *il chet*, au preterit *je cheus, je suis cheu* et non *cheut*; le féminin du participe est *cheute*. Pour je *ché, chets* et *chesant*, personne ne les approuve" (O. p. 169).

Composez: M.: *dechoir, eschoir, rechoir*; „mais *dechoir* a pour participe commun *decheu, decheue* et *decheut, decheute*, indifferemment. *Eschoir* seulement *escheu, escheuë*".

O.: „Entre les composez de *choir, eschoir* a pour participe féminin *escheue*; *renchoir*, mot vulgaire, a *rencheute*, dont le commun peuple se sert, mais il ne s'y faut pas arrester; le vray mot est *recheute*, qui est substantif".

Circoncire ou *circoncir* („selon aucuns" [O.]) (M. f⁰ 114 r⁰; O. p. 173) — je circonci[s] — je circonci[s] — circoncisant („ou circonciant", suivant M.) — circoncis („et non circoncy" [O.]).

Clorre — je clos — je closis — closant — clos (M. f⁰ 122 v⁰).

„Voilà comme je le voudrois former pour le mieux. Toutefois vous lirez, dans Monsieur de Ronsard, *esclouït*, pour la troisième personne du défini indicatif du verbe *esclorre*; et ainsi *enclorre, forclorre, renclorre*. Aucuns des composez changent *o* en *u*." (M. ib.).

O. (p. 174) se borne à signaler les formes *je clos, tu clos, il clost*, mais il ajoute que „le plurier n'est point en usage" et qu'on

---

„*Boire* n'a point de composez; il y a bien un *deboire*, qui est infinitif substantifié." (O. p. 173.)

[1] M. (1607, p. 258): „Ces deux verbes *seoir* et *choir* et leurs composez reçoivent et se prononcent en vulgaire langage avec une *s*, interposée entre les deux dernieres syllabes de leurs participes et temps analogiques, à fin d'éviter la cacophonie de la rencontre des deux voyelles."

„ne dit point“ *nous cloons, vous cloez, ils cloent*; „encore moins“: *cloois, clois* ou *closis*. „Il vaut mieux se servir des verbes *fermer* et *enfermer*; *clos* et *close* sont participes usitez. — (Clorre) a pour composez *declorre, esclorre, forclorre*, et non *forclurre*; *reclorre* n'a que *reclus*“. (Voir *exclurre*.)

Concevoir. voir *devoir.*

Conclurre. voir *exclurre.*

Confire ou *confir* (M. f⁰ 114 v⁰; O. p. 174 condamne la seconde forme) — je confi[s] — je confi[s] — confisant et confissant, „peu en usage“ (M.; O. n'admet que confisant) — confit.
Composé: *de[s]confir* (M. et O.).

Connoistre (M. f⁰ 118 r⁰; O. p. 155) — je connoy (connois, suivant O.) — je conneu[s] (connu, suivant M. 1607, p. 256) — connaissant (connoissant, suivant O.) — connu (conneu, suivant O.).
Composés: *desconnoistre, mesconnoistre, reconnoistre* (M.).
La même conjugaison est suivie par les verbes *croistre, accroistre, descroistre, parcroistre, surcroistre* (M. f⁰ 118 r⁰), comme en général par tous les verbes terminés à l'infinitif en *oistre* (O. p. 155).

Construire. voir *duire.*

Coudre (M. f⁰ 122 r⁰; O. p. 143) — je couds — je cousi[s] („ou cousu“ [M.]; O. condamne *je cousus*) — cousant — cousu.
Composés: *decoudre* et *recoudre* (M. et O.).

Craindre (M. f⁰ 121 r⁰; O. p. 155) — je crain[s] — je craigni[s] — craignant — craint.
Pareillement à *craindre* se conjuguent tous les verbes terminés à l'infinitif en *aindre, eindre* (M. et O.) et *oindre* (M.).[1] „Toutesfois ces trois, *aveindre, teindre, estreindre*, abondent en formes de leurs participes, en tant qu'ils ont encore *aveindant, teindant* et *esteindant*, et les temps qui en sortent, les preterits aussi [*aveindi* à côté de *aveigni*; *j'ay aveint* à côté de *j'ay aveindu*].

Croire (M. f⁰ 118 r⁰; O. p. 174, 175) — je croy — je creu[s] — croyant — creu.
Composés: *mescroire, descroire* (M. et O.). „Quant à *accroire*, je ne sçay que l'infinitif en usage et avec le verbe faire. Et emsemble signifient persuader, mais en sinistre sens: il me l'a fait accroire, c'est-à-dire, il m'a persuadé une chose qui ne se trouve pas véritable . . .“ (M.). — „Quand nous disons, *faire à croire*, nous ne faisons pas un infinitif d'*accroire* en un mot, comme un Grammairien a donné à entendre“ (O).

Croistre. voir *connoistre.*

Cuire. voir *duire.*

---

[1] Tels sont, suivant M.: *contraindre, enfraindre, plaindre, astreindre, ceindre, estreindre, feindre, geindre, peindre, restreindre, oindre, joindre, poindre.*

Decevoir. voir *devoir*.

Destruire. voir *duire*.

Devoir (M. f⁰ 118 r⁰; O. p. 151 et sv.) — je doy (dois [O.]), (ils doivent) — je deu[s] — devant („et doivant". M. 1607, p. 256) — deu. — Futur: je devray.

De même que *devoir* sont conjugués les verbes *appercevoir, concevoir, decevoir, recevoir* (M.) et généralement tous les verbes terminés à l'infinitif en *oir*. (O.) Rappelons que, suivant O., ce sont les verbes réguliers de la 3ᶦᵉᵐᵉ conjugaison.

Dire (M. f⁰ 114 v⁰; O. p. 175) — je di[s] — je di[s] — disant — dit. La seconde personne du pluriel de l'indicatif présent de *dire* est *dites* (M. et O.), la troisième *dient*, à coté de *disent* (M.). Le présent du subjonctif a deux formes, *je die* et *je dise*, sauf la première et la seconde personne du pluriel, *nous disions, vous disiez* (M. et O.).

Composés: *contredire, dedire, maudire, mesdire, predire, redire,* (M. et O.), *se dedire, interdire* (O.). *Maudire* („ou maudir", suivant M.) se conjugue, au présent et aux modes analogues, comme finir (maudissons, maudissent [M. et O.]). — „On dit aussi, en la seconde personne du plurier, *vous contredisez, vous mesdisez, vous predisez* (O.), ce que les doctes n'appouvent aucunement" (id. éd. de 1632, p. 175).

Douloir⁰ — je deuls — je doulu (1607, p. 259: dolu) — deulant et dueillant — doulu (1607: dolu). — Futur: je dueilleray. — Subj. prés.: je deuille (M. f⁰ 119 v⁰).

Douloir „est plus usité en reciproque: *je me deuls*; item impersonnel: *il deult* et *il me deult*" (M.) — „On se peut encor servir de l'infinitif de ce verbe, toutefois il est antique; au reste, *je me deuls* ou *deuils, doulus, doulu, deuilleray* et *deuille* sont bannis du langage moderne. De mesme de *condouloir* [qui est bon à l'infinitif]* (O.)

Duire (M. f⁰ 114 v⁰) — je dui — je duisi — duisant — duit.

De façon analogue sont conjugués les verbes *conduire, déduire, induire, produire, introduire, reduire, cuire, décuire, recuire, construire, destruire, instruire* (M.) et généralement tous les verbes en u ire (O.; il donne le paradigme *cuire*) sauf *luire* et *nuire*. „Notez en passant que le plurier du preterit défini de ces verbes est souvent usurpé en forme de syncope: *duismes* pour *duisismes, duirent* pour *duisirent*" (M. 1625). (Comp. Brunot, Malh. 260.)

Escourre „est defectueux et peu en usage", n'ayant que les formes *j'escou, tu escoux, il escout, j'ay escoux*. „Ainsi *secourre*, et signifient *secouer*, entier de la premiere conjugaison, duquel ils sont tirez. *Secourse* est bien commun nom substantif féminin, successio, impetus." (M. f⁰ 123 r⁰) —

154

Recourre, „quand il signifie recuperare, a quelques temps propres [qui le distinguent de *courre*]: *je recous, tu recous, il recout, j'ay recoux,* dont le féminin *recousse*". (M. f⁰ 114 r⁰).[1]

O. (p. 175): *Escourre* „ne se trouve point dans les bons autheurs, ny parmy le langage ordinaire des cours."

(p. 179): *Récourre* „n'est point composé de *courre*, et *recourir* ne peut estre mis à son lieu; au demeurant, il n'y a que le vulgaire qui se serve de ses temps, les habiles ne passent que son infinitif et *récoux*, qui est son participe": *je récoux, tu récoux, il récout, nous récouons, vous récouez, ils récouent; je récouois;*[2] *je récouis,* „et non" *récourus; j'ay récoux,* „et non pas *récouru"; je récouray,* „et non *recourray".*[3]

(p. 179): *Secourre* „n'est plus en usage; on se sert de *secouer,* qui est regulier de la premiere conjugaison; il faut bannir *secouis* et *secoux;* je croy que les premiers temps sont de l'invention d'un Grammairien moderne, car on ne trouve en tout dans les vieux Autheurs que *secoux,* encore est-ce pour aider à la rime; [Secourre se trouve en quelques Autheurs pour secourir]*".

Escrire (M. f⁰ 114 v⁰, O. p. 175, 176) — j'escri[s] — j'escrivi[s] — escrivant — escrit.

Composés: *descrire, inscrire, rescrire, souscrire, transcrire* (M. et O.), *prescrire, proscrire* (M.),[4] *circonscrire* (O.).

Espardre (M. f⁰ 123 r⁰) — j'espards (1607, p. 263: j'espars) — j'espardis — espardant — espars.

„Nous n'avons *d'espardre* qu'*espars* qui puisse passer" (O. p. 175).

Exclurre[5] (M. f⁰ 122 v⁰; O. p. 175) — j'exclus (O.: excluds) — j'exclus — excluant — exclus (O.: exclu). — Ce verbe n'est „gueres en vogue qu'au participe *exclus* et à l'infinitif" (O.).

La conjugaison d'*exclurre* est suivie par *conclurre* (M. ib. O. p. 174),[6] et *forclurre,* „dont se tire le substantif usité en plaidoyerie, *forclusion. Reclurre* n'a bien usitez que l'indefini, l'infinitif et le futur" (M. ib.).

Faire (M. f⁰ 120 r⁰; O. p. 176) — je fay [tu fais, il fait, nous faisons, vous faites, ils font] — je fi[s] („et non feis" [O.]) — faisant

---

[1] En 1625, le grammairien donne les formes *je recours, tu recours, il recourt.* Il y a confusion avec *recourir.*

[2] Id. (1632, p. 179): „Le plurier (*nous recouons,* etc.) n'est gueres bon, encore moins l'imparfaict."

[3] „J'ay marqué un *é* masculin partout, d'autant qu'il se prononce ainsi; et pour moy, je l'escrirois par tout avec un *s*: rescourre, rescoux, etc. *Recousse* est substantif féminin" (Id. ib.).

[4] Dans tous ces verbes, sauf *escrire, descrire* et *rescrire,* on prononce l'*s* (M. ib.).

[5] „Et non *esclurre"* (O. ib.).

[6] Qui, „a mon advis, ne vient pas de *clorre;* sa conjugaison est toute différente" (O. ib.).

— fait — Futur: je feray — Subj. prés.: je face (O. 1632: face, 1640: fasse) — Impératif: fay, faisons, faites.

Composés: *Contrefaire, de[f]faire, forfaire, mesfaire, refaire, surfaire* (M. et O.), *parfaire* (O.).

Faloir (M. f⁰ 120 r⁰; O. p. 158) — il faut — il falut — falant et faillant (O. ne se prononce pas sur le participe présent de ce verbe) — falu — Futur: il faudra — Subj. prés.: qu'il fale ou faille (M.). —

Faloir „est pur impersonnel“ (M.).

Forclurre. voir *exclurre.*

Frire (M. f⁰ 115 r⁰) — je fri — je fri [„peu usité“] — friant [„peu usité, ni les temps analogiques; les autres sont assez en usage“] — frit.

Friand, friande sont „fort en usage pour noms adjectifs, signifiant *catillo, cupedo.* Nous nous servons du verbe *fricasser,* plus en usage.“

O. (p. 176): „Ce verbe est tout à fait defectueux et n'a que le singulier du present, *je fris, tu fris, il frit* et le participe *frit*; il se faut servir du verbe *fricasser* à la place. Or il me souvient d'avoir veu, aux premieres impressions du livre de mon autheur Bloisien, *frisons, frisez, frisent* pour plurier de *frire*[1], qu'il a osté depuis; et s'il eust eu le loisir d'oster toutes les autres impertinences de ses conjugaisons, il m'eust relevé de peine.“

Instruire. voir *duire.*

Lire (M. f⁰ 115 v⁰; O. p. 176) — je li (*lis* ou *ly,* suivant O.) — je leu[s] — lisant — leu.

Composés: M.: *Relire, délire,* „combien que nostre populaire forme ce dernier d'une autre sorte, comme qui diroit *je deli, je deli* et *delisi, j'ay delit, delire, delissant.* Et est assez en usage de cette sorte“.

O.: *Eslire* et *relire.*

Il loist „est un impersonnel bien frequent en nos livres coutumiers, signifiant le latin *licet, il est loisible* ou *licite*; je n'en ay trouvé autre temps ny inflexion, sinon il *loist,* il *loisoit,* qu'*il loise*; le surplus manque ou m'est inconnu“ (M. f⁰ 125 r⁰).

Luire (M. f⁰ 115 v⁰; O. p. 155) — je luy [luis] — je luisi[s] — luisant — lui [O.: luy].

Sont conjugués de la même façon: *entreluire, reluire* (M.) et *nuire* (M. et O.).

Mettre (M. f⁰ 122 v⁰; O. p. 177) — je mets — je mi[s] — mettant — mis.

---

[1] C'est inexact; M. ne citait pas ces formes-là dans les éditions de 1607 et de 1618.

Composés: *admettre, commettre, demettre, [s]'entremettre, permettre, promettre, remettre, sousmettre* (M. et O.) *obmettre,* „et non *ommettre*" (O.), *maumettre* (M).

Mordre (M. f⁰ 122r⁰; O. p. 176) — je mor[s] — je mordi[s] — mordant — mors ou mordu (M.); „*Mors* pour *mordu* n'est gueres recevable" [O.].
Composés: M. et O.: *de[s]mordre, remordre.*
Pareillement sont conjugués *tordre, destordre* et *retordre* (M. ib.; O. p. 182). Le participe passé de tordre est *tordu,* „qui sert à tesmoigner l'action; autrement comme adjectif, l'on se sert de *tors*: du fil tors, du fil retors" (O.).*

Moudre [„ou *meudre*", suivant M.] (M. f⁰ 122r⁰; O. p. 177) — je mouds et meuds (O.: je moulds) — je moulu[s] — moulant et meulant (M.; O.: „moulant ne se dit point") — moulu. — Futur: M.: je moudray et meudray. — O.: „Pour le plurier, ny *moudons* ny *moulons* ne sont gueres à propos, il vaut mieux user de circonlocution; de mesme à l'imparfaict et parfaict definy, où l'on peut dire *je moulus*".

Mouvoir (M. f⁰ 118r⁰; O. p. 169, 170) ou *meuvoir* (M.) — je meus (ils *meuvent* [O.]) — je meu[s] (M. 1607, p. 257: je mu) — mouvant („ou meuvant" [M.]) — meu (M. 1607: mu). — Futur: je mouveray ou meuveray (M.; mouvray et non meuvray, suivant O.).
Composés: M.: *demouvoir, esmouvoir.*
O.: *esmouvoir, promouvoir*; „le dernier ne se trouve gueres qu'à l'infinitif".

Naistre (M. f⁰ 122r⁰; O. p. 178) ou *nasquir,* „non tant usité" (M.) — je nais — je nasqui (M.; je nacquis, suivant O.) — naissant — né ou nay. — Futur: je naistray [ou je nasquiray, „moins en usage" (M.).]
Composé: renaistre (M. 1607, p. 262 et O.).

Nuire. voir *luire.*

Occir et *occire* (M. f⁰ 116r⁰) — j'occi — j'occi — occiant (1625: „et occisant") — occis.
„Peu usité, que je scache, quant au participe" (M. 1607, p. 253).
„On ne se sert en tout que d'*occis*" (O. p. 165).

Paistre (M. f⁰ 122r⁰; O. p. 155) — je pais — je peu[s] — paissant — peu.
Composé: *repaistre* (M. et O.).
O. (p. 177): Paistre, „pour plus de netteté, emprunte ses temps de (*repaistre*), d'autant qu'il y auroit de la confusion entre son premiere parfaict et celuy du verbe *pouvoir*".

Paroir et *paroistre* (M. f⁰ 118v⁰) — je paroy — je paru — paroissant — paru. — Futur: je paroistray et perray⁰, „moins en usage". „On l'employe aussi en impersonnel, mais avec quelque variété: il pert ou il paroist (présent; les autres formes ne présentent rien de particulier)“. (Comp. Brunot, Malh. 270.)

Composés: *apparoir* (impersonnel: il appert ou il apparoist), *comparoir, disparoir.* „*Apparant* sert d’adjectif, aucuns l’escrivent *apparent*, à cause de son origine, et se dit des gens de qualité et credit“ (1607, p. 256: „nous disons aussi comparant“).

O. (p. 177): *Paroistre, apparoistre, comparoistre* et *disparoistre,* „qui s’escrivent aussi *paroir, apparoir, comparoir* et *disparoir,* sont reguliers et suivent la reigle de cognoistre et croistre“.

Perdre. voir *respondre.*

Plaire (M. f⁰ 120 r⁰; O. p. 178) — je plais — je pleu[s] — plaisant — pleu [éd. de 1607: plu].
Composés: *desplaire, complaire.*

Pleuvoir (M. f⁰ 119 r⁰) — il pleut — il plut — pleuvant — plu (O.: pleu). — Futur: il pleuvra.
O. (p. 170): *Pleuvoir,* „et non *plouvoir,* est impersonnel . . .“

Pondre (M. f⁰ 122 v⁰; O. p. 178) — je ponds (O.: „nostre vulgaire dit *ponnons, ponnez, ponnent,* au plurier; Dise qui voudra *pondons*) — je pondi, ponni (M. et O.), ponnu (O.) — pondant, ponnant — pondu, ponnu (M. et O.), ponds (M.).

Pouvoir (M. f⁰ 118 v⁰; O. p. 170) — je puis ou peux (peux est condamné par O.) [tu peux, il peut, nous pouvons, vous pouvez, ils peuvent] — je peu[s]¹ — pouvant — peu. — Futur: je pourray — Subj.: je puisse. (Comp. Vaugelas I, 141.)
M.: „Puissant est pur adjectif: un puissant prince, une puissante nation; pouvant, pur participe“.

Prendre (M. f⁰ 121 v⁰; O. p. 178) — je pren[ds] („gardez-vous bien de dire, ils *pregnent* [O.]) — je prin ou pri (O.: je pris; M. 1607, p. 261: je prins, pris), . . . ils prindrent et prirent (M.; O. n’admet que la seconde forme) — prenant — prins et pris (M.; „*prinse ny entreprinse* ne s’escrivent plus“ [O.]).
Composés: *apprendre, comprendre, entreprendre, [se] mesprendre, reprendre, surprendre* (M. et O.), *esprendre* (M.), *desapprendre, r’apprendre* (O.). (Comp. Vaugelas I, 143, 183.)

Raire (M. f⁰ 120 v⁰) „est grandement defectueux, car il n’a en usage que le singulier présent indicatif, *je ray, tu rais, il rait,* et peut-être la 2. sing. imperative, *ray,* l’infinitif *raire* et le futur par conséquent, *rairay,* et le participe commun, *rais, raise,* et par conséquent tous les temps composez, comme j’ay rais, etc. Le surplus manque; *ras, rase, rez, reze* sont adjectifs; il signifie autant que raser, qui est de la première conjugaison“.

---

¹ „. . . Les preterits en *eu* se prononcent comme nostre *u* simple, mais les presens d’un mixte; car és presens vous direz, je veux, je peux, je meus, mais és preterits, je pu, je mu, j’ay pu, mu, vu, sçu, bu.“ (M. f⁰ 120 v⁰, 121 r⁰).

158

O. (p. 178): „On se sert maintenant du verbe raser; *rais, rait,
rairay* ne sont point en usage“.

Ramentevoir (M. f⁰ 118 v⁰) — je ramentoy (ils ramentoivent) —
je ramentu — ramentevant — ramentu.

Ravoir — (O. p. 170): „Il n’y a que l’infinitif qui soit bon“.

Reclurre. voir *exclurre.*

Recevoir. voir *devoir.*

Récourre. voir *escourre.*

Respondre (M. f⁰ 121 v⁰) — je respon[ds] — je respondi[s] —
respondant — respondu.

Pareillement sont conjugués: *battre, espandre, fendre, fondre,
pendre, perdre, rendre, rompre, tendre, tondre, vendre* et leurs composés (M.).

Rappelons que tous ces verbes-là sont donnés par O. (p. 151
et sv.) comme réguliers de la quatrième conjugaison (paradigme:
rendre).

Rire (M. f⁰ 116 r⁰; O. p. 179) — je ri (ry et ris suivant O.)
— je ri[s] — riant — ri (O. écrit ry).

Rompre. voir *respondre.*

Sçavoir (M. f⁰ 119 r⁰; O. p. 170, 171) — je sçay (nous
sçavons ... ils sçavant) — je sçeu[s] — sçachant — sçeu. —
Futur: je sçauray. — Subj.: je sçache. — Impératif: sçache,
sçachons, sçachez.

M.: *sçachant* est pur participe: sçachant vostre volonté; *sçavant*
est pur adjectif: un sçavant homme, une sçavante personne.

Voici une remarque assez amusante d’Oudin, qui ne semble
pas avoir été un excellent étymologiste: „Il me faut rire d’une
observation que j’ay trouvé dans un grammairien, qui dit que le
verbe *sçavoir* vient plustost de *sapere* italien que de *scire* latin, et,
sans en apporter de raison pertinente, veut qu’on l’escrive sans *c*.
Mais je m’imagine qu’il est aussi sçavant en la langue italienne
que celuy qui s’est meslé de mettre les colloques de Garnier en
ladite langue et a esté si presomptueux que de se dire Florentin,
encore que son Galimatias descouvre le contraire·“

Secourre. voir *escourre.*

Semondre (M. f⁰ 123 v⁰; O. p. 180) — je semonds (1607, p. 263,
et 1625: je semons); O.: „le vulgaire, qui se sert du plurier, dit
semonnons, et non pas semondons“) — je semonni et semondi (M.;
„il est un peu rude“ [O.]) — semonnant [„et semondant“, suivant M.]
— semons (O.: semond).

O.: „Si la necessité n’est bien grande, je ne conseilleray à
personne d’user de ce verbe, nous avons assez d’autres mots de
mesme signification, ... comme inviter et convier ...; et les doctes
ne se servent que des deux noms *semonce* et *semonneur.*“

Seoir et *soir* (M. f⁰ 119 r⁰; O., p. 171, condamne *soir*) — je sieds (O.: il sied, nous séons, vous séez, ils séent) — je sis (M.) — séant et siésant (M.) — sis (M.). — Futur: je serray, je siéray, je siéseray (M.), je séeray (O.). — Subj.: je sée. — Imparfait: O.: je seois et non siésois. — Impératif: O.: sée.

O. est d'avis que „*je me sois* et *sis, siray, soiray, sieray, siéseray* et *siésant* ne se doivent point approuver“ et que „les preterits sont fort peu en usage; il se faut servir d'*asseoir*: je m'assis et je me suis assis.“

Seoir est, le plus souvent, employé comme verbe pronominal. (M. et O.) „ . . . De (*seoir*) est tiré l'impersonnel grandement usité, *il sied, il séoit* et *siésoit*; les preterits ne sont point pratiquez, nous les suppléons par le participe: *il fut, estoit, a esté séant,* etc.; *il siéra*; l'infinitif *estre séant,* plustost que *soir,* et le surplus de mesme; il signifie le latin *decere, aptum, concinnum* et *decorum* esse: gardez la bien-séance, servare decorum; le droit de bien-séance, . . .“ (M.).

Composés: M.: *assoir, rassoir, sursoir*; les deux premiers s'emploient, le plus souvent, comme verbes pronominaux.

O.: „Les composez de (seoir) sont plus usitez que le verbe simple: *asseoir* et *surseoir,* qui fait au preterit *j'ay sursis,* avec les impersonnels *il sied* et *il messied,* qui n'ont point de preterit.“

Soudre (M. f⁰ 122 r⁰) — je souds — je solu — solvant — solu. „L'indéfini a encor *j'ay soult* et le féminin *soulte,* mais non tant en usage au verbe simple qu'es composez.“

O. (p. 180): „Il n'y a que l'infinitif de (*soudre*) qui passe; les composez sont plus en usage.

Gardez-vous au demeurant d'escrire: je souls, nous solvons, je solvois, je solus, j'ay soult et solu, je soudray, etc.“

Absoudre (M. f⁰ 122 v⁰; O. p. 180) — j'absouds (O.: j'absous) — j'absolu[s] — absolvant — absoust et absolu (M.; O.: absoult).

M.: „*Dissoudre* est de mesme, sauf que *dissolu, dissolue* s'entendent en mauvaise part pour une chose desreiglée, desbordee, etc.: un homme dissolu en propos, c'est impudicque, une femme, une vie dissolue, impudicque.“

O.: „Ainsi de *dissoudre* et *resoudre,* qui sert au lieu du simple; *absolu, dissolu* et *resolu* sont adjectifs; et *absoute* est une cérémonie qui se fait le jeudy sainct, tellement que ce mot ne peut servir de féminin au participe.

[Beaucoup de personnes confondent *resoult* et *resolu,* que l'on peut approuver tous deux, encore que le dernier soit plustost nom verbal ou adjectif.“]* [Comp. Vaugelas I, 135.]

Souloir „est grandement defectueux; il n'a que l'imparf. indic., *je soulois,* et cet infinitif *souloir,* le surplus manque“ (M. f⁰ 119 r⁰, v⁰).
„Il n'y a que l'imparfait de bon: *je soulois* . . .“ (O. p. 172).

Sourdre (M. f⁰ 123 r⁰) — je sourds — je sourdi — sourdant — sours; „sourdu n'est gueres en usage“.

„Nous en usons plus impersonnellement; dont les substantifs féminins *source* . . . et *ressource* . . .“.

O. (p. 181): „le mot est antique et je ne voy personne qui use de ses temps“. (En 1632, O. énumère ces „temps“; le participe passé y a la forme *sourdu.*)

Suffire (M. f⁰ 117 r⁰; O. p. 181) ou *suffir* (M.) — je suffi[s] — je suffi[s] — suffisant — suffi (M.; O.: „suffy, et non suffit“).

Suivre (M. f⁰ 122 r⁰; O. p. 181) ou *suivir*, „moins en usage“ (M.) — je sui (M.; je suy, „et non suis“ [O.]) — je suivi[s] — suivant — suivi [O.: suivy].

Composés: *ensuivre*, *poursuivre* (M. et O.), *acconsuivre*, *entresuivre* (M.).

Taire (M. f⁰ 120 v⁰; O. p. 181) — je tay (O.: je tais) — je teu[s] — taisant — teu.

M.: „Nous en usons en reciproque absolu: je me tay, pour je ne sonne mot“.

O.: „Il est aussi neutre passif: je me tais . . .; je vous prie icy en passant de ne point user de la phrase *ne sonner mot*“.

Tistre. voir *tissir.*

Tordre. voir *mordre.*

Traire (M. f⁰ 120 v⁰) — je tray — je trahi, „peu eu usage“ — trayant — trait.

„Les composez ont bien le definy plus en usage que leur simple: attraire, distraire, fortraire, pourtraire.“

O. (p. 181): „*Traire* n'est bon que pour les païsanes qui s'amusent à traire les vaches; il faut dire de ses composez et prendre attraire: *j'attrais* . . . *nous attrayons*; et pour dire la verité, il est mieux de se servir du verbe *attirer*, *attraire* estant fort defectueux. — Le definy ne se trouve point, mettez *attira* à sa place; indéfiny: *j'ay attrait*. — En effet, je ne trouve qu'*attrayant* dans les modernes. Ainsi de *distraire*, *extraire*, *portraire*, *rentraire* et *soustraire*. Pour *traire la langue*, c'est une phrase incognue à la cour, aussi bien que *l'espee traicte*“.

Vaincre (M. f⁰ 121 r⁰; O. p. 182) — je vainc[s], — je vainqui[s] — vainquant — vaincu.

O.: „Le present de vaincre n'est gueres en usage, ny son imparfaict“. (Comp. Brunot, Malherbe 414.)

Composés: M.: *survaincre*; O.: *convaincre.*

Valoir (M. f⁰ 119 v⁰; O. p. 172) — je vaulx (ils valent) — je valu[s] — valant — valu. — Futur: je vaudray. — Subj.: je vale ou vaille (M.); (3ᵢᵉᵐᵉ personne de l'impératif): vaille (O.).

Valant „est pur participe“: une pièce d'or valant dix livres; „vaillant est pur adjectif“: un vaillant homme, une vaillante veuve (M.).

Composé: *prevaloir* (O.).

Vivre (M. f⁰ 122 r⁰; O. p. 182) — je vi (M.), je vy ou je vis (O.) — je vesqui[s] ou je vescu[s] — vivant — vescu.
Composés: *revivre, survire* (M. et O.). — (Comp. Vaugelas I, 20, 196.)

Voir est cité par M. (f⁰ 99 v⁰) comme verbe de la troisième conjugaison, sans que le grammairien ajoute aucune remarque. — Mais voici ce que dit O. (p. 172): „j'eusse fait un regulier de (*voir*), pour estre plus noble que ceux que j'ay mis en la troisiesme conjugaison, mais par ce qu'il est seul, j'ay trouvé plus à propos de le mettre parmi les irreguliers": je voy ou je vois — je veis — voyant — veu. — Futur: je verray.

„Entre ses composez, *pourvoir* et *despourvoir* ont au parfaict definy *pourveus* et *despourvus*, et au futur *pourvoiray* et *despourvoiray*; de mesme *prevoir, prevoiray*. Le reste suit la reigle du simple: *prevoir, previs; revoir, revis*."

Vouloir (M. f⁰ 119 v⁰; O. p. 172, 173) — je vueil et je veux, „plus en usage" (M.; O. condamne je vueil), tu veux, il veut, ils veulent — je voulu[s] („et non voulsi" [O.]) — voulant — voulu — Futur: je voudray. — Subj.: je veule ou je veuille (Le premier est condamné par O.). — Imparfait du subj.: je voulusse ou je voulsisse (M.); „je voulsisse (s'emploie) encore moins (que je voulsis)" (O.).
M.: „L'impératif peut rarement venir en usage, il le faudroit former ainsi: veux, ... voulons, voulez." — (Comp. Brunot, Malh. 415.)

Les voix. — Verbes tantôt transitifs, tantôt intransitifs (neutres). [1]

M. (f⁰ 128 r⁰, v⁰) en forme une liste; elle est reprise mot à mot par O. (p. 206—219), qui la corrige le cas échéant. [Tous les verbes suivants se construisent, sauf indication contraire, avec l'auxiliaire *avoir*, quand ils sont *transitifs*, et avec l'auxiliaire *être*, quand ils

---

[1] M. (f⁰ 109 v⁰, 110 r⁰): „Ceux qui ont le jugement assez façonné à la connoissance des langues, sçavent qu'on appelle neutres tous verbes qui contiénent en eux un *effect* qui ne se produit point en un autre sujet. Les Grammairiens latins en font de maintes sortes, mais telles distinctions estans de peu d'utilité, nous nous en passons. Je diroy seulement icy qu'aucuns s'approprient la forme active ... (voir p. 136). Nous en avons d'autres qui ont double usage et sens, lesquels, estans employez en sens actif, demandent sans doute la conjugaison active, et, en sens neutre, seront mieux construits en conjugaison neutre." O. (p. 206): „L'usage des nos actifs transitifs, reciproquez et neutres n'est gueres different de celuy des Latins. Mais nous avons force verbes qui servent de l'un et de l'autre et se construisent diversement selon le sens qui leur est donné. Ce qui m'a fait naistre la curiosité de vous en arrenger une grande partie, pour vous tirer de confusion touchant cette diversité de sens. Imitant en cela mon vieil Grammairien (Maupas) je tascheray toutefois d'y adjouster quelque chose du mien, comme j'ay fait aux autres listes, dont je me suis servy comme d'un travail à demy fait; ce sera principalement pour vous faire connoistre ceux qui sont actifs et neutres tout ensemble et la différence de leurs preterits composez; car pour les reciproquez, il n'y a rien de si facile à former ..." (Comp. Brunot, Hist. III, 343, 536 et sv.)

sont *neutres* (O.); M. ne se prononçant pas sur l'emploi des auxíliaires, les explications et les remarques que nous reproduisons en parenthèse, sont d'Oudin.]

Abaisser, aborder („une personne — arriver ou venir à bord"), *aboutir* („je trouve qu'*aboutir* n'est gueres en usage en sens actif" [1]), *abreger* („ne peut recevoir de sens neutre"), *accorder*[2] („deux personnes — une demande"; avec *avoir* dans tous les deux sens),[3] *accouardir*[2] („ce verbe n'est gueres recevable"), *accoucher*[2] (une femme, ce „qui est l'action de la sage femme" — employé en parlant „de celle qui enfante"; dans ce sens [neutre], le verbe se construit également avec *avoir* ou *être*, mais „le dernier est plus propre"[4]), *ac(c)ourcir, accroistre,*[2] *adoucir,*[6] *afadir* („fort peu usité"), *af(f)ermir, af(f)oiblir, agrandir* („est mieux en sens neutre"), *agreslir* („encore moins usité qu'afadir"), *aigrir, ajeunir* („ne se dit point, mais *rajeunir*"), *alaschir*[2] („je ne marque pas cettuy-cy pour tresbon"), *aleger* („ne peut estre neutre"), *alentir, alonger, amaigrir, amender, amenuiser, amoindrir, amoitir* („est hors d'usage"), *amollir, aneantir, anoblir, anonchalir* („ne vaut rien"), *ap(p)auvrir, ap(p)esantir, ap(p)etisser, ap(p)rivoiser* („n'a point de force neutre"), *ardre* ou *ardoir,*[5] *arondir, asprir* („qui n'est gueres en usage"), *assagir* („ne passe point maintenant pour bon"), *assecher* („ne passe point maintenant pour bon"), *at(t)endrir, attiedir* („tiedir est meilleur"), *augmenter, avachir* („mot vulgaire").

Baisser (au sens neutre avec *être* ou *avoir*; „le dernier est meilleur"), *bander, blanchir, blondir* („rendre blond, qui se dit proprement du soleil" — „devenir blond"; dans ce sens (neutre), il se construit avec *être* ou *avoir*), *bouger* („n'est pas beaucoup recevable en sens actif"),[1] *branler, brunir* (au sens neutre avec *être* ou *avoir*), *brusler* (avec du feu — d'envie, d'amour).[6]

Changer, chanzir („est pur neutre et mediocrement en usage"), *charger* („de quelque chose" — „en couleur, la graisse, la poudre"),[3] *confesser* („ouïr en confession — confesser une faute"; dans tous les deux sens, le verbe se construit avec *être*), *couler*[2] (la lescive — employé en parlant de l'eau; dans tous les deux sens avec *avoir*), *courir* (le mot est dans M. [fº 110 rº] avec la remarque suivante: „. . . si nous disons, nous avons toute la matinee couru le lievre, icy courir est actif; mais si nous disons, si tost que nous avons ouï l'alarme, nous y sommes courus, voilà courir qui est neutre." Suivant O., le mot est transitif, quand „on dit courir un cerf, ou

---

[1] Il se construit avec *avoir*, d'après O. (p. 220).

[2] Le mot manque dans M.

[3] On ne saurait comprendre, comment O. peut parler d'un sens neutre de ce mot.

[4] En 1632, O. rend le sens neutre d'„accoucher" par „enfanter"; le parfait indéfini est „j'ay accouché, mais on dit aussi: ceste femme-là est accouchée" (p. 323).

[5] Le mot manque dans O.

[6] Il semble y avoir confusion avec le passiv, quand O. dit que ce verbe, pris au sens neutre, se construit avec être.

mesme une personne“; au sens neutre, il se construit avec *être* ou *avoir*), *crever*[1] (au sens neutre avec *être* ou *avoir*), *crier*[1] („tancer une personne ou crier publiquement q. ch. — crier à haute voix“; dans tous les deux sens avec *avoir*), *croistre*, *crouler* (est „tousjours actif et mediocrement en usage“).

Decliner (en Grammaire — s'abaisser), *degeler*,[2] *deriver*,[1] *desborder*[1] („deffaire le bord d'un vestement“ — employé en parlant de l'eau), *descendre*, *descoucher*[3] („oster le lict — ne coucher pas au logis“; avec *avoir* dans tous les deux sens), *descrire*[3] (éd. 1632, p. 323: descrire une personne ou ses déportements — copier;[4] avec *avoir* dans toutes les deux acceptions), *desjeuner*[3] („nostre vulgaire fait improprement un actif transitif de ce mot, lorsqu'il dit: il m'a desjeuné de cet affaire-la, c'est-à-dire, il m'a entretenu ce matin de cela; on peut dire le mesme de *disner* et *soupper*“; avec *avoir* dans tous les deux sens)*, *desloger*,[5] *devaler*,[5] *diminuer*, *dire*[3] („appeller ou nommer — parler, discourir“; avec *avoir* dans tous les deux sens), *distiller*[3] (dans tous les deux sens avec *avoir*), *doubler*[3] (avec *avoir* dans tous les deux sens), *dresser*[1] (instruire — la viande[4]), *duire*[3] (avec *avoir* dans tous les deux sens), *durcir* (avec *avoir* ou *être* au sens neutre[5]).

Embellir, *emmaigrir*,[2] *empirer* (avec *avoir* ou *être* au sens neutre), *encherir*, *encliner* („donner de l'inclination — estre enclin“), *endurcir*, *enfler*,[3] *enforcir* („on dit plus modernement enforcer; et l'un et l'autre ne sont pas trop bons“), *engourdir*, *engraisser*, *engrossir* ou *engrosser* („grossir est plus propre“), *enhardir*, *enlaidir*, *enorgueillir*, *enrichir*, *envenimer*, *envieillir*, *esclaircir*, *esclairer*,[6] *esclater*[3] (avec *avoir* dans tous les deux sens[7]), *eslargir*, *esloigner* („je trouve qu'il ne peut recevoir de sens neutre“), *espaissir*, *estouffer*[3] (avec *avoir* ou *être* au sens neutre), *estrangler*[3] (avec *avoir* ou *être* au sens neutre), *estrecir*, *estreiner*[3] (avec *avoir* dans tous les deux sens), *esvanouir* („n'est jamais actif“).

Faner ou *fanir* („fanir est antique“), *fener* („au demeurant ne s'entend que pour écueillir le foin“), *finir* (avec *avoir* ou *être* au sens neutre), *flechir* (toujours avec *avoir*), *flestrir*, *fondre*.[3]

Graislir ou *greslir* („ne sont point en usage“), *griller* („faire griller, encore qu'impropre — se griller au feu“), *grossir*, *grouler* („n'est point en usage, encore que le vulgaire s'en serve; car on

---

[1] V. p. 162 n. 2.

[2] Le mot manque dans Oudin.

[3] Le mot manque dans Maupas.

[4] On ne saurait comprendre, comment Oudin peut voir ici un sens neutre du mot.

[5] Il semble y avoir confusion avec le passif, quand Oudin dit que ce verbe, pris au sens neutre, se construit avec *être*.

[6] Le mot manque dans l'édition présente (de 1640) de la grammaire d'O.; comp. éd. de 1632 (p. 221, 323): „esclairer q. ch. à un autre ou descouvrir les actions de quelqu'un, actif: j'ay esclairé; esclairer, c'est-à-dire rendre de la lumière, neutre: j'ay esclairé.“

[7] Avec *être* au sens neutre, d'après l'édition de 1632 (p. 220).

dit, grouler des pois, et alors il ne peut estre qu'actif"), *guerir* („ou guarir, moins proprement"; avec *être* ou *avoir* au sens neutre[1]).

Hâler,[1, 2] *hausser* (avec *avoir* ou *être* au sens neutre).

Jaunir, jouer[2] („gausser une personne — jouer à quelque jeu"; toujours avec *avoir*).

Lascher,[1] *loger* (avec *avoir* dans tous les deux sens).

Meurir,[1] *moisir*,[1] *moitir* („qui n'est gueres en usage"), *mollir* (avec *avoir* ou *être* au sens neutre), *monter, mouver* („je ne le croy nullement bon, encore que mon Grammairien aye creu descouvrir un grand secret en le couchant dans son livre"), *mouvoir*[1] („Le reciproqué est meilleur que le sens neutre"), *muer* (avec *avoir* ou *être* au sens neutre), *multiplier*[1].

Nicher (avec *avoir* dans tous les deux sens; „le reciproqué est plus propre"), *noircir* (avec *avoir* ou *être* au sens neutre[1]).

Pencher (avec *avoir* dans tous les deux sens), *piler* („je ne voy point de sens neutre à ce verbe"), *plomber* („accommoder avec du plomb ou plomber de coups — tomber à plomb"), *pourrir*[1], *proufiter* („apporter du proufit — tirer quelque proufit"; toujours avec *avoir*).

Rabaisser, rajeunir,[1] *rancir*,[1] *ravaller*,[1] *reboucher*,[3] *reculer* (avec *avoir* ou *être* au sens neutre[1]), *remuer* (toujours avec *avoir*), *rencherir* („rendre plus cher — devenir plus cher"[1]), *renforcer*,[3] *restrecir*,[1] *resusciter*,[1*] *reverdir*,[1] *roidir*,[1] *rostir*,[1] *rougir* (avec *avoir* ou *être* au sens neutre), *roussir*.[1]

Saigner (avec *avoir* dans tous les deux sens), *seicher*[4], *sonner* (avec *avoir* dans tous les deux sens).

Tarir[4], *traisner* (toujours avec *avoir*), *tremper* (toujours avec *avoir*).

Venter,[5] *verdir*,[4] *vieillir*.

„Tous ces verbes, et paraventure beaucoup d'autres, peuvent servir sous differente construction en sens actif transitif, reflechi et neutre": le soleil mollit la cire et durcit la fange; la cire mollit ou s'amollit au soleil, et la fange y durcit ou s'y endurcit; la rosee du ciel blanchit à fleur la toile; la toile blanchit ou se blanchit par la rosee; la fertilité de cette année ravalera beaucoup le prix des vivres; le prix des vivres ravalera ou se ravalera par la fertilité. (M. f⁰ 128 v⁰).

La remarque d'O. que voici ne dément pas sa source: „La difference du sens des verbes qui sont actifs et neutres se connoist par la construction": la chaleur durcit la terre, et la terre durcit à la chaleur; le soleil noircit la peau, et la peau noircit au

---

[1] V. p. 163 n. 5.
[2] V. p. 163 n. 3.
[3] V. p. 163 n. 2.
[4] Il semble y avoir confusion avec le passif, quand Oudin dit que ce verbe, pris au sens neutre, se construit avec *être*.
[5] Le mot manque dans Oudin.

soleil. „Ce qui se peut aussi exprimer par un reciproqué, qui denote quelque chose passif“: la terre se durcit, la peau se noircit (p. 228).

Il y a encore d'autres verbes qui, sans être donnés par M. ou O. dans les listes ci-dessus reproduites, rentrent cependant dans la même catégorie:

M. (f⁰ 110 r⁰, v⁰) en indique plusieurs, qui se construisent avec *avoir* au sens *actif*, et avec *être* au sens *neutre*; ce sont (outre les verbes *aborder, adoucir, courir, croistre* et *monter*, qui se trouvent aussi dans la liste ci-dessus) les verbes suivants: *arriver, entrer, escamper, eschaper, evader, fuir, partir,* pour desloger, *passer, sortir,* „et peut-estre encore d'autres“. Le grammairien termine cette émunération d'une facon très simple, en disant: „il est besoin que chacun y exerce son jugement“.

Nous extrayons enfin d'une liste de verbes neutres, formée par Oudin (p. 220 et sv.)[1], les verbes suivants tantôt transitifs tantôt neutres, qui se construisent toujours avec *avoir*:

Bouillir („le vulgaire en fait un actif, pour *faire bouillir*: on boult du laict“), *bricoller* („est aussi actif en une autre signification que je ne mets point icy par honnesteté“), *commencer* („on en peut faire un actif, parlant de peinture: *le peintre m'a commencé,* et dire au passif: *je suis commencé*; de mesme *d'achever* et *finir*“), *esbaucher* („observez icy la mesme chose que j'ay dite du verbe *commencer*“), *exceder* („se prend aussi en sens actif pour *battre* et *offencer*“), *fuire, galopper* („on dit aussi en sens actif *galopper un cheval* et *galopper une personne,* pour *la poursuivre et courir après*“), *observer* („l'actif de celuy, pour *remarquer les actions et deportemens de quelqu'un,* seroit trop latin), *peiner* („donner de la peine à qn. — avoir de la peine“), *peser, plaider* („poursuivre une personne en justice — plaider une cause ou avoir des procez“), *pleurer, quereller, rafraischir*[2], *retourner* (avec *avoir* au sens actif, et avec *être* au sens neutre), *rider* (rendre ridé — devenir ridé),[2] *rire* („quelques-uns improprement disent, vous me riez, pour, vous riez de moy“), *rouler*[2], *siffler, souspirer* („une personne, son mal — faire des souspirs“), *sortir*[3] („donnez-vous de garde d'user de ce verbe en sens actif, pour *tirer dehors* ou *aveindre,* comme on fait en quelques provinces de France, où j'ay ouy dire: sortez mon cheval de l'escurie, sortez cela de vostre coffre, etc.“), *ternir,*[2] *tomber*[5] (avec *être* au sens neutre; „il y a des lieux, où on fait un actif de celuy-cy: *tomber de l'eau,* pour *uriner* ou *pisser* en bon langage, ce qui est rejetté de ceux qui parlent nettement“), *travailler, veiller, vendre* („trahir une personne — vendre de la marchandise“),[4] *voler.*

---

[1] Cette liste très embrouillée (v. p. 136) contient pêle-mêle toutes sortes de verbes.

[2] V. p. 164 n. 4.

[3] Comp. Brunot, Malh., 426, et Vaugelas I, 105.

[4] On ne comprend pas bien, comment Oudin peut voir ici un sens neutre du mot.

[5] Comp. Brunot, Malh., 428, et Vaugelas II, 397.

Verbes pronominaux (réfléchis).[1]

Verbes essentiellement réfléchis.

M. (f⁰ 107 v⁰): „... nous avons aucuns verbes qui se meuvent seulement selon la forme (réfléchie), comme *je me souvien* ou, impersonnellement, *il me souvient*, *je me repen*, *je m'abstien*, *je me comporte*, *je m'esbahi*, *je m'esmerveille*, qui aussi sont usitez en mesme sens en forme passive: *je suis esbahi*, *je suis esmerveillé*. *Je me mocque de leur folie*, qui aussi sert en sens et conjugaison passive: *je suis mocqué*".

O. (p. 227, 228) cite: *s'abstenir*, *s'adonner*, *s'aheurter*, *s'amouracher*, *se deporter*, *s'efforcer*, *s'esbattre*, *s'esmerveiller*, *s'esvertuer*, *se mocquer*, *se pasmer*, *se repentir*.

„Ceux qui sont composez de la diction *entre*[2] ne se separent point aussi (du pronom réfléchi)": *s'entrebaiser*.

Remarque.

„*Se jouer* et *se rire* sont devenus actifs, au lieu de recipro-

---

[1] „Nous usons tres frequemment de phrases esquelles nos pronoms personnels de mesme personne sont reïterez en divers cas devant les verbes actifs, et ce faisant ils reflechissent leur action en l'agent mesme, d'autant que le pronom personnel datif ou accusatif est de mesme personne qu'est le nominatif du verbe; cela fait que l'agent agit en soy-mesme et non en autre sujet. En telle syntaxe des pronoms avec les verbes, nous les nommons verbes reciproquez ou reflechis ... Voicy pour exemple: je me suis esbahy de ce que vous vous estes retiré de moy, qui m'estois proposé de me comporter en telle sorte en vostre endroit, que vous vous en contenteriez, et nous nous en re-aimerions à jamais ..." (M. f⁰ 67 v⁰, 68 1⁰).

O. (p. 142, 143) s'exprime semblablement, et il ajoute (p. 225): „Les vrays reciproquez se doivent former des actifs transitifs; il y a toutefois des neutres qui en reçoivent la forme, comme vous verrez au suivant". Mais la liste qui suit ne contient pas seulement des verbes réfléchis venant de verbes neutres, mais toutes sortes de verbes, où le pronom refléchi est ou complément direct ou complément indirect, ou bien une partie intégrale du verbe (verbes essentiellement réfléchis): *se couler* („dans la chambre"), *se cueillir* („des fleurs pour soy-mesme"), *se deliberer* („de faire"), *se desplaire*, *se diligenter*, *se disputer* („on dit improprement *ils se sont disputez* pour *ils se sont querellez*"), *se douter* („d'une affaire"), *s'estudier* (à faire qch.), *s'extravaguer* („en ses discours"), *se louer* („d'une personne, c'est-à-dire en être fort content"), *se moyenner* („une commodité"), *se paillarder* („en sa bonne humeur"), *se penser* („je trouve celuy-cy fort impropre, encore que bien souvent j'oye dire: il se pense d'avoir, de faire, etc."), *se permettre* (q. ch.), *se predire* (q. ch. soy-mesme"), *se prendre** („à qn. d'une faute arrivée, c'est-à-dire l'accuser"), *se prester* („la charité à soy-mesme"), *se presumer* („l'usage fait passer ce reciproqué: *il se presume d'estre* q. ch., pour *il presume*"), *se procurer* (q. ch.), *se promettre* (q. ch. de quelqu'un), *se respandre* („on dit vulgairement ou en gaussant, il s'est laissé respandre, pour, il s'est laissé mourir"), *se respondre* („j'oys dire quelquesfois *il s'est respondu à soy-mesme*; la circonlocution serait meilleure: il a respondu luy-mesme à ses paroles, à ses pensées, etc.") *se rire* (de quelqu'un), *se taire* („ce reciproqué a une force differente de celle de son simple et signifie *ne parler pas*, là où *taire* s'entend simplement *ne pas declarer une chose*"), *se tesmoigner* (q. ch. à soy-mesme; „je trouve encore de l'improprieté en celuy-cy").

[2] Employée au sens de *l'un l'autre*.

quez, en la signification de *gausser*, car l'on dit maintenant: vous me riez, vous me jouez"* (O. ib.).

Verbes qui, devenant réfléchis, changent de sens.
Tels sont (M. f⁰ 129 v⁰):

Aimer: j'aime Dieu, j'aime les bonnes lettres — amo Deum.
je m'aime aux champs, je ne m'aime point à la cour — rure delector, non delector aulà.

Garder: garder quelqu'un — servare aliquem.
se garder de quelqu'un — sibi carere ab aliquo.

Passer: passer quelque chose — aliquam rem praeterire.
se passer de quelque chose — aliqua re facile carere; se passer à quelque chose — aliqua re contentum esse. (Éd. 1607, p. 276.)

Plaindre: plaindre quelqu'un — alicuius vicem dolere.
se plaindre de quelqu'un — conqueri de aliquo.

Servir: servir la republique — servire rei publicae.
se servir de la republique — uti republica.

D'après O. (p. 228), il n'y aurait que les verbes transitifs qui, devenant réfléchis, changent quelquefois de sens; cependant le grammairien se dément lui-même par les exemples qu'il donne: *se douter de qch.* ne serait guère différent de *douter de qch.*, ni *se plaire* de *plaire*.[1]

La Construction réfléchie remplaçant la construction passive.

M. (f⁰ 129 r⁰, v⁰): „(Les verbes réfléchis) fournissent souvent un sens passif, parce que l'action retourne à l'agent qui luy-mesme patit ... Mais surtout ce sens est extremement frequent és tierces personnes singuliers et pluriers, moyénant le pronom *se*, dont nous rendons ou pouvons rendre toutes les phrases passives de la tiérce personne ... Ces langages sont extrémement frequens en nostre langue, toutes et quantes fois que l'agent ou le substantif agissant n'est point exprimé ...“: l'amy certain se connoist au besoin; les richesses au temps present se prisent plus que la vertu; les bonnes letres s'acquiérent à grand travail d'esprit et longue estude. (comp. les verbes impers.)

Remarque. Par suite de l'emploi de l'auxiliaire *être*, le participe passé des verbes construits comme pronominaux, s'accorde en genre et en nombre avec le sujet de la proposition; c'est la règle des deux grammairiens; ni l'un ni l'autre ne parlent des cas où le

---

[1] „Les reciproquez actifs et les neutres different en une chose, que les actifs changent le sens de leurs simples, par exemple: *j'aime ma voisine — je m'aime aux champs*, c'est-à-dire *je me plais aux champs*; mais les neutres n'ont rien de particulier d'avec les leurs: *je doute de l'affaire, ou bien, je me doute de l'affaire ...*“

168

pronom réfléchi est complément indirect et où, par conséquent, l'accord ne se fait pas.

Verbes impersonnels.[1]

M. (f⁰ 124 r⁰) et O. (p. 157, 249) distinguent deux catégories de verbes impersonnels: „impersonnels de sens passif" (voir *on*, p. 129) et „impersonnels de sens actif". Ce n'est que de ces derniers, que nous avons à nous occuper ici.

Verbes essentiellement ou accidentellement impersonnels.

M. (f⁰ 124 r⁰): „La seconde nature d'impersonnels est de voix active, au moyen de cette particule *il*, proposee à plusieurs verbes, non pas à tous universellement comme (*on*), qui se peut adapter à tous, hormis à peu d'impersonnels qui n'admettent que la dite particule il, comme *il faut, il chaud, il reste* (!), etc. . . ."

O. (p. 157): „Les impersonnels de voix active se forment de de la troisiesme personne du singulier des verbes, par le moyen de la particule *il*, comme *il fasche, il ennuye, il couste*. Mais il y a une chose à remarquer, que les vrays impersonnels, comme *il faut, il pleut, il gresle, il neige, il tonne*, ne sont .point tirez d'autres verbes, et ne reçoivent jamais la particule *on*, qui sert aux passifs et s'attache à toutes sortes d'autres verbes; car l'on peut dire *il fasche* et *on fasche*, *il ennuye* et *on ennuye*,[2] mais *on faut, on pleut, on neige*, etc. ne se trouvent point."

(p. 159): „Or tout ainsi que les vrais impersonnels . . . ne reçoivent point la particule passive (on), de mesme les actifs transitifs ne servent jamais à former des impersonnels de voix active, mais bien quantité d'autres, comme *il importe, il couste, il arrive, il esclaire, il cuit, il nuit, il paroist, il naist, il pend, il frappe*, qui se dit de l'horloge: il frappe une heure . . ."

Cette remarque, bizarre au premier abord, n'est pourtant pas tout à fait inexacte; car le complément direct des verbes transitifs qui peuvent prendre la forme impersonelle, devient indirect, si la construction change (*ennuyer quelqu'un*, mais: *il ennuie à Monsieur*; Comp. Constr. des verbes imp.), et c'est ainsi qu'Oudin peut déclarer que les verbes transitifs ne peuvent jamais se construire impersonnellement.[3]

---

[1] O. (p. 254) considère comme *„impersonnelles* reciproquées" aussi des phrases telles que *le sang me boult, le visage me brusle, le coeur me fault* ou *me creve, le cœur me saigne, la teste me fend, la chair me cuit, la peau me demange, la gorge me gaigne, les mains me gellent, le fondement m'eschappe.*

[2] „Quelques-uns disent indifferemment: *je me desplais* et *il me desplaist, je m'ennuye* et *il m'ennuye, je me fasche* et *il me fasche, je me souviens* et *il me souvient* . . ." (O. p. 254).

[3] D'après M. (f⁰ 124 v⁰, 125 r⁰) „les plus communs et usitz" des verbes impersonnels sont: [la liste est reprise par O. (p. 247/248), qui, entre d'autres modifications indiquées ci-dessous, omet les verbes essentiellement impersonnels, parce que „tout le monde les juge assez sans les arrenger"] *il accourt* (manque

Verbes impersonnels de forme pronominale (employés avec la signification de verbes passifs).

M. (f⁰ 125 r⁰): Il y a des verbes „qui se construisent en la 3ᵢᵉᵐᵉ personne singulière à mode d'impersonnels moyénant le pronom prepositif se, comme *il se prouve, il se traite, il se rencontre, il se seme, il se cueille, il se convertit, il se divertit, il s'esclaircit* etc. infinis. Car à mon advis tous verbes actifs peuvent estre employez de cette maniere qui suit la phrase italiéne."

Dans la liste des „plus communs et usitez" des verbes impersonnels, M. (f⁰ 124 v⁰, 125 r⁰) donne encore les exemples suivants: *il s'apperçoit, il se commet, il se controuve, il se croit, il se fait, il se forge, il s'invente, il se mesle, il se met, il se nourrit, il se permet, il se pert, il se range, il se ravit, il se reçoit, il se rompt, il se trouve, il se voit.* Oudin, lui aussi, constate (p. 248) que tous les verbes actifs peuvent être construits, avec le sens de passifs, comme verbes impersonnels de forme pronominale: il s'accourcit tous les jours des affaires; il se blanchit de la toile en ce pais-là. „Outre cela plusieurs neutres de sens actif": *il se boit, il se chante, il se cueille, il se despense, il se devine, il se differe, il se discourt, il se dit, il s'invente, il se medite, il se moyenne, il s'observe, il se parle, il se peut, il se preste, il se prononce, il se prouve, il se raconte, il se rapporte, il se respand, il se vend.* „Et si beaucoup d'autres, que je ne mets point icy, repugnent à cette liaison, à cause de la mauvaise grace, il n'y faut mettre que la particule *on* à la place, qui s'accorde facilement tant aux actifs qu'aux neutres." 1

Verbes impersonnels de forme passive.

Tels sont, „selon le style latin": il est dit, escrit, il est porté, jugé, il a esté débatu, conclu, resolu, aresté (M. f⁰ 134 v⁰); „ils representent entierement la nature des impersonnels passifs latins" (M. 1607, p. 288).

---

dans M.), *il advient, il arrive, il appartient, il appert* („antique", suivant O.), *il apparoist, il chault* (n'est „plus en usage", suivant O.), *il chet, il commence* (manque dans M.), *il conste* (n'est „plus en usage", suivant O.), *il convient, il court, il couste, il croist, il cuit, il démange* (manque dans O.), *il demeure* (manque dans M.), *il depend, il descend, il desplaist* (les 3 derniers manquent dans M.), *il deult* (n'est „plus en usage", suivant O.), *il duit, il entre* (manque dans M.), *il ennuye, il eschet, il esclaire* (manque dans O.), *il est, il fait, il fasche, il faut* (manque dans M.), *il gele* (manque dans O.), *il grele* (manque dans O.), *il grieve* (n'est „plus en usage", suivant O.), *il importe, il intervient* (M. 1625: il entrevient), *il manque, il messiet* (manque dans M.), *il meurt, il naist, il neige* (manque dans O.), *il nuit, il paroist, il part* (les deux derniers verbes manquent dans M.), *il pend, il pert* (n'est „plus en usage", suivant O.), *il plaist, il pleut* (manque dans O.), *il poise* ou *pèse* (n'est „plus en usage", suivant O.), *il prend, il profite, il provient, il recule* (manque dans M.), *il regne, il reste, il retentit, il revient* (les deux derniers manquent dans M.), *il semble* (manque dans O.), *il sert, il sied, il sort, il soucie, il sourd* (est antique, suivant O.), *il souvient, il suffit, il survient* (manque dans M.), *il tarde, il tient, il tombe, il tonne* (manque dans O.), *il trotte* (manque dans M.), *il va, il vaut, il vient, il y a* (manque dans O.).

1 Voir le chapitre du *verbe impersonnel suivi de son sujet logique* (p. 170).

Suppression du pronom *il* des locutions impersonnelles.

O. (p. 252, 253): „ . . . plusieurs fois les impersonnels se peuvent construire sans leur particule, par exemple ces trois: *faloir,
sembler, servir*: à quoy sert, de quoy sert?; faut faire, faut dire;
que vous en semble?" — (Comp. Brunot, Malh. 424).

Construction des verbes impersonnels.

Le verbe impersonnel suivi de son sujet logique.

M. (f⁰ 132 v⁰): „Aucuns (verbes impersonnels) tirent apres eux
un nominatif, lequel s'il precedoit, le verbe seroit personnel":
il reste des points d'importance à vuider sur cette affaire, c'est-à-
dire, des points d'importance restent . . .; *il vient* de grands maux
de la negligence, c'est-à-dire, de grands maux vienent . . .; *il
intervient* maintes choses entre la bouche et le verre, c'est-à-dire,
maintes choses tombent . . .; *il a regné* six rois depuis que je suis
né, c'est-à-dire, six rois ont regné . . .; *il pleut* des pierres; *il gresle*
des arcbusades; *il apparoist, il appartient, il appert, il arrive, il chet,
il court, il couste, il croist, il eschet, il manque, il meurt, il naist,
il part, il provient, il sourd, il survient, il tombe, etc.*

(f⁰ 125 r⁰): C'est ainsi qu'on construit la plupart des verbes
impersonnels de forme pronominale, qui „de fait, sont ordinairement suivis d'un accusatif ou nominatif (qui est tout un), singulier
ou plurier": il se dit infinies paroles vaines; il se seme plusieurs
fauces nouvelles par le monde; il se trouve des gens de bien
partout, et des meschans aussi; il s'est fait de grands magnificences
au couronnement du roy . . .

O. (p. 249, 250) admet la construction dont nous parlons
pour les cas où le substantif (au singulier ou au pluriel) est
pris indéterminément et, outre pour les verbes imp. de forme
pronominale, pour les verbes suivants seuls: *il accourt, il apparoist,
il arrive, il chet, il court, il couste, il croist, il demeure, il descend,
il entre, il eschet, il est, il intervient, il manque, il meurt, il naist,
il paroist, il provient, il sort, il survient, il tombe, il va, il vient*[1]:
il arrive des affaires; il chet de l'eau; il court de l'argent; il
descend des personnes; il croist des herbes; il est bien des fruicts,
il est arrivé plusieurs seigneurs aujourd'huy; „il ne faut jamais
dire, ils croissent, ils sont, ils sont arrivés, si ce n'est pas un verbe
personnel pour asseurer d'un nombre precis, comme: ils sont dix à
table, ils sont quatre, ils sont beaucoup, ils sont trop; et alors il
y a comme une quantité determinée, et puis la raison du verbe
personnel permet ce que ne peut l'impersonnel."

Verbes impersonnels construits avec un nom de personne (pronom atone) au datif et α) un nom de chose
(pronom atone) au génitif, ou β) un infinitif précédé de

---

[1] Il donne cependant aussi cette phrase „extravagante": il luy a pris
un mal de teste, un mal de cœur (un mal de teste l'a pris) (p. 226).

la préposition *de*, ou γ) la conjonction *que* suivi d'un verbe à l'indicatif ou au subjonctif.

Ces trois constructions-là sont indiquées par M. (f⁰ 131 r⁰), les deux premières aussi par O. (p. 249).

Exemples: α) il ennuye à Monsieur de vostre importunité; il ne luy chaud de vostre dommage; il vous coustera cher de vostre imprudence (M.); il desplaist à Monsieur, il ennuye à Madame de vostre importunité; il me fasche de vostre sottise (O.).

β) il me desplaist de vous importuner (M); il me plaist de vous dire, il me suffit de vous advertir (O.).

γ) vous faschera-il que je me serve de vos livres? (M.).

Voici un certain nombre de verbes dont nous indiquons la la construction d'après les listes formées par M. (f⁰ 131 r⁰ v⁰) et O. (p. 249) [(M.) indique que, suivant Maupas, le mot se construit de toutes les trois,[1] (O.) que, suivant Oudin, il se construit des deux premières façons; (M. α γ), qu'il se construit de la première ou de la troisième, (M. β γ), qu'il se construit de la deuxième ou de la troisième façon, suivant M.]:

Il advient (O.), *il appartient* (O.; M β γ), *il apparoist* (M. α γ), *il appert* (M. α γ), *il arrive* (M.; O.), *il chaud* (M.), *il convient* (O.), *il couste* (M.; O.), *il cuit* (M.; O.), *il démange* (M.), *il desplaist* (M.; O.),[2] *il duit* (M. β γ; O.), *il ennuye* (M.; O.),[2] *il eschet* (M.; O.), *il fasche* (M.; O.),[2] *il grieve* (M.), *il importe* (M.; O.), *il manque* (O.),[3] *il nuit* (M. β γ; O.), *il plaist* (M. β γ; O.),[2] *il pert* (M. α γ), *il prend bien ou mal* (M.), *il poise* (M.), *il profite* (M. β γ; O.), *il sert* (M. β γ; O.), *il soucie* (M.), *il souvient* (M.; O.), *il suffit* (M.; O.),[2] *il tarde* (M.; O.), *il vient à point et à propos* (M. β γ), *il vient bien ou mal* (M.).

Observations sur certains verbes impersonnels.

Il appartient „regit le datif, mais si on le couche avec un nom de dignité, de qualité ou d'office, il y faut joindre celuy d'unité": il appartient à un roy, à un conseiller; „de mesme avec les appellatifs": il appartient à un homme, à un cheval; „ainsi de toutes sortes d'attributs": il appartient à un fol, à un sage, à un fantasque, etc. (O. p. 250, 251).

Chaloir. „L'usage de ce verbe n'est pas à l'ordinaire, car il ne sert qu'en negation ou en propos qui suivent la syntaxe des

---

[1] „Et pourroit-on interroguer par ces verbes avec *que* ou *de quoy*: que vous chaud-il? de quoy vous chaud?" (M.).

[2] O. (p. 256): *il me desplaist, il m'ennuye, il me fasche, il me plaist, il me suffit* se construisent cependant aussi avec la conjonction *que* et le subjonctif: il me desplaist que vous soyez si mal traitté; il m'ennuye qu'il ne soit de retour; il me fasche que vous vous en alliez si tost; il me plaist que cela soit; il me suffit que j'aye sa connoissance.

[3] D'après M. (f⁰ 132 r⁰), ce verbe demande la conjonction *que* avec *le subjonctif*, ou *l'infinitif* avec la préposition *de*.

phrases negatives, comme interrogatifs, conditionnels, dubitatifs, et encore comme quelques ironies sous lesquelles s'entend une negation cachee." (M. f⁰ 120 r⁰.)

Il commence se construit avec l'infinitif précédé de la préposition à: il commence à pleuvoir (O. p. 250).

Il convient, il faut, il vaut se construisent avec l'infinitif pur ou avec la conjonction *que*, suivi du subjonctif: il vaut mieux estre pauvre que larron; il vaut mieux que vous soyez (M. f⁰ 132 r⁰).

Il faut, „estant reciproqué, ne se peut appliquer qu'en de certaines façons de parler et non pas en toutes, d'autant que, parlant d'une ou à une seconde personne, on ne sauroit dire, il vous me faut donner, ny, il me vous faut donner, mais plus proprement, il faut que vous me donniez et il faut que je vous donne. De mesme, quand on parle d'un tiers et que le sujet se rapporte à nous ou à un second; car on ne dit point, il luy faut de donner ou il luy faut me donner; toutefois, l'action s'estendant sur le tiers, il est permis de dire: il me luy faut donner, il te luy faut donner, encor que ce soient des phrases un peu rudes . . .

Il me faut se prend aussi quelquefois pour *il me manque* ou *il me revient*": il te faut de l'argent, il me revient encor dix escus; combien vous faut-il?, c'est-à-dire, qu'avez-vous merité ou gaigné pour ce que vous avez fait?; que vous faut-il?, c'est-à-dire, qu'avez-vous qui vous fasche?; il me faut guerir, c'est-à-dire, il faut que je guerisse, ou bien, il faut que l'on me guerisse, „et, en ce sens double, il se peut appliquer en toutes sortes de phrases: il me faut donner, c'est-à-dire, il faut que je donne, ou, il faut que l'on me donne . . ." (O. p. 255, 256).

Il faut „se joint (aussi) avec l'aide la conjonction *que*": il faut que je vous die . . . (O. p. 253).

Il vaut „ne se met qu'avec la diction mieux": il vaut mieux estre sçavant que riche; il vaut mieux estre pauvre que larron; [„j'ay pourtant veu en quelques autheurs, que vous vaut, pour, que vous sert?"]* (O. p. 253).

Il s'ensuit: il s'ensuit que vous endurerez ou enduriez, ou bien: il s'ensuivra à vous d'endurer (M. f⁰ 132 r⁰).

Il est s'emploie:

1⁰ pour *il y a*, mais seulement „en quantité materielle sujette à creue et diminution et toutesfois non limitée en termes expres de nombre, mais en general par peu, beaucoup, assez, gueres, plus, moins, tant, autant ou semblables": il est (il y a) trop de fainéans par le monde; il est (il y a) bien du vin cette année; il fut peu de bleds l'an passé en Beausse. „On ne s'en peut servir en autres termes qui ne sont de substance materielle, comme, il est du profit, il est du danger à trafiquer sur la mer; mais: il y a . . . Ni aussi en distance de lieu ou de temps: il est quinze lieues d'icy à Orleans, il est long temps que je suis en France; non, mais: il y a; il sera demain trois mois que j'arrivay en cette ville; non, mais: il y aura ..." (M. f⁰ 134 r⁰).

Voici les exemples que donne O. (p. 251) pour la même règle: il est bien du vin cette année, il est quantité de sots, il est assez de badins; mais non pas: il est du danger, il est quinze lieues d'icy à Fontainebleau, il est trois mois que je suis arrivé.

2⁰ dans *certaines locutions* telles que il est heure, il est temps, il est saison, il est à propos de bien faire, il me fut bien force de patienter, il est jour, il est nuit, il est midi, il est tard; il estoit nuit quand nous arrivasmes au giste; quelle heure est-il? il est une heure...; quel jour est-il? il est lundi, mardi... (M. f⁰ 134 r⁰ v⁰).

O. (p. 251): il est matin, il est jour, il est nuict, il est bonne heure, il est tard, „mais on ne dit pas trop: il est soir"; il est une heure, il est deux heures..., il est dimanche, il est lundy..., „pour respondre aux interrogations quelle heure est-il? et quel jour est-il?, par ce que, si on demandoit precisement: quel jour est-ce que vous estes arrivé?, quelle heure est ce qui vient de sonner?, vous respondriez: c'est lundy, c'est une heure, ce sont onze heures ...".

3⁰ „avec les adjectifs substantifiez": il est expedient, licite, raisonnable ... „Et toutes ces formules ont en suite la conjonction que avec verbes finis, principalement, si le propos varie de personne, ou la préposition *de* avec verbe infinitif, quand il n'y a point variation de personne" (M. f⁰ 134 v⁰).

Il esclaire, il gresle, il pleut, il tonne ... „sont absolus, comme en latin", mais on peut dire: il pleut des sauterelles, il gresle des bales, des bales greslent (M. f⁰ 133 r⁰; comp. le chapitre: le verbe impersonnel suivi de son sujet logique).

O. (p. 252) ajoute à ces verbes *il bruine, il neige, il tempeste, il vente,* qui tous, suivant lui, „regissent un nominatif avec l'article au genitif": il gresle des balles de canon, il pleut des cailloux.

Il fait bon, mauvais, beau; seur, dangereux; froid, chaud; sec, humide ... „tirent un infinitif pur apres eux: il fait beau se pourmener, il fait dangereux naviguer en hyver; ou bien absolument: il fait beau, froid, sec, trouble, nebuleux; il fait jour, nuit, vent ..." (M. f⁰ 133 r⁰).

Il fait chaud, il fait froid, il fait vent, il fait clair „se construisent avec les adverbes *assez* et *trop* et demandent la preposition *pour*": il fait trop chaud pour cheminer, il fait assez froid pour demeurer au logis; il fait trop vent pour aller en campagne; il fait assez clair pour lire, „où vous pourrez remarquer que le dit adverbe se met au milieu de la composition. La mesme chose se peut observer en phrase negative": il ne fait pas assez chaud pour estre si peu vestu ...

Il fait beau, il fait bon, il fait mauvais „se joignent simplement à un infinitif": il fait beau aller, il fait bon dormir, il fait mauvais courir de nuict; „le premier toutes fois se peut aussi rapporter à la reigle precedente, et les deux autres, *il fait bon* et *il fait mauvais*, estans mis en signification plus estenduë, comme de chemin, s'y peuvent aussi rapporter": il fait assez mauvais pour ne pas sortir du logis ... [„Toutes lesquelles façons de parler impersonnelles s'entendent ou du temps ou de l'action restrainte par l'impersonnel; car autrement on peut dire personnellement: vous faites bon, c'est-à-dire, vous respondez pour la somme; vous faites mauvais visage et vous faites beau semblant."]* (O. p. 251, 252.) On trouve encore: il se fait tard, il se fait nuict. (O. p. 255.)

Il reste demande, suivant M. (f⁰ 132 r⁰), la conjonction *que* avec le subjonctif ou la préposition *de* avec l'infinitif (il reste que vous façiez ou il vous reste de faire vostre devoir), et, suivant O. (p. 250), la préposition *à* avec l'infinitif (il reste à discourir).

Il (me) semble[1] se construit avec la conjonction *que* suivi de l'indicatif ou du subjonctif (M. f⁰ 132 r⁰; O. p. 256): il vous semble que je suis ou sois si peu advisé (M.); vous semble-t-il que je suis ou que je sois ...? il me semble que vous estes, estiez, avez esté ... (O.), soyez. (O. p. 253.)

Il (me) souvient „demande un imparfait indicatif et le plusqueparfait aussi": il me souvient que j'estois, que j'avois esté; „en terme douteux ou tendant au futur, il y faut un (conditionnel)": il luy est souvenu qu'il seroit tancé. (O. p. 256.)

Il tient, „signifiant stare, à sçavoir destourbier et empeschement, ne reçoit point de datifs (atones), ains (toniques): il tient à vous que vous n'estes sçavant; il ne tiendra pas à moy que ne gangniez, c'est-à-dire, per te stat, per me non stabit quin ...

Mais quand il signifie envie ou volonté, il a les (atones), et apres soy ordinairement *de* et un infinitif, et negativement ou propos de mesme syntaxe plustost qu'affirmativement: il ne me tient pas d'estre marié; il ne leur tiendra plus desormais d'aller à la guerre, c'est-à-dire, non teneor ista cupidine vel voluntate." (M. f⁰ 132 r⁰.)

Il tient „reçoit un datif apres soy: il tient à vous que vous ne soyez bien aise, il ne tient pas à moy que vous ne soyez content. Et remarquez en passant une fausseté de grammaire que j'ay rencontrée en mon autheur, qui veut que l'impersonnel *il tient* signifie envie ou volonté, ... ce qui n'a jamais esté bon en nostre langue, ... et forme des phrases barbares ..." (O. p. 253).

---

[1] *Sembler* se construit aussi personnellement (M. ib. O. ib.), „representant la syntaxe du verbe latin videor, ... et veut datifs (atones) et un infinitif pur ou un nom de qualité": vous luy semblez resver; nous leurs semblons estrangers; que vous semble cette espee ou de cette espee? bonne, ou qu'elle est bonne, ou qu'elle soit bonne (M.); vous luy semblez bon compagnon; tu me semble gentil garçon, ils nous semblent honnestes gens; „d'y mettre apres un infinitif pur, je trouve que la maniere de parler en est assez mauvaise ... et je ne conseille à personne de s'en servir d'ordinaire" (O.).

Il y a. „Nous en usons en matiere de quantité, et ce à trois instances: 1⁰ quand, avec la quantité de la chose, est entenduë une position et situation; 2⁰ une duree temporelle ou quantité de temps; 3⁰ une espace locale ou distance de lieu: combien y a il de perils en la vie humaine? y a il beaucoup d'argent en vostre bourse? y a il de la contenance en vous? [1]; combien y a il que vous estes en France? il y a trois mois que j'estudie en la langue françoise, [2]; y a-il loin d'icy à Paris? il y a cinquante lieuës ... [3]

Brief, cette formule a pour sujet la quantité et le lieu; et où l'un ni l'autre n'est exprimé, lors elle a le monde pour lieu, la nature des choses, et pour quantité des gens, des personnes ..., mais il est necessaire, pour supplément de la matière, que l'autre relative *en* y soit apportee: il y en a qui sont envieux de l'heur d'autruy ...“ (M. f⁰ 133 r⁰.) [Comp. le chapitre des pronoms *en* et *y*].

Il y a „se met au lieu de *sont* en toutes sortes de phrases, et c'est en quoy j'entends les estrangiers manquer à toute heure, car ils disent: ils sont beaucoup de personnes, pour: il y a beaucoup ...“ O. (p. 250). — Il y a longtemps, il y a du malentendu, il y a force gens, sont des „phrases remarquables (O. p. 137).

Il y va: il vous y va de l'honneur; il y va de vostre honneur; il y va de la vie; de quoy y va-il? (M. f⁰ 131 r⁰) — O. (p. 253) admet toutes ces locutions, sauf *il vous y va de l'honneur*, que, suivant lui, il ne faut jamais employer.

(Comp. Brunot, Malh. 424, et Hist. III, 524 et sv.)

Modes du verbe.

Indicatif.

„L'indicatif porte ce nom, comme chacun peut sçavoir, parce que cette mode demontre, enseigne et definit la chose comme certaine, et c'est la clef et le noeud de son usage, et partant les Grecs l'appelent Définissant. Car quand nous parlons de chose certaine et qui est, nous employons les indicatifs, c'est-à-dire les temps qui montrent la chose actuellement existente“ (M. f⁰ 135 r⁰).

Conditionnel.

Conditionnel présent.

On se sert du conditionnel présent, pour exprimer un fait dépendant d'une condition:

„... (Le cond. prés.) semble porter un sens present, quand il vient au consequent de la conditionnelle *si*, qui est une façon de parler extrémement commune et frequente“: vous seriez à present plus à vostre aise que vous n'estes, si vous m'eussiez voulu croire; ce me seroit à cette heure un grand contentement, si j'avois receu ou que j'eusse receu bonnes nouvelles de la prosperité de mes amis (M. f⁰ 143 v⁰).

Le conditionnel présent s'emploie aussi comme „Potential . . ., quand nous voulons insinuer une inclination, aptitude à quelque chose, une volonté, une puissance, un souhait et desir qui nous induit . . .: et nous commençons souvent le propos par ce (conditionnel présent) et le continuons par (l'imparfait du subjonctif moyénant la conjonction *que*": je voudrois que fussiez sage; il souhaiteroit que je creusse son conseil; seriez-vous d'advis que l'Advocat mist en avant une telle raison? . . . (f⁰ 144 r⁰, v⁰). —

(145 r⁰): „Or ce sens potential et inclinatif est cause qu'on luy associe souvent tels adverbes, *bien, mieux, volontiers, facilement, aisement, plustost* et autres de voisine ou aussi de contraire signification, comme *mal, pis, à peine, à regret, envis,* etc.": il vous sieroit plus mal de mesdire, que de vous taire; à peine croirois-je un homme qui m'auroit des-ja abusé. „Ces adverbes ne sont pas tous-jours exprimez, mais en aucunes phrases sousentendus": à voir vos contenances, on diroit que seriez fol; on estimeroit que fussiez en colere. (Comp. les formules optatives.)

Le conditionnel présent comme futur dans le passé.

„(Le conditionnel prés.) porte un sens present . et futur, voire aucunefois supplee un futur, notamment en suite des verbes d'opinion, doute, soupçon, pensee et deliberation ou formules equivalentes". . . . Putabam te mihi credere, vel, mihi crederes, je pensois que vous me creussiez. Mais, je pensois que vous me croiriez, fore ut mihi crederes, vel, te mihi crediturum. Censebam te mihi fore, vel, futurum amicum, je faisois estat que vous me seriez ami. Dixisti te brevi rediturum, vous aviez dit que vous reviendriez bien tost. „Car si l'infinitif, en suite d'un verbe de temps passé, estoit present, nous le rendrions par l'imparfait indicatif: Credidi te emendare mores tuos, j'ay creu que vous amendiez vos complexions; ou bien comme cy dessus par (l'imparfait du subjonctif), que vous amendissiez, etc. Existimaveram te prospere rem gerere, j'avois estimé que vous faisiez ou fissiez bien vos besongnes; . te prospere rem gesturum, que vous feriez.

Semblablement les verbes qui ont le sens tendant à futur, comme *esperer, promettre, deliberer, prevoir, prédire, présager, deviner,* estans en temps preterit, tirent à leur suite (le conditionnel prés.) et quelquefois (le conditionnel passé) et bien sonnent ceux-cy: *ordonner, enjoindre, décreter, arrester, resoudre, juger,* combien qu'aussi ils puissent en leur suite tirer (l'imparf. du subjonctif). (M. f⁰ 142 v⁰, 143 r⁰, v⁰). [Comp. le chapitre des „temps et modes dans les propositions complétives et incidentes".]

Conditionnel passé.

Toutes les deux formes du conditionnel passé peuvent „servir en sens potential", la première „en style de plaidoirie, souvent au sens du (passé défini)": le demandeur dit et remonstre qu'il auroit souvent demandé au deffendeur payement de ses peines et vacations, dont il n'auroit tenu compte et, n'ayant sçeu en tirer raison, auroit esté contraint le faire convenir par devant vous, où auroit esté tant procédé que ... (M. f⁰ 145 r⁰, v⁰).

Subjonctif.

Emploi du subjonctif dans la proposition indépendante.

M. (f⁰ 142 r⁰, v⁰): Dans la proposition indépendante, on emploie le présent, l'imparfait et le plusqueparfait du subjonctif (comme optatif), pour exprimer des „souhaits assez vehements“. Dans des phrases pareilles, où il y a inversion du sujet (pronominal), le subjonctif peut être précédé de la conjonction *que*, et l'imparfait „a un sens comme mixte entre present et passé, voire semble présent“: puisse-je mourir s'il n'est vray; puisse-je devenir aussi riche que vous; honni soys-je si mal j'y pense; qu'eusse-je aussi bien de quoy comme on m'en donne le bruit; que gangné eussiez-vous tant de biens que vous en fussiez content et rassasié ...; aussi bon françois parlast-il dez à présent, qu'il pourra faire d'icy à deux ans, voire quatre.

En 1607 (p. 303), le grammairien avait ajouté la remarque que voici: „... de l'auxiliaire actif nous n'employons, que je sçache, que (l'imparfait ... et le plusqueparfait du subjonctif) en tel sens et langage“.

L'imparfait du subjonctif mis à la place du conditionnel présent.

Suivant M. (f⁰ 145 r⁰), l'imparfait du subjonctif ne peut se mettre „en sens potential“ à la place du conditionnel présent, „sauf que du verbe *aimer* nous mettons en praticque ce (subjonctif imparfait) associé ... des adverbes *mieux, plus cher, plustost*“: nous aimassions mieux vous avoir creus, il nous en auroit mieux pris. „Item *valust*, impersonnellement“: il leur valust mieux avoir esté endormis que d'avoir fait telle folie. [En 1607 (p. 308), M. cherche à établir une différence entre le conditionnel présent et l'imparfait du subjonctif: „*aymasse*, avec l'adverbe *mieux*, exprime les phrases latines *satius esset, optabilius vel prestabilius fuisset*; *j'aymerois mieux* signifie *malim*.“]

O. (p. 198) fait une remarque assez intéressante: „j'advertiray toutes sortes de personnes de ne se pas servir des anciennes façons de parler, comme celle-cy de Montagnes: si j'avois des enfans, je leur desirasse, au lieu de dire: je leurs desirerois ...“[1] Toutefois, „nostre vulgaire se sert de (l'imparfait du subjonctif) à la place du (conditionnel présent)“: Monsieur N. n'est pas party? non, mais il y a longtemps qu'il le fust, si je ne l'eusse retenu; „il est mieux de dire“: il y a longtemps qu'il le seroit.

---

[1] „Je ne touche point à l'excellence du labeur de celuy que j'ay nommé, mais c'est bien le temps le plus mal appliqué qu'on se puisse imaginer ...“ (O. 1632, p. 200). [Comp. Brunot, Hist. III, 579.]

(p. 222): De plus, *devoir* est „excepté de la règle formée“ ci-dessus, „car on dit ordinairement, vous deussiez desja avoir fait, pour, vous devriez ...“

Infinitif.

L'infinitif employé sans préposition.

M. (f⁰ 150 r⁰ v⁰): „Nous appliquons des infinitifs purs aux verbes signifians *volonté, pensee ou permission*, item *appartenans aux sens*, pourveu que les-dits verbes et les infinitifs apres eux ne touchent qu'une mesme personne“: je veux escrire des letres; vous desirez apprendre la langue Françoise ...

O. (p. 199): „... il y a quelques (verbes) qui ... reçoivent (des infinitifs) apres eux sans aucune liaison d'autre particule, et ce sont particulierement les verbes qui denotent *les sens, le mouvement, le pouvoir* et *la volonté*: voir dancer, entendre parler, aller pourmener, venir visiter, pouvoir courir, vouloir faire et autres semblables.“ [1] — (Comp. le verbe *faire*, p. 207.)

Remarque.

M. (ib.): On emploie encore l'infinitif pur, „si lesdits verbes (de volonté, pensée, etc.) sont precedez d'un pronom personnel datif [2] ou accusatif prepositif“: ... si vous m'estimez haïr toute dissimilation, adjoutez foy à mon dire. [3] Dans cette dernière proposition, il s'agit d'une construction analogue à *l'accusatif avec l'infinitif* du latin; c'est ce que M. exprime clairement dans la remarque que voici:

(f⁰ 153 r⁰ v⁰): „L'accusatif chez les Latins est le propre cas au devant de l'infinitif, representant le nominatif des modes finies; nous les pouvons imiter en telle phrase sous les advertissemens qui s'ensuivent:

Si l'accusatif est pronom personnel, ... on le doit placer devant le verbe fini, puis l'infinitif pur: je vous repute avoir autant profité aux bonnes letres qu'autre de ce païs; chacun vous estime avoir attaint la perfection de vertu. En cette disposition, le langage est assez coulant avec les verbes *penser, croire, estimer, cuider, reputer, douter, soupçonner, sçavoir, entendre* et autres de semblable sens; mais on ne s'en peut servir à tout verbe et phrase, parquoy

---

[1] O. (p. 222): „*Penser*, construit immédiatement avec un infinitif, a une force particuliere: il a pensé mourir, c'est-à-dire, il est presque mort; mais si on y met une preposition, il change de sens: il a pensé de faire, c'est-à-dire, il a resolu de faire.“ — (Comp. Brunot, Malh. 443.)

[2] M. semble penser à des phrases comme *je le lui laisse admirer.*

[3] „De cette classe vous pouvez arranger: je veux, je cuide, je pense, je croy, j'ose, je doy, je puis, il faut, je sçay (manque en 1625), j'estime, j'imagine, je semble, je vay, j'oy, je voy, je sen, j'apperçoy, je connoy, j'enten (pour j'oy); je remarque, note, contemple, considere; je laisse, endure, soufre; je permets, quand il est construit avec l'accusatif de la personne, car si vous mettez la personne au datif, il vaudra mieux placer la preposition *de* devant l'infinitif: ... vous luy avez trop permis de prendre ses plaisirs ...“

il faut recourir à une autre maniére de parler qui nous est assez
aisee, changeant l'accusatif en nominatif, et l'infinitif en une mode
finie, premise la conjonction *que*: Fama est te divitem esse, le
bruit est que vous estes riche; falso tibi nunciatum est me tibi
male capere, on vous a faucement rapporté que je vous veux mal;
car de dire, vous estre riche, moy vous vouloir mal, seroit dure-
ment parlé.

Mais si l'accusatif est autre que pronom personnel, l'une et
l'autre maniére nous est familiere: on dit bien vray les mauvaises
paroles corrompre les bonnes moeurs, ou, que les mauvaises paroles
corrompent les bonnes moeurs; je tien cetuy-là faire office de
bon ami qui me reprend de mes imperfections, ou, que cetuy-la
fait, etc." (Comp. p. 172, *il faut*, p. 173, *il fait bon*, etc.)

L'infinitif employé avec la préposition de.

On emploie l'infinitif précédé de la préposition *de*:

M. (f⁰ 150v⁰, 151r⁰): après *craindre* et les verbes „de *deffense
ou empeschement*, comme je deffen, prohibe, dissuade, detourne,
retarde, detourbe, divertis, recule, refuse, differe": je crain d'importuner mes amis; vous m'avez empesché de faire mon profit.
(Comp. Brunot, Malh. 444, 446.)

après les verbes „je commande, enjouis, ordonne, suade, haste,
instigue, encharge, conseille, avance, accorde, entrepren, je m'atten,
vente, diligente, despeche, j'engarde, esmeus, je meus, instigue,
occasionne, presse, approche, excuse, dispense, il suffit" et d'autres
verbes impersonnels qu'on trouve dans le chapitre intitulé ‚construction
des verbes impersonnels' (p. 171; cf. p. 174, *il reste, il tient*).

après certains verbes, pour exprimer „*la cause efficiente ou
materielle*, comme je m'esjouis d'apprendre, je me fasche, ennuye,
esmerveille, esbahi, estonne, soucie, lasse . . .“

„après les noms substantifs ou adjectifs, pour exprimer la
cause mouvante ou *materielle* ou *l'origine, distraction* et *séparation*":
soingneux d'estudier, content de faire plaisir, las de courir, enroué
de crier, envie d'apprendre, loisir d'escrire et autres où les Latins
employent le gerondi en *di*.

D'après O. (p. 242, 243), les expressions suivantes demandent
après elles un infinitif précédé de la préposition *de*:

„Premierement le verbe *avoir*[1] en ces phrases": avoir accoustumé, avoir de coustume, avoir raison, avoir l'entendement,
avoir sujet, avoir envie, avoir besoin, avoir necessité, avoir desir ou
volonté, avoir le loisir, avoir la commodité, avoir le moyen, avoir
occasion, avoir soing, avoir le jugement, avoir le temps; p. exemple:
j'ay raison de vouloir, j'ay le loisir d'estudier, j'ay envie de faire,
j'ay besoin de manger, etc.

Puis „le verbe *être* . . ., lors qu'il est construit avec ces mots"

---

[1] Il n'y a pas de doute que ces expressions ne se construisent de la
même façon aussi sans l'auxiliaire.

aisé, fasché, marry, joyeux, content, (en peine, en terme, en estat, en occasion)*[1]. (Comp. *il est*, p. 173.)

„De mesme (quand il est construit) en ces autres façons de parler“: c'est un plaisir de dormir, c'est un contentement de boire frais, c'est une grand' peine de voir mourir, il est bon de penser à soy, il est à propos de s'informer, il est bienseant ou convenable de parler discrettement, je suis en danger de perir, „et quelques autres (expressions) que l'usage peut fournir“: il est permis de discourir, il est temps de faire.

(„Les locutions composées au moyen du verbe *faire* sont de la mesme nature“: faire cas de, faire estime de, faire conte de, faire estat de, &c.)* —

„Ceux-cy se construisent aussi par le moyen de la preposition *De*“: s'abstenir, achever, s'adviser, advertir, arrester pour resoudre, asseurer, apprehender, s'attendre, commander, conjurer, conseiller, charger, se charger, craindre, defendre, desirer, desister, differer, se diligenter, empescher, s'empescher, s'efforcer, enrager pour avoir un desir enragé, entendre pour vouloir ou penser, esperer, faire semblant, feindre, finir, jurer, mediter, monstrer pour tesmoigner, parler, permettre, procurer, promettre, proposer, presumer, prier, protester, presser, prendre une coustume, refuser, souhaitter, se soucier, tesmoigner.

(„Et de plus avec ces mots, authorité, pouvoir, permission, congé, licence, l'on se sert de la preposition *de*.“)* (O. ib.)

L'Infinitif narratif. — M. (f⁰ 154 r⁰): „Nous usons . . . de l'infinitif non dependant d'un autre verbe, pour signifier une soudaineté et hastivité d'action. . . . On s'en sert assez en la langue latine. Nous mettons ordinairement la conjonction *et* devant, puis la préposition *de* avec un nominatif interposé . . .“: nous chargeons brusquement l'ennemi, et luy de reculer, et nous de le poursuivre; il estoit yvre et se laissa tomber, et chacun de rire.

O. (p. 61): „Nous adjoustons de bonne grace [la préposition *de*] à l'infinitif: de dire que cela soit arrivé de la sorte, de voir qu'il est comme je dis“ (p. 306): „car de croire, car de penser“. (Comp. l'infinitif passé, p. 184.)

L'infinitif précédé de la préposition à.

On emploie l'infinitif accompagné de la préposition à:

M. (f⁰ 151 r⁰, v⁰): *a*) après „tous verbes portans *applique* et *adjointe à quelque çhose*: . . . j'appren à parler françois; vous apprestez-vous à partir? ainsi: j'estudie, enseigne, indui, esmeu, instrui, incite, condui, adresse, appareille, tends, occupe, embesongne, redui, atten, prepare, exerce, pourchasse, parvien, pousse; j'enten, pour je sçay ou pren garde; je poursui, attente, nui, adonne, in-

---

[1] „Le régime de la préposition *de* n'est pas si general que (celui de la préposition à), car il faut necessairement que ce soit d'un verbe avec l'autre pour se rapporter au sens de la particule allemande *zu* . . .“ (Comp. p. 181, n. 2.)

cline, panche, amuse, emploie, applicque, acharne, obstrue, opiniastre, façonne, accomode, approprie, adextre, habilite, adapte,
dedie, destine, consacre, voue, abandonne, expose, commence";
passer son temps à estudier; prendre plaisir à jouer.

b) après „les noms signifians *commodité, utilité, aptitude* ou
au contraire *nuissance et incommodité,* ... et ou le gerondi en
do latin seroit souvent employé, ou la préposition *ad*": diligent à
chercher son profit; facile ou difficile à apprendre; plaisant à haïr;
fort à aimer; prompt et adextre à secourir.

c) „quasi comme les *gerondis latins* en *dus, da, dum*", pour
exprimer „*une puissance non reduite à l'effet*": une maison à loer,
une fille à marier; ou une *nécessité*: ce qui est fait n'est pas
à faire.

d) après l'auxiliaire *avoir,* pour exprimer „*un besoin*": qu'avez-
vous à faire? j'ay à estudier, à escrire. „Et si les temps optatifs
dudit verbe *j'ay* sont employez, ils portent commandement ou
deffence": chacun aye à faire son devoir; le capitaine s'escria que
tous eussent à le suivre et que nul n'eust à se feindre.

e) finalement pour exprimer „*la cause finale*": bailler ses souliers
à refaire, un livre à relier; prendre une terre à labourer, une vigne
à manier, un jardin à façonner.

O. (p. 240—242) reprend, des constructions indiquées par
M., celles que nous avons rangées sous *c)* et *d)*: „j'ay à faire, j'ay à
declarer, j'ay une lettre à escrire, j'ay un mot à vous dire, il n'y a
rien à craindre, il y a moins à faire, il y a beaucoup à profiter,
il n'y a plus rien à perdre; ... estre (ou avoir)* à craindre, estre
(ou avoir)* à redouter ..., c'est toujours à recommencer ..., il
est plus à estimer, il est moins à priser ...."; de plus, il mentionne:

a) les expressions *c'est à* moy à faire, à vous à considerer, à
Monsieur à commander, à luy à se taire, à vous à vous préparer.

b) les expressions *avoir* (avec l'impersonnel *il y a) du contentement, du danger, du goust, du hazard, du plaisir, de la peine à faire
qch.*: il y a du contentement à faire, il y a du danger à parler
de la sorte.

c) les expressions *être aspre, bon* (c'est-à-dire habile), *prest,*[1]
propre, prompt, fait, accoustumé à faire qu. ch.[2]
être le premier, le deuxiesme, le troisiesme, etc., ... le dernier
à faire qch: il est le premier à dire, le dernier à faire.

d) l'expression *je suis icy à attendre.*

e) quelques verbes, qu'on trouvera énumérés dans le traité de

---

[1] P. 245, le grammairien fait cependant observer qu'on dit indifféremment
„*je suis prest de et à vous accorder*".

[2] Comp. p. 180. Donc, on dit: il est aisé *de* faire (impers.), mais: cela
est aisé *à* faire; „ainsi de *mal-aisé, facile, difficile* ... et *suffire*: il suffit de
faire; cela suffit à me contenter". (O. p. 245.)

la préposition à et qui pourraient au même titre trouver leur place ici; nous n'en donnons que trois exemples: s'accoustumer à boire, encourager à suivre la vertu, se prendre à rire.

Ajoutons ici les expressions suivantes citées par le grammairien:

(p. 307): à tout prendre, à tout faire, à tout rompre, à le bien prendre.

(p. 308)*: il n'est pas à se repentir, c'est-à-dire, il s'est desja repenty; il n'est pas homme à faire cela, c'est-à-dire, qui puisse ou veuille faire.

Remarques.

Verbes qui se construisent indifféremment avec l'infinitif pur ou avec l'infinitif précédé de la préposition de.

Tels sont, suivant M. (f⁰ 152 r⁰): „... j'espere, je promets, permets, pretens; j'enten pour je veux; je prie, ... soufre, ... endure, imagine; j'asseure, pleuvi, garanti, daigne, ... crain." (Comp. Brunot, Malh. 443).

Verbes qui se construisent indifféremment avec l'infinitif accompagné des prépositions de *ou* à. (Comp. Brunot, Malh. 445, 447)

M. (f⁰ 152 r⁰): „J'essaye *de* ou *à* faire mon profit; j'exhorte mes disciples *d'*escrire ou *à* escrire; ainsi: je m'efforce, evertuë, peine, travaille, incommode; je tasche, commande, ... recule, differe, semonds, invite, convie, poursui, pourchasse, attente, sollicite, instigue, meus, esmeus, pousse; je regarde, advise, pense, ces trois signifians soingner et prendre garde; j'oblige, j'engage, condamne, concede, facilite, delecte, esbats, resjouis."

O. (p. 243—245) donne une liste de verbes qui, „en la construction *d'un verbe à l'autre*, reçoivent les deux prepositions indifferemment" (p. 245); mais il juge *de* „plus propre et plus ordinaire." [Cependant, „on lie ces verbes tousjours par le moyen d'*à* avec le simple sujet ou la chose"]:

Avoir l'esprit de faire [Avoir l'esprit à son amour, c'est-à-dire, l'esprit attaché ...] De mesme, *avoir le coeur* de faire [avoir le coeur au jeu.] — „*Habitude* porte aussi je ne sçay quoy de different; car on dit, c'est une habitude qu'il a de faire, et, il a de l'habitude à cela".

Conclurre: j'ay conclu de dire [j'ay conclu à cela.] *Convier*: je vous convie de venir [je vous convie à mon festin] „ainsi *d'inviter*, *prier* et *semondre*, qui ont la mesme signification."

Se deliberer: je me delibere de poursuivre [je me delibere à tout ce qui peut arriver.]

Exhorter: je vous exhorte de me croire [je vous exhorte à la devotion.]

Forcer: on m'a forcé de prendre [on m'a forcé à une mauvaise action.]

Se hazarder: je me suis hazardé de commencer [je me suis hazardé à ce danger-là.]

Mouvoir: Qui vous a meu de faire? [qui vous a meu à la pitié?]

Obliger: Je suis obligé de vous aimer [je suis obligé à l'amitié]; je suis obligé *de* et *à* faire.

S'offrir: Il s'offre de prouver [il s'offre à toute sorte de composition.]

S'opiniastrer: il s'opiniastre de parler [il s'opiniastre à son affaire.]

Se peiner: je me peine d'apprendre [je me peine à ce que vous sçavez.]

Être prest: je suis prest *de* et *à* vous accorder.

Pretendre: je pretens de commander [je pretens à la charge de Capitaine. „Il regit aussi l'accusatif": je pretens la charge, &c.]

Se resoudre: je me resouds de fuir [je me resouds à ma perte.]

Estre tenu: je suis tenu de payer [je suis tenu à ma promesse, ou, à ma parole.]

(p. 245): „Les verbes suivans sont aussi dans l'indifference": commencer, essayer, s'estudier, s'esvertuer, manquer, occasionner, oublier et tascher: je commence *de* ou *à* dire; je commence *de* ou *à* vous consoler (Comp. p. 172, *il commence*).

Verbes qui se construisent indifféremment avec l'infinitif pur ou l'infinitif précédé des prépositions à *ou* de.

Tels sont, suivant M. (f⁰ 152 r⁰ v⁰): Contraindre, deliberer, demander, desirer, entreprendre, requérir, resoudre, souhaiter „et leur contraires" abominer, abhorrer, apprehender, dedaigner, mespriser et refuser.

L'emploi de l'infinitif pur ou de l'infinitif construit avec les prépositions de *ou* à *implique des sens différents.*

M. (f⁰ 152 v⁰): venir escrire — d'escrire — à escrire.

entendre parler — de parler — s'entendre à parler.

„Il suffit de vous en avoir donné l'advis, afin d'aiguiser vostre diligence et curiosité."

O. (p. 245): „*On entendra facilement la difference qu'il y a entre *je viens faire* et *je viens de faire*:" (O. ib.).

Venir, „signifiant quelque chose de futur, se met avec la préposition à: cela vient à signifier, cela vient à nous fascher . . ."

L'infinitif précédé de la préposition pour.

M. (f⁰ 154 r⁰ v⁰): „Plusieurs nouveaux en nostre langue abusent bien souvent de la préposition p o u r devant l'infinitif, l'amenans en jeu à tous propos où elle ne convient pas. Nous l'employons devant l'infinitif, pour declarer *la cause finale*, à sçavoir là où l'interrogation se pourroit faire par *pourquoy*": pourquoy estes-vous venu en France? *afin d*'apprendre ou *pour* apprendre . . .; pourquoy ou à quelle fin portez-vous l'espee? *pour* ou *afin de* signaler ma qualité, et *pour* ou *afin de* me defendre au besoin.

O. (p. 246): „. . . le sujet de faire quelque chose, que les Latins expriment par ces mots *alicuius rei gratia*, c'est-à-dire, afin de faire quelque chose, . . . estant (dans la proposition), il faut tousjours user de la preposition p o u r“: je suis venue pour vous dire; je suis allé chez luy pour le visiter; je suis assez puissant pour vous ruiner; je suis trop petit pour vous commander; „de même en plusieurs autres maniéres de parler, où ledit sujet se rencontre, comme quand on devise une matiere“: du satin pour faire un pourpoint, du drap pour faire un manteau, „ou bien le moyen et la voye“: le chemin pour aller à Paris. „Et pour la matiere que j'ay dit, il y a une exception des choses qui se boivent et se mangent, car on dit, je luy donne du vin ou de l'eau à boire, je luy baille du pain ou de la viande à manger. Toutefois, j'ay souvent oüy dire par raillerie: donnez-moy du vin pour boire.“

L'Infinitif substantifié.

M. (f⁰ 154 v⁰, 155 r⁰): „Nos infinitifs nous servent ordinairement de noms substantifs masculins au singulier, leur appliquant toutes sortes d'articles et prepositions, . . . et quelquefois au plurier“: couchez vostre dire par escrit; ne vous arrestez au parler du monde; tout mon pouvoir ne sçauroit acquitter mon devoir envers vous; je connois assez les estres de ce logis; les vivres sont à mediocre prix; les pensers des hommes ressemblent à l'air, aux vens et aux saisons; par bien servir et loyal estre, de serviteur on devient maistre; vous me haïssez sans vous avoir fait déplaisir; sans estudier et peiner, on ne devient point sçavant; sans cultiver et ensemencer, la terre ne produit que ronces et chardons, aussi sans endoctriner les esprits, ils ne foisonnent qu'en vices.[1]

O. (p. 55): „Les infinitifs substantifiez reçoivent l'article definy: le boire, le manger, le dormir, etc.“

L'Infinitif passé.

M. (f⁰ 155 r⁰): „L'infinitif passé, outre ce que dessus, est construit par la preposition *apres*: apres avoir constamment attendu; apres avoir assez connu vostre intention. Les escrivains obmettent quelquefois ladite preposition par une maniere d'eclipse, notamment quand la conjonction *et* ou *donc* precede: j'ay receu vos letres et icelles avoir leuës . . .; Cesar donc estre arrivé à Rome, assembla tout le Senat.“ (Comp., pour l'infinitif, Brunot, Hist. III, 550 et sv., 589 et sv.).

Participe.

Participe présent et adjectif verbal.

Distinction des deux catégories de mots:

„. . . Vous connoistrez le pur *participe*, quand il attribue une

---

[1] Inutile d'ajouter qu'on peut hésiter sur la fonction de l'infinitif lans des phrases où il est construit avec *sans*.

action ou effect sortant du substantif, le pur *adjectif*, quand il attribue une qualité adhérente" (M. f⁰ 156 v⁰).

Accord du participe présent. (Comp. Brunot, Malh. 448, et Vaug. II, 152).

D'après M. (f⁰ 155 v⁰, 156 r⁰), l'accord du participe présent se fait en *nombre*, mais non pas en *genre*: „... retenant la nature de pur participe, (celui-ci) ne semble gueres obligé à suivre le genre du substantif, ains semble plus coulant sous forme masculine, comme estant de commun genre. Quant au nombre, il est meilleur qu'il l'ensuive: la rosee tombant du ciel enfeconde la terre; la terre humant la rosee produit herbes en la saison; les rois affermissent leurs estats, traitans gracieusement leurs sujets; les sujets asseurent leur repos, obeïssans à leur prince; les femmes se fardans rendent suspecte leur pudicité; bien qu'*en plurier feminin* on s'y peut accomoder: les vertus reiglantes la vie humaine sont bien séantes, et les voluptez corrompantes les bonnes moeurs sont tresnuisantes. Toutesfois, en ces termes pluriers, quand le participe regit un cas après soy, je trouverois bon d'user de circonlocution par le relatif et le verbe fini: les vertus qui reiglent et les voluptez qui corrompent."

(f⁰ 159 r⁰): „Vous noterez en passant que nos participes auxiliaires ne sont jamais sous forme feminine, ains tous-jours comme de genre commun: ayant, ayans; estant, estans."

O. (p. 257) veut que le participe présent reste invariable, quand il joue le rôle du gérondif latin (en *do*), et qu'il s'accorde en genre et en nombre avec son antécédent, quand il remplace une proposition relative:

„Ce participe, exprimant le gérondif, ne se doit point obliger à suivre ny le genre ny le nombre du substantif antecedant: ... la terre produisant des fruits, et non pas, la terre produisante ...; les roys asseurent leurs estats, traittant doucement leurs subjects, et non, traittans doucement ...; les femmes se fardant gastent leurs visages, et jamais, les femmes se fardans ...[1] — Je trouve une exception aux temps composez du participe *estant*, car on dit, ces hommes estans entrez; mais ce n'est que pour le masculin et, au feminin, on ne diroit pas, ces femmes estans arrivées."

„Mais s'il est comme relatif, il faut qu'il suive le genre et le nombre dudit antecedant": ... les roys cherissans; ... les subjects obeïssans ...; les femmes attrayantes. „Car alors il prend la nature d'adjectif.[2] Et pour les derniers, il est mieux d'user de circonlocution: les vertus qui reiglent la vie, au lieu de dire, les vertus reiglantes la vie humaine."

Construit avec les différentes formes du verbe *aller* et exprimant ainsi „*une perseverance et continuité d'action*", le participe présent

---

[1] Dans tous ces exemples, on emploierait aujourd'hui le gérondif (avec *en*).

[2] Ce n'est pourtant pas tout à fait ce que nous appellons aujourd'hui adjectif verbal; l'exemple ‚les vertus reiglantes la vie humaine' le prouve.

garde toujours la forme masculine, et „il est indifferent qu'il soit singulier ou plurier": jour et nuit pour ma viande de pleurs me vay soutenant; j'allois racontant mes douleurs; espoir charmeur qui me vas decevant; belle qui me vas martyrant; plusieurs ennemis me vont rongeant ou rongeans. (M. f⁰ 155 v⁰) [cf. Vaug. I, 313].

O., qui hésite sur l'admissibilité de cette construction du participe présent,[1] exige que „ledit participe demeure tousjours au singulier (du masculin)": les douleurs qui me vont affligeant, et non pas, affligeans ou affligeantes (p. 256, 257).

Précédé de en, le participe présent (gérondif) reste toujours invariable, „et la cause de cette construction est parce que ce participe exprime le gerondif en *do* latin": en forgeant on devient forgeron; en vieillissant on apprend tous-jours quelque chose (M. f⁰ 155 v⁰). [Cf. Vaugelas I, 315].

Accord de l'adjectif verbal.

L'adjectif verbal, tel que nous le concevons de nos jours, s'accorde en genre et en nombre avec son antécédent:

M. (f⁰ 156 r⁰, v⁰): „... si le participe (présent) ne sert que d'adjectif, il est tenu de concorder en tout avec son substantif: c'est une vertu bienseante que la modestie; voilà une fort luisante lame et bien trenchante. Où vos noterez d'abondant que, si le participe adjectif devance son substantif, il est tant plus obligé à l'ensuivre de genre ...".

Le participe présent substantifié.

M. (f⁰ 159 v⁰) donne les exemples suivants de participes présents substantifiés: le croissant de la lune; le pendant d'une espee, d'une bourse, d'une montagne; le trenchant d'un cousteau ou d'une espee; le courant de l'eau; le levant, le couchant; les tenans et aboutissans; un assaillant, un deffendant, un soutenant.

Participe passé.[2]

Accord du participe passé construit seul ou avec l'auxiliaire être.

M. (f⁰ 156 v⁰): „... servant d'adjectif, (le participe passé) doit

---

[1] „On faisoit estat autresfois de la construction du participe en *ant* avec le verbe *aller*, comme d'une chose fort elegante: ... je me vay nourrissant, je me vay plaignant, il va racontant ses mal-heurs. Maintenant, beaucoup de personnes ne l'approuvent pas, je la remets toutefois à la discretion de qui s'en voudra servir .."

[2] M. l'appelle „commun": „Or pourquoy j'ay trouvé bon d'appeller ce participe commun, la raison est manifeste et double: premierement, parce qu'il sert en commun à plusieurs et divers temps, lesquels sont composez de l'auxiliaire et de ce participe, qui luy est apposé, comme: j'ay eu, j'avoy eu, j'aye eu, etc.; j'ay esté, j'avoye esté, etc. L'auxiliaire change seulement es temps et personnes, mais ce participe demeure commun.

L'autre raison est que, bien qu'à part soy il ait signification passive, toutesfois, estant joint à l'auxiliaire actif, il constitue des temps actifs, comme j'ay aimé, tu as aimé, j'ay escrit, tu as escrit. Et joint à l'auxiliaire passif, il fait les verbes passifs: ... je suis aimé, tu es aimé, j'estoy aimé, je suis escrit, tu es escrit, j'estoy escrit, etc. ..." (M. f⁰ 96 v⁰, 97 r⁰).

en tout convenir à son substantif: un royaume divisé ne subsistera point, et la cité desunie sera desolee.

Et ainsi tousjours, quand il sert de participe commun avec les verbes passifs, neutres de conjugaison et reciproquez,[1] et ce parce qu'ils ont le verbe substantif *je suis* pour auxiliaire ...": (f⁰ 158 r⁰): de nostre temps sont advenuës choses memorables et en ont esté escrites histoires tres belles à voir; les Gaules furent jadis conquises par Cesar.

O. (p. 257): „Les participes passifs, mis comme adjectifs immediatement apres le substantif, s'y doivent accorder en genre et en nombre: un homme offensé se ressent tousjours; les roys mesprisez se vengent; les femmes importunées se laissent aller bien souvent."

Accord du participe passé construit avec l'auxiliaire avoir.

Le participe passé, construit avec l'auxiliaire avoir, reste généralement invariable; mais il s'accorde avec son complément *direct*, si ce dernier précède, „autrement le langage seroit fautif et soloecisme, n'en desplaise à qui que ce soit" (M.).

M. (f⁰ 156 v⁰, 157 r⁰): j'ay enhuy appris une belle leçon; un tel m'a dit des nouvelles de nostre païs.

j'ay receu les livres que j'avois achettez; vous souviéne de cette leçon que vous avez ouïe et à présent bien entenduë; (on dira en s'adressant à une femme:) qui vous a conduite venant icy? qui vous a advisée d'y venir? (la femme répondra:) un tel m'en a adverti; il m'y a amenée; on m'y a honorablement traitée.

(f⁰ 157 r⁰, v⁰): connoissez-vous les Damoiselles de la Reine? ouy, je les ay longtemps servies[2] et leur ay obeï de bon cœur; je les ay bien aimées,[2] elles m'ont tous-jours pleu pour leur vertu et honnesteté; je leur ay servi de maistre de musique.

O. (p. 258): j'ay veu les habits que vous avez achetez; j'ay receu les lettres que vous m'avez envoyées. — (on dira en s'adressant à une femme:) qui vous a conduite en ce lieu? avez-vous esté bien recuë?

j'ay acheté une espée; j'ay entendu de beaux discours.

avez-vous conneu ces gentils-hommes là? ouy, et je leur ay servy de precepteur; connoissez-vous cette femme-là? non, je ne l'ay jamais veuë. (Cf. Brunot, Malh. 454, et Vaug. I, 289, II, 270).

Le Participe passé suivi d'un infinitif.

M. (f⁰ 157 v⁰): ⁰... „nonobstant l'accusatif, si ledit participe est suyvi de quelque infinitif, il sera indifferent de se conformer à son accusatif ou de demeurer neutre singulier: avez-vous veu la Roine? ouy, je l'ay *veu* parler, ou, je l'ay *veuë* parler à Monsieur l'ambassadeur; avoit-il des-ja fait sa harangue? non, mais je la luy

---

[1] La question de l'accord du participe passé des verbes réfléchis n'est traitée ni par M. ni par O. (Comp. p. 167, *Remarque*).

[2] Dans les éditions de 1618 et de 1625 de la grammaire de M., on trouve, par suite d'une faute d'impression, *servie* et aim*ée*.

ay *oui* prononcer eloquemment, ou, je la luy ay *ouïe* éloquemment prononcer. (1625, p. 330, 331): Faites aussi valoir cette observation à la construction du verbe reciproqué: la damoiselle ne s'est pas *voulu* ou *voulue* fier aux paroles du Gentilhomme."

O. (p. 258) plaide pour l'invariabilité du participe passé suivi d'un infinitif: „. . . gardez-vous (d'accorder le participe passé avec son complément direct précédent), lors qu'un infinitif suit le participe, car alors il le faut laisser au singulier masculin: avez-vous oüy la maistresse? ouy, je l'ay oüy discourir, et non pas, je l'ay oüye . . ." (Comp. Brunot, Malh. 455.)

Remarque.

Le participe passé est attribut d'un verbe transitif.

O. (p. 259): „Une chose qu'il faut aussi considerer, est que maintenant les delicats rejettent quantité de phrases qui passoient autresfois pour fort elegantes: je voy mes affaires reüssies; je pense mes souhaits arrivez. Et c'est parce que le participe des verbes neutres n'a pas fort bonne grace, lors qu'on le veut construire pour temps simple ou temps composé tout entier, car l'auxiliaire y manque en effet et, pour parler plus nettement, il faudroit dire, je voy que mes affaires ont reüssi, il pense que mes souhaits sont arrivez . . ."

Place du participe passé.

M. (f⁰ 57 v⁰): Le participe passé, employé adjectivement, se met après le substantif: un chemin batu et frayé, un livre clos, un huis ouvert, une chambre garnie et tapissee.

Proposition participe.

Le participe remplace souvent des propositions temporelles:

M. (f⁰ 158 v⁰, 159 r⁰): „. . . (les phrases suivantes) nous sont de grand service et expriment les latines . . . de conjonction *cum* vel *postquam* . . . ou d'ablatif absolu, car sçachez qu'en nostre langue le nominatif est le cas absolu, comme l'ablatif chez les Latins . . .": les letres de Cesar ayant esté renduës ou estans renduës; ayant parachevé ces choses; ayant oui ces nouvelles; tu n'as eu cesse, sinon ayant parachevé mon affaire, ou, sinon mon affaire estant parachevee[1]; Hannibal ayant deffait les Romains à la bataille de Cannes, se gasta es délices de Capue; les Romains estans deffaits ou ayans esté batus, Hannibal ayant taillé en piéces les Romains[2]; Cesar arrivant à Rome, approchant de Rome, allant arriver à Rome, toute la ville, tout le païs fut en esmeute, se mit

---

[1] „Nisi perfecta re de me non conquiesti".

[2] „Hannibal, cum in proelio Cannensi Romanos prostravisset, se Capuae delitiis corrupit, ou, coesis ab Hannibale Romanis, ou, deffaits qu'eurent esté les Romains par Hannibal, ou, apres que Hannibal eut deffait les Romains, ou, apres que les Romains eurent esté deffaits par Hannibal, ou, Hannibal, apres avoir taillé en pieces ou deffait les Romains, ou, Hannibal, taillé qu'il eut en piéces les Romains, s'alla gaster és delices de Capue, ou, les Romains avoir esté taillez en piéces par Hannibal, il s'alla apoltronner és plaisirs et voluptez de Capue".

en alarme[1]; Pompee délogeant ou s'en allant, le Senat n'osa demeurer à Rome[2]; quoy entendu[3]; quoy fait[4]; ce fait ou ces choses mises à fin.[5] (Comp. Brunot, Malh. 450.)

Remarques.

1⁰ M. (f⁰ 158 r⁰, v⁰): „(Il y a) des phrases esquelles le participe commence suivi de la conjonction *que*: renduës que furent les letres de Cesar aux Consuls par Fabie; parachevé ou parachevees qu'il eut ses choses. Voyez qu'en termes passifs ce participe s'assujettit tous-jours au nominatif, parce que c'est le sujet patient; mais en termes actifs il est indifferent, à cause que l'accusatif marche apres luy.“

O. (p. 259, 250): achevées que furent mes entreprises; bannis qu'eurent esté les François de ce païs-là; „ces dernieres façons de parler ne sont pas si desagrables qu'on ne s'en puisse servir . . .“

2⁰ Il n'y a que les formes *accentuées* des pronoms personnels, qui puissent servir de sujets à des participes (Comp. p. 93):

M. (éd. de 1625): „. . . jamais on ne peut mettre . . . *je, tu, il, ils* devant les participes, mais *moy, toy, luy, elle, eux, elles*, lesquels néantmoins on peut plus élegamment obmettre, parce que la personne du participe est determinee par le prochain verbe suivant: hantant la Cour, j'ay appris plusieurs civilitez; voyageant en Italie, vous pouvez avoir appris plusieurs antiquitez romaines; navigeant sur la mer, on court de grands risques;“ . . . moy arrivé de Paris, je ne manqueray à vous escrire; eux (ou ceux) partis, nous les suivions à la trace.

O. (p. 257): moy allant à Rome, luy venant de la Cour; „je trouve encor qu'il est mieux d'obmettre (ces pronoms personnels).“ [Comp., pour le *participe*, Brunot, Hist. III, 595 et sv.]

Temps de verbe.
Présent.

„Premierement, on ne se doit point servir du present de l'indicatif, racontant une chose passée dés longtemps, parce que c'est le propre du parfaict definy, et cependant cela se fait quelquefois dans un discours *apres un participe*; par exemple: Monsieur estant arrivé, trois jours s'escoulent, &c.; mais il faut continuer tout son discours par ledit present; de mesme apres un *adverbe du temps*: aussi tost le valet entre dans la salle, dist a la Dame, &c., où on observera tous-jours la dicte continuation, jusques à un changement de sujet. Ce qui servira de reigle generale, pour ce qui touche de suivre un mesme temps en une mesme periode, mais il faut dire, pourveu que la force de l'action ou du temps

---

[1] „Adventante Romam Caesare tota est commota civitas, Cesar pres d'arriver à Rome“.
[2] „Discedente Pompeio non ausus est senatus Romae consistere“.
[3] „Quo audito“.   [4] „Quo facto“.   [5] „Hic rebus peractis“.

n'oblige à y en mesler quelque autre. *[Notez en passant que nous avons une façon de parler où nous mettons le present de l'indicatif pour le futur: il est demain feste, quel jour est-il demain.]" (O. p. 184, 185.) [Comp. Brunot, Malh. 437, et Vaugelas II, 185.]

Imparfait.

L'imparfait s'emploie:

1º „Quand il y a eu *destourbier* et *empeschement* ou *changement*, que la chose commencee n'aye peu estre accomplie; là vous entendez bien que l'imparfait est en son propre droit employ": Cesar dressoit bien la republique romaine et alloit bien mettre les affaires en bon ordre, s'il n'eust esté assassiné; j'allois hier voir Monsieur, mais je rencontray un Gentil-homme qui m'emmena ailleurs; j'escrivois des letres, mais la nuit est survenue et je n'avois point de chandelle (M. fº 136 rº)º — O. (p. 186) donne la même règle, c'est-à-dire, que, „lorsque quelque *empeschement* a destourné l'issuë d'une affaire encommencée, il se faut servir du temps imparfaict": mon valet alloit bien faire de la besoigne, si on ne l'eust empesché; le capitaine alloit faire mettre le feu au village, mais un paisant l'en détourna . . .

2º „Quand on conjoint *deux actions intervenues l'une à l'autre*, c'est-à-dire en mesme temps; or peuvent-elles estre d'égale duree ou à peu près, et lors seront toutes deux en l'imparfait": tandisque vous dormiez, j'estudiois; comme je pleurois, vous riiez et vous mocquiez de moy. „Ainsi parlant vous esgalez la duree des actions ou à peu pres. Elles peuvent aussi estre disproportionnes, l'une de longue duree, l'autre de courte et comprise de la longue; la courte sera mise en (passé défini) et la longue en l'imparfait": lorsque j'arrivay à Paris, le roy y estoit; j'estois à Paris, quand le pont aux musniers cheut; comme un tel fugeoit, il tomba et se rompit la jambe . . . (M. fº 136 vº). — O. (p. 186): „. . . deux actions d'une mesme duree arrivées en mesme temps, il les faut toutes deux mettre à l'imparfaict": lors que vous jouyez du lut, je vous escoutois; tandis que vous dormiez, je desjeunois . . .

3º Pour „declarer une *accoustumance* et *assiduité d'action*, une façon de faire *ordinaire* et *reiterée*":[1] estant à Paris, j'allois tous les jours me pourmener en la sale du Palais; un temps fut que vous faisiez cas de moy; Cesar usoit moderément de ses victoires. „Justin l'Historien commence par quelque quantité d'impersonnels de cette nature, mettant en avant la mode et l'usance de jadis". M. (fº 136 vº, 137 rº) — O. (p. 186): „Quant on discourt des *actions, vertus, habitudes, perfections* et de l'aage d'une personne morte ou qui s'est absentée de nous pour tousjours, il se faut servir de l'imparfaict": cet homme-là dançoit bien, tiroit bien des armes; cette femme-là estoit belle, estoit bonne; elle estoit aagée de dix

---

[1] „Ou un cours et vogue de la chose" (éd. 3).

ans; il avoit trente ans quand il mourut. „Ce qui ne se peut exprimer par aucuns des preterits parfaits, mais bien on se peut servir du plusqueparfait“: il avoit esté toute sa vie à la guerre . . .

Remarque: „Et si l'on parle d'une personne vivante, en pareil sens passé et de chose qui n'est plus, on use du preterit indéfini“: cet homme-là a bien dancé autrefois; cette damoiselle a esté belle. „Ce qui se peut aussi exprimer par l'imparfaict, le temps de durée y estant sous-entendu.“

4⁰ Au lieu du conditionnel passé: O. (p. 186): „J'ay souvent oüy dire en jouant: s'il eust tourné cœur, je le gaignois, ou, je le jouois. En ce cas, il se met pour le (conditionnel passé), je l'eusse gaigné, qui est un temps sans durée.“*

Imparfait et passé (simple ou composé).

M. (f⁰ 135 r⁰ v⁰, 136 r⁰): „. . . par ce que force estrangers abusent souvent de l'imparfait, il est besoin d'en dire; encore à grand difficulté peuvent-ils comprendre sa propriété et difference d'avec le (passé), dont il y a assez pour s'esbahir, attendu la grand difference qu'il y a d'une action finie, achevee ou parfaite et d'une bien commencee, mais non encor finie ou parfaite. Comme ils diront: j'allois hier voir Monsieur, lequel me faisoit bien gracieux accueil, me prioit de demeurer avec luy, au lieu de dire: j'allay hier voir Monsieur, qui me fit . . . et me pria . . .

La difference gist en ce que l'imparfait s'attache à une duree et flux de temps estendu en l'acte qui se faisoit lors dont on parle et n'estoit encor parachevé. Le (passé), au contraire, s'arreste à l'acte fini et parfait, et ce une fois. Car il concerne la fin, perfection et final accomplissement de la chose un coup faite, sans avoir esgard à la duree ou cours du temps pendant lequel elle se faisoit et n'estoit encor faite. En un mot, l'imparfait parle du *fieri* et le (passé) du *factum esse*. Et c'est pourquoy les Grecs ont appellé l'imparfait temps extensif, et les Latins et nous, à leur imitation, temps passé imparfait. Et de fait, le temps est bien passé, mais l'acte n'estoit pas encor parfait en ce temps là. Prenez bien ce point: ja-soit qu'il puisse y avoir longtemps que la chose soit passee et accomplie, toutesfois ce temps imparfait ramene et remet l'entendement de l'auditeur à l'instant courant, lors que la chose se faisoit et n'avoit encor atteint sa fin et perfection . . .“

(f⁰ 137 r⁰): „Les preterits parfaits (passé simple et passé composé) ne regardent que l'acte fait, et non la duree du temps en l'action, et pour ce ne peuvent proposer destourbier ou changement, car ce qui est fait, le conseil en est pris (dit-on communément); point de reïteration, continuation, ni accoutumance, ains sont buttez à une action un coup accomplie.“

(f⁰ 138 v⁰, 139 r⁰): „Quand il n'y a point d'interest pour le sens, de considerer la duree et estendue d'une action se faisant ou seulement l'action faite, sans avoir esgard à sa duree, aussi est-il indifferent d'employer l'imparfait ou le (passé): je vous aimois

d'ouïe de vostre vertu, avant que de vous connoistre plus avant,
et maintenant je vous prise et honore infiniment. Ce propos
insinue un esgard à la duree et continuation de l'amitié. — ‚Je
vous ay aimé du renom de vos purites …‘, icy l'action d'aimer
est seulement insinuée, avec peu d'importance pour le sens. ‚Vous
harangastes mieux hier en l'assemblee où vous fustes que je ne
vous oüy oncques haranguer‘, ici l'acte seulement est consideré.
‚Vous haranguiez mieux hier au conseil ou vous estiez que je ne
vous avois jamais ouï faire‘, cette manière de dire porte l'entendement à l'heure et intervalle de temps durant le haranguement, et
ce n'importe rien pour le sens. ‚Je logeois à Paris chez un
honneste bourgeois‘ est entendue l'espace du temps, ‚je logeay
ou j'ay logé …‘, l'acte seulement regardé, sans empirer le sens.“

O. (p. 185, 186): „Pour bien entendre cecy, prenons un imparfait qui denote une chose qui n'est pas encore achevée, une
durée, une habitude ou coustume d'une personne, et continuant
nostre discours par cet imparfait, il arrivera qu'il nous faudra dire
le temps d'une action brefve, qui se marque d'ordinaire par le
parfaict definy; alors nous ne serons pas obligez de poser tousjours l'imparfaict, ce qui se pourra juger par le discours suivant:
j'estois hier chez Monsieur (voila la chose en sa durée), et comme
je l'entretenois, il me dit (voila l'action brefve) qu'il vouloit partir
dans peu de jours (où l'on rentre dans la continuation de l'imparfaict), ce que je ne luy conseillay pas (voicy un autre parfaict
definy pour le conseil qui est une action qui passe). Tellement
donc qu'à cause de cette briefveté, il ne faut pas tousjours user
d'un mesme temps, mais entrer dudit imparfaict au definy.

Ce sera donc une reigle pour l'imparfaict de ne s'en servir
jamais que pour rapporter la chose en sa duree: je disois hier,
je courois hier, etc., une continuation: lors que j'estois demeurant
à Lion, je beuvois de bon vin; ou bien une habitude: Cesar avoit
accoustumé, Alexandre disoit ordinairement. Mais si c'est une
action brefve ou passante, il faut dire: allant de Paris en Italie,
comme nous estions à Lion, nous beusmes, etc. Cesar dit une
fois en passant, Alexandre commanda à un de ses valets, et ainsi
des autres …“

Passé simple et passé composé.

M. (f⁰ 137 r⁰ v⁰, 138 r⁰ v⁰): „… Pour ce que nous avons
deux (preterits) dont l'usage est different, ensemble de leurs redoublez qui sont comme leurs plusqueparfaits, il faut observer que
les definis (= passé simple et passé antérieur) inferent tousjours
un temps piéça passé et si bien accompli qu'il n'en reste aucune
partie à passer. Et à cette cause requiérent une prefixion et
prenotation de temps auquel la chose dont on parle soit advenue,
et c'est la raison pourquoy je les appelle definis …

Les indéfinis (passé composé et passé surcomposé) signifient
bien un acte du tout fait et passé, mais le temps non si esloingné

qu'il n'en reste encore quelque portion à passer. Ou, s'il est du tout passé et fini, il n'y a point de prefixion au propos, point de nomination de temps. Et c'est pour ce regard que je les appelle indéfinis.

Pour mieux entendre cest usage, il faut considerer que les parties du temps sont *siècle, an, mois, semaine, jour* ou equivalans. Parlans donc d'une chose advenuë, ou on limite le temps par l'une de ces parties, ou on ne le limite point.

1⁰. Si on quote nul terme, vient l'indéfini en usage: le roy a obtenu victoire de ses ennemis, puis leur a pardonné.

2⁰. Mais si l'on assigne quelque certain terme, lors ou (α) il est du tout passé, sans qu'il en reste aucune portion, et vient en service le defini: l'an mil cinq cens quatre vingts et dix, le roy obtint victoire de ses ennemis, gangna la bataille d'Yvri; peu de temps apres, la ville de Paris se mit en son obeïssance. Et, pour cette cause, les recits d'histoires, contes de fables et narrations presupposees comme de choses antiques, se font ordinairement par ce preterit-cy.

Ou bien (β) reste encor à passer quelque portion du temps prefix et nommé, lequel est encor de l'an, du mois, semaine ou jour qui dure encor, et il faut prendre l'indéfini: de nostre siècle sont advenuěs choses memorables; il fait beau voir les histoires qu'on a escrites de nostre temps; cette annee, les vignes n'ont gueres rapporté; ces deux derniers mois, j'ay estudié en la langue françoise; ce printemps icy, ou, le printemps de cette annee a esté fort chaud. Parlans des heures ou parties du jour ou vous estes encore, vous employerez l'indéfini: à matin j'ay esté à l'Eglise, à dix heures j'ay disné, environ midi un mien ami m'est venu voir.

3⁰ Que si nous usons des formules qui signifient bien un temps passé, mais ne contienent aucun mot appartenant audites parties divisantes le temps, il sera souvent indifferant duquel nous usions, defini ou indéfini . . .: au commencement que je m'appliquay, ou, que je me suis applicqué à composer cet œuvre . . .; moy estant dernièrement à Paris, je vi le roy, ou, j'ay veu le roy; revenant d'Italie je passay, ou, je suis passé par Lion; ainsi: *jadis, auparavant, il y a longtemps, oncques, jamais.*

4⁰ *Au temps passé, quelquefois, autrefois, piéça* semblent mieux avec l'indéfini, et aussi, quand nous limitons quelque chose par les parties de nostre aage: en ma jeuesse, durant mon enfance, moy estant aagé de vingt ans, j'ay fait, j'ay dit, j'ay escrit. Bien qu'il y ait peu d'interest. [Éd. de 1607 (p. 296): „Toutefois, un homme d'aage qui feroit un discours de sa vie par ses periodes, pourrait élegamment se servir du defini pour mieux insinuer l'antiquité de ses ans."]

O. (p. 187): „Le parfait definy, generalement parlant, veut une limitation de temps; au contraire, l'indéfiny n'en demande point pour l'ordinaire . . ."

Le definy tesmoigne une action tout à faict passee et dont il ne reste rien à parachever; l'indefiny a quelque chose de plus recent et quelque reste qui doit. suivre . . .: on a ordonné depuis peu de temps . . ., où vous pouvez remarquer une suite à ce commandement et l'action fort recente."

Par la suite, le grammairien reprend les règles de M., en donnant d'autres exemples:

1⁰ p. 187: il y a eu du bruit.

2⁰ α) p. 187: il y eut alors du bruit; p. 188: „. . . si nous parlons d'*hier*, d'*avant hier* ou de *l'autre jour*, on se sert du definy": hier je vis monsieur, j'allay hier, j'entray hier, j'entray l'autre jour . . .; „de mesme dit-on": j'entendis la sepmaine passee, il y a quinze jours que je trouvay, il y a trois sepmaines que je vous envoyay . . . p. 188*: le siecle passé, il y eut de doctes personnages qui escrivirent; on eut bien du vin l'année passée; le mois passé, on eut force pluye; la sepmaine passée fut fort belle.

β) p. 188: „si on vient à mettre un pronom demonstratif devant le temps, alors l'indefiny se pratique": ceste nuict j'ay dormy, ce matin j'ay veillé, j'ay gaigné ceste sepmaine, j'ay appris ce mois cy; [éd. de 1632, p. 322: „Toutefois on dit: ceste année-là on fit, ce jour-là on alla, tout ce temps-là fut employé; mais c'est à cause de la particule *là*, qui tesmoigne un temps esloigné et passé, il y a fort long temps, car *cy* nous represente une chose proche et un reste attaché encore à nous: ces trois dernieres annees-cy on a fait . . ."]. p. 188, 189*: ce siecle a fourny de grands hommes; cette année a esté fort advantageuse; ce mois s'est passé bien gaillardement; cette sepmaine a esté fort pluvieuse; [éd. de 1632, p. 189: de nostre siecle on a escrit, de nostre temps on a veu.]; p. 188: „parlant d'*aujourd'huy*, il faut user de l'indefiny et jamais du definy: j'ay fait aujourd'huy, j'ay veu aujourd'huy . . ."

3⁰ p. 189: au commencement je me suis mis à faire, ou bien, je me mis; „de mesme avec ces autres: *allant, revenant, auparavant, il y a longtemps, jamais*": je ne vous ay jamais veu — je ne vous vis jamais; il y a long-temps que je vous ay veu — il y a long-temps que je vous vis en un lieu.

p. 188: „On dit: il y a quinze ans qu'on a ordonné de cela, et, il y a quinze ans qu'on ordonna de cela; où vous voyez qu'au premier, aussi bien qu'au dernier, le temps est specifié; le secret est que l'un denote simplement l'action et non pas le temps, et l'autre le temps de l'action et non l'action simple, ce qu'on peut observer en toutes sortes de pareilles occasions."

4⁰ p. 189: „(Le passé composé) se met avec ces formules *au temps passé, quelquefois* et *autrefois*": au temps passé on a tousjours voulu, quelquefois on a creu, autrefois on a conneu, etc. . . ."

De plus, O. (p. 189) fait remarquer

qu'„en phrase negative on ne se peut servir que de l'indefiny, lors qu'on y met le temps, et sans le spécifier aussi: il
y quinze jours que je ne vous ay veu; ce qu'on ne peut dire
par le definy. La seule exception de ceste remarque est au mot
de *jamais* . . .".

*„Parlant de la naissance d'une personne qui vit, nous employons
le parfaict indéfiny": le roy Louys XIII est né au mois de Septembre
de l'an 1600 . . . [Comp. Brunot, Hist. III, 582].

Plusqueparfait, passé antérieur et passé surcomposé.

M. (f⁰ 139 r⁰ v⁰, 140 r⁰ v⁰, 141 r⁰ v⁰): „Notre plusqueparfait
n'a aucune particuliére observation, respondant entiérement en
usage à celuy des Latins et Grecs; la difficulté est de bien prendre
la difference de luy et des redoublez (= passé antérieur et passé
surcomposé), qui sont especes de plusqueparfaits, servans tous à
declarer une action du tout faite et ja accomplie avant la sur-
venuë d'une autre. La difference nous est aisee, tant et plus en
l'usage et intelligence, mais extremement difficile à exprimer par
discours et (à) donner à entendre aux autres":

Le plusqueparfait étant formé à l'aide de l'imparfait, „il retient
de luy une extension de temps sans limitation", c'est-à-dire il
s'emploie pour exprimer qu'une action a été accomplie avant une
autre, mais sans que l'intervalle qui sépare les deux actions soit
précisé: j'avois desja composé mon livre, quand vous estes arrivé
en cette ville; „par là est bien signifiee la composition toute para-
chevée avant l'arrivee, mais non combien de temps paravant.
Et en cette façon de parler, on ne mettroit pas bien un redoublé . . ."

„Le plusqueparfait . . . apportera aussi un sens de continuation
d'action ou reïteration ou d'ordinaire coustume": estant à Paris,
quand j'avois employé la matinee aux exercices, le surplus du jour,
je le donnois à entretenir mes amis; si tost que j'avois disné,
j'allois faire des visites. „Tout de mesme, si vous commencez par
le participe commun . . .: visité que j'avois mes amis, je me retirois
tout doux au logis, pour vacquer quelques heures aux estudes;
et les redoublez ne regardent qu'une seule action. Et notez sur
ces exemples que le plusqueparfait conclud son propos par l'imparfait, comme les redoublez par les preterits parfaits . . . *Desja*
convient en sens affirmatif comme *encor* au sens negatif du plusqueparfait: je n'avois pas encor achevé de composer cet oeuvre,
que chacun me le demandoit. — Item, le plusqueparfait souvent
insinue un destourbier ou changement, . . . comme l'imparfait:
j'avois deliberé d'estudier en Theologie, mais on me l'a dissuadé;
j'avois exsecuté mon entreprise, si la sentinelle ne m'eust découvert;
j'avois bien gangné la bonne grace de mon maistre, sans la flaterie
des envieux et n'eust esté les mesdisans . . ."

Le passé antérieur et le passé surcomposé, „empruntant l'aide d'un preterit parfait, inferent un but et fin de l'action", c'est-à-dire qu'ils s'emploient, le *passé antérieur* par rapport au *passé simple,* et le *passé surcomposé* par rapport au *passé composé,* pour marquer qu'une action (non répétée) s'est accomplie *immédiatement* avant une autre: j'ay eu composé mon livre, si tost que vous estes arrivé; „par là est entendue la composition parfaite à l'instant de l'arrivee"; j'avois disné quand je vous vi, „icy ne sçait-on combien auparavant; mais ‚j'eu disné quand je vous vi', c'est, je fini, je cessay à l'heure, ou bien il peut signifier que l'on perdit à l'instant tout appétit, volonté ou intention de disner, c'en fut fait." Mais le „plus frequent usage (du passé antérieur et du passé surcomposé) est après quelques formules d'adverbes qui suspendent le sens et insinuënt une suite, comme *quand, lorsque, apresque, depuisque, sitosque, incontinentque, sondainque* et autres de semblable sens": quand Jesus fut né; apres qu'Herodes fut mort; comme il eut jeusné quarante jours; si tost que j'ay eu disné, je vous suis venue voir.[1] — „J'avois appris la langue latine dez ma jeunesse, puis on me poussa à la Philosophie; en ce propos n'y a moyen de ranger un (passé surcomposé) lequel (dans la proposition principale) prend pied à la fin de l'acte et insinue une soudaineté et subite action, (surtout) quand (la proposition dépendante est introduite par) ces formules *dezque, premierque, avantque, quand, sitosque,* . . . *plustosque*": . . . il a eu plustost appris la langue françoise que je n'eusse pensé; avant que vous fussiez levé, il a eu escrit trois missives; il a eu dit premier que pensé . . . — „Nous usons encor (du passé antérieur et du passé surcomposé) . . ., comme on peut faire de tous les autres temps finis composez d'auxiliaires [voir p. 189], mettant le participe commun le premier, puis la conjonction que, puis l'auxiliaire et le nominatif devant ou apres luy, si c'est un nom; mais si c'est un pronom, il doit preceder l'auxiliaire, et prenez garde à cet ordre: arrivé que Cesar fut, ou que fut Cesar; finie qu'il eut sa harangue; receues qu'ils eurent ces nouvelles; haussees qu'on eut les voiles . . ."

O. (p. 190, 191): „Le *plusqueparfaict* n'a rien de difficile en son application, on peut (le) construire après toutes sortes d'autres temps . . .; . . . si on veut tesmoigner une action brefve, on y mettra le definy: j'avois achevé de disner quand vous arrivastes; si on exprime une durée, on continue le discours par l'imparfaict: estant en Italie, quand j'avois disné, je m'allois pourmener; et en ceste occasion, on y met ces adverbes devant: *desque, quand, sitosque, lorsque,* etc."

„(Le plusqueparfait et le passé surcomposé) peuvent inferer tous deux un but et fin d'action, mais le plusqueparfait emprunte

---

[1] „Mesme sens se peut apporter par nostre participe passé: Herodes estant mort; luy ayant jeusné; ayant eu disné; ayant eu congé . . ."

les imparfaits auxiliaires pour sa composition et contient une extension de temps sans insinuation de l'instant auquel l'action s'est finie, et le (passé surcomposé) emprunte l'aide du preterit parfait et insinue que l'action s'est finie et accomplie à l'instant que l'autre est survenue, et non pas auparavant: j'avois disné lorsque vous estes arrivé; icy l'instant n'est point denoté; ... j'ay eu achevé si toşt que vous avez paru, cette façon de parler monstre l'achevement lorsque la personne s'est presentée ..."

(p. 189): „(*Le passé antérieur et le passé surcomposé*), qu'on met apres les adverbes *quand, lorsque, apres que, depuis que, sitost que, soudain que, incontinent que* et autres semblables, gardent les mesmes reigles (que le passé simple et le passé composé), selon que le sens definy ou indéfiny le porte": quand il eut osté, quand il eut esté, si tost qu'il eut fait; — quand il a eu disné, lorsqu'il a eu achevé ..."

(p. 190): „Pour certaines phrases qui imitent l'Italien, comme, arrivé qu'il fut au logis, achevé qu'il eut son discours, ... on en peut user quelquefois, mais je ne les trouve pas si propres à nostre langue ny si fort elegantes" (voir p. 189).

Futur antérieur.

Le futur antérieur marque l'antériorité d'une action à venir par rapport a une autre action également future, qui peut être exprimée par un verbe au futur, par un verbe à l'impératif, „ou autrement selon que le sens et intention du diseur pourra porter": quand j'auray achevé cet œuvre, je le communiqueray ... „Je leur ay souvent ouï user de ce langage, parlans à la servante du logis: *fille, tantost quand nous avons fait icy, venez faire la chambre*, là, où nous dirions, *quand nous aurons fait icy.* Cette enallage de temps nous sonne fort dur à l'oreille pour deux causes: la première, qu'ils usurpent un preterit pour un futur, qui semble n'avoir gueres de convenance; la seconde, que ces manieres de dire, subjoingnans l'indéfini, ... nous insinuënt une façon de faire coutumière et ordinaire, comme si nous disons: apres que je suis levé, je vay au manege; quand j'ay disné, je vay me pourmener. Nous entendons nostre coutume journelle, comme nous nous comportons ordinairement." (M. f⁰ 146 r⁰.)

Concordance des temps.

„Tant y a qu'il vous faut tenir une fois pour toutes cette reigle, que les conjonctions conjoingnent tous-jours temps semblables, à sçavoir, un present tire apres soy un present ou un futur, si le sens le demande, et un preterit un autre preterit, combien que telle pourroit estre l'exigence du sens qu'un present appeleroit en sa suite quelque autre temps que ce soit, comme ayant sympathie à tous les temps." (M. f⁰ 143 v⁰.)

O. (p. 197): „Les conjonctions joignent tousjours des temps

semblables, bien que le sens pourroit estre tel qu'un present appelleroit à sa suite toute autre sorte de temps, comme ayant sympathie avec tous. — De plus, les temps composez attirent et sont attirez volontiers par les mesmes qui attirent leurs simples ..."

Temps et modes dans les propositions complétives et incidentes (relatives).[1]

Règle générale:

M. (f⁰ 146 v⁰): „... si nous parlons de chose certaine et qui est reelement et de fait, apres la conjonction *que* ou les relatifs *qui, que, lequel, dont,* viendront verbes indicatifs, suivant la nature indicative de montrer ce qui est actuellement.

Au contraire, si nous parlons de chose non reelement existente, mais d'une condition ou qualité demandee à la chose pour la distinguer et determiner, apres ladicte conjonction viendront temps optatifs (= subjonctif et conditionnel)". (f⁰ 149 v⁰, 150 r⁰): C'est généralement le cas après des „propos interrogatifs, conditionnels, dubitatifs, ... partitifs" et après „les negatifs qui n'ont point à leur suite le demonstratif *ce*, lequel, le plus souvent, aime l'indicatif, à cause qu'il demonstre tousjours une chose certaine".

O. (p. 191; p. 197) reprend ces remarques de M., et cela presque dans les mêmes termes.

Règles spéciales:

1⁰. pour les propositions dépendantes des verbes *affirmer, appercevoir, asseurer* (manque dans M.), *confesser* (manque dans M.), *consister, considerer, contempler, discerner, distinguer, entendre* („pour *sçavoir* et *ouir*" [M.]), *gouster, juger* („pour *discerner* ou *reconnoistre*" [M. et O.]), *maintenir* et *soutenir* („pour *asseurer* et *tenir*" [M.]), *narrer, noter, ouir, ramentevoir, raconter, reciter, reconnoistre, regarder, savourer, sçavoir, sentir, se souvenir, taster, tenir* (manque dans M.), *toucher* (manque dans O.), *trouver, voir* „et de tous autres verbes, formules ou phrases de mesme sens, qui posent la chose avec certitude" (M.; — O.: „et de tous autres verbes et phrases de mesme sens ... qui posent la chose avec certitude ou qui monstrent la chose actuellement existente"). (M. f⁰ 147 r⁰; O. p. 191, 192):

Après les verbes précédents, le verbe de la proposition subordonnée se met en général à l'indicatif (M. f⁰ 147 r⁰; O. p. 193, 194).

Exemples: M.: je sçay bien que vous estes de mes amis; on m'a acertainé que le Turc a esté defait et repoussé par l'empereur; j'ay entendu que vous avez ouï nouvelles de la part de vos amis; on apperçoit aisément dont vient le mal.

O. est plus explicite: „le present de l'indicatif ... reçoit apres

---

[1] Comp. Brunot, Malh. 439 et sv., Hist. III, 564 et sv., 585 et sv., et Vaugelas II, 92, 402, 429.

soy tous les temps indicatifs: je sçay que cela est, estoit, fut, a esté, avoit esté, sera." — „L'imparfait reçoit apres soy un autre imparfait et un plusqueparfait: je voyois bien que cela estoit ou avoit esté."[1] — „Les deux parfaits, les redoublez et le plusqueparfait reçoivent un imparfait et un plusqueparfait indicatif: je conneus que l'on vouloit ou avoit voulu; j'ay sçeu que l'on desiroit ou avoit desiré; j'avois apperceu que l'on alloit ou estoit allé. ... Notez de plus que le parfait composé reçoit tous les temps indicatifs selon que l'occasion s'en presente." — „Le futur reçoit tous les temps indicatifs (y compris le futur passé): je connoistray que l'on veut, que l'on vouloit, voulut, avoit voulu, voudra, aura voulu ..."[2]

Mais le verbe de la proposition subordonnée se met au conditionnel (présent ou passé), „quand le sens tend à futur et est conceu en temps preterits; ... et ce (conditionnel) a une vertu indicative" (M. f⁰ 147 v⁰).

Exemples: j'estois asseuré que vous apprendriez bien; j'ay reconnu que vous gangneriez sur cette marchandise; je me suis bien apperceu que vous auriez receu mauvaises nouvelles.

La remarque correspondante d'O. (p. 193), constatant que, dans la proposition dépendante, on emploie le conditionnel (présent ou passé), quand le sens tend „au futur avec *incertitude*",[3] semble indiquer que le grammairien a en vue le conditionnel dans son emploi propre, et non pas, comme M., le conditionnel pris comme futur dans le passé. [Comp. le chapitre „le conditionnel comme futur dans le passé".]

Cette supposition se trouve confirmée par les exemples suivants, donnés par O. en 1632 (p. 195): J'estimay qu'il faudroit ou auroit fallu partir incontinent apres; „ce qui se peut aussi bien exprimer par les temps indicatifs: je creus qu'il falloit ou avoit fallu, etc. ...; et ce dernier sera tousjours plus doux."

„Si le propos principal est interrogant, conditionnel ou negatif, ... après la conjonction *que*, l'indicatif ou (le subjonctif) sont indifferans; ... il y a pourtant tousjours cette difference que l'indicatif, suivant sa nature, pose la chose comme pour vraye, et partant, les *relatifs* ne tirent en leur suite que les temps indicatifs".

Exemples: je ne sçavois pas que vous estiez ou fussiez de mes parens; si vous reconnoissez que l'on vous fait ou face plaisir; trouvez-vous que le soleil vous nuist ou nuise à la veue?

„Un (conditionnel) conviendroit, si le sens tendoit au futur:

---

[1] Mais quand l'imparfait est précédé de *si*, c'est-à-dire quand il est employé dans une phrase conditionelle, „il demande un (imparfait ou plusqueparfait) du subjonctif": si vous connoissiez que son discours fust ou eust esté veritable. (O. 1632, p. 205).

[2] „Mais pour le sens entièrement futur, il en veut tousjours un autre": vous verrez bien comme tout passera (O. p. 1632, p. 196).

[3] La remarque „avec incertitude" manque en 1632 (p. 194).

vous estiez bien asseuré que je ne faudrois pas à ma promesse?" (M. f⁰ 147 v⁰). —

O. (p. 193, 194): „. . . en phrase negative, conditionnelle, interrogative et partitive, le sens tendant au potentiel ou à l'incertitude, ensuite de la conjonction *que,* (le) present reçoit apres soy un present ou un (passé du subjonctif): je ne sçay pas que cela soit ou ait esté; apres les *relatifs* en pareille phrase, le ... present de l'indicatif reçoit apres soy tous les temps (du subjonctif) ...: je ne connois point d'homme qui veuille, qui voulust, qui ait voulu, qui eust voulu ..." [1]

Les temps du passé reçoivent après (eux) l'imparfait ou le plusqueparfait du subjonctif: je ne sçavois pas que l'on voulust, ou, eust voulu faire; ... je ne sceus pas que l'on pensast, ou, eust pensé ... [2]

„Le futur reçoit le present (ou le passé du subjonctif)": je ne verrai pas que l'on veuille ou que l'on ait voulu.

Quand le verbe de la proposition principale est au conditionnel, [3] le verbe de la proposition subordonnée peut se mettre à tous les temps de l'indicatif. Mais „si ce dernier verbe ... tend au potentiel ou à l'incertitude", le conditionnel présent „reçoit un autre (conditionnel présent) ou un (conditionnel passé de la première forme)", et (le conditionnel passé) un autre (conditionnel passé des deux formes indifféremment). (O. p. 194, 195.)

---

[1] „Ce qu'il y a ... à considerer pour eviter une confusion, c'est que la phrase negative, parlant de chose presente et qui est necessairement et sans aucun doute, ne demande qu'un temps indicatif": il ne voit pas un homme qui est proche de luy, il ne connoist pas que cela est ainsi; „où vous voyez bien qu'il n'y a rien de douteux ou esloingné comme aux autres exemples que j'ay apportez parlant des autres temps, comme, je ne voy point d'homme qui veuille (cela s'entend de chose douteuse pour ce qui regarde la volonté de l'homme), et de plus, il y a un sens aucunement futur ou qui presuppose un esloignement d'action. Vous l'entendrez encore mieux par cet autre exemple, ... vous ne voyez pas là un homme qui dance; en cette occasion, où l'action est presente, je me sers du present du l'indicatif; autrement, si l'action n'est pas presente, je doibs dire (au subjonctif): je ne vois poinct icy d'homme qui veuille dancer, ou, qui dance. Ainsi, pour le sujet de ceste incertitude, on dit, si j'ay quelque chose qui soit digne de vous, et non pas, qui est digne de vous" (O. 1632, p. 197).

[2] Mais avec (le passé simple) „il faut une ... negative pour l'optatif (le subjonctif); car pour la conditionnelle (*si*), l'imparfait de l'indicatif est plus à propos: si vous conneustes qu'on vous faisoit tort, et non pas, qu'on vous fist tort" (O. 1632, p. 195). — Cette remarque, d'ailleurs très fine, n'était à propos que dans l'édition première, où O. constatait simplement, sans ajouter l'observation „le sens tendant à *l'incertitude*", que, „si le propos est interrogatif, conditionnel ou negatif, on peut user de (l'indicatif ou du subjonctif) indifferemment". — Suivant la même édition, qui, sur tout le chapitre présent diffère beaucoup de celle de 1640, on peut employer le subjonctif du passé indéfini après l'indicatif du même temps: je n'ay point conneu d'homme qui voulust, aye voulu, eust voulu" (p. 196).

[3] Mais si ce conditionnel est précédé de *quand,* „il reçoit les temps indicatifs et les (subjonctifs) hormis le présent: quand je connoistrois qu'on veult, vouloit, a voulu, avait voulu, qu'on voulust, ait voulu, eust voulu faire mon proffit; quand je croirois que l'affaire est, estoit, fut, a esté, avoit esté, sera, fust, ait esté, eust esté bien gouvernée ..." (O. 1632, p. 205).

Quand le verbe principal est au subjonctif, „le verbe de la proposition subordonnée reçoit tous les temps indicatifs"; mais „si ce dernier verbe tend au potentiel ou à l'incertitude, le present reçoit apres soy un autre present (du subjonctif): Dieu veuille que je voye que vous craigniez; l'imparfait ... un autre imparfait ou plusqueparfait (du subjonctif): pleust à Dieu que je conneusse que vous voulussiez ou eussiez voulu; le passé composé un autre passé composé (du subjonctif), et le plusqueparfait un autre plusque-parfait (du subjonctif également). (O. p. 194, 195.)[1]

2⁰. pour les propositions dépendantes des verbes *avoir opinion, croire, cuider* (manque dans O.), *douter, s'ennuyer* (manque dans O.), *estimer* („pour *penser*" [M. et O.]), *s'esbahir, s'esjouir* (manque dans O.), *s'esmerveiller, s'estonner, estre aise, déplaisant, joyeux* (manque dans O.), *marri, imaginer* (*s'imaginer* suivant O.), *opiner, penser, se resjouir* (manque dans M.), *soupçonner, tenir* („pour *croire*" [M. et O.]), „*et des autres de mesme sens où y a esmotion d'esprit entre asseurance et incertitude*" (M.; O.: „*et des autres verbes qui ont un sens entre asseurance et incertitude*"). (M. f⁰ 147 v⁰, 148 r⁰; O. p. 192.)

Tous ces verbes, „apres la conjonction *que* ou *les relatifs* reçoivent verbes de mode indicative ou optative (= le subjonctif et le conditionnel) quasi indifferemment": il pense que l'on le craint ou craingne, on croit qu'un tel est ou soit homme de bien. — „Usant d'un (conditionnel), le sens va au futur": j'avois opinion que vous tiendriez mon parti. — „En termes negatifs, conditionnels et interrogatifs, on y peut aussi apporter l'indicatif; mais la vérité est que (le subjonctif) y est plus vif et de meilleure grace": soupçonnez-vous que l'on vous veuille mal? ne cuidez pas que l'on vous soutiéne en vostre tort; si vous croyez que l'on vous haïsse, vous vous abusez. — Quand le verbe principal est au conditionnel, „apres la conjonction *que* ou les *relatifs*, le present indicatif, (le conditionnel présent et l'imparfait du subjonctif) semblent rendre mesme sens, quoyque ce soit si peu differant qu'il n'y a point d'interest pour l'intention du diseur": je penserois, voyant vostre complexion, que vous estes, fussiez ou seriez colere; j'aurois opinion que vous aimez, aimissiez ou aimeriez les bonnes letres. (M. f⁰ 148 r⁰ v⁰.)

O. (p. 195, 196): Les verbes précédents „reçoivent les temps indicatifs et optatifs (= le conditionnel et le subjonctif) presque in-differemment. C'est icy l'opinion de Maupas;[2] mais je treuve de plus, lors qu'ils tendent entierement à la certitude, qu'ils doivent attirer apres soy les temps indicatifs; par exemple, si je croy une chose avec asseurance, je suis obligé de dire, je croy que cela soit.[3] — Ob-

---

[1] L'emploi du subjonctif n'est indiqué, en 1632 (p. 200), que pour les propositions relatives (Comp. p. 204).

[2] Et celle d'Oudin lui-même, d'après son édition de 1632 (p. 194); la différence suivante n'est faite qu'en 1640.

[3] Après un futur, „le subjonctif est plus recevable: j'estimeray que cela vienne de vous; je douteray que vous vouliez revenir. En sens tendant au

servez donc pour ceux-cy, lors qu'ils tendront à l'asseurance, tout ce que j'ay dit des precedens (sous 1⁰); et s'ils penchent tout à fait à l'incertitude, suivez les reigles des verbes du troisiesme ordre (données ci-dessous sous 3⁰).

3⁰ pour les propositions dépendantes des verbes *adviser* („pour *soingner* et *prendre garde*" [M. et O.]), *avancer, avoir soin, commander, conseiller, encharger, enjoindre, haster* (manque dans O.), *induire, instiguer, mettre ordre, mettre peine, moyéner, ordonner* („pour *commander* [M. et O.]), *pourvoir, persuader* (manque dans M.), *prendre garde, regarder* („pour *soingner et prendre garde*" [M. et O.]), *soingner, suader* (manque dans O.), *tenir la main, voir* („pour soigner et prendre garde" [M. et O.] et des „*autres verbes et phrases portans impulsion ou pourvoyance à quelque chose*" (M.), de même que des verbes „*contenans volonté, desir, permission, necessité* et contraire signification", comme *accorder* (manque dans O.), *appréhender* („pour *craindre*" [M. et O.]), *abhorrer, consentir, craindre, deffendre, demander, démouvoir, désirer, destourner, differer, dissuader, divertir, empescher, endurer, entendre* („pour vouloir" [M. et O.]), *faloir, ignorer, inviter, nier, permettre, pourchasser, prier, prohiber* (manque dans O.), *reculer* (manque dans O.), *refuser, requerir, retarder* (manque dans O.), *semondre, souffrir, souhaiter, tolerer, vouloir*. (M. f⁰ 148 v⁰, 149 r⁰; O. p. 192 réunit tous les verbes précédents dans une seule liste de verbes „*qui portent la chose avec incertitude ou qui monstrent une condition et qualité requise pour la distinguer et determiner*".)

Après les verbes précédents, le verbe de la proposition subordonnée se met au subjonctif (M. f⁰ 148 v⁰; O. p. 196, 197).

Exemples: M.: on vous avoit bien conseillé que pourveussiez d'heure à vos affaires; ... vous plaist-il que je vous tiéne compagnie? j'ignore que vous puissiez faire ce dont vous vous vantez; il dédaigne que je luy aidasse. — O. est plus explicite: „le present de l'indicatif reçoit apres soy un present ou ... un passé (composé du subjonctif)": je veux que cela soit ou ait esté. — Les temps du passé „reçoivent (l'imparfait et le plusqueparfait du subjònctif)": je commandois que l'on fist; je voulois que l'on fust, que l'on eust esté.[1] — „Le futur reçoit un (présent du subjonctif)": je commanderay que l'on fasse.[2] — „Le présent et le passé (composé du *subjonctif*) reçoivent apres eux un autre present ... et un autre passé (composé du même mode)": Dieu veuille qu'il

---

futur, l'un et l'autre sont bons: je m'imagineray bien que cela ira ou doive aller; qui s'imaginera que cela se sçaura ou se sçache" (O. 1632, p. 198).

[1] „Mais si on parle de chose absolûment passée, il faut mettre, après le passé composé, (le subjonctif du passé composé): il a fallu que j'aye fait; il a voulu qu'on aye dit, qu'on soit allé"; mais ce n'est le cas que pour les verbes „qui presupposent une volonté, permission ou necessité et les autres de contraire signification", et non pour ceux qui ont „force de commander, induire ou pourvoir à q. ch." (O. 1632, p. 196).

[2] „Et prenez garde icy que le futur de l'indicatif n'a pas tant de grace, car, je me mettray ordre que vous serez payé, ne se dit gueres (O. 1632, p. 198).

craigne que l'on dise ou que l'on ait dit. — L'imparfait du subjonctif et le conditionnel présent „reçoivent“ l'imparfait et le plusqueparfait du subjonctif: pleust à Dieu que l'on commandast que
je fisse, que l'on voulust que j'eusse fait; je voudrois que l'on
allast, ou, que l'on fust allé.[1] — Le plusqueparfait du subjonctif
„reçoit un autre (plusqueparfait du subjonctif)“, et le conditionnel
passé le plusqueparfait du subjonctif ou le conditionnel passé (de
la première forme), [le plusqueparfait du subjonctif seul, d'après
l'éd. de 1632 (p. 203).]

„Ceux (des verbes précédents) qui ne signifient que simple
pourvoyance, sans autre impulsion, peuvent avoir en suite les temps
indicatifs, et nommément le futur, et aussi le (conditionnel présent):
je donneray ordre que vous soyez, ou, serez contenté“ (M. f⁰ 148 v⁰).[2]

Les verbes *accorder*, *consentir*, *endurer*, *permettre*, *souffrir* et
tolerer „peuvent appeller ensuite le futur indicatif ou (le conditionnel présent), si le sens y incline“ (M. f⁰ 149 r⁰)⁰.

Remarques. — Les verbes „contenans *volonté*, *désir*, *permission*,
necessité et contraire signification, ... regissent mieux et plus élegamment
apres eux l'infinitif, quand eux et ledit infinitif concernent une mesme
personne: je veux estudier, vous desirez sçavoir la langue françoise,
je pense l'entendre. Ou bien, quand ils sont precedez d'un pronom
dat. ou accus. prepositif: je vous prieray d'aimer la vertu; on m'a
tousjours conseillé d'ensuivre les gens de bien ... Ainsi parlant,
l'infinitif concerne la personne du plus prochain pronom.“ (M.
f⁰ 149 v⁰.) [Comp. le chapitre de l'infinitif.]

„Plusieurs verbes ont divers usage et sens, et selon cela ont
diverse syntaxe, comme *dire*, *adviser*, *voir*, *regarder*, *entendre* et
beaucoup d'autres qui appartiénent ou à une reigle ou à une autre,
selon le sens different auquel ils sont employez“ (M. f⁰ 148 v⁰,
149 r⁰). [Éd. de 1607 (p. 316): „*Dire* se prend aucunefois en sa
simple signification ou pour penser et estimer; lors, apres la ... conjonction que, il requiert temps indicatifs: vous voyant si dispos, on
diroit que vous n'avez ou n'auriez que trente ans; ou bien, il se
prend pour conseiller ou commander, et lors il suit la nature de
ces verbes-cy: Monsieur dit que vous veniez parler à luy; je vous
disois bien que prinsiez garde à vous.“]

---

[1] „J'advertiray toutes sortes de personnes de ne se pas servir ... de la
phrase des Lorrains (et Champenois [1632]), qui mettent un present (du subjonctif) après (le conditionnel présent): je craindrois que l'on fasse, au lieu de,
que l'on fist ...“ (O. p. 198).

[2] Comp. p. 202, note 2. — „Or tout ce que j'ay dit jusques icy de la
construction des temps apres la conionctive *que*, se doit entendre d'une seule
phrase suivie et absolue; car si on vient à y mesler quelque particule disjonctive, alors la dite conjonctive n'attire que le mesme temps et le mode qui
precede“: je commanderay si long-temps qu'enfin on le fera; je le demande
avec tant de grace qu'enfin on me l'accorde; je le deffends si souvent qu'on
ne l'ose faire. „Et ainsi de toutes les autres façons de parler generalement,
ce qui revient aussi à la difference de la chose certaine à l'incertaine“
(O. 1632, p. 198).

Remarques spéciales sur les modes dans les propositions relatives.

M. (f⁰ 144 v⁰): Apres les pronoms relatifs „viendra un verbe de mode indicatif, si l'on parle de chose certaine et qui est": je voudrois avoir un livre qui est imprimé à Paris; je boirois volontiers du vin que j'ay cueilli et dont j'ay foulé la vendange.

„Mais si la chose n'est pas, ains contient une qualité ou condition requise, le verbe, apres lesdits relatifs, sera de l'un des deux imparfaits ou plusqueparfaits (= au conditionnel prés. ou passé, ou au subj. de l'imp. ou du plusqueparfait) selon l'exigence du sens[1]: je voudrois avoir un livre qui fust imprimé à Paris; je recevrois en bonne part tout ce qui viendroit de vous; je boirois à cœur d'un vin dont j'eusse, ou, j'aurois foulé la vendange; j'aimerois bien un cheval qui allast, ou, qui iroit l'amble.

„Les estrangiers faillent souvent à cette reigle, laquelle je baille pour generale. Car ils diront ordinairement: ... je voudrois vous avoir servi ce qui vous estoit agreable."

(f⁰ 175 v⁰), le grammairien spécialise l'observation précédente pour les phrases dépendantes de propositions conditionnelles: si j'avois le livre qui est chez nous; mais: si j'avois chose qui vous fust utile, dont eussiez besoin; si je voy qu'il face son devoir; (f⁰ 146 v⁰): si j'ay quelque chose qui soit digne de vous („Les estrangiers disent ordinairement: ... qui *est* digne de vous"). (Comp. la conjonction *si.*)

M. (f⁰ 50 v⁰): La proposition relative dépendant d'un superlatif, on emploie le subjonctif „pour le mieux": un tel est le plus sçavant homme que je connoisse; je vous ay guerdonné du meilleur loyer que j'eusse; voilà la plus grande merveille dont j'aye jamais ouy parler. „Parlant en futur, l'indicatif y convient bien": prenez la plus belle que vous verrez, le meilleur qui se trouvera. „Le verbe *pouvoir* semble aussi mieux convenir en mode indicative, et sourtout l'imparfait, quand le sens le demande": il m'aidoit le plus qu'il pouvoit.

Pour O., comp. p. 199, note 1 et p. 200, note 1. — Mais voici une observation que je ne trouve plus en 1640, et qui est pourtant bien significative: „Si, au lieu de la particule *que* (qui demande l'indicatif [comp. 201', note 1]), on use (après un verbe au subjonctif), des relatifs *qui, lequel* et *dont,* en chose incertaine, on doit mettre un (subjonctif)": pleust à Dieu que je visse un homme qui fust à ma fantasie; „si c'est une chose certaine, il faut un indicatif": pleust à Dieu que j'eusse un livre qui est imprimé à Paris. (O. 1632, p. 200.)

---

[1] Il faudrait insister davantage sur ce point, car il y a une différence assez grande entre ‚j'aimerois bien un cheval qui allast', et ‚j'aimerois bien un cheval qui iroit'; dans le premier cas, ‚j'aimerois bien' exprime un désir (voilà la raison de l'emploi du subjontif), et dans le second, il n'exprime qu'une simple supposition: j'aimerois bien un cheval qui iroit, c'est-à-dire, si j'en avais un.

Particularités de certains verbes.

Acheter et autres verbes semblables.

M. (f⁰ 130 r⁰, v⁰): „J'ai ouï souvent les estrangiers demander *pour combien voulez-vous vendre ce bas de soye?*, item *j'ay achetté ce chapeau pour six escus, pour combien vous a cousté cette espee?* Or ce style n'estant ne latin ne françois, je les advise que *acheter, vendre, loër, marchander, taxer, priser, estimer, evaluer* etc. ... gouvernent la chose et son prix en l'accusatif": j'ay achetté mon cheval dix escus et je l'ay revendu quinze; cette espee me couste quatre escus; combien, ou, que faites-vous cette ceinture? combien, ou, que vendez-vous cette paire de gands?

O. (p. 232) donne, pour la même construction, les exemples suivants, „où l'on spécifie le *prix*": j'ay achepté mon chapeau 4 escus; je l'ay vendu dix escus; je loue ma chambre 30 escus, „où il ne faut jamais se servir de la particule pour. Au contraire, si vous venez à specifier la *quantité de la marchandise ou de la somme*, il faut dire": j'ay achepté pour dix escus de bois, pour trente escus d'estoffe; j'ay vendu pour cinq escus de ma marchandise; j'ay loué pour cinq escus de logis; il a loué pour dix escus de logement, „où vous apprendrez que la phrase avec la préposition *à* est du tout vicieuse, car on ne dit point, il a achepté à cinq sols de marchandise."

M. (f⁰ 130 r⁰, v⁰): „*Avoir* et *bailler* regissent le prix moyénant les prepositions *à* ou *pour*": j'ay eu ce chapeau à (pour) deux escus à Paris; on ne me le bailleroit pas icy à (pour) trois; „ainsi *adjuger* et *livrer*; item *evaluer* quelquefois avec la préposition à": cet anneau a esté évalué trente escus, ou, à trente escus ...

O. (p. 232): *Avoir, donner** et *bailler* veulent les prépositions *à* et *pour*: j'ay eu un manteau à (pour) 4 escus; il me l'a baillé à (pour) 15 francs. „*Et de plus, si vous specifiez le prix en premier lieu, il ne faut point de préposition avec les dits verbes": il a eu cinq sols de son escritoire, il a donné cinq escus de son rabat; il a baillé un escu de ses jarretières.

M. (f⁰ 130 r⁰, v⁰): à tous les verbes précédents, „nous appliquons les adverbes *cher, cherement, à bon marché, trop, peu,* etc.": on vend le vin trop cher à Paris, il est icy à meilleur marché; que vaut le vin en cette ville? Dix escus le tonneau; c'est trop, c'est bon marché — (1607, p. 280): ... que me coustera ce bas de soye? huit escus; vous surfaites trop vostre marchandise. Vous me le surfaites de plus de trois escus; je ne daignerois vous le surfaire; vous en payerez six escus. „Nous disons aussi *avoir trop cher q. ch.*, on n'a jamais *bon marché de mauvaise marchandise*).

Aller (Sur *s'en aller*, comp. le pronom *en* [p. 101]) — M. (f⁰ 94 r⁰): „Quand l'effect futur est prochain", on peut dire: je vay avoir, tu vas avoir. — M. (1625): *Aller* „emporte tousjours un esloignement du lieu où est la personne qui parle; *venir*, au rebours, s'applique, quand il faut signifier approche du lieu où est la personne qui parle, ou adjonction à elle: si l'hostesse, estant en la sale où l'on doit disner, appelle un gentil homme, elle luy dira, venez disner, parce qu'elle est en la sale; la response sera, j'y vais, et non pas, j'y vien."

O. (p. 161, 162): "*Le present de ce verbe, en de certaines phrases, a une force de futur": Monsieur s'en va demain; nous nous en allons bien tost d'icy.

"Il est à propos que je mette icy une particularité touchant le verbe *aller*: les estrangiers disent ordinairement *voulez-vous aller avec moy*, au lieu de dire, *voulez-vous venir* . . ., ne considerant pas la force du mot, qui s'entend d'aller du lieu où nous sommes à un endroit esloigné de nous, et que, conduisant une personne, nous la tirons vers nous ou après. — Il est bien permis de dire *voulez-vous que nous allions ensemble* ou, parlant d'un tiers, *voulez-vous aller avec Monsieur*; car alors celuy à qui nous parlons part ou s'esloigne de nous; il faut donc, entendant de nous mesmes, se servir du verbe *venir*: il faut qu'il vienne avec moy; il viendra avec nous, et jamais, il faut qu'il aille, ou, il ira avec nous (comp. *venir*).

"*Ces autres (expressions) sont assez cogneües": *il y va de ma vie* == il importe; *comme vous y allez* == de quelle façon vous procedez; *cela va bien long* == cela regarde beaucoup de choses ou importe beaucoup; *il s'en va midy* == il est proche de midy; *je m'en vay faire, je m'en vay dire, je m'en vay boire* "sont toutes proprietez de langue"; *il luy va dire* se met vulgairement pour *il luy dit*".

"Pour le composé *raller* que j'ay trouvé dans les vieilles grammaires, apprenez que c'est un fort mauvais mot." —

Apprendre. "Nos Français se servent improprement de ce verbe au lieu d'enseigner" (O. p. 220).

Avoir accoutumé. "Nous avons une espece de passif composé d'un participe et du verbe *avoir*, qui est *avoir accoustumé*, c'est-à-dire *avoir de coustume*, que j'ay voulu mettre icy en passant pour estre seul et assez remarquable; je l'appelle passif à cause d'une force qu'on luy donne vulgairement en ces phrases, avoir accoustumé une maison ou une personne, c'est-à-dire, estre accoustumé à une maison ou à une personne . . ." (comp. Infinitif précédé de *de*) (O. p. 233).

Assister, "pour secourir, regit l'accusatif": assister un homme. "Quand il est mis pour *estre present à quelque action*, il regit le datif": assister à un enterrement (O. p. 234)*.

Boire se construit auec les pronoms toniques: je boy à vous, beuvez à moy (M. 1625). — Il "a cette phrase de particulier: boire à mesme le pot, à mesme la fontaine" (O. p. 234).

Bouger. "Il est mieux de se servir de celuy-cy en phrase négative: je n'ay bougé d'un lieu" (O. p. 220).

Coucher. voir *trencher*.

Courir entre dans les expressions *courir les rues, par les rues, les champs, le bordel* (O. p. 234)*.

Cracher „a ces proprietez": cracher au nez, au bassin, au visage; cracher sur la teste, sur la main, dans la main; cracher en terre, à terre (O. p. 234).

Despendre. „C'est une grande improprieté d'user de ce verbe pour *despenser*" (O. p. 220).

Devoir. „Souvent nous employons le verbe *devoir* avec les infinitifs des verbes, pour periphraser diverses natures de futurs, ce qui tient de la phrase allemande, et plustost en affirmant qu'en niant, combien qu'en niant aussi. Or, les temps les plus employez en ce service sont, à mon advis, (le présent et l'imparfait de l'indicatif, le présent, l'imparfait et le plusqueparfait du subjonctif et l'infinitif présent)." (M. f⁰ 129⁰).[1]

Donner, „pour toucher ou frapper, se construit diversement": donner un coup sur la teste, donner q. ch. par le nez, donner sur le nez (= donner un soufflet); donner du nez en terre (= tomber); *donner de la main (= frapper). (O. p. 234).

Enfermer. „Vous remarquerez une plaisante improprieté en nostre langue, quand on dit, je suis enfermé dehors" (O. p. 221).

Estre. Voici „des proprietez" de ce verbe: estre en bonne santé; estre en quelque lieu, à jeun, à mesmes, à son aise, à deux lieues loin, à cul (= en mauvais estat), en danger, en peine, en action, à bas; estre de feste, de nopces, de moitié, de la partie; *estre en pension, en nourrice; c'est à moy, c'est à vous (O. p. 235).

„Notez en passant qu'on se sert en quelques façons de parler du verbe *être* au lieu du verbe *aller*; par exemple: je fus hier chez vous, pour, j'allay hier ...; j'eusse esté jusques à Rome = je fusse allé jusques à Rome..." (O. p. 151).

Faire le mauvais et du mauvais; ne sçavoir de quel bois faire fleches; que feray-je de vous? se faire tenir à quatre; avoir à faire à quelqu'un; n'avoir que faire d'une chose. (O. p. 235.)

M. (f⁰ 152 v⁰ et sv.): „Le verbe *faire*, item les verbes appartenans aux sens, comme *voir*, *ouïr*, *sentir*, *entendre*, *appercevoir*, *regarder*, item *laisser*, *permettre*, *endurer*, *souffrir*, suivis d'un infinitif pur de verbe actif, luy apportent un sens passif: je feray imprimer mon livre = faciam excudi, vel, ut excudatur; curabo excudendum. Nous y applicquous la personne agente moyénant les prepositions *à*, *au*, *aux* ou *par*: je fay imprimer mon livre à un tel, ou, par un tel imprimeur ... J'oy chanter une chanson à un musicien, ou, par un musicien. A qui avez-vous ouï dire cette nouvelle? au Courrier du Roy, &c.

Si l'infinitif est de verbe neutre, il demeure en sa neutralité de sens: faire fuïr l'ennemi; faire courir, aller, naistre, mourir, vivre; je te feray suer d'ahan; il l'a fait trembler et pallir de peur.

Souvent advient que le sens d'un tel infinitif des verbes actifs soit indifferent à le prendre actif ou passif, et n'y a que les circon-

---

[1] Ainsi, le verbe *devoir* sert à rendre les infinitifs futurs latins (Comp. p. 141).

stances qui le distinguent et l'intention du parleur: je vous voy escrire, que vous escrivez, ou, que l'on vous escrit. Je leur feray bien nettoyer leurs habits $=$ que l'on leur nettoye, ou, qu'ils`les nettoyent. Mais l'ambiguité est fondee sur le pronom prepositif. Car sans luy, il n'y en aura point.

En outre, ledit verbe *faire*, devancé de la negative *ne*, suivi de la conjonction *que*, et de la preposition *de* devant un infinitif, infere la chose tòute recente; je ne fay que d'arriver. Monsieur ne fait que de sortir.

Le mesme, aussi precedé comme dessus de ladite negation *ne*, suivi de mesme de ladite conjonc. *que*, et d'un infinitif pur, emporte une assiduité sans cesser: vous ne faites qu'estudier, assiduè studes, nullum tempus remittis à studiis."

La même idée est exprimée, quand O. (p. 105, 106) dit: „Les pronoms *me*, *te* et *luy*, mis avec ces mots *faire dire*, ont un sens double et fort esloigné l'un de l'autre: je te feray dire par un autre, c'est-à-dire, à toy; je te feray dire la verité, c'est-à-dire, je feray que tu diras la verité; je te feray prendre, c'est-à-dire, pour t'emprisonner; je te feray bien prendre mon argent, puis qu'il est bon, c'est-à-dire, je feray que tu prendras."

Frapper à la teste et sur la teste, au visage, un homme et sur un homme, au but (O. p. 235).

Fuir. „Ce verbe reçoit la syllabe *en*, je ne croy pas pourtant qu'il faille escrire *s'enfuir*, attachant la dite syllabe au mot, mais plustost *s'en fuir*; l'exemple de soñ preterìt le descouvre, car on dit, pour bien parler, il s'en est fuy, et non pas, il s'est enfuy; les ignorans disent de plus, il s'en est enfuy, repetant la particule *en* sans necessité" (O. p. 221). (Comp. le chapitre de la préposition *en*, où O. lui-même écrit *s'enfuir*.)

Gaigner au pied ($=$ fuir), au jeu, à et sur sa marchandise (O. p. 235).

Jetter à la teste, aux jambes, à terre, au vent, en l'air, dans le feu, dans l'eau, dans un trou (O. p. 235).

Jouer, „pour sonner d'un instrument": jouer du luth, de l'espinette, du flageollet, de la cornemuse; „mais plus proprement: sonner de la trompette, battre le tambour."

jouer aux cartes, aux dez, à la paume.

jouer son personnage, les deux; jouer au fin, au plus seur; jouer un tour et d'un tour (O. p. 235).

**Importer* en q. ch. (O. p. 235).

Laisser. „Se laisser mourir* est une phrase particuliere pour mourir" (O. p. 222).

**Mander.* „Quelques-uns se servent improprement de ce verbe pour *envoyer*, mais il signifie plus proprement, advertir par lettres et appeller par la mesme voye (O. p. 235).

Marcher du pair (O. p. 236).

Monstrer, „pour enseigner, ne se met jamais avec un accusatif, car on ne dit pas, je l'ay monstré, pour, je luy ay monstré" (O. p. 236).

Mouver, mouvoir. „*Mouver* est de la première conjugaison et signifient de mesme, rien que differans en usage, entant que *mouvoir* est employé aux metaphores: mouvoir une question, une sedition, etc., et *mouver* és agitations corporelles: mouver un potage qui bout, une medecine" (M. f⁰ 118 r⁰). — „Pour le verbe *mouver*, je ne le croy nullement bon, encore que mon grammairien aye creu descouvrir un grand secret, en le couchant dans son livre" (O. p. 170).

Ouir. „La difference d'*ouïr* et *escouter* est que le premier signifie simplement, recevoir le son par le moyen du sens, et le second, prester l'oreille avec attention" (O. p. 165).*

Se passer d'une personne; se passer de peu; se passer à peu de chose (O. p. 236). — Voir p. 167.

Payer „d'une paire de souliers, et non, avec une paire; payer en monnoye de singe, en bonne monnoye" (O. p. 236).

Parler. „Les estrangers manquent icy en une chose, et principalement les Italiens, qui est de faire regir un accusatif par ce verbe, lors qu'ils disent, il n'a pas parlé une parole, il n'a pas parlé un mot. Il se faut servir du verbe *dire* en cette signification, qui regit le dit accusatif: dire un mot, dire une parole. *Et ce verbe ne s'accorde avec aucun accusatif qu'en ces seules phrases: parler bon langage, parler françois, allemand, italien" (O. p. 236).

Porter. „. . . on se sert de *porter* en quelques lieux pour *apporter*, principalement chez les Gascons qui y adjoustent encore la force *d'amener*, quand ils disent, porte moy mon cheval; mais ce mot de *porter* ne peut estre mis pour pas un des deux, car c'est fort mal parlé de dire, portez moy ce livre-là, au lieu d'*apportez-moy* . . ., la vraye signification de *porter* estant de *transporter* du lieu où nous sommes en un autre qui soit esloigné de nous; au contraire, *apporter* tesmoigne un apport par devers nous de chose esloignée" (O. p. 224).

Prendre, „selon qu'il est couché, a quantité de forces": prendre en haine, s'en prendre à quelqu'un, prendre au nez, prendre à la jambe; prendre à la main, prendre par la main, „lesquelles deux phrases et . . . *prendre avec la main* ont une signification bien differente"; prendre au collet, prendre en bonne part, prendre à la glu, au trebuchet, prendre à la barbe; prendre une marchandise à 10, 15, 20 escus; prendre pour dix frances de viande; prendre peine à quelque chose; prendre la peine de faire q. ch.; prendre de la peine (O. p. 236).

Regarder. „Les Allemands se servent improprement de *regarder* au lieu de *voir*, sans considerer que *regarder* depend de notre volonté, ayant une force agissante ou active transive; et *voir* a je ne sçay quoy de passif et recevant, tellement donc qu'il ne faut pas dire d'une chose que nostre veuë reçoit, il n'y a pas moyen

de regarder, mais plustost, il n'y a pas moyen de voir, l'empesche
ment de voir n'estant pas en nostre puissance, comme celuy de
regarder" (O. p. 237).

Rendre: „se rendre en un lieu, se rendre à quelqu'un, se
rendre honneste homme, c'est-à-dire, devenir honneste ... (O.
p. 237).

Respondre „s'applique en plusieurs façons": respondre un mot,
respondre à une personne; respondre au midy, respondre pour
quelqu'un, respondre de q. ch. (O. p. 237).

Retourner (Comp. p. 101). „Quand on (y) adjouste la syllabe
en, il a une force toute contraire à *revenir*: il s'en est retourné
d'où il venoit, ou, estoit venu" (O. p. 223).

Revenir: cette personne-là ne me revient pas, c'est-à-dire, ne
me plaist pas; cela me revient sur le cœur; cette marchandise me
revient à 4 francs, à cent sols, à 2 escus ... (O. p. 237).

Sçavoir. „Plusieurs temps du verbe *sçavoir* sont employez au
sens de *pouvoir*, et les plus employez en ce sens me semblent" le
passé défini, le passé indéfini, le plusqueparfait et le futur passé,
tout le subjonctif, les deux conditionnels et l'infinitif passé; „entre
autres, il n'y a point de si commun langage que *je ne sçaurois*, pour
je ne puis, et plustost negativement et sans expletive qu'affirmativement, combien qu'affirmativement aussi" (M. f⁰ 129 v⁰).

„Les hauts Allemands confondent *sçavoir* et *pouvoir*, à cause
de leur mot qui sert à tous les deux; qu'ils apprennent donc que
sçavoir s'entend de science, et *pouvoir* de chose qui depend de
l'action: je ne sçay pas la philosophie, je ne sçay pas la langue
françoise, je ne puis parler, je ne puis manger; il est bien vray
... (O. p. 238) ... que nous nous servons (du conditionnel
présent) de *sçavoir*, au lieu du present de l'indicatif de *pouvoir*: je
ne sçaurois parler, c'est-à-dire, je ne puis parler; je ne sçaurois
boire, c'est-à-dire, je ne puis boire; et nous ne disons pas, je ne
sçay parler, je ne sçay boire" (O. p. 170). „L'on use aussi du
present du subjonctif de *sçavoir*, au lieu du present de l'indicatif":
je ne sçache personne qui desire; je ne sçache homme qui pre-
tende" (O. p. 170).

Serrer. „Quelques-uns se servent du mot de *serrer*, pour
fermer, et disent improprement, serrez la porte, ne considérant
pas que le vray et propre sens de *serrer* est *estraindre* et *mettre
une chose en quelque lieu, pour la conserver ou garder*" (O. p. 224).

Servir „veut d'ordinaire un datif; cependant, on dit: servir
le Roy, servir son maistre, servir une maistresse; davantage, il se
met avec la preposition *de*: servir de valet, servir de compagnon,
de quoy sert, à quoy sert cela (O. p. 238).

Sortir. „Donnez vous de garde d'user de ce verbe en sens
actif, pour *tirer* dehors ou *aveindre*, comme on fait en quelques
provinces de France, où j'ay ouy dire, sortez mon cheval de l'escurie, sortez cela de vostre coffre ..." (O. p. 223, 224).

Soudre „est usité es metaphores, comme *soudre un argument*, *une question, une difficulté*" (M. f⁰ 122 r⁰). — „On dit: soudre une question" (O. p. 180).

Tailler. Voir *trencher.*

Tenir „a plusieurs significations, selon qu'il est employé": tenir au bout, en tenir, il en tient, se tenir à peu ou à q. ch.; je tien cela de vous; se tenir en un lieu = habiter; tenir = dependre d'un autre en matiere de logement: je tien de mon hoste (O. p. 238).

Tirer „sert en diverses phrases": tirer à la fin, à conséquence, à q. ch.; tirer d'un lieu; tirer païs; tirer en avant, en arriere; tirer q. ch. de quelqu'un (O. p. 238).

Toucher „au but, et non pas *le but*, c'est-à-dire, rencontrer, deviner, etc.; toucher de prés, toucher en quelque chose, c'est-à-dire, estre important" (O. p. 238).

Trencher du brave, du gentil-homme, du grand; „ainsi de *coucher*; pour *tailler*, en mesme façon de parler, je ne trouve pas qu'il soit fort en usage" (O. p. 239). Comp. p. 82.

Venir „... n'a point d'autre force que de venir d'un lieu esloigné à celuy où nous sommes; ... on ne dit point, je vous viendray voir, pour, je vous iray voir, entendant d'aller à un lieu esloigné de nous; et pour s'en servir, il faut estre au lieu que l'on fait entendre: il m'est venu voir à Strasbourg; ou bien faire juger dans son discours que l'on y estoit alors: il me vint trouver comme j'estois à Orléans."

*„Une autre phrase qui contredit à la force ordinaire, se met quelquefois dans les lettres missives, qui est, je vous viens prier par mes lettres; car il semble que, la lettre partant de nous, pour aller en un autre lieu esloigné, nous devrions dire, je vous vay prier; mais il faut considerer que la lettre missive parle pour nous et nous represente en personne:" (O. p. 168) (comp. *aller*).

Vouloir. „On fait un passif composé de la diction *bien* et de ce verbe, qui se met ordinairement au preterit: il est bien voulu de tous" (O. p. 225).

Substantifs verbaux.

Sont „tirez de participes présents":[1]

M. (f⁰ 159 v⁰, 160 r⁰): des substantifs „actifs" masculins en *eur*, féminins en *euse* ou *eresse*: changeur, bastisseur, joueur, etc.

des substantifs masculins en *ment*: changement, establissement, advertissement, accomplissement. „Et en plusieurs de cette sorte, issus de la 2. conjugaison, nous escachons *sse*": bastiment, fourniment, poliment. „Aucuns (ont) l'une et l'autre forme": blanchissement et blanchiment; fourmissement et fourmiment.

---

[1] C'est-à-dire qu'on forme les substantifs qui suivent, en remplaçant la terminaison *ant* par les différents suffixes.

des substantifs masculins en *age*: blanchissage, charriage, mariage, passage, etc.

des substantifs féminins en *ance*: accointance, jouissance, medisance, oubliance, etc.

des substantifs féminins en *ure*: blessure, polissure, rompure.

des substantifs féminins en *erie*: menterie, tuerie, venterie.

des substantif féminins en *son* et *ion*: benisson, guerison; intention, invention, etc.

„Et bref, du (participe présent) naissent quasi tous les noms verbaux, en apportant divers changemens à la terminaison."

Participes passés féminins devenus substantifs.

M. (f⁰ 160 r⁰) cite comme tels: allee, apprise, arrivee, assemblee, contrainte, couvee, crue, départie, dévalee, donnee, enceinte, entree, entremise, entreprise, issue, mise, montee, portee, prise, remise, saillie, sortie, venue, veue „et autres en grand nombre".

Mots invariables.

Les limites des différentes espèces de mots invariables, adverbes, prépositions, conjonctions et interjections, souvent difficiles
à établir, ne sont observées ni par Maupas ni par Oudin. Les
deux grammairiens ont, il est vrai, consacré des chapitres particuliers à ces diverses catégories de mots, mais Oudin surtout
semble ne pas se rendre compte des traits caractéristiques de
chacune d'elles. C'est ainsi que, cherchant à montrer la différence
de *dans* et *dedans*, il se livre à de longues explications, sans s'appercevoir que l'un est préposition et l'autre adverbe:

„Il faut que je vous dise en passant une observation de *de-*
dans et *dehors* et de leurs simples, *dans* et *hors*, qui se mettent
avec les noms et les articles, par exemple *dans le logis*, *hors du*
logis, et sont beaucoup plus propres que *dedans le logis* et *dehors*
du logis. Mais si on vient à interroger *est-il dans le logis?*, il faut
respondre par les composez et dire *ouy, il est dedans*, et non pas,
il est dans. Observez la mesme chose en *sur* et *dessus, sous* et
dessous: le disner est-il sur la table? ouy, il est dessus; le chat
est-il sous la table? ouy, il est dessous" (p. 262 [adverbes du lieu]).

Et que veut dire la remarque suivante?

„*Sur*, qui est préposition, passe pour *adverbe du lieu* en cette
façon de parler *tirer la porte sur soy*, c'est-à-dire, apres estre sorty,
derriere ou après soy, et *fermer la porte sur soy*, c'est-à-dire, s'enfermer en un lieu" (p. 264).

Enfin, pour donner un troisième exemple, la différence de *pen-*
dant et *cependant*, consiste-t-elle vraiment, comme O. (p. 271)* veut
nous le faire accroire, en ce que „le premier signifie seulement le
temps durant lequel une action se fait, et (que) le dernier tire aussi
au futur: je vous attendray demain, et cependant je travailleray à
ce que vous sçavez"? N'est-ce pas plutôt la différence entre la
préposition et l'adverbe qu'on voit ici une fois de plus?

Donc, on ne peut pas se fier à la classification des mots
invariables établie par Oudin, et ainsi on est souvent amené à
hésiter sur les intentions du grammairien. (Comp. les conjonctions
si que, tant que). [1]

---

[1] Dans le chapitre suivant, nous diviserons les mots invariables en *ad-*
verbes, prépositions et *conjonctions,* en classant les interjections parmi les

L'Adverbe.

M. f⁰ 160 v⁰): „On peut prendre pour adverbes tous mots qui,
sans declinaison ou conjugaison adjoints aux verbes, participes ou
noms adjectifs, servent à emplir, estendre, restraindre ou autrement
expliquer et modifier leur signification, dont est que plusieurs sont

premiers; car une distinction rigoureuse des deux espèces de mots est souvent
impraticable. Néanmoins, afin de faire voir le point de vue des deux grammairiens, nous indiquerons en parenthèse les divisions et les subdivisions dans
lesquelles ils font entrer chaque mot.

Voici les abréviations que nous avons adoptées; quand un mot est
resté dans la même catégorie où il se trouvait chez M. ou O., nous avons
omis les mots *adv.*, *prép.* et *conj.*:

Adverbes:

a.	=	adv.	d'affirmer (M.); adv. d'affirmer ou asseurer (O.)
acq.	=	„	d'acquiescement (M., O.).
am.	=	„	d'amoindrissement d'estime (M., O.).
a. p.	=	„	d'actions de personnes en commun (O.).
app.	=	„	d'appeller (O.)
a. s.	=	„	d'abondant surcroist (M.); d'abondant et de surcroist (O.).
au. e.	=	„	d'augmentation d'estime (M., O.).
c.	=	„	de consentir (O.)
ca.	=	„	de caution (O.); de deffence ou caution (M.).
cd.	=	„	de contradiction (O.).
c. f.	=	„	de cas fortuit (M.; O.).
comp.	=	„	de comparaison (M.; O.).
concl.	=	„	de conclusion (M.; O.).
cr.	=	„	de contrariété (M.; O.).
d.	=	„	de douter (M.); de doute (O.).
decl.	=	„	de declaration (O.).
deff.	=	„	de deffendre (O.).
dem.	=	„	de demontrer (M.), de demoustration (O.).
des.	=	„	de confusion ou desordre (M.).
dif.	=	„	de difficulté (M.; O.).
d. p.	=	„	de disposition de personnes (O.).
em.	=	„	d'émulation (M.; O.).
esc.	=	„	d'escient (M.; O.).
esl.	=	„	d'eslire (O.)
exc.	=	„	d'excepter (O.)
exh.	=	„	d'exhorter (O.).
f.	=	„	de facilité (O.).
h.	=	„	de hastivité (M.; O.).
int.	=	„	d'interrogation (M.; O.).
it.	=	„	iteratif (M.; O.).
l.	=	„	de lieu (M.; O.).
m.	=	„	de mesgarde (M.; O.).
n.	=	„	de nier (M.; O.).
n. c.	=	„	de nombre ou compte (M.; O.).
o.	=	„	d'ordre (M.; O.).
p.	=	„	de personnes (O.).
p. a.	=	„	de progrez ou advancement (M.; O.).
q.	=	„	de quantité (M.; O.).
ql.	=	„	de qualité (M.; O.).
r. a	=	„	de recueil ou d'amas (M.; O.).
rel.	=	„	de relache ou amoderement (M.).
renf.	=	„	de renfort ou pour renforcer (M.).

transportez d'autres parties d'oraison en celle-cy, et de cette-cy en d'autres, pour divers esgards."

O. (p. 260): „Les adverbes comprennent non seulement des mots simples, mais plusieurs phrases entieres composées de prepositions, et les mesmes prepositions se mettent aussi pour adverbes en plusieurs occasions, lorsque le sens y oblige."

[Comp., pour l'adverbe, Brunot, Hist. III, 608 et sv.]

Formation des adverbes en *ment*.

M. (f⁰ 163 v⁰ [q.]) constate simplement qu'on tire les adverbes des adjectifs, „en leur donnant la terminaison *ment*, mais avec cet esgard que ceux qui sortent des adjectifs ou participes terminez en *ent* ou *ant*, doublent l'n: prudent, prudemment; elegant, elegamment; ardant, ardemment, etc.." [1]

O. (p. 280 [q.]) est plus précis; il déclare expressément que c'est à la forme féminine des adjectifs qui en ont deux, qu'on ajoute le sufixe *ment*: „Les adverbes . . . se forment de toutes sortes

s.	=	adv.	de souhait (O.).
s. a.	=	„	de souhait à autruy (O.).
sep.	=	„	de separation (M.; O.).
serm.	=	„	de serment (M.; O.).
sil.	=	„	de silence (O.).
sim.	=	„	de similitude (O.); de similitude ou parangonnement (M.).
s. m.	=	„	de souhait de mal à autruy ou imprecation (O.).
t.	=	„	de temps (M.; O.).
v. r.	=	„	de vicissitude ou retour (M.; O.).
! ab.	=	interjection de desdain ou abomination (M.); d'abomination (O.).
! ad.	=	„	d'admiration (M.; O.).
! arr.	=	„	d'arrest ou suffisance (M.).
! app.	=	„	d'appeller (O.).
! c.	=	„	de cry et d'effroy (M.); de cry d'effroy (O.).
! d.	=	„	de sentiment de douleur (M.; O.).
! dech.	=	„	de dechassement (M.; O.).
! exh.	=	„	d'exhortation (M.; O.).
! ind.	=	„	d'indignation (O.); de depit ou indignation (O.).
! j.	=	„	de joye (M.; O.).
! l.	=	„	de louer (O.).
! m.	=	„	de mocquerie (O.).
! s.	=	„	imposant silence (M.); de silence (O.).
! t.	=	„	de tristesse (M.; O.).

Conjonctions:

concl.	=	conj.	conclusive (M.).
cond.	=	„	conditionnelle (M.; O.).
cop.	=	„	copulative (M.; O.).
d.	=	„	discretive et adversative (M.); de discerner (O.).
disj.	=	„	disjonctive ou dubitative (M.); disjonctive (O.).
r. c.	=	„	causelle et rationnelle (M.); d'assigner la raison et la cause (O).

[1] M. Brunot (Hist. III, 346) indique justement que cette règle-là ne se trouve pas dans la 1. éd. de Maupas; cependant, les exemples ar*da*mment et plaisamment y sont déjà, sans que le grammairien en donne une seconde forme, ce qui nous semble déjà équivaloir à la règle expresse. — Malherbe (Brunot, Malh. 458) avait préféré ardemment à ardentement, sans porter un jugement décisif sur la question.

d'adjectifs feminins: vertueuse, vertueusement; heureuse, heureusement; vraye, vrayement . . .“; *vray* peut cependant avoir aussi
l'adverbe *vrayment.* —

De plus, le grammairien ajoute que les adverbes „formez des
adjectifs terminez (au féminin) en *ïe* en *üe*, ne retiennent point l'e
feminin en la prononciation, ny mesmes en l'escriture: hardie,
hardiment; gouluë, goulument . . .“, et „qu'ils se forment plustost
des masculins, comme aussi ceux qui se terminent en *é* et *y.*“

Pour les adverbes des adjectifs en *ant* et *ent*, la règle d'O.
est la même que celle de M.: meschant, meschamment; prudent,
prudemment.[1] Mais le grammairien ajoute (p. 277 [q]), après avoir
donné *excellemment*, qu'*excellentement* „est meilleur, mis avec l'adjectif
bon: excellentement bon.“

Nous relevons, dans les listes des deux grammairiens, des
adverbes tirés de participes passés en *é* ou formés de façon analogue: *aisément* (O. p. 296), *assemblément* (M. f⁰ 171 r⁰), *asseurément*
(O. p. 284, 293), *confusément* (M. f⁰ 171 r⁰; O. p. 275), *desmesurément* (O. p. 275), *ensemblément* (M. f⁰ 171 r⁰; O. p. 299), *expressément*
(M. f⁰ 171 v⁰; O. p. 282), *inconsiderément* (M. f⁰ 171 v⁰; O. p. 283),
malaisément (M. f⁰ 169 v⁰; O. p. 297), *passionément* (O. p. 282)*,
precisément (O. p. 282)*, *privément* (O. p. 282), *separément* (M. f⁰ 171 v⁰;
O. p. 299). — Comp. Brunot, Hist. III, 346, 347.

Gentil forme l'adverbe *gentiment* (O. p. 282).

[Sur le sens et l'emploi des adverbes en *ment*, voir la liste
p. 217 et sv.]

Adjectifs employés comme adverbes. (Comp. Brunot,
Malh. 359, Hist. III, 465.)

La remarque de M. (f⁰ 163 v⁰), concernant l'emploi adverbial
de certains adjectifs, est formelle: „(Il y a) assez d'adjectifs qui, au
genre masculin ou neutre, comme entre les Latins et Grecs, sont
employez pour adverbes: *chanter clair*, pour clairement, *voir clair,
voir trouble, parler haut, courir roide, couper court*; ainsi *juste, fort,
droit, obscur, viste, léger, dur, doux, rude, soudain* et maints autres.“

O. se borne à constater (p. 281) qu'„avec le verbe *sentir* pour
odorer, il faut mettre *bon* et *mauvais* (à la place de *bien* et *mal*):
sentir bon, sentir mauvais, et non pas, sentir bien, sentir mal. Ainsi
en leurs comparatifs, sentir meilleur, et non pas, sentir mieux.“[2]

Parmi les adverbes cités par les deux grammairiens, on trouve
pourtant encore quelques adjectifs employés adverbialement; tels
sont: *bref* (O. p. 275 [o]), qui est „alternatif“; *cher* (O. p. 276* [q.])

---

[1] Cf. Brunot, Hist. III, p. 346. Vaugelas (II, 168) a confirmé toutes les
observations précédentes d'O., avec cette seule modification qu'il veut qu'on
écrive polîment, absolûment, avec l'accent circonflexe pour remplacer l'e du
féminin.

[2] „Mais (bien et mal) estans adverbes de comparaison, ou s'en peut
servir avec le dit verbe, qui change de signification: Je sens bien mon mal,
je sens mieux ce qui me touche que vous, etc.“

à côté de cherement (id. ib.)*; *coy* (M.f⁰ 164 r⁰ [rel.]; O. p. 294 [sil.]) à côté de coyement (id. ib. id ib.); *exprés* (M. f⁰ 171 v⁰; O. p. 282 [esc.]) à côté de expressément (id. ib. id. ib.); *fort* (O. p. 277 [q.], p. 295 [comp.]); *fort et ferme* (O. p. 282 [a. p.]); *habile* (O. p. 283 [h.]) à côté de habilement (id. ib.); *possible* (M. f⁰ 171 r⁰, O. p. 293 [d.]); *soudain* (M. f⁰ 161 v⁰ [t], 164 r⁰ [h.]; O. p. 272 [t], 283 [h.], 300 [c. f.]) à côté de soudainement (M. f⁰ 164 r⁰; O. p. 272, 283); *viste* (M. f⁰ 164 r⁰ [t]; O. p. 273 [t], 283 [h.])[1] à côté de vistement (M. ib.; O. ib).

C'est ici qu'on devrait citer aussi les locutions *tout beau* (M. f⁰ 164 r⁰ [rel.]; O. p. 279 [q.]), à côté de bellement, tout bellement,[2] *tout coy* (M. f⁰ 164 r⁰ [rel.], 180 r⁰ [! s.]; O. p. 294), *tout doux* (M. f⁰ 164 r⁰ [rel.]), à côté de doucement (M. f⁰ 164 r⁰ [rel.], O. p. 282* [a. p.]), tout doucement (p. 279 [q.]) *tout exprés* (O. p. 282 [esc.]), *tout plein* (O. p. 277 [q.]), *tout soudain* (O. p. 272 [t]). [Comp. p. 246.]

O. (p. 239): On dit „trencher *net,* trencher *court,* qui sont adjectifs au lieu d'adverbes . . .“

Enfin, dans une liste de „phrases où le nom se met sans article“, O. (p. 62) mentionne: battre *froid;* boire *chaud, frais, net, sec;* couper *court;* couster *bon;* faire *bon;* manger *chaud, froid;* parler *françois;* tenir *bon.* (Comp. p. 79, 80) [voir *bas,* p. 225, *haut,* p. 233, et le passage des *adverbes tirés de noms de nombre,* p. 247].

Adverbes et locutions adverbiales donnés par M. et O.

Locutions adverbiales formées à l'aide de la préposition à [Les loc. adv. composées de *à* et d'un adverbe, se trouvent dans le passage consacré à cet adverbe même]:

à belles dents (O. p. 282 [a. p.]); à belles ongles (O. p. 282 [a. p.]); à blanc (M. f⁰ 164 r⁰ [ql.]); à bon port (O. p. 283 [s. a.]); à bouchetons (O. p. 281 [d. p.]); à chaque bout de champ (O. p. 270 [t.]); à chaud (M. f⁰ 164 r⁰ [ql.]); à chevauchons (O. p. 281 [d. p.]); à clair (M. f⁰ 163 v⁰ [ql.]); à coeur jeun (O. p. 281 [d. p.]); à contre-coeur (M. f⁰ 169 v⁰; O. p. 297 [dif.]); à contrefil (O. p. 292 [cr.]); à contre-pied (M. f⁰ 170 r⁰ [cr.]); à contre-poil (M. f⁰ 170 r⁰; O. p. 292 [cr.]); à corps perdu (O. p. 281 [d. p.]);

à costière „est antique“ (O. p. 262 [l.]);

à couvert (M. f⁰ 164 r⁰ [ql.]; O. p. 281 [d. p.]); à crud (M. f⁰ 164 r⁰ [ql.]); à demy (O. p. 279 [q.]); à découvert (M. f⁰ 164 r⁰ [ql.]; O. p. 281 [d. p.]); à despourveu (M. f⁰ 171 v⁰; O. p. 283 [m.]; M. f⁰ 164 r⁰ [ql.]); à Dieu (O. p. 283 [s. a.]); à double carillon (O. p. 282 [a. p.]); à droit (M. f⁰ 164 r⁰ [ql.]; O.

---

[1] O. (p. 283) ajoute „viste comme le vent“.

[2] D'après O., cet adverbe signifie „n'en mettez pas tant“; M. ajoute „tout beau bellement“.

218

p. 263 [l.]); à droit, a bon droit (O. p. 282 [a. p.]); à escient, à
bon escient (M. f⁰ 171 v⁰, O. p. 282 [esc.]); à force, à toute force
(M. f⁰ 169 v⁰, O. p. 297 [dif.]); à force d'hommes, de fers, etc.
(O. p. 282 [a. p.]); à froid (M. f⁰ 164 r⁰ [ql.]); à gauche (O. p. 263
[l.]); à genoux (O. p. 281 [d. p.]); à heure (M. f⁰ 164 r⁰ [ql.]); à
l'abord (O. p. 274 [o.]); à l'abry (O. p. 281 [d. p.]); à la chandelle (O. p. 281 [d. p.])*; à la chaude (M. f⁰ 164 r⁰; O. p. 283
[h.]; O. p. 282 [a. p.])*; à la Courtisanne (O. p. 281 [p.]);[1] à la
domestique (O. p. 281 [p.]); à l'advenir (M. f⁰ 161 v⁰; O. p. 268
[t.]);[2] à l'adventure (M. f⁰ 171 r⁰; O. p. 293 [d.]);[3] à la façon
de (O. p. 296 [sim.]); à la file (O. p. 275 [o.]); à la fin (M.
f⁰ 171 v⁰,[4] O. p. 300 [concl.]; M. f⁰ 162 r⁰, O. p. 275 [o.]); à la
force (M. f⁰ 179 v⁰, O. p. 314 [! c.]); à la foule (O. p. 275 [o.]);
à la Françoise (M. f⁰ 164 r⁰ [ql.]; O. p. 281 [p.]);[5]

à la franche marguerite[6] „est une phrase d'artisan" (O. p. 282
[a. p.]);

à la grande (O. p. 281 [p.])*; à la haste (M. f⁰ 164 r⁰; O.
p. 183 [h.]); à l'aide (M. f⁰ 179 v⁰, O. p. 314 [! c.]);

à l'aise (O. p. 281 [p.], p. 296 [f.]); à mon, à ton, à son
aise (O. p. 296 [f.]); à vostre aise (O. p. 281 [p.]); à la legere
(O. p. 283 [m.]); à la mal'heure (O. p. 283 [s. m.]); à l'Allemande
(O. p. 281 [p.]); à la longue (O. p. 271 [t.]);

à la lune, c'est-à-dire au clair de la lune (O. p. 281 [d. p.])*;
à la matelotte (O. p. 281 [p.]); à la mode de la cour (O. p. 281
[p.]); à la pareille (M. f⁰ 170 r⁰; O. p. 298 [v. r.]);

à la parfin (M. f⁰ 162 r⁰ [o.]; f⁰ 171 v⁰ [concl.]); „à la parfin
est vulgaire" (O. p. 275 [o.]);

à l'arme (M. f⁰ 179 v⁰; O. p. 314 [! c.]); à la renverse (O.
p. 282 [d. p.]); à la ronde (O. p. 275 [o.]); à la soldade (M.
f⁰ 164 r⁰ [ql.]); à la sourdine (O. p. 282 [a. p.])*;

à la tournée „ne se cognoist point en l'isle de France" (O.
p. 275 [o.]);

à la vérité (O. p. 293 [serm.]); à la volée (M. f⁰ 171 v⁰; O.
p. 283 [m.]); à l'égal (O. p. 295 [comp.]);

à l'entour, tout à l'entour sont „vulgaires" (O. p. 263 [l.]);

à l'envers s'emploie „métaphoriquement" (O. p. 292 [cr.]); à
l'envers (O. p. 281 [d. p.]);

à l'envy (M. f⁰ 170 v⁰, O. p. 299 [em.]; O. p. 282 [a. p.]);

---

[1] N'est gueres usité (éd. de 1632, p. 283).

[2] M. ajoute ‚l'advenir‘ seul.

[3] „On doit considerer . . . que, lors que les (adverbes de doute) precedent
le verbe, il faut que le pronom personnel le suive; par exemple: peut-estre
pourroit-elle, possible voyoit-il, etc. Mais lorsque la particule *que* y est
adjoustee, le dit pronom se met devant: il pourroit estre qu'il est venu."
(O. p. 293). — Comp. p. 98.

[4] ‚à la fin‘ manque dans l'éd. de 1625.

[5] „Où il y a eclipse de ces mots mode ou maniere, comme qui diroit,
à la mode françoise . . ." (M. f⁰ 164 r⁰).

[6] = franchement.

à l'escart (M. f⁰ 171 v⁰, O. p. 299 [sep.]); à l'Espagnole (O. p. 281 [p.]); à l'estourdie (M. f⁰ 171 v⁰, O. p. 283 [m.]); à l'estroit (M. f⁰ 164 r⁰ [ql.]); à l'impourveu (M. f⁰ 171 v⁰, O. p. 283 [m.]); à l'improviste (M. f⁰ 171 v⁰, O. p. 283 [m.]); à l'instant (M. f⁰ 161 v⁰, O. p. 266 [t.]; M. f⁰ 164 r⁰, O. p. 283 [h.]);

à l'instar „est trop latin et n'est point en usage parmy les bons François" (O. p. 295 [sim.]);

à l'Italienne (O. p. 281 [p.]); à loisir (M. f⁰ 163 v⁰ [ql.], O. p. 282 [a. p.]); à l'ombre (O. p. 281 [d. p.]); à l'opposite (M. f⁰ 170 r⁰, O. p. 292 [cr.]); à ma façon [O. p. 281 [p.]); à ma fantasie (O. p. 281 [p.]); à ma mode (O. p. 281 [p.]); à ma volonté (O. p. 281 [p.]); à mains jointes (O. p. 281 [d. p.]); à mal-aise (O. p. 297 [dif.]); à mon choix (O. p. 281 [p.]); à net (M. f⁰ 163 v⁰ [ql.]); à nud (M. f⁰ 164 r⁰ [ql.]; O. p. 281 [d. p.]); à nuit close (O. p. 271 [t.]);

à part, à part-moy, à part-luy, à part-soy, etc. (M. f⁰ 171 v⁰ [sep.]); ils sont „un peu antiques et vulgaires" (O. p. 299 [sep.]); chacun à part soy (O. p. 299 [sep.]) [V. Vaug. II, 470];

à peine, à toute peine (M. f⁰ 169 v⁰, O. p. 197 [dif.]); à grand'peine (O. p. 297 [dif.]);

à perpetuité (O. p. 272 [t.]);

à peu prés (M. f⁰ 162 v⁰, O. p. 279 [q.]); „quelques-uns confondent *au plus prés* avec (*à peu prés*), mais, à le bien considerer, la force en est tout à fait differente" (O. ib.)*. (Voir aussi Brunot, Hist. III, 353; Vaugelas I, 365).

à pieds joints (O. p. 281 [d. p.]); à plain (M. f⁰ 163 v⁰ [ql.]); à plaisir (M. f⁰ 164 r⁰ [ql.]); à plein fonds (O. p. 277 [q.]; à point (M. f⁰ 164 r⁰ [ql.]; O. p. 282 [a. p.]); a poinct nommé (O. p. 272 [t.]); à porte ouvrant, à porte fermant (O. p. 269 [t.]); à present, jusques à present (O. p. 266 [t.]); à profit (M. f⁰ 164 r⁰ [ql.]);

à propos, plus à propos, très à propos (O. p. 272 [t.]); tout à propos (O. p. 282 [esc.]);

à puissance (M. f⁰ 164 r⁰ [ql.]); à pur (M. f⁰ 163 v⁰ [ql.]); à quartier (M. f⁰ 171 v⁰, O. p. 299 [sep.]);

à quatre pattes, „c'est-à-dire, métaphoriquement, les mains en terre" (O. p. 281 [d. p.]);

à qui mieux mieux (M. f⁰ 170 v⁰; O. p. 299 (em.]);[1]

à qui pis pis (M. f⁰ 170 v⁰ [em.]); „à qui pis pis ne se trouve point; on dit: à pis faire" (O. p. 299, 300 [em.]);[1]

à qui premier (O. p. 300 [em.]);

„Quand nous voulons exprimer un debat des uns tendans à surmonter les autres, nous avons cette formule *à qui*: *jouons à qui*

---

[1] Voir Brunot, Hist. III, 353, Malh. 458, 459. „*A qui mieux mieux* est une construction fausse et au mieux aller suspecte de l'être" (Malherbe). „Cette locution est vieille et basse" (Vaugelas I, 359); mais d'après l'Académie (ib.) „elle est fort bonne dans le stile familier, où l'on n'employe pas tousjours les manieres de parler les plus élevées".

gagnera le prix, disputons à qui sera le plus sçavant, ces archers tirent à qui donnera le plus pres du blanc; quelquefois *à* avec un *infinitif pur apres un comparatif: faisons à mieux sauter, à courir plus roide*, etc." (M. f⁰ 170 v⁰ [em.]); à mieux aller (O. p. 299 [au. e.]);

à rebours (M. f⁰ 170 r⁰, O. p. 292 [cr.]); à reculons (O. p. 282 [d. p.]); à regret (M. f⁰ 169 v⁰, O. p. 297 [dif.]); à repos (M. f⁰ 164 r⁰ [ql.]);

à sçavoir (M. f⁰ 164 v⁰ [int.], O. p. 284 [decl.]); à sçavoir-si, à sçavoir-mon, à sçavoir-mon-si (M. ib.); à sec (M. f⁰ 163 v⁰ [ql.]);

à seureté (M. f⁰ 164 r⁰ [ql.]); à soleil levant, à soleil couchant (O. p. 269 [t.]); à son rang (O. p. 298 [v. r.]);

à suffisance „n'est pas trop en usage" (O. p. 278 [p.]);

à tastons (O. p. 282 [d. p.]); à temps (M. f⁰ 164 r⁰ [ql.], O. p. 282 [a. p.]); à terre (O. p. 264 [l.]); à tirelarigot (O. p. 282 [a. p.]); à tort et à droit (O. p. 282 [a. p.]); à tout hazard (M. f⁰ 171 r⁰, O. p. 293 [d.]); à tout moment (O. p. 270 [t.]); à travers (O. p. 263 [l.]*; à travers champ (O. p. 282 [a. p.]*; au bordel (O. p. 283 [s. m.]);

au bout du tout (M. f⁰ 171 v⁰ [concl.]); „au bout du tout n'est point usité, il faut dire, au bout de tout" (O. p. 300 [concl.]);

au contraire (M. f⁰ 170 r⁰; O. p, 292 [cr.]);

au demourant (M. f⁰ 171 r⁰ [a. s.]); „au demeurant, et non à demeurant" (O. p. 298 [a. s.]);

au despourveu (M. f⁰ 164 r⁰ [ql.]; M. f⁰ 171 v⁰, O. p. 283 [m.]); au feu (M. f⁰ 179 v⁰, O. p. 314 [! c.]); au gibet (O. p. 283 [s. m.]); au large (M. f⁰ 164 r⁰ [ql.]); au loup (M. f⁰ 179 v⁰, O. p. 314 [! c.]); au mieux aller (M. f⁰ 171 r⁰ [au. e.]) (cf. ci-dessus „à mieux aller"); au meurtre (M. f⁰ 179 v⁰, O. p. 314 [! c.]); au net (M. f⁰ 163 v⁰ [ql.]); au pis aller (M. f⁰ 171 r⁰, O. p. 299 [am.]); au possible (M. f⁰ 164 r⁰ [ql.]); au prealable (M. f⁰ 162 r⁰, O. p. 275 [o.]); au rebours (M. f⁰ 170 r⁰, O. p. 292 [cr.]); au reciproque (M. f⁰ 170 v⁰, O. p. 298 [v. r.]); au reste (M. f⁰ 171 r⁰, O. p. 298 [a. s.]); au retour (M. f⁰ 170 v⁰, O. p. 298 [v. r.]); au secours (M. f⁰ 179 v⁰. O. p. 314 [! c.]); au surplus (M. f⁰ 171 r⁰, O. p. 298 [a. s.]);

à veuë d'œil (O. p. 282 [a. p.]);

file à file est „alternatif" (O. p. 275 [o.]); goutte à goutte (O. p. 279 [q.]); pas à pas (M. f⁰ 164 r⁰ [rel.], O. p. 282 [d. p.]); petit à petit (M. f⁰ 164 r⁰ [rel.], O. p. 279 [q.]); peu à peu (M. f⁰ 164 r⁰ [rel.]);

pied à pied (M. f⁰ 164 r⁰ [rel.]); pied à pied „n'est point cogneu en ce païs-cy" (O. p. 280 [q.]);

tour à tour (M. f⁰ 170 v⁰ [v. r.], O. p. 275 [o.]); chacun à son tour est „alternatif" (O. p. 275 [o.]); troupe à troupe (O. p. 275 [o.]); un à un, deux à deux, trois à trois, etc. (O. p. 275 [o.]); l'un à l'autre, les uns aux autres (O. p. 298 [v. r.]). (Cf. p. 74.)

Outre les locutions précédentes, on peut former au moyen de

la préposition *à* „infinies autres semblables expressions adverbiales
de qualité“ (M. fᵒ 164 rᵒ).

[Voir la préposition *à*, où l'on trouvera encore des locutions
très nombreuses qui pourraient être citées ici, mais qui ne sont
pas données expressément comme „adverbes“ par nos deux grammairiens.]

Adonc et adoncques „ne sont plus recevables“ (O. p. 269 [t.]).

Aga. M. le cite comme „adverbe de demontrer“ (fᵒ 169 vᵒ)
et comme interjection (fᵒ 180 rᵒ). Au premier endroit, il dit:
„Aga (est un) terme duquel plusieurs se mocquent et le rejettent,
mais puisque les doctes luy font l'honneur de le tirer de la langue
grecque, je ne sçay pourquoy on s'en dégouste tant, veu qu'il est
si frequent en la bouche du vulgaire. Pour moy, je ne sçay s'il
vient du Grec, comme on suppose, mais je reconnoy bien qu'il
sourd de mesme racine que le terme du Languedoc *Agacha*, qui
signifie *voir, regarder*; aussi en nostre vulgaire, *aga* ne signifie autre
chose que *voy, regarde*.“ ⁰

Dans le second passage indiqué, M. répète les mêmes idées.¹

O. déclare ,*aga*' „vulgaire tout à fait“, aussi bien comme
„adverbe de demonstration“ (p. 297) que comme „interjection d'admiration“ (p. 314). ²

Ah est interjection „d'effroy“, „de tristesse“ et „de douleur“
(M. fᵒ 179 vᵒ; O. p. 314).

Aha, interjection „d'admiration“ (M. fᵒ 179 vᵒ; O. p. 314).

Ailleurs, d'ailleurs, par ailleurs (M. fᵒ 160 vᵒ, O. p. 260 [l.]). ³

---

¹ „*Aga* est une voix extrémement commune, servant à montrer quelque
chose, en termes de tutoyer, ou à s'esbahir. Plusieurs l'estiment ridicule par
cela seulement, qui autorise les autres choses, à sçavoir le frequent usage du
vulgaire. Aucuns doctes luy font l'honneur de l'originer d'un terme grec qui
signifie *s'esbahir*. Je ne sçay ce qui en est, bien sçay qu'en Languedoc on
dit aussi vulgairement en mesme sens demonstratif *agatche*, et *agatcha* pour
regarder“ (fᵒ 180 rᵒ, vᵒ)⁰.

² Voir aussi Brunot, Hist. III, 350.

³ „ . . . il faut que je vous dise que les adverbes du lieu sont de diverses
sortes: *au lieu*, c'est-à-dire dans le lieu, ou bien *au lieu*, c'est-à-dire vers le
lieu, *du lieu* et *par le lieu*. Ceux *d'au lieu* sont les plus simples et pour en
former ceux *du lieu*, c'est-à-dire venant 'du lieu, il n'y faut qu'adjouter la
particule *de*, comme où-d'où, ailleurs-d'ailleurs, etc.; et pour ceux de *par le
lieu*, on y met la préposition par: par où, par ailleurs . . .

Les adverbes d'*au lieu* sont encor de differentes sortes en soy, et les
Latins expliquent cette difference par ces dictions *in quo, in quem* et *ad quem*,
mais la force en est une et on les construit avec les verbes signifians ou le
mouvement d'un lieu, ou vers le lieu . . .

Si on veut respondre aux questions qui se font par les adverbes du lieu,
il faut retenir les différences que j'ay dites; comme à la question qui se fait
par *où*, qui est adverbe d'*au lieu*, on respond par les autres de mesme nature:
où est-il? il est icy, il est là. Et ainsi de tous en général.

A celles qu'on fait par le moyen des autres, il y faut respondre par
ceux de la mesme sorte: d'où vient-il? de là, de delà. Par où est-il passé?
par icy, par là. Vers où est-il allé? vers là, vers le haut, vers le bas, etc.
(O. p. 264, 265).

Ainsi (M. f⁰ 171 r⁰ [sim.]); il ne s'emploie que „hors d'o-raison" (O. p. 296 [sim.]). — A côté de ‚ainsi', M. et O. citent aussi ‚ainsi que' (id. ib. id. ib.); mais vu qu'ils confondent très souvent l'adverbe et la conjonction, on ne saurait affirmer que nous ayons réellement affaire à un adverbe. La même difficulté se pose naturellement pour la locution renforcée ‚tout ainsi que'* (O. ib.) et pour l'expression ‚ainsi comme', qui se trouve dans O. (ib.) et dans M. (ib.). — ‚*Ainsi que*' est évidemment conjonction, quand les deux grammairiens le mentionnent comme adverbe „de temps" (M. f⁰ 161 v⁰; O. p. 269) (cf. *si*).

Aisément (O. p. 296 [f.]). — *Alaigrement* (M. f⁰ 180 r⁰, O. p. 314 [! j.]).

Alas, donné par M. (f⁰ 179 v⁰), „ne se trouve point" d'après O. (p. 314) (! d.).

Alors (M. f. 161 v⁰ [t.]). „. . . *Alors* veut un antécédent: je vis que mes affaires n'estoient pas en bon estat, et alors je me resolus." (O. p. 271 [t.]).

Alternativement (M. f⁰ 170 v⁰) est „latin" suivant O. (p. 298) [v. r.].

Amont „est antique" (O. p. 263 [l.]) (voir prép.).

Anciennement (O. p. 267 [t.]).

Aou (M. f⁰ 179 v⁰; O. p. 314 [! d.]).

Aouf (M. f⁰ 179 v⁰ [! d.]);[1] O. (p. 314 [! d.]) écrit *ouf*.

Apertement (O. p. 282 [a. p.]*.

Apres. Il est adverbe de lieu, et dans ce cas il entre dans les locutions *d'apres* et *par apres* (M. f⁰ 160 v⁰; O. p. 260); comme adverbe ‚d'ordre', il s'emploie seul ou sert à former *par apres, puis apres* (M. f⁰ 162 r⁰; O. p. 275) et *en apres* (O. ib.); comme adverbes de temps, on trouve *apres, cy-apres, par apres, peu apres, puis apres* (M. f⁰ 161 v⁰; O. p. 268).[2] — *Cy apres* „n'est gueres usité en sens d'*icy proche*". (O. p. 264 [l.]).

Finalement, *apres* peut être interjection de „dechassement" (M. f⁰ 179 v⁰).

Arreste (M. f⁰ 180 r⁰) est interjection „d'arrest ou suffisance".

Arriere est adverbe „iteratif" (M. f⁰ 171 v⁰; O. p. 298), adverbe de „separation" (M. f⁰ 171 v⁰; O. p. 299) et adverbe de lieu (O. p. 260). Dans cette dernière acception, on en forme la locution *en arriere* (O. ib.).

---

[1] On a prononcé '*ouf*', d'après une remarque analogue de M. même (f⁰ 18 v⁰).

[2] „(*Par apres* et *en apres*) ont vieilli, et l'on dit *apres*-tout seul. Neantmoins ces particules *par* et *en* n'y estoient pas inutiles, parce qu'elles servoient à distinguer *l'adverbe* apres d'avec apres *preposition*; car il est l'un et l'autre; au lieu qu'aujourd'huy ne disant qu'*apres* simplement, le lecteur se trouve souvent en peine de discerner d'abord s'il est preposition ou adverbe, et il faut avoir soin de mettre tousjours une virgule entre ce mot et le nom qui suit, s'il n'est pas preposition, comme *d'abord parurent cinq cens chevaux, apres, deux mille hommes de pied suivoient*" (Vaugelas I, 357). — cf. Brunot, Hist. III, 358, 365.

Assemblément (M. f⁰ 171 r⁰ [r. a.]).

Assez (M. f⁰ 162 v⁰; O. p. 276 [q.]); il peut signifier *médio-crement*: ce vin est assez bon (O. p. 279). Il s'emploie aussi comme interjection „d'arrest ou suffisance" (M. f⁰ 180 r⁰).

Asseurément (O. p. 284 [a.], p. 293 [serm.]).

Au (M. f⁰ 179 v⁰, O. p. 314 [! ad.]).

Aucunement, „c'est-à-dire *en quelque sorte*" (O. p. 279 [q.]).

Auparavant est adverbe ‚d'ordre' (M. f⁰ 162 r⁰; O. p. 275) et adverbe de temps (M. f⁰ 161 v⁰; O. p. 267, 268).

Aupres est adverbe de lieu; il s'emploie seul et dans les locutions *d'aupres* et *par aupres* (M. f⁰ 160 v⁰; O. p. 260).

Aussi est adverbe de ‚comparaison' (M. f⁰ 163 r⁰; O. p. 294) (voir *si*),[1] de ‚similitude' (M. f⁰ 171 r⁰; O. p. 296) et de ‚recueil ou d'amas' (O. p. 299).

Il se trouve aussi comme „conjonction copulative" (M. f⁰ 174 r⁰; O. p. 300) et sert „à accorder au propos precedant, en amenant une raison confirmative": vous haïssez un tel, aussi vous en a-il donné occasion; vous vous fiez en moy, aussi suis-je de vos meilleurs amis (M. f⁰ 179 r⁰). Finalement, on l'emploie encore comme conjonction de „discerner" (O. p. 304) [„discretive et adversative" (M. f⁰ 177 r⁰)].

Autant est adverbe ‚de nombre ou compte' (M. f⁰ 162 r⁰; O. p. 276), ‚de comparaison' (M. f⁰ 163 r⁰; O. p. 294), sens dans lequel on l'emploie dans des locutions comme *une fois autant, deux fois autant, trois fois autant*, etc. (O. p. 295); de temps (O. p. 269) et de ‚similitude' (M. f⁰ 171 r⁰; O. p. 296); de quantité (M. f⁰ 162 v⁰; O. p. 278), comme aussi son composé *tout autant* (M. ib. O. ib.).[2] voir *tant*.

Autrement (O. p. 299 [sep.], p. 302 [conj. cond.]): respondez-moy, autrement je me fascheray; „*autrement* a une force differente en cette phrase: cela ne me tourmente pas autrement, c'est-à-dire pas beaucoup". (p. 302).

Autour, tout *autour* (O. p. 263 [l.]).

Aval (O. p. 263 [l.]). D'après la première édition (1632) de la grammaire d'Oudin, cet adverbe serait, commé *contremont*, „hors d'usage parmy ceux qui parlent bien" (p. 268).

Avant est adverbe de temps (M. f⁰ 161 v⁰; O. p. 267, 268); adverbe ‚d'ordre' (M. f. 162 r⁰; O. p. 275); adverbe de lieu, comme aussi ses composés *bien avant, en avant, fort avant* (O. p. 260), et adverbe ‚d'exhorter', comme *hay avant, sus avant* (O. p. 294).

Avant, c'est-à-dire profondement: bien avant declans la terre; avant, c'est à dire loing: l'affaire est allé fort avant (O. p. 309, dans chapitre des prépositions).*

Finalement, il est interjection „d'exhortation" (M. f⁰ 179 v⁰;

---

[1] „*Aussi* ne reçoit point la particule *comme*, et c'est mal parlé de dire, aussi riche comme vous; mais dites plustost, que vous." (O. p. 295 [comp.])*
[2] On peut dire „autant comme" (O. p. 278). Comp. Vaug. I, 481.

O. p. 314), de même que *or avant* (M. f⁰ 179 v⁰; O. p. 314) et *hai avant* (O. ib.).

Avec (M. f⁰ 171 r⁰; O. p. 299), avecques (O. ib.) [r. a.].

Babou (M. f⁰ 179 v⁰) n'est „gueres cogneu" selon O. (p. 314) [! ind.].

Bah (M. f⁰ 179 v⁰) n'est „gueres cogneu" selon O. (p. 314) [! ind.].

Bas, plus bas, tres bas (M. f⁰ 160 v⁰, O. p. 260), ça bas, là bas (M. ib.), en bas, en embas, „c'est-à-dire vers le bas" (O. ib.); „cy bas ... ne s'escrit point; *ça bas ... (est) un peu vulgaire; il vaut mieux dire *icy bas*, c'est-à-dire en ce monde" (O. p. 261) [l.]. . Comp. Brunot, Hist. III, 355.

Bav, bée (O. p. 315) [! m.].

Beaucoup (M. f⁰ 162 v⁰; O. p. 276) [q.].

Bellement, tout bellement (M. f⁰ 164 r⁰ [r. a.]) signifient, suivant O. (p. 279 [q.]) „n'en mettez pas tant". Voir p. 217.

Bien sert d'adverbe de *qualité* (M. f⁰ 163 v⁰; O. p. 281) et d'adverbe de *quantité* (O. p. 276). Dans le second cas, il peut signifier *beaucoup* (avec un superlativ *tres bien*) ou *fort*: bien (= fort) mal, bien (= fort) meschant. Comme adverbe d'affirmation, il est donné et par O. (p. 284) et par M., qui dit: „... si le propos est impératif[1] ou contenant prier, nous y acquiesçons en disant *bien*: venez avec moy; bien. Je vous prie m'attendre un peu; bien. Un tel demande que vous luy escriviez; bien" (f⁰ 165 v⁰). O. ajoute: „bien Monsieur, c'est-à-dire, ouy je le feray".

Bon jour, bon soir, bonne nuit (O. p. 283 [s. a.]).

Bonnement (M. f⁰ 163 v⁰, O. p. 281 [ql.]); „*bonnement*, c'est-à-dire tout à fait clairement et asseurément: je ne vous puis dire bonnement; celuy-cy se peut rapporter à la qualité et affirmation: il n'y a pas bonnement tant" (O. p. 279 [q.]).

Boute (M. f⁰ 179 v⁰; O. p. 314) [! exh.].

Bran (M. f⁰ 179 v⁰); „Bren (est) mal honneste" (O. p. 314) [! ind.].[2]

Brique (M. f⁰ 179 v⁰); il est vulgaire d'après O. (p. 314) [! ind.].

Ca, deça, là, de là, en ça, en là, par deça, par de là, de par deça, de par de là, cy, icy, d'icy, par-cy, par-icy, illec, d'illec (M. f⁰ 160 v⁰, 161 r⁰). — „*Cy, icy, ça* et leurs composez signifient tousjours un lieu proche; *là, illec*, un éloingné. *Icy* signifie aussi un repos et residence. Et encor *ça*, en maniére interjective, signifie comme *Baillez*, comme *Cedo* latin: ça cela, ça ce livret; item ça, despechons nostre affaire (id. f⁰ 161 r⁰). [éd. de 1607): (*Cy, icy, ça* et leurs composez) se construisent avec verbes d'approche, et speciale-

---

[1] Il peut être affirmatif et négatif.

[2] „Les interjections d'indignation et de dechassement se plaisent assez (avec la préposition *de*): bran de vous, foin du sot, babou du babouin, fi de la vilaine" (M. f⁰ 180 r⁰).

ment *ça* avec ces imperatifs: vien ça, venez ça, venez icy, . . . venez *ça* icy . . . (*Là, illec* se construisent) avec verbes d'éloignement: passez deça où je suis, ou bien j'iray de là où vous estes; voila deux hommes, dont l'un vient en ça, l'autre va en là. *Icy* aux verbes de mouvement et de repos: je demeure icy, un mien amy m'a promis de venir icy. *D'icy, de là* et semblables composez de la preposition *de*, se joignent aux verbes de départ et délogement: je vien de la, ne bougez d'icy. Toutefois, *de par de là, de par deça* servent à tout, à délogement, à approche, à repos...] [1].

O. reprend les remarques de M., en les modifiant ou en les corrigeant:

„*Ça*, qui se joint avec l'imperatif du verbe venir: venez-ça, vien ça, ... signifie venir au lieu où nous sommes. *Là* ... tesmoigne la place esloignée de nous. *Çà et là*, c'est-à-dire *de costé et d'autre*; qui *çà*, qui *là*, c'est-à-dire dispersez en un lieu et en l'autre. *Deçà* et *delà*, dont le premier monstre le pais où nous sommes, et *delà* la province esloignée, de mesme que *par deçà*, et *par delà*, mais c'est lors qu'on escrit des lettres missives, car autrement ils ne se rapportent qu'au simple sens du lieu present et esloigné. *De par deçà, de par delà*, c'est-à-dire, de ce païs-cy, de ce païs-là. *En çà* et *en là* ne sont point recevables, et *vers deçà* et *vers delà* ne sont gueres bons; on peut dire, *vers là*, *là mesme*, *delà mesme*; *ça*, en matiere interrogative, signifie aussi *baillez*: ça de l'argent; et davantage une preparation prompte: ça que je vous baise, etc. ...“ (p. 260, 261).

„*Cy* ne se construit gueres absolument, mais à la fin des substantifs et des pronoms demonstratifs en forme relative: cet homme-cy, cettuy-cy, etc. Il se trouve pourtant seul en une vieille façon d'escrire, *cy git, cy-dessous git*, et alors il prend la force de l'adverbe *icy* et n'est point relatif. Il a pour correlatif *là*, qui denote une place esloignée et, relativement, la chose qui est loin de nous: cette obligation-là, cette personne-là. *Par cy, par là*, c'est-à-dire confusement, de costé et d'autre ...“ (p. 261).

„*Icy, d'icy, par icy, jusques icy* et *jusqu'icy, par icy* et *par là. Jusqu'icy* et *jusque là*, sont aussi adverbes du temps ...“ (p. 262).

„*Illec* et *d'illec* sont antiques et tout à fait bannis du langage moderne“ (p. 263) [1].

Comme *adverbes de temps*, quelques-uns des termes cités ci-dessus entrent dans les compositions suivantes:

De là, „c'est-à-dire apres cela, en suite de cela“ (O. p. 270)*.

D'icy à deux jours, d'icy à trois jours, d'icy à trois mois, d'icy à quatre, cinq, six ans, etc. (O. p. 269).

D'icy à peu (M. f⁰ 161 v⁰); „D'icy à peu, et non pas, d'icy à un peu“ (O. p. 270).

D'icy à tout temps „est une phrase sauvage“ (O. p. 270).

Jusques icy (O. p. 266).

Ajoutons ici encore ça ça (M. f⁰ 179 v⁰, O. p. 314 [! exh]), ça, ça ça (O. p. 294 [exh]); or ça (O. ib. [exh]). — Voir *apres, bas, haut, proche*.

Ceans (M. f⁰ 161 r⁰). „Ceans, c'est-à-dire en ce logis . . ., ne se met point en parlant d'une chambre . . .; *De ceans*" (O. p. 261). [l]

Cependant (M. f⁰ 161 v⁰; O. p. 271). *Ce temps pendant* (M. ib.) ne se peut dire, *en cependant* est vulgaire" (O. p. 271) [t].

Certainement (M. f⁰ 169 r⁰, O. p. 293 [serm.]; O. p. 284 [a.]).

Certes (M. f⁰ 169 r⁰; O. p. 293); En 1632, O. (p. 292) avait déclaré que „certes se fait antique" [serm.].

C'est à dire (O. p. 284) [decl.].

Cherement. v. p. 217.

[Chose]: devant toutes choses (O. p. 275 [o]), par dessus toutes choses (O. p. 277 [q]). —

Chouse! Ho chouse! (M. f⁰ 179 v⁰) [! app.].

Cheut[1] (M. f⁰ 180 r⁰ [! s.]); „*chut* (est un) mot normand" (O. p. 294) [sil.].

Combien. Il est adverbe de „nombre ou compte" (M. f⁰ 162 r⁰; O. p. 276), d'„interrogation" (M. f⁰ 164 v⁰; O. p. 284), de „temps" (aussi bien employé seul que dans les locutions *combien de temps, en combien de temps, combien y a-t'il, combien de fois* [O. p. 270]), et „de quantité" (M. f⁰ 162 v⁰; O. p. 276). — „(*Combien* a quelque sorte de force comparative ou de similitude: *vous sçavez combien cela est vrai,* c'est-à-dire, comme cela est vray" [O. ib.])*.

Comme, Comment

Comme est donné par M. comme adverbe de „similitude ou parangonnement" (f⁰ 171 r⁰) et, à côté de *comment*, comme adverbe „d'interrogation" (f⁰ 164 v⁰). Oudin (p. 296) est plus précis: „la difference est grande entre *comme* et *comment*, d'autant que le premier est pur de similitude et *comment* . . . tousjours interrogatif; et jamais on ne se doit servir de *comme* pour interrogatif (si ce n'est en cette phrase adverbiale *comme quoy* . . .)*[2]. Il cite *comme* aussi parmi les adverbes de „declaration" (p. 284).

Confusément (M. f⁰ 170 r⁰ [des.]; O. p. 275 [o.]).

Conjointement (M. f⁰ 171 r⁰) „n'est pas recevable" (O. p. 299) [r. a.].

Continuellement, „et jamais *continuëment*" (O. p. 270 [t.]).

Contremont (O. p. 263). Dans l'édition de 1632 de sa grammaire, O. juge cet adverbe „hors d'usage parmy ceux qui parlent bien" (p. 268) [l].

---

[1] On prononçait *chut.*

[2] Comp. la fameuse remarque de Vaugelas (II, 12), qui admet *comme quoy,* „qui est un terme nouveau", tout en lui préférant *comment*, „mot ancien, qui est encore dans la vigueur de l'usage et incomparablement meilleur à escrire qu'un tout nouveau, qui signifie la mesme chose." „ . . . *Comment* et *comme* sont deux, et il y a bien peu d'endroits, où l'on se puisse servir indifferemment de l'un et de l'autre . . . On peut pourtant dire quelquefois *comme* et *comment*, par exemple, vous sçavez comme il faut faire, et, comment il faut faire. M. de Malherbe disoit tousjours, *comme*, en quoy il n'est pas suivi; car il n'y a point de doute que lors que l'on interroge, ou que l'on se sert du verbe *demander*, il faut dire *comment*, et non pas *comme*. Ce seroit fort mal dit, *demandez luy comme cela se peut faire*, mais *demandez luy comment*, et *comme estes-vous venu*, au lieu de dire, *comment estes-vous venu?* et ainsi des autres" (id. ib.) (comp. Brunot, Hist. III, 295, 296).

[Costé]: à costé, de costé et d'autre, de tous costez, c'est-à-dire „en tous lieux" (O. p. 262) [!].

Locutions adverbiales formées à l'aide de coup:

loc. adv. de „hastivité": à coup, tout à coup (M. f⁰ 164 r⁰; O. p. 283),

loc. adv. de temps: à ce coup, pour ce coup (O. p. 266), à tous coups, tout à coup. (id. p. 273),

loc. adv. de „nombre ou compte": à coup, tout à coup (en 1607, cette dernière expression est remplacée par ‚tout à un coup') (M. f⁰ 162 v⁰). — „(*Coup* ... sert) ... au lieu de la diction *fois*": un coup, deux coups, etc. — à coup, tout à coup, tout d'un coup, tout à un coup, tout en un coup, en combien de coups, etc. ... (O. p. 276).

loc. adv. „iteratives": coup sur coup (M. f⁰ 171 v⁰; O. p. 298).

loc. adv. „d'ordre": devant le coup (O. p. 275).

Courage est „adverbe d'exhorter" (O. p. 294), de même qu'interjection „d'exhortation" (M. f⁰ 179 v⁰; O. p. 314) et de „joye" (O. p. 314).

Coyement. v. p. 217.

*Da*⁰ (M. f⁰ 179 v⁰, O. p. 314 [! ad.]).

„*Da* est comme une interjection qui, pour son frequent usage, n'appreste pas moins à rire à d'aucuns, mais si ne sçauroient-ils s'en passer, tant elle se presente assiduellement et coup sur coup à la bouche. On l'ennoblit non moins de grecque origine, pour ce que nos devanciers escrivoient et prononçoient *dea*, comme il y a bien de l'apparence, en tant que nos vieux païsans et bonnes gens des champs la prononcent encor de la sorte. De moy, je ne sçay si elle est de si antique race, tant y a que nous l'avons restrecie, et nous vient infiniment à la bouche, pour renforcer le propos auquel elle est subjointe: *ouy-dà; c'est-mon-dà; ce fait-mon-dà; non fait-dà; non-dà; nenni-dà; je le veux bien dà; il n'en fera rien-dà.* Et brief, (nous l'employons) quasi à tous propos en maniere d'enclitique intensive.

Et aussi en forme d'esbahissement avec submission: *et-dà! vous ne serez pas si rigoureux. Hé-dà! je vous en prie. Et-dà (ou hé-dà)! ne vous faschez pas,* etc." (M. f⁰ 180 v⁰ [!]).

„*Da* est une sillabe qui est trop frequente à la bouche de tout le monde; il est bien necessaire de s'en servir en quelques endroits, comme par maniere de refus ou mocquerie, *ouy-da, voire da*, mais je ne voy point d'estranger qui revienne des villes placées sur la riviere de Loire, qui n'en farcisse son discours, et je croy qu'en ces lieux-là on en pare le langage, comme de fait je l'ay ouy moy-mesme en passant. Je ne dy pourtant pas cecy à dessein de leur oster la reputation un peu mal fondée et l'opinion qu'on y a de parler mieux qu'à la cour, la verité en descouvre le fait" (O. p. 315 [! sil.]).

Et dà et *hé-dà* sont donnés encore comme interjections „d'ad-

miration“ (M. f⁰ 179 v⁰; O. p. 314), *ouy-dà* comme interjection de
„mocquerie“ (O. p. 315). [1]

Davantage (O. p. 295 [comp.]; M. f⁰ 162 v⁰, O. p. 276 [q.]).
„*Davantage* se met absolument et ne regit point, comme *plus*, car
on ne dit pas *il y en a davantage de dix*, mais bien *plus de dix*
(O. p. 277).* ··

Locutions adverbiales formées à l'aide de la préposition de.

d'abondant (M. f⁰ 171 r⁰ [a. s.]); [2]

d'abordade (M. f⁰ 162 r⁰); „d'abordade est un peu extravagant“
(O. p. 274) [o.].

d'abordée (M. f⁰ 162 r⁰); „d'abordée ne se dit point“ (O.
p. 274) [o.].

d'arrivée (M. f⁰ 162 r⁰); „d'arrivée n'est point en usage, il faut
dire à l'arrivée“ (O. p. 274) [o.].

d'asseurance (M. f⁰ 169 r⁰, O. p. 293 [serm.]); d'aventure (M.
f⁰ 171 r⁰, O. p. 300 [c. f.]), [3] tout de bon (O. p. 282 [a. p.]); de bon
coeur (O. p. 282 [a. p.]; p. 296 [f.]); de mon bon gré (O. p. 296 [f.]);
de mon plein gré (O. ib.); de plein gré (M. f⁰ 171 v⁰; O. p. 282
[esc.]); de cas fortuit (M. f⁰ 171 r⁰; O. p. 300) [c. f.]; d'entree
(M. f⁰ 162 r⁰, O. p. 274 [o.]).

de fait advisé, de fait à pens (M. f⁰ 171 v⁰); „*de fait advisé*
ny de *fait à pens* ne se disent point“ (O. p. 282) [esc.];

de fortune (M. f⁰ 171 r⁰, O. p. 300 [c. f.]); de bonne fortune,
de mauvaise fortune (O. p. 300 [c. f.]);

de frais „n'est point à recevoir“ (O. p. 209 [t.]);

de grace (O. p. 284 [c.]; p. 294 [exh.]); de guet à pens (M.
f⁰ 171 v⁰, O. p. 282 [esc.]); de hait (M. f⁰ 180 r⁰, O. p. 314 [! j.]);

d'intrade (M. f⁰ 162 r⁰); „d'intrade est hors de cognoissance“
(O. p. 274 [o.]);

de longue main (O. p. 271 [t.]); de malheur (O. p. 300 [c. f.]);

de mesme (M. f⁰ 171 r⁰); de mesme et de mesme que „demandent tousjours le sujet apres eux: de mesme que le lion“ (O.
p. 296 [sim.]);

de nuict (O. p. 271 [t.]); d'ordre (M. f⁰ 162 r⁰, O. p. 275 [o.]);

de parensus (M. f⁰ 171 r⁰); „de par(en)sus n'est point cogneu“
(O. p. 298 [a. s.]);

de pied ferme (O. p. 282 [d. p.]);

de prim 'abord est „commun“ (O. p. 274 [o.]); de prime face
(M. f⁰ 162 r⁰ [o.]), „de prime face, et non de première face“ (O.
p. 274 [o.]); de prim'saut est „commun“ (O. p. 274 [o.]);

---

[1] Voir Brunot, Hist. III, 356.

[2] „Ce terme adverbial, ou pour mieux dire, cet adverbe, qui signifie *de
plus*, a vieilli, et l'on ne s'en sert plus dans le beau stile.“ (Vaugelas I, 365)
voir Brunot, Hist. III, 356.

[3] „*Aventure* est un fort bon mot en divers sens, mais l'adverbe qui en
est composé, *d'aventure*, pour signifier *par hazard, de fortune*, n'est plus
gueres en usage parmy les excellens Escrivains“ (Vaugelas II, 99).

de propos déliberé (M. f⁰ 171 v⁰, O. p. 282 [esc.]); de quelle façon (O. p. 284 [int.]), de telle façon (O. p. 296 [sim.]); de rang (M. f⁰ 161 v⁰ [o.]);

de relevee (M. f⁰ 161 v⁰); „de relevee est une façon de parler *dont on se sert en terme de pratique“ (O. p. 270 [t.]);[1]

de renfort (M. f⁰ 171 v⁰, O. p. 298 [a. s.]); de retour (M. f⁰ 170 v⁰, O. p. 298 [v. r.]); de sens rassis (O. p. 282 [a. p.]); de suite (M. f⁰ 162 r⁰, O. p. 275 [o.]);[2] de surcroist (M. f⁰ 171 r⁰, O. p. 298 [a. s.]); de surplus (M. f⁰ 171 r⁰, O. p. 298 [a. s.]); de vray (M. f⁰ 169 r⁰, O. p. 293 [serm.]);

du consentement (O. p. 282 [esc.]); du surplus (M. f⁰ 171 r⁰, O. p. 298 [a. s.]).

Locutions formées à l'aide de de ... en. Ce sont surtout des expressions que M. et O. appellent „adverbes de progrez ou advancement“:

M. (f⁰ 170 v⁰): „De bien en mieux, de mieux en mieux, de mal en pis, de pis en pis, d'an en an, de jour en jour, d'heure en heure, de moment en moment, de pied en pied (à côté de *de pied à pied*) ...; nous exprimons, par ces prepositions *de* ... *en*, les adverbes latins terminez en *tim*, quand ils signifient progrés: ostatim, de porte en porte, d'huis en huis; opidatim, de ville en ville; vicatim, de rue en rue, de village en village, de maison en maison ...“[3]

O. (p. 299): „De bien en mieux, de mieux en mieux, de mal en pis, de pis en pis, d'heure en heure, de jour en jour, de mois en mois, etc.; de moment en moment; de pied en pied, ny de pied à pied, ne se disent point; de porte en porte, de ville en ville, de village en village“.

Il faut ajouter ici: de fil en aiguille, c'est-à-dire „d'un propos à l'autre“ (O. p. 275 [o.]); de fonds en comble (O. p. 275 [o.]); d'heure en heure (M. f⁰ 162 r⁰, O. p. 275 [o.]); de jour en jour (M. f⁰ 162 r⁰, O. p. 275 [o.]); de poinct en poinct (M. f⁰ 162 r⁰, O. p. 275 [o.]); de rang en rang (M. f⁰ 161 v⁰, O. p. 275 [o.]).

Debout (O. p. 294 [exh.]).

Dedans, de dedans, du dedans, au dedans, par dedans (M. f⁰ 160 v⁰; O. p. 262); en dedans, cy dedans, là dedans (O. ib. [l.]). (Voir prépos.) — O. (p. 311, au chapitre des prép.): mettre la porte dedans, c'est-à-dire, enfoncer la porte ou la rompre.

Dehors, de dehors, du dehors, au dehors, par dehors (M. f⁰ 160 v; O. p. 262); en dehors, là dehors (O. ib. [l.]) (comp. prépos.).

Demain, de demain, à demain, apres demain (M. f⁰ 161 r⁰;

---

[1] En 1632, O. disait que *de relevee* est une façon de parler Champenoise ou de Sedan (p. 274).

[2] O. écrit *suitte*.

[3] „Quand ils signifient distribution, nous disons *par* ou *à chaque*: viritim, par homme, à chaque homme; gregatim, par troupeaux, par bandes, à chaque troupe, à chaque soldat“ (id. ib.).

O. p. 268, 269); Oudin fait observer qu'*à demain* signifie *„nous
ferons ou nous reverrons demain" [t.].

Demeure (M. f⁰ 180 r⁰ [! arr.]).
Depuis (M. f⁰ 161 v⁰); du depuis (M. ib., O. p. 267 [t.]).[1]
Derechef (M. f⁰ 171 v⁰, O. p. 298 [it.]).
Dernierement (O. p. 267 [t.]).
Derrière, de derriere, du derriere, au derriere, par derrière
(M. f⁰ 160 v⁰, O. p. 262); en derriere, là derriere, de là derrière
(O. p. 262) [l.].
Desja (M. f⁰ 161 v⁰, O. p. 266 [t.]).
Desmesurément „n'est gueres recevable" (O. 1632, p. 280 [n.c.]).
Desormais (M. f⁰ 161 v⁰, O. p. 269 [t.]).
Dessous, cy dessous, de dessous, par dessous, au dessous,[2] là
dessous, en dessous (O. p. 262 [l.]) (voir prép.).
Dessus, cy dessus, là dessus, au dessus, par dessus,[3] de dessus
(O. p. 262 [l.]); *par dessus* peut être aussi adverbe „d'abondant
et de surcroist" (M. f⁰ 171 r⁰; O. p. 298). (voir aussi prépos.).
Devant, de devant, du devant, au devant, par devant (M.
f⁰ 160 v⁰; O. p. 262); en devant, là devant, de là devant (O. ib.)
[l.]. — *Devant* est aussi adverbe „d'ordre" (M. f⁰ 162 r⁰; O.
p. 275), de même que *par devant* (M. ib.) et *par cy-devant* (O. ib.);
il sert également d'interjection de „dechassement" (M. f⁰ 179 v⁰).
— *Devant, cy devant* (M. f⁰ 161 v⁰; O. p. 267) et *par cy devant*
(O. ib.) sont aussi adverbes de temps. — (voir prép. et conj.).
Dieu, mon Dieu (O. p. 134 [! t.]).
Difficilement (M. f⁰ 169 v⁰; O. p. 297) [dif.].
Doctement (M. f⁰ 163 v⁰ [ql.]).
Dont (M. f⁰ 160 v⁰; O. p. 263): „*Dont* ne se met que pour
relatif, et jamais pour adverbe du lieu; car c'est parler improprement que de dire *dont venez vous?* pour *d'où venez-vous?*"[4]
Doresnavant, Dorénavant (M. f⁰ 161 v⁰); en 1607, le premier
est remplacé par *Doresenavant*; toutes les trois écritures se trouvent dans O. (p. 269),[5] qui fait l'observation *que cet adverbe,
de même que *n'agueres*, est subjectif, c'est-à-dire qu'on ne peut
l'employer que par rapport au moment où l'on parle. („Notez icy
que lors qu'on se sert de cet adverbe, on ne peut (l')employer que
commençant du poinct que la personne parle. Observez la mesme
chose de *n'agueres*"). [t.]
D'ores en la et *d'ore en là* „ne sont point en usage en ces
quartiers-cy (O. p. 269 [t.]).

---

[1] Voir Brunot, Malh. p. 461, Hist. III, 357, Vaugelas I, 287.
[2] „*Au dessous* se prend aussi pour *moins*: au dessous de quatre"
(O. p. 262, 263). Voir prép.
[3] „*Par dessus* signifie aussi *de surplus*: je luy ay donné cela par dessus
le compte" (O. p. 262). Voir prép.
[4] Comp. Brunot, Malh. 397, Vaugelas I, 30.
[5] Doresnavant et dorénavant sont évidemment équivalents dans la prononciation.

Doucement. Voir p. 217.

Eh (M. f⁰ 179 v⁰, O. p. 314 [! t.]).

Locutions adverbiales formées à l'aide de la préposition en:

en bref (O. p. 268 [t.]); en contr'eschange (M. f⁰ 170 r⁰, O. p. 298 [v. r.]); en diable (O. p. 282 [a. p.]); en eschange (O. p. 298 [v. r.]); en fin (M. f⁰ 162 r⁰; O. p. 275 [o.]); „en fin finale (est) antique" (O. ib. [o.]); en fin (M. f⁰ 171 v⁰ [conc.l]); en general (O. p. 282 [a. p.])*; en haste (M. f⁰ 164 r⁰, O. p. 283 [h.]); en mesme maniere (O. p. 296 [sim.]); en moins de rien (O. p. 283 [h.]); en ordre (O. p. 275 [o.]); en particulier (O. p. 282 [a. p.]*; p. 299 [sep.]);

en pareil cas (M. f⁰ 171 r⁰ [sim.]); en pareil cas et en semblable cas „demandent toujours le sujet apres eux: ... en pareil cas l'amour fait" (O. p. 296 [sim.]). „En semblable cas" est donné aussi par M. (ib.).

en poste (O. p. 282 [a. p.]); en posture (O. p. 282 [d. p.]); en privé (O. p. 282 [a. p.]); en plusieurs sortes (O. p. 292 [sep.]);

en retour (M. f⁰ 170 r⁰); „en retour n'est gueres bon" (O. p. 298 [v. r.]);

en secret (O. p. 282 [a. p.])*, en somme (O. p. 275 [o]) est „alternatif"; en son rang (M. f⁰ 170 v⁰ [v. r.]); en suite (M. f⁰ 162 r⁰, O. p. 275 [o.]);[1] en telle sorte [O. p. 296 [sim.]); en tout (O. p. 299 [r. a.]); en un clin d'œil (O. p. 270 [t]; p. 283 [h.]); en un instant (O. p. 266 [t]); en un moment (O. p. 270 [t]);

en un tour de bras „ne se dit point à la cour, mais bien, en un tour de main" (O. p. 270 [t]); en un tourne-main (O. p. 283 [h.]); en vérité (M. f⁰ 169 r⁰, O. p. 293 [serm.]);

Encores (M. f⁰ 171 v⁰); O. (p. 298) indique les trois formes *encor, encore, encores* [it.].

Encore „se met quelquefois pour neantmoins: encore ne faut-il pas, c'est-à-dire, neantmoins il ne faut pas (O. p. 278 [q])*.

Enda et *manenda* (sont) „mignards juremens de femme" (M. f⁰ 169 r⁰); „*enda* et *manenda, par manenda* sont paroles de paisant (O. p. 293 [serm.]).[2]

Ensemble (M. f⁰ 171 r⁰, O. p. 299 [r. a.]).

Ensemblément (M. f⁰ 171 r⁰, O. p. 299 [r. a.]).

Entierement (M. f⁰ 164 r⁰ [renf.], O. p. 277 [q.]).

Locutions formées à l'aide de la préposition entre:

entre chien et loup (O. p. 270 [t]); entre cy et demain, „où *cy* est mis pour *icy*" (O. p. 269 [t.])*; entre deux (M. f⁰ 164 r⁰ [rel.]; O. p. 279 [q]).[3]

Estrangement; „nous avons des personnes qui disent improprement *estrangement bon* (O. p. 277 [q.]).

---

[1] O. écrit *suitte.*

[2] Voir Brunot, Hist. III, 358.

[3] *Entre deux* signifie *médiocrement* (Curiositez).

Envis (M. f⁰ 169 v⁰). „Envy n'est plus gueres en usage" (O. p. 297) [dif.].

Éternellement (O. p. 270 [t.]).

Excellemment. Voir p. 216.

Expressément. Voir p. 216.

Extremement, extremement bon (O. p. 277 [q.]); Comp. Vaug. II, 169, qui donne *extremément.*

Facilement (O. p. 296 [f.]).

Fi (M. f⁰ 179 v⁰); *fi* ou *fy, fy fy* (O. p. 314 [! ab.]).

Fin-finale (M. f⁰ 171 v⁰ [concl.]); jusqu'à la fin (O. p. 271 [t]); „*fin* ne se met point seul pour *en fin*" (O. p. 275 [o]).

Finablement (M. f⁰ 171 v⁰ [concl.]) „est antique et hors d'usage" (O. p. 275 [o.]). Comp. Brunot, Hist. III, 359.

Finalement (M. f⁰ 171 v⁰ [concl.], O. p. 275 [o.]).

Foin (M. f⁰ 179 v⁰, O. p. 314 [! ind.]).

[Fois]. Au moyen de ce substantif, on forme les adverbes de *temps* que voici:

à cette fois, pour cette fois (O. p. 266); autrefois (M. f⁰ 161 v⁰, O. p. 269); quelquefois, maintefois (M. ib.); souventefois (M. ib., O. p. 272; cf. Brunot, Hist. III, 370, Vaugelas II, 459); aucunesfois, quelquesfois (O. p. 269); maintesfois (O. p. 270), peu de fois, plusieurs fois (O. p. 272) — une fois, c'est-à-dire „aliquando: une fois il arriva . . ." (O. p. 269) ou „quelque jour: il arrivera une fois" (O. p. 273) — parfois „est commun parmy le vulgaire" (O. p. 272);

comme adverbe „iteratif", *par fois* est donné par M. (f⁰ 171 v⁰) et jugé vulgaire par O. (p. 298) —

De fois à autre est „iteratif" (M. f⁰ 171 v⁰; O. p. 298).

„Chacun sa fois n'est point une bonne phrase" (O. p. 275 [o]).

Mais ce sont surtout des „adverbes de nombre ou compte" (comp. p. 74) qui se forment à l'aide de *fois:*

Sont donnés par M. (f⁰ 162 r⁰, v⁰) et O. (p. 276): combien de fois, tant de fois, autant de fois, maintefois (O. écrit maintesfois),[1] souventefois, aucunefois (O.: aucunesfois), quelquefois,[2] toutesfois et quantes,[3] toutes et quantes fois;[3] une fois, deux fois, trois fois, etc.; tout à la fois, à plusieurs fois, à beaucoup de fois, à peu de fois, à plus de fois, à moins de fois.

Sont donnés par M. (ib.) seul: quantes fois,[4] à quantes fois,

---

[1] . . . „On dit *maintefois* à la Cour en raillant . . . Neantmoins, on ne l'escrit plus en prose, non plus que *maint* adjectif. L'un est l'autre n'est que pour les vers, et encore y en a-t-il qui n'en voudraient pas user . . . (Vaugelas I, 252); voir Brunot, Hist. III, 361.

[2] O. écrit tantôt *quelquefois,* tantôt *quelquesfois.*

[3] Vaug. (II, 388): „Ces façons de parler sont encore en usage; mais elles ne s'escrivent plus par les bons escrivains. Ce sont des mots qui sentent le vieux et le rance. Neantmoins, M. de Malherbe dit, toutes et quantes fois que bon leur sembloit."

[4] Vaug. (II, 214) regrette la perte de ce mot pour la poésie, quoiqu'il n'„ayt jamais esté en usage" en prose. Voir Brunot, Hist. III, 367.

à combien de fois, par fois, à trop de fois, à assez de fois, à une fois, à deux fois, etc., à gueres de fois.

O. (ib.) blâme: par fois, quantes fois, à quantes fois; „par fois est vulgaire et signifie plustost quelquesfois . . .; quantes fois, n'y à quantes fois, ne s'escrivent ny ne se disent aucunement . . ."

Il mentionne par contre: beaucoup de fois, trop de fois, assez de fois, gueres de fois, cent fois, mille fois (voir aussi *coup*).

Force „. . . n'admet point d'article apres soy; à force, outre les forces, c'est-à-dire en grande quantité" (O. p. 277 [q]). — „Il comprend tous les genres et nombres sous une mesme terminaison": force gens, force biens, force vin (p. 138). — Comp. p. 271.

Fort; v. p. 217.

Fortuitement (M. f⁰ 171 r⁰; O. p. 300) [c. f.].

[Foy]: en bonne foy (M. f⁰ 169 r⁰, O. p. 293); sus ma foy (M. f⁰ 169 r⁰); ma foy, sur ma foy, foy d'homme de bien, foy de Capitaine, foy de Marchand, etc. . . . (O. p. 293 [serm.]).

Furieusement. „nous avons des personnes qui disent improprement *furieusement bon.*" (O. p. 277 [q.]); Comp. Brunot, Hist. III, 67, 68.

Fraischement, tout fraischement (O. p. 267 [t.]).

Froidement (O. p. 282 [a. p.]).*

Gard'la teste, gard'l'eau, gard'le corps (O. p. 314 [! dech]).

Gare (M. f⁰ 179 v⁰, O. p. 314 [! dech]).

Gay (M. f⁰ 180 r⁰, O. p. 314 [! j]).

Generalement (O. p. 282 [a. p.]).*

Gentiment (O. p. 282 [a. p.]).*

Grandement (O. p. 277 [q.]).

Grossierement (O. p. 282 [a. p.]).

Gueres (M. f⁰ 162 v⁰); „*guere* et *gueres*, et non *guiere* ou *guieres*" (O. p. 279 [q]).[1]

Ha (M. f⁰ 179 v⁰, O. p. 314 [! t.]); ha ha (O. p. 314 [! ad.]).

Habilement. voir p. 217.

Hastivement (M. f⁰ 164 r⁰, O. p. 283 [h.]).

Haï, haï-avant (M. f⁰ 179 v⁰, O. p. 314 [! exh.]); haï, haï d'icy (M. f⁰ 179 v⁰) „sont vulgaires" d'après O. (p. 314); haï de là (M. ib. [! dech.]).

Halas (M. f⁰ 179 v⁰) n'est „point en usage" selon O. (p. 314 [! c.]).

Haou (M. f⁰ 179 v⁰ [! d.]).

Hau (O. p. 294 [app.]); hau, hau-là, hau là hé (M. f⁰ 179 v⁰ [! app.]).

Haut, plus haut, tres haut (M. f⁰ 160 v⁰, O. p. 260); ça haut, là haut (M. ib.); „en haut, en enhaut, c'est-à-dire vers le haut; *haut* a je ne sçay quoy d'adverbe du temps, quand on dit *le caresme est bien haut*" (O. ib.); „. . . *cy haut* ne . . . s'escrit point; . . . **ça haut* . . . (est) un peu vulgaire; il vaut mieux dire . . . *icy haut.* — *Là haut,* c'est-à-dire au ciel" (O. p. 261) [l.].

---

[1] „On dit *guere* et *gueres,* avec *s* et sans *s*" (Vaugelas II, 15).

Hé (O. p. 294 [app.]); M. f⁰ 179 v⁰ [! app.]; M. f⁰ 179 v⁰, O. p. 314 [! t.]); hé, je vous en prie (O. p. 294 [exh.]).

Helas (M. f⁰ 179 v⁰, O. p. 314 [! t.]).

[Heure]: à cette heure (M. f⁰ 161 r⁰, O. p. 266, 269* [t.]); pour cette heure, jusques à cette heure (O. ib.); tout à l'heure (M. f⁰ 161 r⁰; O. p. 270 [t.]); des l'heure, de bonne heure (M. f⁰ 161 r⁰ [t.]); „de bonne heure; les estrangers disent quelquesfois *à la bonne heure* pour *de bonne heure*; qu'ils sçachent que la difference en est grande, car *à la bonne heure* signifie *à propos, à l'heure desirée*" (O. p. 266 [t.]) . . . „*D'heure*, pour *de bonne heure*, est impropre; . . . d'heure en heure, d'heure à autre, . . ." (id. p. 270), *à la bonne heure* (O. p. 283 [s. a.]). d'heure en heure (M. f⁰ 162 r⁰, O. p. 275 [o]), d'heure à heure (M. ib. [o]).

Hier, avant hier, „que le vulgaire prononce sans raison *avans hier*", devant hier, . . . hier au soir; „pour *harsoir* et *hersoir*, nous ne les voulons plus" (O. p. 267, 268 [t.]).

Ho! (O. p. 314 [! ad.]).

Hola (M. f⁰ 180 r⁰ [! arr.]); hola, hola hé (O. p. 294 [app.]).

Horriblement (O. p. 277 [q.]).

Hors (M. f⁰ 160 v⁰ [l.]);[1] hor-d'icy, hor-delà (M. f⁰ 179 v⁰), hors d'icy, hors delà (O. p. 314) [! dech.].

Hou (O. p. 294 [exh.]).

Houé (M. f⁰ 179 v⁰); O. (p. 314) écrit *ouay* [! adm.].

Huy, d'huy, enhuy, d'en-huy, maishuy, aujourd'huy, d'aujourd'huy, du jourd'huy (M. f⁰ 161 r⁰), d'esmaishuy (M. f⁰ 161 v⁰).

„Huy est hors d'usage; enhuy, pour auiourd'huy; d'enhuy et mes-huy sont trop vulgaires. Aujourd'huy, d'aujourd'huy, ce iourd'huy; du jourd'huy ne se pratique gueres. D'aujourd'huy, pris en sens de *tout le jour*, ne reçoit point les particules *pas* et *point* en phrases negatives; par exemple: il n'a d'aujourd'huy fait ce que je luy ay commandé; mais lors qu'il signifie le temps du jour present auquel la chose a esté faite, il les peut recevoir: cela n'est pas fait d'aujourd'huy, c'est à dire, cela n'a pas esté fait seulement aujourd'huy" (O. p. 266). (Brunot, Hist. III, 359).

„*Il y a* une heure, un mois, un an, etc.; il y a quinze jours, il y a trois sepmaines; *il y a bonne piece* est vulgaire; il y a long-temps, il y a fort peu; ceux-cy se construisent par le moyen de la conjonctive que: il y a dix ans que je suis venu" (O. p. 267 [t.]).

Inconsiderément (M. f⁰ 171 v⁰, O. p. 283 [m.]).

Incontinent (M. f⁰ 161 v⁰; O. p. 270) [t.].

Incessamment (O. p. 270 [t.]).

Infiniment (O. p. 277 [q.]).

Insolemment (O. p. 282 [a. p.]).*

Irreveremment (O. p. 282 [a. p.]).

Ja (M. f⁰ 161 v⁰) est jugé antique par O. (p. 266) [t.].[2]

---

[1] Voir prép.

[2] Il signifie *desja* (O.). Voir Brunot, Malh. 265, Hist. III, 359.

Ja n'adviéne, jà à Dieu ne plaise „tirent la conjonction que: ja n'adviéne que je vous offence; ou bien absolument: pensez-vous que je sois venu pour enfreindre la loy? ja n'adviéne" (M. f⁰ 170 r⁰) O. fait la même observation, en déclarant vulgaires ces deux phrases (p. 297) [dif.] voir p. 255.

Jadis (M. f⁰ 261 v⁰, O. p. 268 [t.]). Voir Brunot, Hist. III, 360.

Jamais, à jamais, à tout jamais, pour jamais (M. f⁰ 161 v⁰; O. p. 270); plus que jamais, trois jours apres jamais (O. p. 270) [t.].

Jesus (O. p. 314 [! t.].

Joliment (O. p. 282 [a. p.]).*

Jouc (M. f⁰ 180 r⁰ [! s.].

[Jour]: un jour, le jour suivant (O. p. 269); l'autre jour (O. p. 267); ces jours passez (O. p. 268); quelque jour (M. f⁰ 161 v⁰; O. p. 269); de jour, de jour en jour, en plein jour, jour et nuict, le jour de devant (O. p. 270, 271) [t.];

au jour la journée est une „phrase vulgaire" (O. p. 271 [t.]);

chaque jour (M. f⁰ 161 r⁰) [t.]; „chaque jour, et non pas chaques jours (O. p. 270 [t.]);

tous les jours (O. p. 273; M. f⁰ 161 r⁰) [t.]; de jour en jour (M. f⁰ 162 r⁰, O. p. 275); de jour à jour (M. ib.), „de jour à autre, et non pas de jour à jour (O. ib.) [o.].

Citons tout de suite ici l'adverbe *tousjours*, que M. écrit encore en deux mots:

Tous-jours, de tous-jours, à tous-jours (M. f⁰ 161 r⁰); tous-jours; de tousjours et à tousjours-mais „ne se disent point, mais *pour tousjours*"; à tousjours „est antique; ... il est tousjours icy, en cette façon de parler tousjours a une force particuliére de continuation de residence, ou d'estre encore en un lieu" (O. p. 273)* [t.].

Journellement (O. p. 271 [t.]).

Jusques à regorger (O. p. 227 [q.]).

Justement. (O. p. 284 [a]).

La, la la, la donc (O. p. 294 [exh.]).

L'apresdisnée (O. p. 269 [t.]).

Las (M. f⁰ 179 v⁰; O. 1632 p. 312) [! t.].

„*La sepmaine des trois jeudis*, c'est-à-dire *jamais*, est une phrase vulgaire, et on ne dit point *la semaine aux trois jeudis*" (O. p. 272) [t.].

Leans est cité par M. (f⁰ 161 r⁰) et déclaré „antique et hors d'usage" par O. (p. 261) [l.].

Le lendemain, du lendemain, au lendemain (M. f⁰ 161 r⁰ v⁰; O. p. 269) [t.].

Lentement (M. f⁰ 164 r⁰ [rel.], O. p. 279 [q.]), tout lentement (O. ib.).

Le possible (M. f⁰ 164 r⁰) [ql.].

[Lieu]: en premier lieu, en second lieu, en troisième lieu, en quatriesme lieu, en cinquiesme lieu, etc. (Voir p. 248).

Loin, de loin, au loin, plus loin, tres loin (M. f⁰ 161 r⁰; O.

p. 263); là loin (M. ib.); „au loin signifie un lieu grandement esloigné" (O. ib.) [l.].

Le long, au long. „Le premier se prend pour *à costé*, et l'autre vulgairement pour *proche*. *Au long et au large*, c'est-à-dire en lieu spacieux" (O. p. 263) [l.].

Est-ce que ‚*le long*' est vraiment adverbe dans la pensée d'O., ou est-il préposition? (voir prép.).

Il sert à former les locutions adverbiales *le long du chemin*, „c'est-à-dire tant que le chemin dure", et *le long du jour* (O. p. 266 [t.]*).

Longuement (O. p. 271 [t.]).

Lors (M. f⁰ 161 v⁰; O. p. 271); des lors (M. ib.). „*Des lors, jusques à lors,*[1] *pour lors* ... ne s'accordent point au present ny à l'imparfait du conjonctif" (O. p. 271) [t.].

L'un avec l'autre (M. f⁰ 171 r⁰; O. p. 299) [r. a]; l'un d'avec l'autre (M. f⁰ 171 v⁰, O. p. 299 [sep.]); l'un apres l'autre (M. f⁰ 170, O. p. 298 [v. r.], O. ib. [it.]).

Maintenant (M. f⁰ 161 r⁰; O. p. 266) [t.].

Mais (O. p. 304) [conj. d.]); „il faut remarquer la phrase vulgaire *je n'en puis mais*, c'est-à-dire, je n'en suis pas cause" (O. ib.).

Mal (M. f⁰ 163 v⁰; O. p. 281) [ql.]; mal, plus mal, tres mal (O. p. 294), pis, pirement (M. f⁰ 163 r⁰; O. p. 294) [comp.].

Malaisément (M. f⁰ 169 v⁰; O. p. 297) [dif.].

Malement (M. f⁰ 163 v⁰) „n'est gueres bon" (O. p. 281) [ql.].

Matin, du matin, au matin, ce matin (M. f⁰ 161 r⁰; O. p. 266); de matin (M. ib.); de bon matin, à ce matin, si matin, trop matin, de grand matin (O. ib.); à matin,[2] qui est donné par M. (ib.) „ne s'ecrit point et n'est pas recevable en un discours" selon O. (ib.) [t.].

La matinée, dormir la grasse matinée (O. p. 271 [t.]).

Mediocrement (O. p. 279 [q.]).

Merveilleusement (O. p. 277 [q.]).

Midi, à midi, apres-midi (M. f⁰ 161 v⁰); mid*y*, à midy, en plein midy, apres midy (O. p. 271); sur le midy (O. p. 272)* [t.].

Midieux est un „mignard jurement de femme" (M. f⁰ 169 r⁰ [serm.]).

Mieux (M. f⁰ 163 r⁰, O. p. 294 [comp.]; O. p. 284 [esl.]); aimer mieux (O. p. 284 [esl.]; p. 295 [comp.] (voir *plus*);
au mieux, pour le mieux (M. f⁰ 171 r⁰; O. p. 299) [au. e.].

Minon minon s'emploie „pour appeler les chats" (O. p. 294 [app.]).

Minuit, à minuit, apres minuit (M. f⁰ 161 v⁰; O. p. 271) sur *la* minuict (O. p. 272)* [t.].[3]

---

[1] M. et O. écrivent tantôt *à lors* en deux mots, tantôt *alors* en un seul. Voir alors et lorsque.

[2] Voir aussi Brunot, Hist. III, 352.

[3] Vaugelas (I, 158) condamnera „sur *la* minuit" en faveur de „sur *le* minuit", bien qu'il soit „certain que sur *la* minuit est comme l'on a tousjours dit et comme la raison veut que l'on die ..."

Modernement (O. p. 271 [t.]).

Moins (M. f⁰ 163 r⁰ [comp.], f⁰ 162 r⁰, O. p. 279 [q.]); au moins (M. f⁰ 162 v⁰, O. p. 279 [q.]; M. f⁰ 171 r⁰, O. p. 299 [am.]); pour le moins (M. f⁰ 162 v⁰, O. p. 279 [q.]; M. f⁰ 171 r⁰, O. p. 299 [am.]; à tout le moins (M. f⁰ 162 v⁰, O. p. 279 [q.]; M. f⁰ 171 r⁰, O. p. 299 [am.]; beaucoup moins (O. p. 279 [q.], p. 292 [cr.]); peu moins (M. f⁰ 162 v⁰ [q.]); un peu moins (O. p. 279, 280 [q.]); *encore moins (O. p. 279 [q.]). — (Voir *plus*.)

[*-mon*]. D'après M., ce „remplissage de concession" sert à former des adverbes „d'affirmer" (f⁰ 165 r⁰): „. . . (*mon*)[1] est un remplissage de concession faite par les verbes *faire, avoir, estre, faloir* et aucunefois *vouloir*, sous les observations qui s'ensuivent:

(ib.) Quand le propos enonciatif preallable a esté regi d'un *verbe pur et simple sans auxiliaire*, la concession se doit faire par le verbe *faire*, de mesme temps et sans pronom personnel nominatif: vous escrivez; ce fay-mon. Monsieur joüera à la paume; ce fera mon. (f⁰ 165 r⁰, v⁰): Mais l'enonciation estant conduite d'un des auxiliaires *avoir, estre*, ou de l'impersonnel *faloir*, nous concedons par les mesmes verbes; exemples: vous avez escrit cecy; c'ay-mon. Cet enfant aura bon esprit; ç'aura-mon. Vous estes de mes amis; ce suis-mon. Vous estiez hier malade; c'estoy mon. Il faut prendre garde à vous; ce faut mon, ou, ce fait mon. Il faudroit estre sage; ce faudroit-mon, ou, ce feroit-mon. Ainsi par le verbe *vouloir*: Vous voulez venir avec moy; ce veux-mon, ce fay mon. Monsieur voudra partir matin; ce voudra-mon, ce fera-mon."[2]

O. (p. 284) se borne à constater que „c'est mon, ce fay mon, ce faudra mon, sont façons de parler de harangeres" [a.].

Mot (M. f⁰ 180 r⁰ [! sil.]; O. p. 294 [sil.]).

Moult, cité par M. (f⁰ 162 v⁰), est „trop vieux et tiré du latin" selon O. (p. 277) [q.].[3]

Moyennement (O. p. 279 [q.]).

N'aguere (O. p. 267); n'agueres (M. f⁰ 161 v⁰; O. ib.); „n'aguieres est antique" (O. ib.); depuis n'agueres (O. p. 267) [t.].[4]

---

[1] „Il se peut que nous ayons emprunté des Grecs cette syllabe enclitique *mon* (il s'agit évidemment de μεν) sans beaucoup nous en esloingner de leur usage, car ce mot nous et un expletif ou remplissage de propos interrogatif ou dubitatif, comme si nous disons: à sçavoir-mon qui est le plus profitable ou dommageable, le fer ou l'or? Item quand nous demandons pour essay ou par maniere d'espreuve: escrivez-mon, lisez-mon, pour voir si vous y entendez . . ." (M. f⁰ 165 r⁰).

[2] En 1607, cette règle est légèrement différente: elle n'admet pas d'affirmer par ‚ce fait-mon', ‚ce feroit-mon', mis pour ‚ce faut-mon', ‚ce faudroit-mon', et elle déclare à propos du verbe *vouloir*: „mais si le propos est conduit du verbe vouloir, vous pouvez indifferemment conceder par luy mesme ou par le verbe faire". — Comp. p. 115.

[3] Voir Brunot, Hist. III, 363.

[4] M. écrit quelquefois *nagueres* en un seul mot; comp. la remarque de Vaugelas (II, 15): „Nagueres se doit orthographier de cette façon en un seul mot, et non pas n'a-gueres, avec les marques de son origine et de sa comition".

Naïfvement (O. p. 282 [a. p.]).

Negligemment (O. p. 282 [a. p.]).

Nouvellement (O. p. 271 [t.]).

Ô (O. p. 314 [! ad.]); oh (O. p. 314; M. f⁰ 179 v⁰) [! ad.]; ô, ô mon Dieu (O. p. 314 [! t.]).

Of (M. f⁰ 179 v⁰ [! d.]).

Ohs (M. f⁰ 179 v⁰, O. p. 314 [! ad.]).

Onc, oncque, oncques sont „fort antiques" (O. p. 271); M. (f⁰ 161 v⁰) avait cité *onc* et *oncques* sans aucune observation [t].[1]

Or, ore, ores, or-primes, or-aprimes (M. f⁰ 161 r⁰); „*Or* et *ores* se trouvent en poësie pour adverbes du temps, mais il sont antiques. Or prime, or primes et or à primes ne sont point usitez" (O. p. 267) [t].[2]

Ordinairement (M. f⁰ 161 r⁰; O. p. 271) [t.].

Où, d'où, par où (M. f⁰ 160⁰; O. p. 263); jusqu'où, là où, vers où;[3] „*où que ce soit* n'est point une phrase bien digerée; il faut dire, en quelque lieu que ce soit" (O. ib.) [l].

Outre, plus outre,[4] tres outre (M. f⁰ 161 r⁰; O. p. 263); d'outre en outre (O. ib.* [I]); outre (M. f⁰ 171 v⁰; O. p. 298); outre plus (id. ib. id. ib); en outre (M. f⁰ 171 v⁰) „n'est pas excellent" (O. p. 298 [a. s.]).

Ouvertement (O. p. 282 [a. p.]).*

Ouy. Il sert de réponse affirmative: avez-vous apris vostre leçon? ouy; „comme aussi es autres concessions remplies de la syllabe *mon*" (M. f⁰ 165 v⁰ [a.]); voir *mon*.

Ouy-dà, ouy bien (id. f⁰ 164 v⁰ [a.]).

„(On emploie) *ouy*, pour respondre seulement à l'interrogation absolument affirmative; ouy bien" (O. p. 284 [a.]).

Paix (M. f⁰ 180 r⁰, O. p. 315 [! s.]; O. p. 294 [sil]); paix-là (M. f⁰ 180 r⁰ [sil]; O. p. 294 [sil]).

Locutions adverbiales formées à l'aide de par:

par aventure (M. f⁰ 171 r⁰, O. p. 293 [d.]), par adventure ou par avanture (O. p. 300 [c. f.]);[5] par boutade (O. p. 272 [t]); par bravade (O. p. 282 [d. p.]); par cas fortuit (O. p. 300 [c. f.]); par disgrace (O. p. 300 [c. f.]); par fortune (M. f⁰ 171 r⁰, O. p. 300

---

[1] Voir Brunot, Hist. III, 364.

[2] Or, „pour maintenant, ne se dit point. Ce mot est la cheville ordinaire des vieux poètes français, surtout du Bellay s'en est fort escrimé" (Brunot, Malh. 268). Voir aussi Brunot, Hist. III, 364.

[3] „…Il se rendit à un tel lieu, vers où l'armée s'avançoit. Cette façon de parler, qui s'est introduite depuis peu, et qui commence à avoir cours, parce qu'elle est commode, n'est pas bonne; tant à cause de la transposition de ces deux mots, que pour la nature de la préposition vers, qui ne regit jamais un adverbe, comme est où, mais tousjours un nom, soit avec article, soit sans article, comme vers Paris, vers l'Orient, vers la ville. Nous avons pris ce *vers où* des Italiens qui disent, verso doue" (Vaugelas II, 50).

[4] Brunot, Hist. III, 366.

[5] Voir Brunot, Hist. III, 356.

[c. f.]); par fraude (O. p. 282 [a. p.]); par hazard (M. f⁰ 171 r⁰;
O. p. 300 [c. f.]);

par laps de temps „est pedant et trop latin“ (O. p. 272 [t]).

par le passé, et non pas, le passé (O. p. 268); tous les deux
sont donnés par M. (f⁰ 161 v⁰) [t];

par malheur (O. p. 300 [c. f.]); par maniere d'acquit (O. p. 283
[m.]); par mesgarde (M. f⁰ 171 v⁰, O. p. 283 [m]); par mon ame
(M. f⁰ 169 r⁰, O. p. 293 [serm.]); par mon serment (M. f⁰ 169 r⁰
[serm.]); par ordre (M. f⁰ 162 r⁰, O. p. 275 [o]); par terre (O.
p. 264 [l]); par le corps bien ou par le corps bleu; par le cordelier,
par le sang goy, par ses grands dieu (O. p. 293 [serm.]); par ruse
(O. p. 282 [a. p.]);

par trait de temps „ne s'use point“ (O. p. 272 [t]);

par troupes (O. p. 299 [r. a.]).

par avant (M. f⁰ 162 r⁰ [o]; f⁰ 161 v⁰ [t]); selon O., il „ne se
trouve point“ comme adverbe de temps (p. 268), et il n'est pas „usité“
comme adverbe d'„ordre“ (p. 275).

Pareillement (M. f⁰ 171 r⁰ [sim.; r. a.]; O. p. 296 [sim.], p. 299
[r. a.]).

[Part]: nulle-part, quelque-part (M. f⁰ 160 v⁰; O. p. 263); autre
part, d'autre part, de nulle part, en nulle part, de quelque part,
en quelque part,* de part en part (O. ib. [l]).

Particulierement (O. p. 282 [a. p.]*, p. 299 [sep.]).

Partie „se met pour *en partie*: partie à cause de vous, c'est-
à-dire, en partie à cause de vous (O. p. 278 [q]).

Partout (M. f⁰ 160 v⁰, O. p. 264 [l]).

Pas signifie „privation de quantité“ (O. p. 280 [q]). voir négation.

Passablement (O. p. 279 [q.]).

Passionément (O. p. 282 [a. p.]).*

Pendant, c'est-à-dire *durant*. Voir prép.

Perpetuellement (O. p. 272 [t.]).

Pesle-mesle (M. f⁰ 170 r⁰ [des.]; O. p. 275 [o]).

Peu, tres peu, fort peu (O. p. 295 [comp.]); peu, assez peu,
trop peu (M. f⁰ 162 v⁰; O. p. 279, 280); un peu, un bien peu; „on
dit, aux frontieres, un petit peu, ce qui n'est point à propos; un
peu peu de mesme“; peu à peu, quelque peu, tant soit peu, „c'est-
à-dire un peu*“, tant peu que ce soit, peu s'en faut, pour peu.
(O. ib. [q]); depuis peu (O. p. 267 [t]); aussi peu (O. p. 299 [am. e])
V. *à peu près, peu à peu.*

Peut estre (M. f⁰ 171 r⁰; O. p. 293 [d]).

[Piece]: à cette piece „ne se dit point“ (O. p. 266); à chef
de piéce, bonne piéce (M. f⁰ 161 v⁰) [t].

Piéça.[1] Il est encore dans M. (f⁰ 161 v⁰), mais O. (p. 268) le
condamne comme antique, de même que *des piéça* [t].

Plaisamment (O. p. 282 [a. p.]).

Planteurensement (O. p. 277 [q.]).*

---

[1] Voir Brunot, Hist. III, 102.

Plus est adverbe de quantité (M. f⁰ 162 v⁰) et de „comparaison“ (f⁰ 163 r⁰): „... Les (adverbes) comparatifs tirent en suite la conjonction *que*, ce que les estrangers doivent tant plus soingneusement noter qu'ils y faillent ordinairement en l'usage des adverbes *plus* et *moins*, qui quelquefois sont de simple quantité, et lors tirent à leur suite l'article *de*.

Quelquefois sont comparatifs et veulent la conjonction *que* en suite; exemple comprenant l'un et l'autre: Crassus avoit plus de richesses que Caton, mais moins d'honneur“ (M. f⁰ 163 r⁰). —

O. (p. 277 [q.]): „Cet adverbe *plus*, mis devant les nombres, lorsqu'il signifie un accroissement de quantité, reçoit l'article indefiny *de*: plus de trois, plus de quatre, etc.; et devant les autres dictions, il veut la conjonction *que*: plus que vous ne croyez. Mais quand il est ... adverbe de „comparaison“ ..., il ne reçoit que la particule *que*.“ (Comp. p. 271.)

au plus, pour le plus (M. f⁰ 171 r⁰, O. p. 299 [au. e.]; M. f⁰ 162 v⁰, O. p. 277 [q.]).

tant plus (O. p. 295 [comp.]); non plus (O. p. 299 [am.]); beaucoup plus (O. p. 277), peu plus (M. f⁰ 162 v⁰), un peu plus (O. p. 279), plus que de raison, plus qu'il n'est besoin, il n'est pas possible de plus, au surplus, *sans plus, „c'est-à-dire sans doute“, *et puis plus, „c'est-à-dire, jamais plus, rien de plus, point ou pas davantage“ (O. p. 277 [q.]).

Plus et *mieux*: „*Mieux* se met devant un infinitif: j'aime mieux faire un bon affaire qu'un mauvais; *plus* n'y a pas bonne grace. Ainsi devant les noms accompagnez de l'article ou des nombres, avec le verbe *aimer*: j'aime mieux la paix que la guerre; j'aime mieux un œuf qu'une prune; où *plus* ne se peut mettre, mais bien devant un nom propre: j'estime plus ou j'aime plus Monsieur que vous; je cheris plus Isabelle que Marie.“ (O. p. 295 [comp.]).

Point (M. f⁰ 162 r⁰) signifie „privation de quantité“ (O. p. 280 [q.]).

[*Pour*]: pour achever (M. f⁰ 171 v⁰, O. p. 300 [concl.]); pour asseuré (O. p. 293 [serm.]); pour certain (M. f⁰ 169 r⁰, O. p. 293 [serm.]); pour conclurre (M. f⁰ 171 v⁰, O. p. 300 [concl.]); pour conclusion (M. f⁰ 171 v⁰, O. p. 300 [concl.]); pour Dieu, pour l'amour de Dieu (O. p. 294 [exh.]); pour faire fin, pour finir (M. f⁰ 171 v⁰, O. p. 300 [concl.); pour le present (M. f⁰ 161 r⁰, O. p. 266, 267 [t.]); pour quelle cause, pour quel sujet, pour quelle raison (O. p. 284 [int.]); pourquoy, pourquoy non (M. f⁰ 164 v⁰; O. p. 284 [int.]; O. ib. [a.]); pour vray (M. f⁰ 169 r⁰ [serm.]); pour le vray (O. p. 293 [serm.]).

Poussez (M. f⁰ 179 v⁰ [l exh.]).

Preallablement (M. f⁰ 162 r⁰) „ne se trouve guères“ (O. p. 275 [o.].

Precisément (O. p. 282 [a. p.]).*

Pres, de pres, plus pres, tres pres (M. f⁰ 160 v⁰, 161 r⁰; O. p. 264); icy pres (O. ib.) [l.]. Voir *à peu près*.

Presque (M. f⁰ 162 r⁰; O. p. 280) O. écrit presques [q.].
Privément (O. p. 282 [a. p.]).
Presentement (M. f⁰ 161 r⁰, O. p. 267) [t.].
Prestement (M. f⁰ 164 r⁰) „est trop latin“ (O. p. 283) [h.].
Principalement (O. p. 299 [sep.]).
Proche, plus proche, tres proche …; „(plus proche et tres proche) ont un sens d'affinité de parentage; icy-proche n'est gueres usité, encore moins … cy-proche en ce sens-là“ (O. p. 264 [l.]).
Promptement (M. f⁰ 164 r⁰, O. p. 283 [h.]; O. p. 272 [t.]); tout promptement (O. p. 272).
Prou (M. f⁰ 162 v⁰ [q.]; f⁰ 180 r⁰ [! arr.]) „prou est un mot vulgaire, dont on ne se devroit jamais servir“ (O. p. 277 [q.]).[1]
Puis (M. f⁰ 162 r⁰, O. p. 275 [o.]).
[*Quand*]: depuis quand (O. p. 270 [t.]); jusqu'à quand et jusques à quand (M. f⁰ 161 v⁰, O. p. 271 [t.]); quand et quand (M. f⁰ 161 v⁰); „quand et quand, c'est-à-dire aussitost. Le commun peuple dit *quand et quand luy*,[2] pour avec luy, au lieu de *quand et luy*,[3] qui sont toutes façons de parler tres mauvaises“ (O. p. 272 [t.]); *quand et quand* est aussi adverbe de „recueil ou d'amas“ (M. f⁰ 171 r⁰; O. p. 290); *quand et moy*[3] „est un peu vulgaire“ (O. p. 299 [r. a.]); le grammairien cite cependant sans observation (ib.): „*quand*, c'est-à-dire *avec*.“
Quant (M. f⁰ 162 v⁰ [q.]).
Quasi (M. f⁰ 162 v⁰; O. p. 280); *quasiment* (M. ib.) [q.].[4]
„*Que*, pour *combien*: que tu me donnes de peine, c'est-à-dire, combien tu me donnes, etc. — *Lors que cet adverbe se rencontre devant certaines phrases qui tiennent lieu de verbes où la particule *bien* est construite, il la faut retrancher: je suis bien aise; y mettant *que*, nous disons, que je suis aise, et non, que je suis bien aise“ (O. p. 278 [q.]).
Quoy (O. p. 284 [int.]).
Ravisamment; „nous avons des personnes qui disent improprement *ravissamment bon*“ (O. p. 277 [q.]).
Raisonnablement (O. p. 282 [a. p.]).*
Rarement (O. p. 272 [t.]).
Reciproquement (M. f⁰ 170 v⁰ [v. r.]).
Rudement (O. p. 282 [a. p.]).*

---

[1] „C'est un vieux mot François pour dire *assez*, dont plusieurs usent encore en parlant; mais il ne vaut rien à escrire“ (Vaug. II, 465); voir aussi Brunot, Hist. III, 367.

[2] Vaugelas (I, 121, 122) blâme l'orthographe quan*t* et moy et condamne d'ailleurs toute l'expression, parce que „les bons Autheurs ne l'escrivent point“ (Brunot, Hist. III, 367).

[3] „Quant et quant moy … (expression, ‚qu'il faudroit escrire avec des *d'*) ne vaut rien ny à dire, ny à escrire …“ (Vaugelas, I, 123) (Brunot, Hist. III, 367).

[4] D'après Vaugelas (I, 82), *quasi* „est bas“, et il n'est admissible que dans „*il n'arrive quasi jamais*“. Il signifie *presque* (voir Brunot, Hist. III, 368).

Sagement (M. f⁰ 163 v⁰ [ql.]).

Sainement, c'est-à-dire *asseurément* (O. p. 281 [a. p.]).*

Sans peine (O. p. 296 [fac.]); *sans y penser* (M. f⁰ 171 v⁰, O. p. 283 [m.]; O. p. 300 [c. f.]).

Secrettement (O. p. 283 [a. p.]).*

Seigneur (O. p. 314 [! t.]).

Semblablement (M. f⁰ 171 r⁰; O. p. 296 [sim.]).

Sens devant derriere, sens dessus dessous (M. f⁰ 170 r⁰ [des.]; O. p. 275 [o.]). — „Vous en trouverez qui escrivent *c'en dessus dessous, c'en devant derriere*; j'approuve mieux la première orthographe" (M.). „(L'orthographe *sens* est) meilleure que *c'en devant derriere*, etc., d'autant que la force de la phrase se rencontre au mot de *sens*, qui signifie le sens ou costé d'une chose" (O.). — En 1632, ce n'était pas là l'avis du grammairien, car il disait: „... Quelques-uns escrivent *sans* devant, *sans* dessus, au lieu de *c'en*; mais je trouve que le sens veut le demonstratif *ce*".[1]

Séparément (M. f⁰ 171 v⁰; O. p. 299) [sep.].

Seulement (O. p. 280 [q.], p. 300 [exc.]), *tant seulement* (O. p. 280); „seulement a quelquefois la force de mesmes: j'ay seulement fait plus que vous ne m'avez commandé" (O. p. 301 [conj. cop.]).*

Si (M. f⁰ 171 r⁰, O. p. 296 [sim.]; M. f⁰ 164 r⁰ [renf.]; M. f⁰ 163 r⁰, O. p. 294 [comp.]).

Si et aussi. — Dans la phrase affirmative, on emploie *aussi*, dans la phrase négative, *si* ou *aussi*, „mais *si* plus élegamment" (M. f⁰ 163 r⁰, v⁰ [comp.]).

C'est aussi l'avis d'O. (p. 294, 295 [comp.]): je suis aussi riche; ... je ne suis si poly que vous.

Si et *ainsi.* — O. (p. 296 [sim.]): „*Si* et *ainsi* ont une difference, qui est que *si* est quelquefois adverbe de qualité: il est si bon, si rusé, si mauvais; et *ainsi* ne peut pas servir en pareil sens et pareille phrase, mais seulement pour respondre absolument: il est ainsi que vous dites".

Si et *tant.* Voir *tant.*

Si comme (M. f⁰ 171 r⁰, O. p. 296 [sim.]).[2]

Si que rien plus (O. p. 279 [q.]).

Si, adverbe d'affirmation. — M. (f⁰ 166 v⁰, 167 r⁰): „Voulans repliquer affirmativement contre une négation préallable, nous employons l'adversative *si*, avec (les verbes *faire, avoir, estre, faloir, vouloir*, suivant les règles etablies pour *mon*): vous n'estudiez point; si fay; non faites. Vous n'avez point d'ennuy; si ay; non avez. Vous mentez; non fay; si faites. Ce livre est mien; non est; si est. — Il ne faut point estudier; si faut; non faut. — Vous me voulez mal; non veux; si faites." [n.] — La remarque d'O.

---

[1] Vaugelas (I, 113) préfère l'orthographe *sans*.

[2] Vaugelas (I, 138) préfère *si ... que* à *si ... comme*, qu'il ne condamne néanmoins pas absolument (II, 314).

(p. 292 [cd.]) est moins compliquée: „Nous contredisons à celuy qui nie par *si* et les verbes sans nominatif: vous n'estes pas poltron; si suis. Vous n'estes pas mauvais; si suis. Vous ne le faites pas; si fay."[1]

Si et aussi, adverbes d'„asseurer". — M. (f⁰ 167 r⁰, v⁰): „Nous exprimons que nous accordons et advouons la chose dite, par une phrase comme adversative, au moyen des conjonctions *si, aussi*: un tel est bien habile homme; si est-il, aussi est-il. Je croy que vous m'estes ami; si suis-je, aussi suis-je. Un tel a bon entendement; si a-il, aussi a-il. Ayez soin de vos affaires; si ay-je, si auray-je, aussi ay-je, etc. En ces langages, les pronoms ont lieu, mais apres le verbe . . ." (Comp. p. 98.)

On se sert encore de *si, aussi*, „voulant accorder une (énonciation) . . . prohibitive": ne vous parjurez pas; si, aussi ne feray-je. N'ayez point de peur; si n'ay-je, aussi n'auray-je. Ne soyez point envieux; si, aussi ne suis-je, aussi ne seray-je. „Pour contredire à ces prohibitives, (nous disons): si suis, si seray, si ay, si auray, si feray, etc. . . ." (M. ib.)

O. (p. 284): „*Si* et *aussi* se mettent ordinairement avec les verbes *faire, estre, faloir* et *vouloir*: si fay, aussi fay-je, aussi est-ce, si faut-il, aussi faut-il, aussi veux-je."

Si est considéré par M. (f⁰ 174 v⁰) comme „*conjonction copulative*" dans des phrases comme celles-ci: lors Pompee fut adverti que Sertorius approchoit, si se prepara à luy livrer bataille; il rencontra le personnage, si luy dit. Dans cette acception, *si* „conjoint la periode avec de la gravité au propos precedant".[2]

O. (p. 301 [conj. cop.]) trouve que „*si*, pour *aussi*,[3] n'est plus à recevoir: *il est mort, si est bien mon pere*" (il faut dire: *aussi est bien* etc.); „encore moins pour *et*": *si firent tant par leurs paroles*; („dites plus proprement": *et firent tant* etc.); finalement, on ne dit plus *si*, „pour *il*, comme anciennement": *lors que Cesar eut entendu cette nouvelle, si se prepara*; („il est mieux de dire: *il se prepara*").

Dans ce dernier cas, O. a mal compris l'exemple de M., qui disait *lors*, et non pas *lorsque*, en employant *si* pour *et*.[4]

Si „adversatif". — M. (f⁰ 179 r⁰ [conj. d.]): „. . . *si, si est ce que* se doivent employer pour contredire à un propos precedant, en amenant une raison contraire": vous me voulez mal, si ne vous fis-je jamais tort, si est ce que je ne vous fis, etc.; on se fie en un tel, si n'est-il, si est ce qu'il n'est gueres homme de bien.

---

[1] O. (p. 290 [n.]): „J'advertiray encore les estrangers que, quand on leur propose une chose negative douteuse, ils ne doivent jamais respondre affirmativement *ouy*; si je dis *vous n'avez point esté où je vous avois dit*, pour respondre au doute par affirmation du contraire, il faut dire *vous me pardonnerez, vous m'excuserez* . . ." (Comp. p. 249, note 3).

[2] „Voyez une infinité d'exemples és œuvres de Plutarque, translatees par Monsieur Amiot".

[3] Comp. *Aussi.*

[4] Voir Brunot, Hist. III, 369.

244

Ces deux „conjonctions de discerner“ sont données par O. (p. 305) avec la remarque que *„pourtant* et *toutefois* n'(y) sont que superflus“. [1]

Influencé sans doute par la conjonction latine *etsi*, M. (f⁰ 178 v⁰) considère comme „conjonction discretive et adversative“ l'expression *et si*, qui signifie „aucunefois comme les latines *etsi*, *quamquam* et les françoises *combienque*, *jasoit que*“, et „aucunefois *quin etiam*, *atque etiam*, et *mesme*, et *encor*, *outreplus*“.

Dans le premier cas — et la remarque suivante serait superflue, si le grammairien se rendait compte de la composition du mot — *et si* „est vraye adversative, qui ne peut bonnement entamer un propos, comme font les latines et françoises susdites, mais forme une opposition à un propos precedant“: vous m'avez fait assez de mal, et si ne vous fis onc déplaisir. Dans le second cas, *et si* sert à „apporter un accroist et accessoire à la chose dont a esté faite preallable mention“: Alexandre estoit tres liberal, et si accompagnoit ses dons d'un joyeux visage, qui les rendoit plus agreables; il parla à eux gracieusement, et si leur fit de beaux presens.

O. (p. 305) constate que *et si*, pour *et toutefois*, ne „s'escrit plus“. [2]

Soir, à soir, du soir (M. f⁰ 161 r⁰); de soir, au soir, ce soir, à ce soir, sur le soir (M. f⁰ 161 r⁰; O. p. 269); „*à soir* ne se dit point“ (O. ib.); sur le soir (O. p. 272)*; chaque soir (O. p. 273)* [t.] (Brunot, Hist. III, 353). Comp. *hier*.

Soudainement v. p. 217.

Sourdement (O. p. 282 [a. p.]).*

Souvent (M. f⁰ 161 v⁰; O. p. 272); plus souvent, tres souvent, le plus souvent, peu souvent, fort souvent (O. ib.) [t.].

Specialement (O. p. 299 [sep.]).

St (M. f⁰ 180 r⁰ [! s.]); *st, st* (O. p. 294 [sil.], p. 315 [! s.]).

Subitement (O. p. 272 [t.]).

Suffisamment (O. p. 278 [q.]).

Superfluëment (O. p. 278 [q.]) „n'est pas trop en usage“ suivant O. 1632, p. 281.

[*Sur*]: sur la brume (O. p. 272 [t.]); sur la fin (M. f⁰ 162 r⁰; O. p. 275) [o.]; sur le champ (M. f⁰ 161 v⁰, O. p. 272 [t.]; M. f⁰ 164 r⁰, O. p. 283 [h.]); sur le disner (O. p. 272 [t.])*; sur les huict, neuf, dix heures, etc.; „mais il faut que le nombre des heures passe l'unité, car on ne dit pas *sur une heure* fort communément“ (O. p. 272 [t.])*; sur ma conscience (O. p. 293 [serm.]); sur mon honneur (M. f⁰ 169 r⁰; O. p. 293) [serm.]; sur mon ame (M. f⁰ 169 r⁰, O. p. 293 [serm.]); l'un sur l'autre (O. p. 298 [it.]).

---

[1] „*Si*, pour *si est-ce que*, est une façon de parler fort bonne et fort élégante; M. de Malherbe, *mais si diray-je en passant*, pour dire, *si est-ce que je diray en passant*“ (Vaugelas, I, 138).

[2] Vaugelas (II, 176) est du même avis. (Comp. Brunot, Hist. III, 369).

Sus „ne s'escrit point; là sus, c'est à dire là haut, est antique;
ça sus, c'est-à-dire ça haut, ne vaut rien du tout“ (O. p. 264)*.
M. (f⁰ 160 v⁰) avait donné ,ça sus' et ,là sus' [!.] (comp. prépos). —
Sus (M. f⁰ 176 v⁰, O. p. 314) [! exh.]; or sus (M. f⁰ 179 v⁰, O.
p. 314 [! exh.], O. p. 284 [c.], O. p. 294 [exh.]; sus, sus; sus donc
(O. p. 294 [exh.]).

Sus ma vie (M. f⁰ 169 r⁰); sur ma vie (O. p. 293) [serm.].

Tandis (M. f⁰ 161 v⁰; O. p. 272) [t.]; voir Brunot, Hist. III, 371.

Tard, sur le tard (M. f⁰ 161 r⁰; O. p. 272); à tard (M. ib.);
„à tard ne se trouve point“ (O. ib.); fort tard (O. ib.) [t.].

Tay, tay s'emploie „pour appeller les chiens“ (O. p. 294 [app.]).

[*Temps*]: au temps passé; „*du temps que l'on se mouchoit sur la
manche, du temps que les bestes parloient* (sont) toutes phrases com-
munes; *du temps des hauts bonnets* doit estre des frontieres, car on
ne l'entend point dire à la cour“ (O. p. 268); long-temps, pour
long-temps (O. p. 271); aussi longtemps (O. p. 269); à temps, c'est-
à-dire à propos (O. p. 271); de nostre temps (O. p. 272); tout à
temps (O. p. 273); jusques à combien de temps (O. p. 271) [t.].

Tant (M. f⁰ 162 v⁰; O. p. 278, 280), tant que (M. f⁰ 162 v⁰),[1]
tant que rien plus (O. p. 279), tant seulement, non pas tant (O.
p. 280) sont adverbes de quantité.

Tant peut être adverbe „de nombre ou compte“ (M. f⁰ 162 r⁰;
O. p. 276), et il se trouve quelquefois comme adverbe de „similitude“ (M. f⁰ 171 r⁰; O. p. 296), de même que *en tant que* (O. ib.).

„Tant que tous les mille diables, id est valde (O. p. 282 [a. p.]).

A tant (M. f⁰ 161 v⁰ [t.]); jusques à tant (O. p. 271 [t.]); tant
que, c'est-à-dire jusques à tant que (O. p. 272 [t.]). — Voir
Brunot, Hist. III, 396.

Tant s'en faut (O. p. 292 [cr.]); tant y a … que (O. p. 300
[concl.]).*

Tant et *autant*. — M. (f⁰ 162 v⁰ [q.]): „Tant et autant, portans
simple quantité sans force comparative, ont mesme valeur et leur
redditive est *que*, non pas *quant*. Et quant à leur usage, observez
qu'en propos entiérement affirmatif, il n'y a aucune difference: j'ay
receu du roy tant de faveurs que j'ay voulu, ou, autant de faveurs,
etc. Mais si, apres la conjonction *que*, le propos est negatif, *tant*
y conviendra seulement, et non pas *autant*: j'ay tant receu de
biens de Dieu, que je ne les sçaurois nombrer.“[2] — (f⁰ 163 r⁰,
v⁰ [comp.]): „… si le propos est negatif, vous pouvez indiffe-
rement usurper … *tant* [et] *autant*, mais *tant* plus élegamment.“[3]

---

[1] Il faut dire „*tant que*, et non pas *tant comme*“ (O. p. 278).

[2] Il n'est pas besoin d'ajouter que, dans le premier exemple, *tant* et
autant … *que* ont bien une „force comparative“ (voilà pourquoi tous les
deux peuvent y être employés) et que, dans le second, *autant*, qui n'est qu'adverbe comparatif, est inadmissible, *que* commençant une proposition con-
sécutive.

[3] Donc, suivant M., *tant* et *autant*, adverbes de comparaison, s'emploient
indifféremment.

O. (p. 278 [q.]): „Autant (*tant* „ne s'y accorderoit pas"! [p. 295]) ... se met en l'oraison affirmative, et tant en la negative: j'en ay autant, je n'en ay pas tant; j'en ay autant receu que vous, je n'en ay pas tant receu ..." Mais d'après une autre remarque d'O. (p. 295 [comp.]), *autant* s'emploie aussi dans la phrase négative: „(on met „en un propos negatif") devant les substantifs *tant* et *autant* ...: je n'ay pas autant d'honneur. Mais *tant* y a meilleure grace: je n'ay pas tant de gloire."

Tant et *si*. —. M. (f⁰ 164 v⁰): „Si et tant ont mesme force intensive, mais il y a cette difference à l'usage que *si* ne se construit qu'avec les noms adjectifs et adverbes: si beau, si bon, si sagement, si promptement; j'[y] compren les participes qui ne servent que d'adjectifs; et (il) ne se construit point avec les verbes, ni pronoms, ni avec les participes regissans le discours à maniére des verbes, car ce ne seroit bien dit, un tel est si mon ami que rien plus, il a si joué à la paume qu'il en est malade. — Mais *tant* se construit avec *toutes parties et mots*, car nous dirons: un tel est tant mon ami, etc.; il a tant joué, etc. ..." [renf.].

La même relation consiste, suivant une autre remarque de M. (f⁰ 163 r⁰, v⁰ [comp.]), entre *autant* et *aussi*.

L'avis d'O. est douteux: p. 279 [q.] il déclare que „*tant* ne se met point devant les adjectifs au lieu de *si*: il est si bon, et non pas, il est tant bon; de mesme, ... *si* n'entre point en construction devant un verbe, car on ne diroit pas, il a si joué, pour, il a tant joué ..."; mais p. 294, 295 [comp.], quand il traite de la différence de *tant* et *autant*, *si* et *aussi*, le grammairien donne les exemples que voici: ... je suis *autant* vaillant; ... je ne suis *tant* desireux d'honneur que mon maistre.

Tost, si tost, si tost que (M. f⁰ 161 r⁰); tost, bien tost, si tost, si tost que, aussi tost que (O. p. 273) [t.]; plus tost (M. f⁰ 161 r⁰, O. p. 273 [t.]; O. p. 284 [esl.]).

Tantost (M. f⁰ 161 r⁰). „Cettui-cy s'accorde au passé aussi bien qu'au futur; *tantost l'un*, *tantost l'autre*, c'est à dire, *maintenant l'un*, *maintenant l'autre*, ou, quelquesfois, *l'un et puis l'autre*; *[tantost il est venu un homme, c'est-à-dire, ce matin ...; il viendra tantost, c'est-à-dire, ce soir; et notez qu'il y a un certain espace de temps sous-entendu entre deux et que cet adverbe ne se peut mettre pour *n'agueres* ou *incontinent*, et mesmes l'on ne s'en peut servir que pour le jour present. Notez cette autre proprieté, il a tantost assez souffert, c'est-à-dire, il a desja assez souffert]" (O. p. 273) [t.]. .

Tellement, quellement (O. p. 280 [q.]).

Temerairement (M. f⁰ 147 v⁰, O. p. 283 [m.]).

Terriblement (O. p. 278 [q.]).

Totalement (M. f⁰ 164 r⁰ [renf.], O. p. 278 [q.]).

[*Tout*]; du tout (M. f⁰ 164 r⁰ [renf.]; O. p. 278 [q.]); tout à fait, tout ce qui se peut, tout son saoul et „ainsi avec les autres pronoms possessifs" (O. p. 278 [q.]).

Traistreusement (O. p. 282 [a. p.]).* Comp. Vaug. II, 466.
Tres (O. p. 278 [q.], p. 295 [comp.]).
Trop, par trop (M. f⁰ 162 v⁰; O. p. 278); beaucoup trop (O. ib.) [q.].
Un petit (O. p. 279 [q.]).
Vah (M. f⁰ 179 v⁰) „se prononce *ouay*“ (O. p. 314) [! ind.].
Vis à vis (O. p. 264 [l.]).
Uniment (M. f⁰ 171 r⁰ [r. a.]).
Universellement (O. p. 299 [r. a.]).
Viste, vistement, voir p. 217.
Vertueusement (M. f⁰ 163 v⁰ [ql.]).
Veritablement (O. p. 293 [serm.]).
Visiblement (O. p. 282 [a. p.].*

Voire peut remplacer les formules affirmatives composées de *mon* (voir *mon*), c'est-à-dire „acquiescer à quelque préallable énonciation affirmative ...“ De plus, on l'emploie souvent „en enfilure de propos à donner un surcroist de prix, un surhaussement d'importance: j'y mettrai cinquante escus, voire cent, s'il est besoin; il employe ses biens, voire sa vie pour ses amis.[1] Item en ironie, comme les Latins *scilicet*: voire, que je croye une telle bourde! voire, voire, vous nous en voulez conter! voire-da, c'est bien à propos! etc.“ (M. f⁰ 165 v⁰, 166 r⁰ [a.]).⁰

Oudin (p. 284 [a.]) trouve *voire* „trop vulgaire.“ (voir aussi Brunot, Hist. III, 373).

Voirement „est comme *de vray, à la vérité*, et ordinairement est mis apres avoir répété le verbe dont aura esté bastie l'énonciation préallable, soit affirmative ou negative, pour l'asseurer et confesser tout à fait: vous aimez le jeu de paume; je l'aime voirement; et ne vous en pouvez passer; je ne puis voirement. — Item de cette sorte representant *quidem* latin: un tel est voirement habile homme, mais il luy est trop advis“ (M. f⁰ 166 r⁰ [a.]).⁰

O. le cite (p. 284 [a.]), et Vaugelas le déclare fort bon, de même que *voire* (II, 438). Tous les deux étaient dans Malherbe — (voir Brunot, Hist. III, 373).

Volontairement (O. p. 282 [a. p.], p. 296 [f.]).
Volontiers (O. p. 293 [d.]; O. p. 296 [f.]; O. p. 283 [s.]); ô que volontiers (O. p. 283 [s.]). — Comp. p. 139.
Vrayement (M. f⁰ 169 r⁰ [serm.], O. p. 284 [a.]), *vrayment* (O. ib.; O. p. 293 [serm.]).
„*Y*. Voir p. 103.
Zalas (M. f⁰ 179 v⁰) n'est „point en usage“ suivant O. (p. 314) [! eff.].

Adverbes tirés de noms de nombre ordinaux. M. (f⁰ 162 r⁰ [o.]) cite: premier, premiérement; secondement, deuxiémement; tiercement, troisiémement; quartement, quatriémement; quintement, cin-

---

[1] C'est dans ce sens-là que M. le cite (f⁰ 164 r⁰) comme adverbe „de renfort“.

quiémement; sixiémement, septiémement, etc.; en premier lieu, en second lieu, en troisième lieu, etc. — O. (p. 274 [o.]) ne partage pas l'opinion de Maupas: „Premier", dit-il, „n'est jamais adverbe; (on doit dire) premierement, secondement et jamais deuxiesmement, tiercement et non troisiesmement; . . . les autres s'expriment par . . . les circonlocutions *en premier lieu, en second lieu*, etc. . . ., car on ne doit point dire quartement ou quatriesmement, quintement ou cinquiesmement, sextement ou sixiesmement . . ."

Voici enfin un certain nombre de *formes verbales* ou de *phrases entières* servant, d'après M. ou O., de locutions adverbiales: A ce qu'on dit („sert en parenthese", O. p. 296 [sim.]); à Dieu ne plaise (O. p. 283 [s]); ainsi soit-il (O. p. 283 [s]); bien te soit (O. p. 283 [s. a.]); cela se peut (O. p. 293 [d.]), il se peut (M. f⁰ 171 r⁰, O. p. 293 [d]), il pourroit estre (O. p. 293 [d.])); comme il vous plaira (O. p. 284 [c.]), comme de tel qu'il est, comme de tels que nous sommes „ne sont point phrases fort approuvées" (O. p. 281 [p]); Dieu te gard (O. p. 283 [s. a.]); Dieu veuille que (O. p. 283 [s. a.]); Dieu vous garde de mal (O. p. 283 [s. a.]); estrangler en puisse-t'il (O. p. 283 [s. m.]); faire des miennes, des tiennes, des siennes, des nostres, des vostres (O. p. 281 [p]); gardez-vous-en, garde-t'en bien, garde-toy, gardez-vous (O. p. 294 [deff.]); il croit fermement (O. p. 284 [a.]); ja n'adviéne (voir p. 235); j'en suis content (O. p. 284 [c.]); je vous asseure (O. p. 293 [ser.]); je vous conjure (O. p. 294 [exh.]; je vous prie (O. p. 294 [exh.]); je vous supplie (O. p. 294 [exh.]); la fortune voulut (M. f⁰ 171 r⁰, O. p. 300 [c. f.]); laissez cela (O. p. 294 [deff.]); le diable te creve les yeux (O. p. 283 [s. m.]); le diable l'emporte (O. p. 283 [s. m.]); mal te puisse advenir (O. p. 283 [s. m.]); mettons que tout soit de bon jeu (O. p. 293 [acq.]).

„N'a garde „rend mesme sens que *cautio est ne* ou *longe abhorret vel abest ut* et appelle apres soy les prepositions *de, du, des* ou la conjonction *que*: n'a garde de se laisser tromper, ou, qu'il se laisse tromper, il est trop fin. Je n'ay garde d'y retourner, je m'y suis mal trouvé [éd. de 1607: n'a garde du mal de costé] (M. f⁰ 170 r⁰ [dif.]).[1]

„Je n'ay garde, tu n'as garde, il n'a garde, etc. Cettuy-cy demande la preposition *de*: il n'a garde *de* se laisser attraper; pour *du* et *des*, je ne voy point de façon de parler où les mettre apres (O. p. 297 [dif.])

Ne dy, ne dites pas (O. p. 294 [deff.]); ne fay, ne faites pas cela (O. p. 294 [deff.]); ne touchez pas là (O. p. 294 [deff.]); pleust à Dieu (O. p. 283 [s.]); prou face (O. p. 283 [s. a.]); bon prou face (O. p. 283 [s. a.]); qu'ainsi soit (M. f⁰ 171 v⁰, O. p. 293 [acq.]); que les gouttes te puissent venir (O. p. 283 [s. m.]); que·les loups te puissent manger „et plusieurs autres qui ne se trouvent que trop facile-

---

[1] Éd. de 1625: „Item (remarquez) cette maniere de parler *il ne garde* l'heure d'arriver, nous ne gardons l'heure de tomber en grand peril, qui signifie que l'heure et le temps est prest à venir, comme qui diroit en latin *instat hora*".

ment" (O. p. 283 [s. m.]); qui plus est (M. f⁰ 171 v⁰, O. p. 298 [a. s.]);
qu'y-a-t'il O. p. 284 [int.]); sçavoir est, c'est à sçavoir (O. p. 284
[decl.]); se puisse-t'il rompre le col (O. p. 283 [s. m.]); si ce n'est
(O. p. 300 [exc.]); si j'estois que de vous (O. p. 296 [sim.]); s'il vous
plaist (O. p. 294 [exh.]); si m'aid' Dieu, „mignard jurement de femme"
(M. f⁰ 169 r⁰ [serm.]);[1] „si m'aide Dieu et ce n'aist Dieu sont sermens
de vieux Romans" (O. p. 293 [serm.]); soit (M. f⁰ 171 v⁰; O. p. 293
[acq.]; O. p. 284 [c.]); vive le roy (O. p. 315 [! j.]); voy (M.
f⁰ 179 v⁰; O. p. 314), voyez (O. p. 314) [! ad.].

La Négation.[2]

Non.[3] Il s'emploie „en response negative absoluë," seul ou
accompagné des verbes *faire, estre* (M. f⁰ 166 r⁰, v⁰, O. p. 288 [n.]),
avoir (M. ib.; O. p. 292 [cd.]), *faloir, vouloir* (M. ib.).

Exemples. M.: Dites moy vostre nom; non feray. Voila vostre
hoste; non est. Il faut dissimuler; non faut, non fait. Vous me
voulez mal; non veux, non fay.

O.: non feray, non fera, non est; vous avez mon argent, non
ay; vous poussez mon parent à me faire la guerre, non fay.

„Pour *non veux*, je ne trouve pas qu'il soit en usage" (O. p. 292).[4]

De plus, *non* „se joint aux noms, pronoms, adverbes et aux
participes purement adjectifs, mais non aux verbes ni aux participes
qui regissent un cas apres eux comme leurs verbes . . .: je suis
venu en France, *non* afin de passer inutilement mon temps, mais
pour apprendre la langue françoise . . ." (M. f⁰ 166 r⁰, v⁰).

On se sert encore de *non*, „voulant accorder une negative":
vous ne mentez pas; non; il n'est pas nostre ami; non; un tel
ne viendra point en France; non; ne vous parjurez pas; non feray-
je . . .; n'ayez point de peur; non ay-je; ne soyez point envieux;
non suis-je . . . (M. f⁰ 167 r⁰, v⁰; voir *si, aussi*).

„J'advertiray encore les estrangers que, quand on leur propose
une chose negative douteuse, . . . (comme) *vous n'avez point esté où
je vous avois dit*, il faut dire *non* absolument, si l'affaire n'est point
contraire à la proposition . . ." (O. p. 290) [n.].

---

[1] Supprimé dans l'éd. de 1625.

[2] Comp. Brunot, Hist. III, 614 et sv.

[3] L'éd. de 1607 de la grammaire de Maupas cite aussi une forme ‚*non-da*‘,
sans s'expliquer davantage.

[4] Cette dernière remarque d'O. est corrompue dans Brunot, Hist. III, 622.
— O. (p. 292 [cd.]): „Les phrases ironiques servent aussi à contredire, comme
*voire, voire voire, ouy ouy, justement, c'est bien rencontré, ils sont bossus,
elles sont sonnées, des neffles, des fleutes [ou flustes]*, folie, vous l'avez
trouvé; juste et quarré comme une fluste* est vulgaire. . . . Les courtois, qui
parlent plus honnestement, se servent des formes qui suivent: *excusez-moy,
pardonnez-moy, sauf vostre grace, sauf vostre honneur*". — Voici enfin
une observation d'Oudin qui se trouve en contradiction avec ce qui a été
dit ci-dessus, à savoir que *non* peut s'employer seul en „response negative";
mais peut-être n'est-elle qu'une observation de style: „. . . touchant une proposition affirmative douteuse, (on peut) se servir des . . . phrases *vous me pardonnerez, vous m'excuserez*, pour tesmoigner le contraire de ce qu'on nous
demande, et jamais [de] *non* absolument" (p. 290 [n.]).

250

Non que „est un peu antique" (O. p. 292 [cr.]).*

Nenni „est negative absoluë, car elle n'entre en liaison avec aucune autre partie d'oraison": voulez-vous venir? nenni; me demande-on? nenni (M. f⁰ 166 r⁰).

C'est là aussi l'avis d'O. (p. 285) qui, à ‚nenny‘, ajoute ‚nenny pas‘.

„... Non, nenny, ... mis apres les verbes, demandent la conjonction *que* devant eux: ... je vous diray que non" (O. p. 291).

Ne ne s'emploie qu'„en fil de discours", et cela „quand la negation tombe sur le verbe": je ne suis pas venu pour perdre le temps; ne dites mot; n'en croyez rien, ne faites rien mal à propos. (M. f⁰ 166 v⁰) O. (p. 288) exprime la même idée.

Il résulte des observations des deux grammairiens que la négation *ne* doit ordinairement être renforcée de *pas* ou *point*, ce qui était déjà exigé par Malherbe (Brunot, Malh. p. 466).[1]

Cependant, ne s'emploie seul:

„Es *propos conditionnels*, qui expriment la conjonction latine *nisi* avec liaison à un verbe": si je ne vous aimois; si je ne vous tenois de mes amis, si vous ne m'estiez cher, je n'aurois tel soin de vous (M. f⁰ 167 v⁰).

O. semble distinguer la proposition conditionnelle et l'interrogation indirecte: „... en chose affirmative, on dit, que je meure si cela n'est vray; et en douteuse interrogative, sçavez-vous bien si cela n'est pas vray?..." (p. 285, 286).

Mais le grammairien établit encore une seconde distinction:

„*Si je ne veux que cela soit*, ici la particule *si* se doit expliquer par *nisi*. *Si je ne veux pas que cela soit*, c'est-à-dire, puis que je ne veux pas. S'il n'est vray, c'est-à-dire, si cela n'est vray" (p. 286).

„Es *propos comme exceptifs*, où la negative *ne* suit les relatifs *qui, que, lequel, dont*, exprimans les latins *quin* vel *qui non*": il n'y a homme qui ne peche; je ne vi jamais personne qui ne fust bien aise d'estre loué, à qui on ne face plaisir de le louer; il ne fait rien dont il ne se repente (M. f⁰ 167 v⁰, 168 r⁰).

O. (p. 288) donne la même règle: il n'y a homme qui ne pense; il n'y a personne que vous n'admiriez; il n'entreprend rien dont il ne vienne à bout.

On ne manquera pas de remarquer que, dans tous ces exemples, la proposition principale est négative, ce que M. semble vouloir exprimer par „*propos comme exceptifs*", terme qui revient d'ailleurs dans la remarque d'O. — Ainsi, nous avons affaire à la constatation d'un usage qui s'est maintenu jusqu'à nos jours.

---

[1] „(Les particules *pas* et *point*), oubliées aux endroits où il les faut mettre, ... rendent une phrase fort vicieuse, par exemple si l'on dit *pour ne vous ennuyer, je ne seray pas long*, comme parlent et escrivent presque tous ceux de delà Loire, c'est tres-mal parler, il faut dire *pour ne vous point ennuyer*." Vaugelas (II, 126).

Dans la locution que ... ne, *prise au sens de* pourquoi ... ne pas (M. f⁰ 168 r⁰; O. p. 285)

M.: Que ne faites-vous vostre devoir? Que n'estudiez-vous?
O: Que ne faites-vous? Que ne dit-elle?

„Avec *pourquoy*, (on ne peut pas employer la négation ne seule)": pourquoy ne voyez-vous pas? (O. p. 285).

„*Es propos contenans empeschement, garde ou prevoyance contre quelque inconvenient*": sauvez-vous que l'on ne vous empoingne; gardez que ne soyez descouvert. (M. f⁰ 168 r⁰.)

Ce deuxième exemple de M. nous montre comment *ne* peut passer au rôle d'une simple particule explétive.

Ce *ne* explétif, nous le retrouvons dans un passage de la grammaire de M., où l'auteur prétend s'occuper, non pas de la négation, mais des adverbes de „deffence ou caution". Le grammairien l'y confond, il est vrai, avec des cas où il s'agit simplement de la suppression de *pas* ou *point*: (f⁰ 169 r⁰) „(Les adverbes de deffence ou caution sont): *ne, de peur que, afin que ne, pour que ne*; observez ces exemples pour reigle: *ne faites mal à personne que mal ne vous en prêne, de peur que mal vous en prêne*, ou, *de peur que mal ne vous en adviéne*, tout un, c'est-à-dire, ne tibi male contingat. Mais, *de peur que mal ne vous en prêne pas*, c'est-à-dire, ne non tibi male cedat.

Oudin déclare inutile ce dernier emploi de *ne*: „on dit *j'ay peur, je doute que vous ne faciez*, et je croy que la negative n'est pas necessaire en ceste façon de parler, car l'apprehension se peut aussi bien tesmoigner en disant *j'ay peur que vous faciez une mauvaise action*; et ceste phrase exprime un doubte de l'action; mais si on y met les deux negatives, *j'ay peur que vous ne faciez pas*, la negation de l'action est bien plus absoluë"[1] (p. 286).

Avec quelques verbes dans certaines constructions,

comme avec le „verbe *sçavoir* pour *pouvoir*: je ne sçaurois veiller" (M. f⁰ 168 r⁰). Dans l'éd. de 1625, M. admet l'emploi de *ne* seul aussi pour les verbes *pouvoir, oser, daigner* et *manquer*.

„On ... peut obmettre (*pas* et *point*) apres la particule *ne*, quand ces mots se rencontrent: *bouger*, ... *pouvoir, sçavoir*, ou les y mettre à discretion: *ne bouger*,[2] *ne bouger point* ou *pas, ne sçavoir* ou *ne sçavoir pas*, etc." (O. p. 289).

„Ces phrases monstrent une force differente entre la seule negative et les deux: *je ne sçay ce que vous pensez*, qui est un doubte, et *je ne sçay pas ce que vous pensez*, qui nie absolument de sçavoir; *je ne cesse*, c'est-à-dire, je fay d'ordinaire ou tousjours, et

---

[1] Il s'agit, comme dans les exemples de Maupas, d'un sens tout à fait différent, et non pas d'„une force plus grande", comme le suppose M. Brunot (Hist. III, 617). Le *ne* explétif est exigé par Malherbe après *craindre* et *avoir peur* (Brunot, Malh. 468); la règle s'est peu à peu imposée au 17ᵉ siècle.

[2] Voilà donc justifiée la phrase de Malherbe: les Romains ... ne bougèrent de leur logement (Brunot, Malh. p. 467).

je ne cesse pas, c'est-à-dire, je ne quitte pas mon action" (O. p. 286).

„(On construit *ne* sans *pas* ou *point*) en ces ... phrases, *je ne sçay quel, je ne sçay qui, je ne sçay quoy, je ne sçay quand, je ne sçay comment*, qui peuvent aussi recevoir la seconde negative en d'autres occasions, comme: je ne sçay pas quel sujet vous avez, je ne sçay pas comment, etc." (O. p. 288).[1]

Il n'a dequoy, il n'en tient conte „sont defectueux, il est mieux de dire *il n'a pas de quoy, il n'en tient point de conte; il n'y a que frire, il n'y a que manger* sont un peu communs." (O. p. 288).

Pour ne soy estre exercez „est une maniere d'escrire antique; il faut mettre *pour ne s'estre pas exercez*" (O. p. 288).

Avec de, préposition marquant le temps.

„Il n'est pas necessaire de mettre deux negatives devant la particule *de*, qui a force d'adverbe du temps, comme: il ne viendra de trois jours, il n'arrivera de six mois." (O. p. 287)*.[2] Comp. *huy.*

„*Quand le propos contient desja quelque terme portant de soy negation*" (M. f⁰ 168 r⁰) ou, d'après O. (p. 286), „*lorsque quelque diction de sens privatif entre en construction*". Il s'agit des expressions que voici:

M. (ib.): aucun; gueres; jamais; nul; nullement; onc; quelconque; rien: je ne vous connue onc; je ne demande rien.

O. (p. 286, 287): aucun; aucunement; autre; celuy; goutte, mot, „pour privation d'oüye, de lumiere et de parole"; jamais; nul; nullement; personne;[3] plus, „adverbe de diminution";[4] quelconque; rien; ame qui vive; homme du monde; homme qui vive: je ne veux rien; je n'ay jamais pensé; il n'y a personne; il n'y a plus que cela;[5] il n'est nullement beau; il ne voit goutte; il ne le sçait d'homme qui vive; il ne le sçait d'autre personne que de luy; il n'y a celuy qui ne veuille; „et en ces deux derniers, celuy et autre ont le sens de personne".

Ajoutons ici encore *ni*, qui amène aussi la suppression de *pas* et *point*; cela résulte implicitement des exemples donnés par M. (voir ci-dessous, p. 255), tandisque O. le dit expressément: „la

---

[1] Vaugelas (II, 128) fixe la suppression de *pas* et *point* pour les verbes *pouvoir*, où elle est facultative, quoique ce verbe soit „incomparablement meilleur et plus elegant sans pas", *sçavoir* (pouvoir) où elle est de rigueur, et *oser*, qui „rarement se dit avec pas".

[2] Vaugelas (II, 127): „On ne met point encore (*pas* et *point*), ny avant que l'on parle de quelque temps, ny apres qu'on en a parlé, comme *je ne les verray de dix jours* ... Et toutes les fois qu'il est fait mention du temps, j'ay trouvé cette reigle sans exception, ce qui procede, comme je crois, ... (de ce) que toutes les fois qu'il est question de temps, il y a tousjours restriction de ce mesme temps-là, qui empesche que l'on nie absolument, ce qu'ont accoustumé de faire le *pas* et le *point.*"

[3] Ailleurs (p. 289), O. cite encore *gueres* dans le même ordre d'idées.

[4] „*Plus*, adverbe d'accroissement ou de comparaison, reçoit la seconde negative: il n'y en a pas plus de trois; il n'est pas plus sçavant que l'autre".

[5] Ici, l'omission de *pas* peut être considérée aussi comme due au mot *que.*

negative ne se redouble point devant *ny*: il n'y a ny maistre ny maistresse." (p. 288).[1]

Avec que *pris dans un sens restrictif.*

O. (p. 286): „il ne voit pas que cela vient d'un autre; la particule *que* y est conjonctive. Il ne voit *que* d'un œil; *que* est adverbe qui signifie *quam.*

*De mesme, ne luy dites que ce que vous voulez que l'on sçache; *que* se rapporte à *nisi*; et ne luy dites pas ce que vous voulez; icy le mot *que* est une relative."

(p. 287): je n'en ay que trois, que quatre, etc.; il n'a voulu que cela.[2]

Suppression de ne; emploi absolu de jamais, rien, etc.

M. (f⁰ 168 v⁰, 169 r⁰): „les estrangers font souvent cette faute en nostre langue d'obmettre la negative *ne*, quand leur propos contient l'un desdits termes (*jamais, rien* etc.), negatifs en apparence, disans *j'ay rien fait, j'ay jamais entendu cecy*, où il faut dire *je n'ay rien fait, je n'ay jamais entendu cecy*. Car ces termes, en fil d'oraison, ne sont qu'expletifs, c'est remplissage de negation, estant à proprement parler la negation adherente au verbe, qui rend le sens negatif. Ainsi donc: *nul ne* peut servir à deux maistres; il *n'*a *gueres* de soin, aussi *n'*apprend-il *rien*. De fait, ces termes, en liaison de propos, ne semblent valoir que: rien, quicquam; jamais, unquam; gueres, aliquantùm; nul, ullus. Mais en response absoluë, ils sont negatifs, signifians *nihil, nunquam, parùm, nullus*, comme, mesme en propos affirmatif, *jamais* signifie *aeternum*: nostre amitié est pour jamais, durera un jamais; je suis à jamais vostre serviteur; si on n'y vouloit entendre une eclipse *à jamais ne finir*. Et *rien*, servant de sujet ou d'attribut, en affirmant vaut *nihil*: cela est moins que rien; on vous contente de rien. Ou bien encore en propos negatif, en y adjoutant l'expletive *pas*: cela n'est pas rien; ce n'est pas moins que rien; on ne me contente pas de rien; rien n'est pas suffisant, etc. Et ainsi *nul*: vostre opposition est nulle, ou, n'est pas nulle; leurs pourchas sont nuls, ou, ne sont pas nuls."

---

[1] Vaugelas (II, 126, 127) donne la même règle (il cite *ny, jamais, plus, aucun, nul*) avec une explication qui est très rapprochée du sens de l'observation de M. caractérisant *aucun, jamais*, etc. comme termes „portant de soy negation": „Les raisons que l'on pourroit rendre de cela, car les reigles ont quelquefois des raisons, et quelquefois n'en ont point, seront, ce me semble, que les deux *ny, jamais, rien, nul, aucun*, nient assez d'eux-mesmes sans y ajouster ny *pas*, ny *point* . . ."

„ . . . (on supprime *pas* et *point*) devant *plus* aussi, parce que ce mot a encore plus de vertu que *pas*, ny que *point*, en ce qu'il n'exprime pas seulement qu'il ne fera pas une chose, mais qu'il ne fera pas ce qu'il a fait par le passé".

[2] Vaugelas (II, 127) explique ainsi cette suppression de *pas* et *point* avec *que*: „ . . . *que*, qui signifie *sinon que*, estant un mot de restriction, on ne nie pas absolument, et ainsi on ne se sert ny de l'un ny de l'autre de ces negatifs (*pas* et *point*) . . ."

254

Oudin condamne la suppression de *ne*, pour les phrases non interrogatives (p. 289, 290): „que les estrangers prennent garde à ne pas laisser la negative, encore que les termes de la construction soient privatifs, comme quand ils disent *j'ay rien fait*, pour *je n'ay rien fait*.“ Mais il l'autorise dans „quelques interrogations negatives“: changera-il point de volonté? (p. 285).[1]

En ce qui est de l'emploi absolu de *rien*, il ne partage pas tout à fait l'opinion de Maupas; car il plaide avec une subtilité par trop recherchée contre la phrase *cela n'est pas rien*, tout en admettant d'autres locutions où *pas* et *rien* sont employés tous les deux dans le même sens:

(p. 290): „*Pas* et *rien* ne se doivent jamais construire ensemble, car on ne dit pas proprement *cela n'est pas rien*, encore que *rien* serve de sujet; car autrement il y faut mettre un article entre deux, qui le face connoistre pour nom neutre ou privation de substance, par exemple, *je ne me contente pas de rien*, ou bien quelque autre particule, comme: *ce ne peut pas estre moins que rien; rien n'est pas suffisant.*“

(ib.) „*Rien* se met pour *quelque chose* en cette façon de parler: voulez-vous rien mander?“

Pas et point.

„*Pas* et *point* ne sont que remplissage de negation, et ne different gueres. *Point* convient mieux aux choses portans quantité: *je n'ay point d'argent, point de puissance, point d'esprit*, et nous sert souvent de negation absolue. *Pas* clost la negation simple ou de qualité, et ne nous sert jamais de negation absoluë; hormis ce dernier point, on les confond souvent.“ (M. f⁰ 167 v⁰.)

O. (p. 288, 289) reproduit la même règle presque dans les mêmes termes: *je n'ay point d'argent* (quantité) — *je n'ay pas d'argent* (*pas* „conclud la negation simple“); *je n'ay point veu de personnes* — *je ne l'ay pas veu*; *il n'a point de raison* — *il n'a pas raison*; *je ne veux point de cela* — *je ne veux pas cela*; „et cependant on met souvent l'un pour l'autre“.

Mais il ajoute une remarque fort ingénieuse (ib.):

*„Voici un exemple assez sensible de leur difference: *ne m'avez-vous pas dit* est une espece d'affirmation, pour asseurer que l'on nous a dit une chose, et *ne m'avez-vous point dit*, une interrogation pour sçavoir si l'on nous a dit, etc. — Outre cela, *point*, mis pour *pas*, a quelque force particuliere de *non omnino*: *ne voulez-vous pas faire cela? point du tout.* Et sert plus proprement à respondre à l'interrogation. Vous en jugerez clairement la difference par ces deux phrases, *n'avez-vous pas receu des lettres* et *n'avez-vous point receu de lettres*, dont la première est une simple

---

[1] Vaugelas (I, 342): „*N'ont-ils pas fait*, et *ont-ils pas fait*. Tous deux *sont bons* pour exprimer la mesme chose, ... et il est d'ordinaire plus elegant de ne pas mettre (la négation ne dans les interrogations) ...“ Mais ce n'est pas là l'avis de Th. Corneille, ni celui de l'Académie non plus.

interrogation negative, et l'autre porte une privation. Et de plus, l'interrogation simple est d'une chose passée que l'on tesmoigne sçavoir, et l'autre est d'une chose douteuse, de sorte qu'en ce cas on ne les peut confondre aucunement."

Si Oudin donne les exemples ‚il n'a *point de* raison‛ et ‚il n'a *pas* raison‛, c'est Vaugelas qui exigera formellement de construire *point* avec la préposition *de*, qu'on omet (dans certains cas au moins) avec *pas*: „. . . parmy ceux qui parlent le mieux, mesme à la Cour et à Paris, il y en a qui font une . . . faute . . . et qui disent *il n'y a point moyen*, pour dire *il n'y a point de moyen* ou *il n'y a pas moyen*." (II, 128).[1]

Ja.[2]

„Ja est quelquefois aussi expletive de negation avec de la vivacité: je ne vous diray ja ce que je pense; on ne vous en croira ja" (M. f⁰ 167 v⁰).

O. (p. 285) le déclare antique: je ne le feray ja.

Mie.

„Mie est picard: je ne le feray mie, ne doutez mie" (O. p. 285).

Rien pris au sens de pas.

„Il faut aussi prendre garde de ne pas mettre la diction privative *rien* en la place des negatives *pas* et *point*, avec les verbes qui ne regissent point d'accusatif; par exemple, nous ne disons pas *je n'ay rien parlé*, pour *je n'ay pas parlé*; *il n'a rien travaillé* au lieu de il *n'a pas travaillé*" (O. p. 290)*.

Ni.

M. (f⁰ 169 r⁰): „*ne* et *ni* s'appliquent indifferemment apres une negation precedente pour la reïterer: *je ne crain ni vous ni les vostres*, ou, *ne vous ne les vostres*; *je ne voy ne rime ne raison*, ou, *ni rime ni raison en vostre dire*."

O. (p. 285) condamne *ne* employé à la place de *ny*: „ne, ceste particule ne se devroit jamais construire au lieu de *ny*, *ne l'un ne l'autre* estant une peu antique."[3] — Je trouve cependant (p. 296) ‚*ne plus ne moins*‛[4] (à côté de ‚*ni plus ni moins*‛) parmi les adverbes de „similitude".[4]

---

[1] Voir aussi Brunot, Malh p. 467.

[2] Se trouvant à côté de *pas* et *point*, il semble ne pas signifier ici *jamais*. Voir p. 234.

[3] Dans la première édition de sa grammaire, O. est encore plus catégorique: „*Ne*, ceste particule ne se *doit* jamais construire au lieu de *ny*: on *ne dit point*, ne l'un ne l'autre" (p. 287).

[4] Comp. la remarque de Vaugelas (I, 101, 102): „Pour signifier *comme*, ou, *tout ainsi que*, il faut dire *ne plus ne moins*, et non pas *ny plus ny moins*, qui est bon pour exprimer exactement la quantité d'une chose; comme, *il y a cent escus, ny plus ny moins*. Mais quand c'est un terme de comparaison, il faut dire et escrire, *ne plus ne moins* . . . Il est bon que l'on sçache, que (*ne plus ne* moins) n'est presque plus en usage parmy ceux qui parlent et escrivent bien." (Voir aussi Brunot, Hist. III, 391.)

A propos de la syntaxe de *ny*, il fait les remarques que voici (p. 285): „*Il est indifferent de repeter la particule *ny* apres une negative: *je ne puis manger ny boire*, ou bien, *je ne puis ny manger ny boire*. Remarquez aussi qu'elle sert de copulative à soy-mesme, et que jamais on ne met la diction *et* apres, car l'on ne dira pas, *je ne puis ny dormir et veiller*, mais, *ny veiller.*"

(p. 291): „En phrase negative, au lieu de la conjonction *et*, il faut se servir de la particule *ny*; par exemple: *vous n'avez pas voulu, ny moy aussi*. Les estrangers diroient improprement *et moy aussi*, qui est pour une liaison affirmative: vous le voulez, et moy aussi."

Place des négations dans la phrase.

*La négation *ne* précède, *pas*, *point*, *etc.* suivent les verbes (employés à un mode personnel) (O. p. 290) et si, dans la proposition, il y a un pronom personnel complément (y compris *en* et *y*), la négation *ne* se met devant celui-ci (O. p. 287, 288). — M. (f⁰ 64 r⁰) avait donné la même règle.

„Quelquefois les negatives *ne* et *pas* se mettent ensemble, et principallement devant l'infinitif: pour ne pas donner à connoistre; ou bien, on y met le pronom personnel entre deux: pour ne vous pas, etc." (O. p. 287)*.

La négation dans les propositions comparatives.

M. (f⁰ 50 r⁰ v⁰): „. . . si le propos requiert un verbe apres la conjonction *que*, lors cette prohibitive *ne* suit la dite conjonction *que*, puis vient le verbe de mode indicative: un tel est plus sçavant qu'il ne paroist de prime face; vous fustes hier plus heureux au jeu que vous n'aviez esperé." „Si le sens le demande", on peut employer, dans des phrases pareilles, le plusqueparfait du subjonctif: j'ay mis plus d'argent que je n'eusse estimé; vous avez mieux appris icy que vous n'eussiez fait ailleurs. *Autre* et *autrement* „se plaisent en même phrase": je l'ay trouvé autre que je ne l'avois estimé; il parle autrement enhuy qu'il ne faisoit hier.

(éd. de 1625): „Il y a une maniére de parler assez commune que je trouve peu elegante, et toutes fois se rencontre souvent en des escrivains curieux, mesmes dedans *l'Astrée*, comme *Astree est plus belle que non pas Phillis, le Gentilhomme est mieux appris que non pas l'autre*, en lieu de dire *que l'autre, cette Demoiselle a mieux dansé aujourd'huy qu'elle ne fit pas hier*, au lieu de *qu'elle ne fit hier, elle est plus courtoise que je n'avois pas ouy dire*, au lieu de *que je n'avois oüy dire.*"

O. (p. 291): „En une comparaison, lors que la derniere partie se termine par un infinitif, il y faut mettre *non pas*: il aime mieux n'avoir rien, que non pas avoir du bien mal acquis. Si c'est autre-ment, il y faut mettre *ne* et *ne pas*: je suis tout autre qu'il n'est pas; ils sont plus vaillans que ne sont nos gens. Et lors que la dite seconde partie de comparaison est sans verbe, il est in-different d'y mettre *non pas* ou de le laisser: les tromperies se connoissent mieux par les evenemens que par les apparences, ou, que non pas par les apparences; et le premier est tous-jours meilleur. Pour la mesme raison il y faut une negative, quand, au lieu du comparatif, il se rencontre *autre* et *autrement*: la vertu nous fait tout autres que nous ne sommes; cela se pratique autrement que vous ne croyez." (Comp. Vaugelas II, 215, Brunot, Hist. III, 624.)

Sens spécial de la négation ne-pas.

Voici une remarque étrange d'O. sur *ne . . . pas* (p. 288): „Il se rencontre une phrase où les deux negatives (ne-pas) ont comme un sens affirmatif: *il n'est pas jusques aux plus petits qui en veulent parler.**" Cette phrase doit signifier *même les plus petits en veulent parler*, mais la construction en est inexplicable. Avons-nous le droit d'y voir simplement une méprise du grammairien et de supposer que, correctement, elle devrait être: il n'est pas jusques aux plus petits qui *n*'en veuillent parler, (c'est-à-dire, il n'y a personne qui n'en veuille parler)?

La Préposition.[1]

Des remarques sur des prépositions se trouvent un peu partout dans les grammaires de Maupas et d'Oudin;[2] on pourra s'en apercevoir facilement par les chiffres mis en parenthèse à côté des mots cités.

Dans le traité consacré spécialement aux prépositions, M. et O. en distinguent diverses catégories:

celles qui „regissent l'accusatif" (O. p. 309) [qui „servent au nominatif" (M. f⁰ 172 r⁰)];

celles qui „regissent le genitif" (O. p. 305) [qui „servent au genitif" (M. f⁰ 172 r⁰)].

celles qui „regissent le datif" [qui „servent au datif" (M. f⁰ 172 v⁰)].

celles qui „se trouvent servir aux deux, nominatif et accusatif" (M. f⁰ 172 v⁰). —

Les premières sont les prépositions (ou locutions prépositives) qui se mettent immédiatement devant les substantifs, les pronoms, etc.; les deuxièmes, celles qu'on y joint à l'aide de *de*; les troisièmes, celles qu'on y joint à l'aide de *à* (O. y comprend la préposition *à* elle-même); les quatrièmes, celles qui se construisent indifféremment sans ou avec *de.*

A. — Cette préposition est traitée par M. comme article,[3] aussi bien quand elle se trouve seule que quand elle entre en composition avec les articles ‚le‘ ou ‚les‘; mais le grammairien voit néanmoins que „ce (à, au, à l', à la, aux) sont . . . de vrayes prepositions[4] respondantes aux latines *ad, in,* pour signifier une

---

[1] Comp. Brunot, Hist. III, 630 et sv.
[2] Voir à l'adverbe.
[3] Voir ce chapitre.
[4] Voir p. (de *de*) note I. — Sauf un seul cas, O. range 'a' parmi les prépositions, en ajoutant toutefois que „*à* . . . sert d'article indefiny, *à la* et *au* de definy . . ." (p. 307).

application, *adjonction et entree*. ... Et voilà pourquoy (elles) nous prestent *l'office de datif* ..." (fº 34 vº).

On devra observer les emplois suivants de la préposition *à*, qui marque:

La direction vers, et la position dans (sur) un lieu.

„Vous allez à Paris et je demeure à Blois" (M. fº 173 rº) — „aller aux champs, aller à l'escole" (M. fº 35 vº). (Voir p. 262).

O. (p. 230) donne un exemple qui peut trouver sa place ici: blecer, estre blecé à la teste.

(p. 308)*: „Il ne l'a pas à la teste, c'est-à-dire en la fantasie, ou, il n'est pas en volonté de faire cela."

O. (p. 308): „*Au* et *à la* se mettent aussi, parlant de noms particuliers de maisons et d'hostelleries: il est logé au Dauphin, il loge à la pomme de pin, etc." — M. (fº 173 rº) avait fait la même observation: logé à la pomme de pin, au lion d'or.

*„L'on dit aussi, se mettre au lict et à la table, estre au lict et à la table; et, vulgairement, *aller à la table* signifie *aller communier*."

Le temps.

O. seul constate (p. 308) cet emploi de *à*: „pour le temps et les termes de l'année, on dit: à une heure, à deux heures, etc.; à midy, à minuict, au soir, au matin; à lundy, à mardy, etc.; à pasques, à la pentecoste, à la S. Michel, à Noël, à la S. Martin, etc.; à la messe, à vespres, à matines, ce qui vient de l'usage pour n'avoir point d'autre raison plus apparente." (Voir p. 265).

„L'attribution ou imputation", *„la fin ou issuë."* (M.)

M. (fº 35 rº): imputer à negligence; tourner à blasme, à reproche (l'édition de 1607 ajoute: attribuer à hardiesse, à couardise, à timidité, ...); reüssir à heureux effect, succeder à gloire, tomber à honte, tourner à perte, à dommage, à proffit, etc.

C'est ici qu'il faut placer une liste de verbes donnée par O. (p. 243): accoustumer, s'accoustumer, s'adonner, aider, s'aheurter, s'amuser, s'apprester, assigner, attacher, s'attacher, condamner, destiner, disposer, employer, s'employer, engager, s'engager, entendre (c'est-à-dire estre attentif), exciter, encourager, faire *à* sçavoir, imputer, inciter, inviter, juger, se mettre, se plaire, porter, se porter, pousser, predestiner, prendre goust, prendre plaisir, prendre peine, preparer, se preparer, prendre à coeur, remettre, reputer à blasme, reüssir, tourner à profit ou perte, tendre, travailler et vacquer: imputer à negligence, ... aider à l'advancement d'autruy ... „(Tous ces verbes) reçoivent les demonstratifs par le moyen de la préposition *à*, et les noms avec l'article du datif." Ajoutons (O. ib.): estre (ou avoir)* à charge; estre (ou avoir)* à mespris; estre (ou avoir)* à contre-coeur; estre fait ou accoustumé à q. ch.; estre aspre, bon (= propre), habile, prest, propre, prompt à q. ch.: il est aspre à l'argent, il n'est bon à rien, il est habile à la souppe. (Comp. le chapitre de ‚l'infinitif précédé de la préposition à‘, p. 180).

(p. 230, 231): „En voicy d'autres qui regissent un datif: aboutir à un lieu, s'arrester à ce qu'un autre dit, attenter à la personne d'un Grand; . . . conclurre à un banissement, condescendre à la volonté d'un autre, s'estudier à quelque galanterie, s'exercer à la dance, s'opposer à quelqu'un, s'obstiner à un but, plaire à quelqu'un, pretendre à quelque honneur, se prendre ou s'en prendre à une personne, c'est-à-dire l'accuser d'estre cause du mal qui est arrivé, se rapporter à l'opinion d'autruy, revenir pour plaire, revenir pour couster: cela me revient à 30 escus; rire à tout le monde, regarder et prendre garde à ce qu'on dit, tenir à honneur, et beaucoup d'autres que le sens ordinaire descouvre facilement.

(p. 309): „On dit aussi, faire l'amour à une personne, et non pas, avec une personne.

(p. 239): Venir à son honneur, venir à bout de ses affaires, venir à bout d'une personne.

Construite sans article, „l'usage à quoy une chose est dediée.“ (M.)

M. (f⁰ 34 v⁰, 35 r⁰): tect à brebis, estable à jumens, estuy à peignes, pot à vin, terre à froment.[1]

O. (p. 307): pot à beurre, terre à fourment.[2] (Comp. p. 79).

„De mesme, (on se sert de la préposition *à*), lors qu'on met les infinitifs à la place du substantif, tesmoignant l'usage pour lequel la chose est faite, comme: un pot à pisser, une cage à mettre des oiseaux, une poesle à frire, du noir à noircir.“

L'appartenance.

M. (f⁰ 36 r⁰): „. . . il est receu et bien usité d'usurper les articles datifs pour attribuer la possession de quelque chose à son possesseur et maistre: le logis de Jacques ou à Jacques; le laquais de monsieur ou à monsieur; les gands de la dame ou à la dame de céans; le cheval au sieur de tel lieu; et ainsi tousjours au lieu des articles genitifs.“

O. (p. 60) déclare vulgaire cette construction: „quelques grammairiens ont voulu faire passer des phrases vulgaires pour bonnes; mais il se faut bien garder d'en user, comme de dire, le logis à Jacques, le laquais à monsieur, pour, le logis de Jacques, le laquais de Monsieur.“

Déjà Malherbe (Bruuot, Malh. 473) avait repris Desportes de cet emploi de la préposiion à.

---

[1] L'édition de 1607 cite ici: moulin à eau, à vent, à papier, à tan; il y a là une confusion, car ce ne sont que les deux derniers exemples qui devraient être placés ici, tandisque les deux premiers rentrent plutôt dans le chapitre de la préposition *à* marquant le signe distinctif.

[2] Cf. O. (p. 308): „(On dit) *sac d'injures*, et non pas *sac à injures*, parce que cette façon de parler declare la matière contenuë plustost que le contenant“.

La qualité et le signe distinctif.

M. (f⁰ 35 r⁰): „(On se sert de la préposition *à*, pour exprimer) la façon ou quelque notable adjonction à la façon de chaque chose, là où *à* semble signifier *avec*: du taffetas à gros grain, du passement à dentelles, une montre à resveille matin, etc.“

(f⁰ 36 r⁰): „(Nous mettons *à l'*, *au*, *aux*), quand nous signalons quelque chose par une marque notable comme une enseigne pour la discerner et connoistre . . .“ Pour les exemples (la lune au teint d'argent, etc.), voir ‚Emplois particuliers de l'article défini‘, 3 (p. 87).

O. (p. 307): taffetas à gros grain, satin à fleur, discours au vieux loup, à bon marché, à meilleur marché, le marché au poisson, (p. 54) une poulle aux porreaux = une poulle avec des porreaux.

Construite avec l'article défini, „*l'outil ou instrument avec quoy quelque chose se fait*“ (M.).

[Les exemples donnés par M. (f⁰ 35 v⁰, 36 r⁰) ont été cités dans le chapitre ‚Emplois particuliers de l'article défini‘, 3. Voir aussi les exemples donnés au même endroit sous 2, (jouer aux échecs, à la boule, etc.) et, ci-après, le traité de la préposition *de*. — Dans l'édition de 1607, M. ajoute que „quand on dit d'une muraille, qu'elle est bastie à plomb, on n'exprime pas tant l'instrument que la façon.“]

O. (p. 54): „Il y a aussi quelques façons de parler, où le datif se met pour l'ablatif, et c'est lors que l'article sert au lieu de la particule *avec*; par exemple: nourrir au pain et à l'eau,[1] fermer à la clef, . . . pour, *avec* du pain et de l'eau, *avec* la clef.“ (p. 232, dans le traité de la construction des verbes): se battre à l'espee et au poignard, se battre à l'espée seule. — Voir le chapitre de la préposition *de*.

La manière de faire quelque chose; dans ce sens, *à* sert aussi à former des expressions adverbiales.

M. (f⁰ 35 r⁰): marcher à pas comptez; marcher à tastons; aller à reculons; aller à cheval ou à pied;[2] l'édition de 1607 contient outre les exemples précédents: sauter à joints pieds; crier ou rire à gorge déployée; chanter à pleine gorge; à huis ouvert; à huis clos; à main forte; à coup perdu; à boule veuë; à veuë d'oeil; à perte de veuë; fraper à tour de bras, à coups de marteau; faire à coups d'espee; à force d'hommes; à tire d'aile; à course de cheval; à bride abatue; à coeur desployé; à deniers découverts.

„Finalement, (‚l'article indéfini *à*‘) est mis et employé en plusieurs phrases adverbiales, comme à tant, à tard, à tort, à droit, à tors

---

[1] Dans le traité de la préposition *de*, nous trouverons aussi ‘nourrir *de* pain’; la différence des deux constructions nous semble consister en ce que, dans la première (avec *à*), on insiste plutôt sur l'idée de ‘instrument’ et moyen, tandis que, dans la seconde (avec *de*), on appuie sur l'idée de ‘*matière*’. (Voir le chapitre de la prép. *de*).

[2] Mais on dit: aller en coche, en basteau, en poste (éd. de 1625).

et à travers, à peine, grand partie desquelles supplée plusieurs adverbes latins, comme optato, à souhait; opportuno, à point, à propos; sero, à tard; serio, à escient, etc."

[Dans l'édition de 1607, on trouve outre les exemples précédents: liquido, à clair; plene, à plein; commodum, à l'aise; consulto, à dessein; profunde, à fond; vacue, à vuide, à loisir; tempori, à temps; tuto, à seureté; à plaisir, à cœur, à part, à tour, à froid, à chaud, à sec, à blanc, à noir, à sac, à mort, à soulas, à déconfort, à joye, à douleur].

(f⁰ 37 r⁰): „à la françoise, vestu à la matelote, sont parlers eccliptiques, pour, à la mode françoise, matelote, etc."

O. (p. 61, 62): à la françoise, à l'italienne, à l'allemande, „pour, à la mode françoise, à la façon d'Italie, à la mode d'Allemagne" (cf. les locutions adverbiales formées à l'aide de *à*, p. 217).

La préposition *à* s'emploie encore:

au sens de ,pour':

M. (f⁰ 35 r⁰): „... quelquefois, (*à*) semble valoir *pour*, c'est-à-dire *au lieu de*: un tel est tenu à homme de bien, à sçavant personnage, à preud'homme; si je ne vous suis à senateur, vous ne me serez pas à consul". O. se prononce contre cet emploi de *à* (p. 313): „... nous escrivons d'ordinaire, je vous tiens pour le plus habile homme du monde, je vous tiens pour homme de bien, et jamais, à homme de bien; autrement cela repugneroit à l'interrogation, pour qui me tenez vous? .. " (p. 241): „(il ne faut) point user de cette façon de parler, si je vous suis à senateur, vous serez à conseiller, car elle est tout à fait impertinente; il faudroit dire, si vous me servez de senateur ..."

au sens de ,par':

M. (f⁰ 36 r⁰, v⁰): „Encor employons-nous souvent ces mesmes datifs (*à, au, à l', aux*) après le verbe *faire* ou après quelque verbe appartenant aux sens, comme *voir, ouïr, sentir*, ou bien signifians permission, comme *laisser, permettre, endurer, souffrir*, et quelque infinitif d'autre verbe, pour signifier la personne par qui l'action est faite; et semble bien valoir la preposition *par*. Ex.: je vous feray tancer à Madame; je promets vous faire payer à mon maistre; j'ay veu bastir aux maçons ce logis; je vous ay ouï appeller à vostre maistre; je feray nettoyer vos botes au valet de ceans, c'est-à-dire *par* ..."

Ailleurs (au traité de l'infinitif, f⁰ 152 v⁰, 153 r⁰), M. reproduit la même remarque, en disant que ces verbes (*faire, voir*, etc.), „suivis d'un infinitif pur de verbe *actif*, luy apportent un sens passif: je feray imprimer mon livre, faciam excudi, vel, ut excudatur, curabo excudendum", et que „nous y applicquons la personne agente moyénant les prépositions *à, au, aux* ou *par*: je fay imprimer mon livre à un tel, ou, par un tel imprimeur; ... j'oy chanter une chanson à un musicien, ou, par musicien; à qui avez-vous ouï dire cette nouvelle? au Courrier du roy, etc."[1]

O. (p. 60) corrige cette remarque; il dit que „... plusieurs (phrases) ... sont fort vicieuses, par exemple, je vous feray tancer à Madame, je vous feray payer à mon maistre, au lieu de dire, par Madame, par mon maistre.

L'on dit bien: j'ay ouy dire à Monsieur, j'ay veu faire à Madame, c'est-à-dire, j'ay ouy Monsieur qui disoit, etc." P. 309, il ajoute: „(A) a une force d'ablatif en cette phrase: ouir dire à quelqu'un." — Comp. p. 207.

O. pourquoi admet-il de dire ‚j'ay veu faire à Madame‘ et pourquoi condamne-t-il la phrase ‚je vous feray tancer à Madame‘? Nous en voyons la raison dans la différence de nature des deux verbes; la préposition à, „apportant au verbe un sens passif", comme le dit M., ne peut être mise qu'avec des verbes transitifs; or, ‚tancer‘ est neutre de nature et ‚payer‘ l'est dans la phrase citée par M.; par conséquent, la préposition à ne saurait y être employée. Si M. la met néanmoins avec des verbes intransitifs, c'est que, sans plus se rendre compte de la nature du verbe, il la considère comme pouvant être employée partout à la place de ‚par‘. —

Cet emploi de à après des verbes transitifs[2] se trouve déjà dans Malherbe[3] et il sera fréquent chez les classiques, comme Molière, Bossuet, Boileau, Racine, etc.

„*C'est bien parlé à vous*, c'est-à-dire, vous dites ou vous avez bien dit, est vulgaire" (O. p. 308).

A, dans, dedans, en, prépositions de lieu.

M. (f⁰ 172 v⁰, 173 r⁰): „*Dans, dedans, en* signifient bien de mesme sorte, à sçavoir *in*, *intra*, *intus*,[4] mais leur syntaxe est differente: *dans, dedans* se peuvent construire avec tous mots de quelque genre, nombre ou maniére qu'ils soient. *En* ne peut compatir avec les articles *le*, entier, ni *les*: rex est in arce, le Roy est dans, dedans le chasteau, au chasteau, mais non, en le chasteau. Ainsi: dans, dedans les jardins, aux, és jardins, mais non, en les jardins. Or se propose bien *en* à tous feminins: *en la maison* et à tous masculins commençans par voyelle ou h muette: *en l'hostel, en l'arbre*, car ils symbolisent de syntaxe aux feminins; bref, à tous noms et pronoms sing. ou plur. non precedez desdits articles *le*, non apostrophé, et *les*, comme *plusieurs, maint, tout, tel*, etc.

Item devant les articles *de, du, des*. Et, où *en* ne peut servir, nous employons *dans, dedans, à, au, aux, és*, selon qu'il vient mieux

---

[1] Un exemple qui, de nos jours, nous paraît assez étrange, se trouve dans l'édition de 1607: „endurez-vous manger vostre pain à, ou, par des faineans?"

[2] Après des verbes neutres, il se trouve dans M. seul et nulle part ailleurs, que je sache.

[3] Brunot, Malh. p. 477.

[4] L'éd. de 1625 ajoute ici: „quand il est question du lieu contenant et de son contenu".

à poinct." [1] — L'éd. de 1625 ajoute ici: „Mais quand on ne parle pas d'un lieu contenant avec son contenu, *dans, dedans* ne peuvent estre employés pour *en.*"

Es est preposition definie [2] du plurier nombre, portant son article, car elle signifie *dans les*: se pourmener es prez . . ." Dans le traité des articles, M. cherche à établir une différence entre *aux* et *es*: (f⁰ 35 v⁰): „s'exercer aux arts liberaux, ou, és arts; employer son temps aux estudes, ou, és estudes; car bien souvent *és* et *aux* se trouvent indifferens, assavoir quand il n'y a point d'interest d'entendre une approche et application vers quelque chose ou un contenu interieur, une comprehension dedans; ainsi: la Royne se pourmene aux jardins, et, és jardins.

Vous sçaurez la naive difference d'entre *aux* et *és*: és vaut *dans les*, à sçavoir un contenu interieur; *aux* vaut bien autant, mais aussi il signifie une application externe, quand le sens s'y adonne. Parquoy *aux* est plus universel, pouvant servir à tout; *es* infere seulement un dedans et, toutesfois, appliqué bien et à point, il apporte grace au propos: vertu reside és cœurs nobles; Dieu a parlé aux Prophetes, et, és prophetes, ad Prophetas, et, in Prophetis. Car s'il n'y a rien d'interieur, *és* n'y peut convenir, . . ."

(f⁰ 1731⁰, v⁰): „Les noms de region, contree, royaume, isle sont construits avec la preposition *en*, aux verbes de mouvement et repos: je vay en Italie, pendant que vous sejournez en France. Les Grammairiens appellent ceux-cy majora loca.

Les noms de villes, bourgs, bourgades, villages et chasteaux, que les Grammairiens appellent minora loca, aiment communément la preposition *à*, avec les dits verbes de mouvement et repos: vous allez à Paris et je demeure à Blois. Toutesfois vous lirez: en Jerusalem, en Jericho, en Damas, en Antioche, en Beroé, etc. Je pense que cecy est peculier aux lieux d'outre mer mentionnez en l'Escriture sainte. Bien pouvons nous dire, en Paris, en Blois, Orleans, etc., voulans entendre, non transport ou demeure, mais une chose contenuë dans le pourpris de la ville: un tel est le plus sçavant homme qui soit en Paris.

O. (p. 310, 311): „Il faut remarquer . . . que le sens de *dans* et *dedans* se rapporte aux prepositions latines qui regissent un ablatif; ils different d'avec *en*, parce qu'ils se mettent devant toutes sortes de mots, et le dit *en* ne s'accomode point à l'article *le*, sans apostrophe, ny au plurier *les*: dans le chasteau, et non, en le chasteau; dans les maisons, et non, en les maisons. De mesme, devant les articles *de, du* et *des*, nous mettons *dans* au lieu d'*en*, selon qu'il est plus à propos."

---

[1] M. ne semble donc pas voir, non plus d'ailleurs qu'O., que '*es*' est composé de '*en*' et '*les*', et que '*au*', dans certains cas, l'est de '*en*' et '*le*'. — La règle établie ici par M. se trouve déjà observée par Malherbe, qui prescrit de dire '*au poing*' et '*en la main*'. (Brunot, Malh. p. 474).

[2] C'est-à-dire qu'il remplace un article défini précédé d'une préposition; M. le cite, comme nous l'avons vu, parmi les articles, à côté de '*aux*'.

*„Vous pouvez encore juger une difference entre ces deux prepositions, par les phrases suivantes: aller en Italie, et, aller dans l'Italie, où la premiere, qui est *en*, denote le mouvement d'un lieu à l'autre, et *dans*, la chose contenuë dans le lieu."

(p. 312): „*En* se met aussi, lorsqu'on parle de chose non materielle contenante, par exemple: il sçait en son ame, en son esprit, en sa conscience, etc.; et si on attribue à ces choses une qualité des materielles, alors on se peut servir de *dans*: cela est bien avant dans son ame, il est fort avant dans mon esprit. Ainsi des choses qui contiennent materiellement: il est dans sa chambre, il est dans son logis, ce qui se dit plus proprement qu'en sa chambre, et, en son logis. Et tout cecy se doit entendre du verbe *estre*; car autrement, on peut dire: il est logé en ce lieu-là, il luy a dressé cette lettre-là en son logis, etc."

(p. 307, 308): „*A* s'employe quelquefois pour *en*, et c'est lors qu'on entend parler d'un lieu moindre au respect d'un plus grand, comme: il est à Paris, il est à Orleans, etc. On lit toutefois: en Jerusalem, en Jericho, en Antioche, en Avignon; et vous n'entendrez jamais dire, en Paris, à ceux qui parlent bien. Pour le plus grand lieu, on diroit: il est en France, il est en Allemagne, etc."[1]

O. (p. 232, à propos du verbe *aller*): „Aller se construit diversement, et il y faut considerer le grand lieu et le petit; pour le grand lieu, on dit: aller en Allemagne, en France, aller en Normandie, en Gascogne, en Champaigne; pour le petit: aller à Rouen, à Paris; et (pour) quelques autres qui ont l'article particulier, comme: aller au Perou, aux Indes, au Villars, au Mans, à la Rochelle; *aller en cour* est aussi en usage; *aller en enfer, aller en paradis* . . . Vous pouvez faire la mesme observation pour le verbe *venir*." (p. 236): „*Mener, mettre* et *conduire en prison*."

‚*Aller en cour*', est déclaré insupportable par Vaugelas (II, 183).

O. (p. 308): „Ces autres (constructions) sont extravagantes: sa chemise à son dos, ses souliers à, et, dans ses pieds; son chapeau à sa teste, et, dans sa teste; ses gands à ses mains, son bas à ses jambes, etc."

A, dans, en, prépositions de temps.

„La différence qu'il y a entre *en* et *dans* est que le premier comprend l'espace et la durée du temps: en trois jours, c'est-à-dire, en l'espace de trois jours; et le second tesmoigne le poinct expiré du terme: dans trois jours, c'est-à-dire, après que trois jours seront expirez, ou, au bout de trois jours." (O. p. 268, 269.)[2]

---

[1] Cf. Vaugelas II, 183, 184. — Le Père Bouhours, d'accord avec Ménage, déclarera qu'„on emploie *à* devant les noms de ville, même devant ceux qui commencent par *A*. On dit *à Avignon*, et MM. de Port-Royal disent eux-mêmes *à Jérusalem*. Lorsqu'ils disent *en*, c'est donc une construction trop fidèlement imitée du latin de l'Ecriture". (Doutes, 181; cité d'après Rosset, Bouhours, p. 137).

[2] „J'entends d'ordinaire les estrangers et principalement les hauts Allemands, qui disent *apres trois sepmaines, apres trois mois*, au lieu de dire

(p. 312): „Nous disons pour les saisons: en hyver, en esté, en automne, au printemps; pour les mois: en mars, en avril, en may, ou bien, au mois de may, etc. *Adjoustez-y, en Caresme."

Remarque. O. (p. 61): „Il se rencontre un article avec quelques noms de saisons ou temps de l'année, qui a la force de la preposition *en*: on ne mange point de chair le Caresme, on ne marie point l'Advent, c'est-à-dire, en Caresme ou pendant l'Advent; j'iray pourmener l'esté qui vient, je demeureray l'hiver au logis."

A costé de (O. p. 305).

A l'encontre de (M. f⁰ 172 r⁰; O. p. 305). Vaugelas (I, 393) ne l'admet ni comme préposition ni comme adverbe.[1]

A l'endroit de (M. f⁰ 172 v⁰; O. p. 305). Vaugelas (I, 434): „... à l'endroit des pauvres (n'est) plus du beau langage".[1]

A l'entour de (M. f⁰ 172 r⁰; O. p. 305).

A l'environ de. M. (f⁰ 172 r⁰) le mentionne, O. (p. 305) déclare: „à l'environ n'est gueres bon, il faut dire, au plurier, *aux environs*", forme qui se trouve aussi citée par M. (f⁰ 172 r⁰).

A l'escart de (M. f⁰ 172 v; O. p. 305).

A l'esgard de (M. f⁰ 172 r⁰; O. p. 305).

A l'opposite de (O. p. 305).

À mont et *à mont de* (M. f⁰ 172 v⁰); O. (p. 309) ne mentionne qu'*à mont*, en le déclarant normand.

Apres (M. f⁰ 172 r⁰; O. p. 310) O.: „... apres moy. *Estre apres quelqu'un, c'est-à-dire, poursuivre pour obtenir quelque chose; estre apres quelque chose, c'est-à-dire, en l'instant de faire quelque chose; fermer la porte apres soy, c'est-à-dire, apres estre sorty; apres luy, c'est-à-dire, après sa mort; despenser beaucoup apres une personne, c'est-à-dire, despenser pour son sujet; attendre apres quelqu'un, c'est-à-dire, attendre quelqu'un; se mettre apres quelqu'un, c'est-à-dire, attaquer, commencer à poursuivre par paroles; boire apres quelqu'un, c'est-à-dire, dans le mesme vase; abbayer apres quelqu'un.[2]

A rebours de et *au rebours de* (M. f⁰ 172 v⁰; O. p. 305).[3]

„*A rez de terre, rez pied, rez terre*" (O. p. 306).[4]

Arrière de (M. f⁰ 172 r⁰; O. p. 305).

---

dans trois sepmaines, dans trois mois, etc. [Mais si on y adjouste ces mots *de temps*, il est permis d'en user: apres quatre mois de temps. Ce qui s'entend du passé et non de l'advenir, de mesme que ces phrases: quatre mois apres, six mois apres, etc.]*". (O. p. 268 [adv. de temps]).

[1] Cf. Brunot, Hist. III, 380.

[2] Dans les „Curiositez", on trouve encore: „on est après, c'est-à-dire, en estat de faire", locution que Vaugelas (II, 11) va déclarer française, mais basse (cf. Brunot, Hist. III, 376).

[3] Au temps d'Oudin, 'au rebours' était déjà un archaïsme; ainsi Mlle de Gournay le remplace dans ses „Advis" (Paris, 1634) partout par 'au revers' (cf. Brunot, Hist. III, 13).

[4] En 1632, O. avait dit que ces trois locutions „sont façons de parler des frontières".

266

A travers et *au travers* sont cités par M., d'abord parmi les prépositions „servantes au genitif" (f⁰ 172 v⁰) et ensuite parmi celles qui „se trouvent servir aux deux, nominatif et genitif" (ib.). O. dit, dans le passage de sa grammaire consacré à celles qui se construisent avec *de* (p. 305): (on emploie) *à travers*, et non *au travers*.[1] Ailleurs (p. 309), il cite *à travers* parmi les prépositions „qui regissend l'accusatif": „. . . à travers le corps, et, à travers du corps".

Au deçà de (M. f⁰ 172 v⁰; O. p. 305).

Au delà de (M. f⁰ 172 v⁰; O. p. 305). O. cite aussi ‚au delà‘ construit sans *de* (p. 311).

Au dedans de (M. f⁰ 172 v⁰; O. p. 305).

Au dehors de (M. f⁰ 172 v⁰; O. p. 305).

Au dessus de (M. f⁰ 172 v⁰; O. p. 305).

Au dessous de (M. f⁰ 172 v⁰; O. p. 305).

Au devant de (M. f⁰ 172 v⁰; O. p. 305).

Au derrière de (M. f⁰ 172 v⁰; O. p. 305).

Au desceu de (O. p. 306).[2]

Au droit de (M. f⁰ 172 v⁰).[3]

Au lieu de et *en lieu de* (O. p. 306).

Au loing de et *loing de* (M. f⁰ 172 v⁰; O. p. 306). Rappelons que Vaugelas (II, 59) ne voulait pas admettre ‚loin de‘, en prose, „où il faut tousjours dire *bien* loin de . . ."

Au long de et *le long de* (M. f⁰ 172 r⁰); O. (p. 306): „Le long de; au long de, pour aupres de, est vulgaire." Vaugelas (I, 282) constate qu'„aujourd'huy, il n'y en a plus qu'un (de ‚le long‘, ‚du long‘, ‚au long‘) qui soit en usage, à sçavoir *le long de la rivière*."[4]

Auparavant. O. (p. 309): „*Auparavant les guerres* n'est pas une fort bonne construction." Vaugelas (II, 207): „Le vray usage d'*auparavant*, c'est de le faire adverbe, et non pas preposition . . ."

Au pouvoir de (O. p. 305).

Aupres de (M. f⁰ 172 r⁰); O. (p. 305): „*Aupres* . . . ne regit proprement que le genitif: aupres de moy."

Au prix de (O. p. 306).

*Au ras de*⁰ (M. f⁰ 172 v⁰); O. (p. 306): „*Au ras* n'est point recevable et ne signifie rien en ce pays-cy."

Au regard de (M. f⁰ 172 r⁰; O. p. 306). O. l'explique par „pour ce qui concerne".

Au rencontre de (M. f⁰ 172 r⁰).

Autour de et *autour* (M. f⁰ 172 r⁰, 172 v⁰); O. (p. 305) ne donne déjà qu'‚autour de‘. — Il ajoute la locution que voici: *„. . . despenser autour d'une personne, c'est-à-dire, pour son sujet."

---

[1] Vaugelas (I, 392) déclare: „Tous deux sont bons, mais *au travers* est beaucoup meilleur et plus usité"; c'est lui qui fait la distinction de construction (à travers, au travers *de*) observée encore de nos jours.

[2] = à l'insu de. Cf. Brunot, Hist. III, 377.

[3] = au côté droit de.

[4] Cf. Brunot, Hist. III, 381.

Aux entours de (M. f⁰ 172 r⁰). O. (p. 305) dit: „Aux *au*tours est incogneu“; c'est, sans doute, ,aux *en*tours‘ qu'il a voulu déclarer tel, car on ne saurait comprendre cette remarque que comme une réplique faite à M.; mais celui-ci cite ,aux entours‘ seul.

A val, à vau (M. f⁰ 172 r⁰; O. p. 309). M. (f⁰ 172 v⁰) admet aussi *à val de, à vau de*, sans s'expliquer davantage sur l'emploi des ces deux locutions. — O. donne les exemples *à vau l'eau, à vau de route.*[1]

Avant (M. f⁰ 172 r⁰; O. p. 309) O.: avant le terme. (Cf. le chapitre de l'adverbe.)

Avec. (M. f⁰ 172 r⁰; O. p. 309) O.: „ . . . on ne le doit employer qu'en terme qui denote une compagnie: je suis allé avec luy, il est venu avec le messager; et lors qu'il tesmoigne une augmentation de nombre: si j'avois un cheval avec quantité de pistoles. . . . (On dit) licentieusement, il a parlé deux heures avec elle, pour, à elle, parce que la compagnie y est presupposée.“ *Avec tout cela, c'est-à-dire, nonobstant cela. (Comp. p. 269.)

Chez (M. f⁰ 172 r⁰; O. p. 310) O.: „chez moy . . . *Chez s'entend d'un logis entierement, et non pas d'une simple chambre, car estant logé dans une maison en une chambre particuliere, vous ne direz pas à un autre logé de mesme, je m'en vay chez vous, mais, je m'en vay vous trouver dans vostre chambre.“

De chez moy et non *par chez moy* (O. p. 310).[2]

Contre (M. f⁰ 172 r⁰; O. p. 310). „Contre se met pour proche: tout contre chez nous, tout contre son logis; mais je le trouve un peu rude“ (O. p. 300 [adv. de lieu]).

Contremont „(est) vulgaire“ (O. p. 309). — Cf. Brunot, Hist. III, 378.

Dans (M. f⁰ 172 v⁰; O. p. 310, 311). Voir le chapitre ,à, dans, dedans, en‘.

O. (p. 311): „Le vulgaire dit improprement, un coup de poing dans le dos, c'est-à-dire, sur le dos, un coup de pied dans la jambe, et semblables.

On dit aussi, boire dans un pot, dans un verre, encore que l'on ne soit pas dedans le pot ou le verre; de mesme, se mirer dans un miroir.“

De. Comme d'*à*, c'est dans le chapitre des articles[3] que M., comme O., traite de la préposition *de*, quoiqu'il en reconnaisse également la nature de préposition:

---

[1] Cf. Brunot, Hist. III, 378.

[2] L'édition à laquelle nous empruntons les remarques d'O., dit *pas* au lieu de *par*; mais c'est une faute d'impression qui ne se trouve pas dans le texte de 1632. — Quant à '*par chez moy*', je le trouve comme vieilli et vulgaire dans les 'Curiositez': „vous passerez par chez nous, c'est-à-dire, vous aurez quelque jour besoin de moy, vous tomberez quelque jour entre mes mains . . .“

[3] Comp. p. 75.

(f⁰ 31⁰): „(Les articles *de, du, de la, de l', des*) sont plustost prepositions qu'articles et, de fait, se rapportent du tout aux latines *de, e, ex, ab, a, abs* . . .“ [1]

D'après les deux grammairiens, la préposition *de* s'emploie:

pour marquer „issue, séparation ou distraction“:

M. (f⁰ 31 v⁰): Cesar se disoit issu de la déesse Venus; l'Oire sourd d'une montagne d'Auvergne; vous avez la trie de ma marchandise; je vien d'avec Monsieur; j'ay rencontré un tel sortant de chez luy.

„Et, aussi à cette cause, *(de, du, de l', de la, des) servent à la construction du verbe passif*: les enfans sont plus aimez du pere que le pere des enfans. Les bons rois cherchent plus d'estre aimez que craints de leurs sujets.“

Remarque. Pour exprimer le complément des verbes passifs, on emploie les prépositions *de* ou *par* (M. f⁰ 127 v⁰; O. p. 205). Ex.: M.: les enfans sont plus aimez du pere que le pere des enfans, aimez par le pere . . .; O.: les roys sont honorez de leurs sujets, le maistre est suivy du serviteur, le cheval est aimé de l'homme, le mary est accompagné de la femme, les dames sont servies des courtisans, les meschans sont punis par la justice . . .“

„*Et c'est pour cette mesme cause qu'on baille (de, du, etc.) pour articles genitifs ou ablatifs*, car ils nous servent à suppleer tels cas“.

pour former des compléments qualificatifs:

M. (f⁰ 31 v⁰, 32 r⁰): „*De* . . . nous sert es phrases indefinies, comme *autorité de roy, . . . ouvrage de main d'homme*, et se peut rendre un mesme sens par des adjectifs: autorité royalle, ouvrage manuël, ouvrage humain. C'est pourquoy, où les adjectifs nous manquent, nous les suppleons par cet indefini *de*, comme *poissons de riviére* ou *d'estanc, verdure d'herbe, vitesse de pieds*, etc. . . .

(f⁰ 33 r⁰, v⁰): . . . *de* est aussi employé en ces phrases que les Latins mettent au genitif ou ablatif: homme de grand' doctrine, jeune homme de grand*e* esperance, un joyau de prix, un cheval de cent escus, un cheval de bataille, et autres qui semblent suppleer des adjectifs: homme de bien, homme d'honneur, de valeur, de credit, de sçavoir, de letres; homme d'esprit, femme de bien et de vertu; un homme de bras, homme de journee.“

C'est ici qu'il faut citer la remarque suivante d'O. (p. 306)*: „Estre de bonne compagnie, c'est-à-dire, s'accomoder à tout ce que l'on vent, ou, estre plaisant en compagnie.“ [2]

---

[1] En parlant des prépositions, M. revient là-dessus: „Il n'est ja besoin de redire icy ce qu'avons amplement declaré de l'usage des prepositions *de, du, des*, lesquelles, ja-soit qu'elles nous servent d'articles, si respondent-elles aux latines *de, e, ex, a, ab, abs*, comme aussi les nostres *à, au, aux, es* representent ces latines *ad, erga, in, intra*. Revoyez le traité des articles, si vous l'avez oublié“ (f⁰ 172 r⁰).

[2] Ce sens qualificatif de la préposition *de* ressort très clairement d'une remarque du Père Bouhours; elle établit une différence très nette entre 'être

pour exprimer „la cause esficiente":

M. (f⁰ 32 r⁰): brusler d'amour; souspirer de tristesse; pallir de peur; rougir de honte.

L'édition de 1607 ajoute ici: bouillonnant de colere; bluettant d'ardeur; étincelant de lumiere; brillant de clairté; superbe de victoires; renommé de hauts faits; admiré de sagesse; la terre et le bois se gercent de seicheresse, s'enflent d'humidité. „En tous lesquels langages se ressent une cachee signifiance de vehemence ou abondance, comme qui diroit, petillant de dépit, c'est-à-dire, de vehemence ou abondance de dépit; et par ce nous appliquons quelque-fois le defini *du*, quand quelque acte est specialement concerné pour cause, sans avoir esgard à son abondance, comme nous disons, *le vin se trouble et boule du tonnerre*, plustost que *de tonnerre* ... Et autres semblables maniéres de parler esquelles se recognoist une determinaison secrette."

O. (p. 60): brusler d'envie, souspirer de fascherie.

pour indiquer l'instrument (le moyen) et la matière.[1]

C'est O. qui, au chapitre des verbes, observe qu'on peut se servir de la préposition *de*, pour marquer l'instrument:

(p. 231, 232): „Quand on demande avec quoy on a fait quelque chose, on peut respondre indifferemment: *avec quoy l'avez-vous frappé? je l'ay frappé de mon espee*, ou, *avec mon espee*, l'instrument y estant sous-entendu ... Mais toutes sortes de verbes ne s'y accordent pas, car on peut dire, frapper du pied et avec le pied, frapper de la main et avec la main, prendre avec la bouche, avec la main, avec les doigts, et non pas, prendre des doigts, etc.; rire de la bouche, et non pas, avec la bouche; broncher de la langue, ... parler du nez, et non pas, avec le nez; vivre et nourrir de pain, plus proprement qu'avec du pain; se couvrir de quelque couverture, se passer de peu et à peu, et non, avec peu,[2] se contenter de peu, se rassasier de peu, s'emplir de peu; voir de bon œil; cherir de tout son cœur; se gaster de vin, s'empescher de peu. ... En tout cela, il y a de l'usage, outre la consideration de la matiere, de l'instrument, de la partie (du corps) qui n'est point destachée et de celle qui se destache par l'imagination et sert au lieu d'instrument." (Cf. aussi au chapitre de l'article défini: jouer du lut, tirer des armes, etc., p. 86).

Des exemples tels que ,vivre, nourrir de pain' montrent qu'on peut passer facilement de l'idée de ,moyen' à l'idée de ,matière'. Et c'est ainsi que le grammairien déclare (p. 60): „*de* se met quelquefois pour la particule *avec*, par exemple, garny d'argent, paré de veloux, au lieu de dire mal, garny avec de l'argent, paré

---

d'humeur', qui „marque une inclination naturelle, le tempérament", et 'être en humeur', qui „exprime une disposition présente et passagère." Bouhours, Remarques, 250 (Rosset, Bouh. p. 138).

[1] Pour l'instrument, voir aussi la préposition *à*, p. 260.
[2] Cf. p. 167.

avec du veloux; ainsi avec *emplir, doubler, manquer, desgarnir*: emplir d'eau, doubler de frise, manquer d'appetit, desgarnir de meubles. — Il sert aussi à exprimer ... la matière dont chaque chose est faite: ... un pourpoint de satin, une maison de pierre."

Ces dernières remarques-là sont presque textuellement empruntées de M. (f⁰ 32 r⁰, v⁰): „(On emploie *de* après) tous ... verbes qui enferment une signification de quantité de matiére, (comme) ... remplir, garnir, pourvoir et leurs contraires desemplir, desgarnir, manquer, chommer et autres, où plusieurs des estrangers faillent, usans de la preposition *avec*: un estuy garni avec de l'argent, un Gentilhomme orné avec toutes vertus, une chambre paree avec de la tapisserie, quand il faudroit dire, garni d'argent, orné de vertus, paree de tapisserie, et choses semblables ... Plus, (pour exprimer) la matiére de quoy chaque chose est faite, comme qui demanderoit: dequoy est vostre pourpoint? de satin; dequoy est bastie cette maison? de pierre, de bois; ainsi: armures de fer ou d'acier, un bas de soye, etc." (Comp. p. 89).

généralement sans article, dans un sens partitif, après les mots (noms, verbes et adverbes) impliquant une idée de „quantité ou nombre."

M. (f⁰ 32 r⁰, v⁰): combien, tant, autant, plus, beaucoup, assez, prou, peu, moins, davantage, point, gueres, trop; ... chartee, chambree, potee, paneree ... *de* ...

O. (p. 59): beaucoup de vin, un peu d'eau; ... un verre de biere, une livre de cerises, une aulne de toile ...

Remarques.

1⁰ M. (f⁰ 32 v⁰): „... si l'un des adverbes cy dessus dits de quantité estoit mis apres le substantif signifiant la matiére, lors la reigle ne tiendroit pas, ains faudroit user des articles definis; ainsi, vous aurez de l'argent assez, aũ lieu de dire, assez d'argent; il a du courage trop: trop de courage; de la faveur beaucoup: beaucoup de faveur; j'ay du credit autant que vous: autant que vous de credit." [1]

2⁰ O. (p. 59): „... si vous vous arrestez sur l'adverbe *peu*, comme y mettant une virgule, vous pouvez dire: donnez moy un peu, du vin; car alors ce mot *peu* n'est pas attaché à la quantité, mais il a quelque autre force comme de priere ..."

3⁰ M. (f⁰ 33 r⁰): „Quelquefois, apres tels mots de quantité, se trouvent des articles definis ou bien qu'il est indifferent d'user de definis ou indefinis. Et c'est, quand il y a quelque terme restrictif, qui determine et restraint le substantif, comme si je disoy, combien avez-vous achetté des livres de ce libraire, ou bien, de livres de ce libraire; avez-vous beaucoup des marchandises du Levant, ou,

---

[1] Comp. O. (p. 280): „Au demeurant, je ne trouve point à propos de mettre l'adverbe de quantité apres son substantif, comme ceux qui disent, il y a du vin assez, il y a du pain plus que vous ne pensez".

de marchandises du Levant; je vous presente un bouquet des fleurs de mon jardin; ... les relatifs semblent specialiser plus fort: avez-vous encor beaucoup des livres que vous avez fait imprimer? vendez-moy un muy du blé que vous avez cueilli."

O. (p. 59) fait la même observation: donnez-moy un peu de la viande qui est devant Monsieur. (Comp. p. 77.)

4⁰ M. (f⁰ 32 v⁰): „... ce mot *force*, pris pour quantité ou abondance, ne porte articles, ni devant ni apres: vous avez force biens, force escus; j'ay force ennuis. Mais pris pour puissance, violence, contrainte, qui sont sa propre signification, il porte devant soy l'article *à* et après *de*: on gangne plus les forteresses à force d'or et d'argent qu'à force d'hommes, de canons et d'artillerie."

O. (p. 60): „*Force*, pris pour adverbe de quantité, ne reçoit point d'article: force biens, force escus. Mais s'il est pris pour puissance ou violence, il reçoit l'article indefiny: à force d'hommes, à force d'argent, etc."

5⁰ Après l'adverbe *bien*, au sens de beaucoup, on emploie l'article partitif.

M. (f⁰ 32 v⁰, 33 r⁰): il a bien du pouvoir, du sçavoir, de l'entendement, de la vertu; vous prenez bien de la peine pour moy; il a esté bien fait des magnificences au couronnement du roy; les guerres civiles ont bien apporté des calamitez en France.

O. (p. 59): bien du pouvoir; bien des gentillesses. „Son composé *tres-bien* suit la mesme reigle."

6⁰ O. (p. 59): „Les particules *rien* et *point* se construisent avec (la préposition *de* seule); par exemple: vous ne tirerez rien de cela;¹ il n'y a point de pain, etc. Mais avec le mot de *tout*, il y faut mettre (l'article) definy: rien du tout; point du tout."²

7⁰ O. (p. 59, 60): „L'adverbe *plus*, en toutes sortes de sens, se met avec l'indefiny: plus de pouvoir, plus de trente, plus de pain, plus de chair, plus de valet; mais si on vient à specifier, on dira: je ne veux plus du valet que j'ay eu autrefois, je ne veux plus du pain de ceste femme-là; de mesme avec le mot de *tout*: plus du tout; et quand on denote quelque reste ou qu'il est construit avec quelque adjectif, en force comparative, ou y met le relatif que: il n'y a plus que cela, il n'y en a plus que quatre, il est plus beau que toy, plus brave que moy."

---

¹ Le sens de cet exemple est peu clair, car l'emploi de la préposition *de* peut être dû au verbe *tirer* aussi bien qu'au mot *rien*. Dans le premier cas, qui est le plus vraisemblable, il faudrait admettre qu'O. se fût laissé tromper par l'apparence extérieure de la phrase.

² La règle de *rien* date de Malherbe (Brunot, Malh. 475), quoique lui même ne l'ait pas toujours observée; elle a été consacrée par Vaugelas (I, 443, II, 400).

On peut dire aussi de *moins,* qui reçoit l'indefiny: pas moins de quatre, pas moins de trente; et si on le met avec la diction *monde,* il prend le definy: le moins du monde." (Comp. p. 240).

8⁰ O. (p. 61, 62): „Remarquez ces phrases, . . . *trente de payez, vingt de chassez,* pour, qui ont esté payez, etc." Vaugelas (I, 286) hésite encore sur ce point; toutefois, il préfère la construction avec *de,* car „c'est la beauté des langues, que ces façons de parler, qui semblent estre sans raison, pourveu que l'usage les authorise."

pour marquer une apposition:

M. (f⁰ 33 v⁰): „Le nom propre se subjoint à son appellatif au moyen de l'article *de:* la ville de Paris, la riviére de Seine, où les Latins usent d'apposition en mesme cas: urbs Lutecia, fluvius Sequana, ce que nous imitons souvent avec ce mot *mont:* le mont Parnasse, Helicon, Taurus, item si ce sont noms de personnes: l'ange Gabriel, le Prince Frederic, le nautonnier Charon, et aussi noms d'animaux: le chien Cerberus, le cheval Bayard.

Nous avons une phrase assez frequente qui, le plus souvent, emporte mespris et desdain; commence le demonstratif *ce,* ou *un, quelque* ou semblable, puis vient un epithete suivi d'un substantif au moyen de l'article *de:* ce glouton de Thomas, un vaurien de laquais, mon vieillard de mari; et en bonne part: mon bon homme de pere, ma bonne femme de mere."

(f⁰ 34 r⁰): „Quelquefois, nous obmettons l'article *de,* notamment devant les noms propres par une maniére d'ecclipse: les quatre fils Aimon, le mont Hebert, la place Maubert. Ordinairement, parlans de quelque chose qui porte le nom d'un *Saint:* l'église, la ruë, le port, l'enseigne nostre Dame, la porte Saint Marceau, l'Apocalipse Saint Jean. On dit en manière de proverbe: c'est le ventre ma mere, je n'y retourne plus."

O. (p. 58): „On doit aussi remarquer une façon de parler par l'indefiny, avec quelques appellatifs qui tiennent lieu d'injures, comme, il a un chien d'esprit, un diable d'entendement, ce vaurien de serviteur, mon vieillard de mary, et ces autres: mon bon homme de pere, ma bonne femme de mère."

(p. 57)*: „. . . le mot de *Saint,* . . . quand il se rencontre avec ces noms *ruë, bourg, fauxbourg,* l'on n'y met point d'article: la rue Sainct Antoine, le faux-bourg Sainct Germain, etc."

Vaugelas (II, 40) admet aussi ce *de* „employé d'une manière extraordinaire et bien françoise."

pour former des locutions adverbiales de temps.

O. (p. 53)*: „*Du temps que j'estois, de nostre temps* et autres semblables sont phrases où le genitif *du* et *de* sont employez pour le datif *au* ou pour l'adverbe *durant.*"

O. (p. 306)*: „*De* a une force adverbiale de temps: ceste viande est cuitte d'hier, c'est-à-dire, depuis hier; il ne partira de quinze jours, c'est-à-dire, que dans le terme de quinze jours; il n'aura fait d'aujourd'huy, c'est-à-dire, de tout le jour." (Comp. p. 234, *huy*.)

Verbes qui se construisent avec la préposition de.

Nous réunissons ici quelques verbes donnés en divers endroits pas les deux grammairiens:

M. (f⁰ 130 r⁰): „Les verbes *accuser*, *prevenir* pour accuser, *blasmer*, *taxer*, *soupçonner*, *atteindre*, *convaincre* et autres de semblable ou contraire sens, comme *absoudre*, *afranchir*, *delivrer*, *excuser*, *acquitter*, *louer*, *priser* et *estimer*, regissent la personne en l'accusatif et le vice ou la vertu au genitif: ne blasmez point mon maistre d'avarice; vous m'accusez de negligence; on vous charge de faux crimes; un tel est force loué de sa diligence; acquittez vous de vostre promesse."

(éd. de 1607): „On a atteint et convaincu un tel de crime de lese Majesté. Quelquefois la chose est construite avec la preposition *pour*: il a esté accusé de larcin, ou, pour larcin. Et principalement, quand la peine ou punition qui se met au datif, y est mise: la cour a condamné un tel à la hart pour un meurtre, ou, à cause d'un meurtre; le Prevost a condamné un tel à l'amende de sa faute, ou, pour sa faute; il est condamné au foit, aux galeres, au gibet pour ses forfaitures.

Oudin (p. 229) donne la même règle que Maupas.

Exemples: vous m'accusez de negligence, vous me soupçonnez d'un tel crime, vous me loüez de ma constance, il vous excuse de vostre folie, etc.

(p. 229, 230): „Ces autres regissent le sujet au genitif ou à l'ablatif: s'adviser de quelque chose, s'abstenir de viande, s'amouracher d'une femme, s'asseurer de quelque chose, crever de rire ou de despit, changer[1] de maistre, se deffaire d'une personne, decheoir de la fortune, destourner d'une entreprise, douter d'une affaire, se douter, despendre de quelqu'un, disputer de la Religion, discourir de la vertu, empescher d'une mauvaise action, s'enquerir des nouvelles, s'esmerveiller d'une action, esloigner de soy, s'esloigner d'un lieu, estre fasché, estre joyeux, estre bien aise, estre content, estre en colere du succez de quelque entreprise, se fascher d'une seule parole, se gausser ou se mocquer d'un autre, ... se mesler des affaires d'autruy, s'ombrager de peu de chose, se passionner d'une fille, se priver de quelque bien, parler mal de son prochain, presumer de roy, reculer ou se reculer d'un endroit, remercier d'une courtoisie, se repentir de son peché, se rire d'un autre, se servir de son valet, servir de conseil, se souvenir de sa leçon, se soucier des affaires d'autruy, se tuer de parler ou de rire, triompher de son amour, trembler de peur, user de discretion."

---

[1] „Il y a une remarque à faire, que *changer d'habit* signifie *vestir* ou *prendre un autre habit*, et *changer un habit*, c'est-à-dire, le troquer à un autre" (O. p. 230).

D'alentour de (O. p. 305).

Deçà, delà (M. f⁰ 172 r⁰; O. p. 311). Dans Vaugelas (I, 385) on trouve ‚deçà, de là la rivière‘ (voir aussi le chapitre de l'adverbe).

De delà (O. p. 311).[1]

„*De par* Dieu, de par le Roy, un homme de par le monde, c'est-à-dire, du monde." O. (p. 312).

Dedans (M. f⁰ 172 r⁰); voir le chapitre ‚à, dans, dedans, en‘ et celui de l'adverbe. — *De dedans* (O. p. 311).

Dehors ou *dehors de* (M. f⁰ 172 r⁰, v⁰). D'après O. (p. 306),* on ne pourrait dire que *dehors de.* — *De dehors* (O. p. 311).

Depuis (M. f⁰ 172 r⁰; O. p. 311) O.: depuis un an.

Derrière (M. f⁰ 172 r⁰; O. p. 311); *de derrière* (O. p. 311).

Dés (M. f⁰ 172 r⁰; O. p. 311). O: dés la pointe du jour.

„Quelques-uns ont mis improprement *dés* pour *depuis*, *dés quel temps* pour *depuis quel temps*: vous feriez cela dés le soir jusques au matin; mais c'est une grande improprieté, et quand la parole *jusques* suit apres, on ne se doit jamais servir que du mot *depuis*" (O. p. 270 [adv. de temps]). — Comme adv. de temps, dés est cité aussi par M. (f⁰ 161 v⁰).

Dessur „ne s'escrit point" O. (p. 311).[2]

Dessus, dessous (M. f⁰ 172 r⁰; O. p. 311).

De dessus, de dessous (O. p. 311). — Cf. Brunot, Malh. 478, Hist. III, 378.

Devant (M. f⁰ 172 r⁰; O. p. 311).

„Les Allemands disent *devant deux jours*, *devant trois jours*, pour *il y a deux jours*, etc. On peut bien dire *deux jours devant la feste de pasques*, *trois jours auparavant*, mais le sens est fort contraire au premier" (O. p. 267 [adv. de temps]).

De devant (O. p. 311).

Devers (M. f⁰ 172 r⁰; O. p. 311). Malherbe[3] se prononce contre cette préposition dans ‚*devers l'horizon*‘ (au lieu de *sur l'horizon*) et ‚*devers vous*‘ (au lieu de *à vous* avec le verbe *adresser*). Vaugelas la déclare vieillie, quoiqu'elle ait „tousjours esté en usage dans les bons autheurs," et veut la remplacer par *vers* (I, 285).[4]

Droit à droit de (M. f⁰ 172 v⁰). D'après O. (p. 306), cette locution n'est „point en usage".

Emmi est cité par M. (f⁰ 172 r⁰); O. (p. 311) le déclare vulgaire (il écrit emmy) et Vaugelas (II, 437) le proscrit comme un mot „qui ne vaut rien du tout à escrire."[5]

En. M. (f⁰ 173 r⁰): „*En*, mise sans article devant quelque nom, peut signifier *instar*, *à mode*, *en façon*: parler en sage personnage, marcher en capitaine". L'éd. le 1625 ajoute: „Item en telles

---

[1] Cf. la remarque de Vaugelas (I, 384).
[2] Cf. Brunot, Hist. III, 378.
[3] Brunot, Malh., 478, 479.
[4] Cf. Haase, Syntax § 127 c., et Brunot, Hist. III, 378.
[5] Cf. Brunot, Hist. III, 379.

phrases: en verité je garderay vostre memoire, en ressouvenance de vous, en recompense de vos bons offices, recevez en signe d'amitié, et semblables".

O. (p. 311) donne de cet emploi de ‚*en*' les exemples que voici: „. . . en lion, en renard, c'est-à-dire, comme un lion, comme un renard". Il remarque aussi que cette préposition „sert à demonstrer la manière et la disposition: en prose, en rime, en latin, en françois; voyager en bonne compagnie, c'est-à-dire *avec*; estre en bonne compagnie, c'est-à-dire *au milieu* ou *parmy*. *(*En*) peut avoir un sens double: en provençal, c'est-à-dire, comme un Provençal, ou bien, en langage provençal; en allemand, c'est-à-dire, comme un Allemand, ou, en langage allemand."

O. (p. 235): On dit: . . . estudier en droit, en theologie, en medecine, *(234) coudre en linge, travailler en tapisserie . . . croire en Dieu, (232) abonder et abondant en folie, en biens, en argent, (p. 229) persister en son opinion. (voir aussi le chapitre ‚à, dans, dedans, en').

Encontre. M. (f⁰ 172 r⁰) le mentionne, O. (p. 310) dit que „encontre ne se met point seul".

En dedans de (O. p. 311).

*En dehors de** (O. p. 306).

*En derriere de** (O. p. 306).

Endroit. M. (f⁰ 172 r⁰) le cite, O. (p. 312) déclare que „*endroit soy* ne se trouve point.[1]

Ensemble (O. p. 312).[1]

Ensuite de (M. f⁰ 172 r⁰). Vaugelas (I, 266) ne veut pas qu'on emploie cette préposition dans „le beau style".

Entour ⁰. M. (f⁰ 172 r⁰) le cite; O. (p. 312) dit qu'il „n'est pas bon". D'après M. (f⁰ 172 v⁰), on peut dire aussi ‚*entour de*', mais O. déclare qu'„*entour d'elle* n'est point en usage".

Entre (M. f⁰ 172 r⁰; O. p. 312). „Il a aussi la force de *parmy*: entre les hommes" (O. p. 263 [adv. de lieu]).

Envers (M. f⁰ 172 r⁰; O. p. 312).

Environ ⁰ (M. f⁰ 172 r⁰; O. p. 312). D'après M. (f⁰ 172 v⁰), on peut dire aussi ‚environ de'. (voir *près*.)

Eu esgard à. M. (f⁰ 172 v⁰) le cite, O. (p. 304 [conj. r. c.]) constate qu'il „n'est plus gueres en usage".

Excepté (O. p. 312). O. (p. 300) et M. (éd. de 1607) le donnent aussi comme adverbe d'„excepter".

Fors et *forsque* „sont antiques et vulgaires" (O. p. 312).[2] Malherbe les avait encore admis tous les deux[3] et Vaugelas (I, 398) juge que *fors* „est tout à fait banni de la prose", mais qu'en poésie, „il passe pour noble et est beaucoup meilleur que *hors*, dont

---

[1] Cf. Brunot, Hist. III, 380.

[2] *Fors* se trouve cependant dans le 'Tresor'; il y est traduit par 'excepto, salvo'.

[3] Brunot, Malh., p. 480.

la prose se sert".[1] *Fors* est dans la première éd. de la grammaire de Maupas (adv. d'„excepter").

Hors ou *hors de* (M. f⁰ 172 r⁰, v⁰). O. (p. 306) n'admet que ‚*hors de*‘: „... hors de son sens, hors de la maison; hors temps est une phrase defectueuse, et necessairement la preposition *hors* regit le genitif". C'est le Père Bouhours qui, le premier, fera, contrairement à Vaugelas (I, 218)[2], une distinction entre ‚hors de la ville‘ et ‚hors la ville‘ (= excepté) [Remarques nouv. 201 (Rosset, Bouhours, 139)].

Horsmis (O. p. 312, 300 [adverbe d'„excepter"]; M. 1607 [adv. d'„excepter"]).

Joignant, tout joignant. O. (p. 312).

Jouxte (M. f⁰ 172 r⁰; O. p. 312).

„*Jouxte*, pour *vis-à-vis*, ne se doit plus escrire, ny en la signification de *selon*, bien que quelque-uns de nos Autheurs s'en servent encore" (O. p. 263 [adv. de lieu]).

Jusqu'à et *jusques à* (M. f⁰ 172 v⁰), O. p. 309).

Lez. O. (p. 312): „Lez Paris *est antique*".

Lors de. „Lors de mon partement, lors de ma maladie et autres phrases semblables ne sont pas fort excellentes" (O. p. 271 [adv. de temps]).[3]

Malgré: malgré lui; *maugré* n'est pas bon: malgré que tu en ayes, et non, maugré (O. p. 297 [adv. de „difficulté"]).

Outre (M. f⁰ 172 r⁰; O. p. 312). O.: outre cela; d'outre mer. (Voir p. 238.)

Par (M. f⁰ 172 r⁰; O. p. 312). O.: par ses paroles; voulant dire par là, voulant monstrer par là, c'est-à-dire, au moyen de cela. (p. 309): „... si on entend une personne qui nous serve d'instrument à faire quelque chose, encore qu'il se rapporte à *mitt* allemand, il faut user de la préposition *par*: il l'a envoyé par le messager, par son valet, etc." Cf. Vaugelas (II, 384): „(Quelques personnes) vouloient que je misse dans mon Quinte-Curce, *nos propres inventions avec lesquelles nous avons vaincu jusqu'icy, se sont tournées contre nous*; ... mais j'ay mis, *nos propres inventions par lesquelles nous avons vaincu*. Monsieur de Priessac et toute l'Académie ... préférent de beaucoup *par* à *avec*." Comp. *de*, p. 268.

O. (p. 238)*: On dit: roder par les ruës, par la ville, (232) aller par la ville, par le païs.

Par deçà, par delà (M. f⁰ 172 r⁰; O. p. 311).

Par dedans, par dehors (M. f⁰ 172 r⁰; O. p. 311).

Par dessus, par dessous (M. f⁰ 172 r⁰; O. p. 311).

Par devant, par derrière (M. f⁰ 172 r⁰; O. p. 311).

Par devers (M. f⁰ 172 r⁰; O. p. 311).

---

[1] Cf. Brunot, Hist. III, p. 380, 381.
[2] Cf. Brunot, Hist. III, p. 377.
[3] Cf. Brunot, Hist. III, 381, Vaugelas I, 266.

Parmi (M. f⁰ 172 r⁰; O. p. 263, dans le traité des adverbes de lieu). O.: „La difference qu'il y a entre celui-cy et l'adverbe *entre*, est que *parmy* signifie meslé dans une confusion de choses, et *entre* specifie une chose mise au milieu des autres sans confusion."

Pour (M. f⁰ 172 r⁰; O. p. 313). O.: „(... La préposition *pour*) donne ... quelque sorte de force selon l'occasion; *c'est la derniere fois* et *c'est pour la derniere fois* le tesmoignent, où le premier est simple et passé, et le dernier absolu et a quelque chose encore de present ou de futur; **pour* est quelquesfois mis en signification d'*à cause*, par exemple: pour le desplaisir que j'en ay receu." Voir le chapitre de l'„infinitif" et celui de la préposition *à*.

„*Pour l'amour de* moy" (O. p. 306).

Pres de (O. p. 306). M. (f⁰ 172 v⁰) admet de dire également *pres* et *pres de*; il ajoute cependant: „*pres* ... n'aime pas s'allier aux nominatifs des pronoms personnels, car ne sonne bien de dire *pres moy, pres elle,* ... ouy bien *pres de moy, pres d'elle* ... Au surplus, sert à l'un et l'autre cas". C'est là aussi l'avis de Vaugelas (II, 72) qui, d'une façon générale, préfère *près de* à *pres* seul: „... Au moins il est tres-certain qu'avec les personnes, on ... met (*pres*) tousjours au genitif et que l'on ne dit jamais que *pres de moy, pres de luy, pres de cette Dame*; mais *auprès* y seroit encore meilleur ..." [1]

Remarques: O. (p. 306): „*Pres* et *environ* sont differents en une chose, que *pres* ne tesmoigne qu'une quantité defectueuse, et *environ* signifie aussi tost plus que moins.

(p. 264 [adv. de l.]): „(*pres*) se construit aussi en signification de *quasi*: il a pres d'une heure."

Proche de (O. p. 306).

„(*Proche*) a aussi je ne sçay quoy de temps: il est proche d'une heure; mais je me servirois plustost de (pres): il est pres d'une heure". O. p. 264 [adv. de l.]).

Ras à ras de (M. f⁰ 172 v⁰). O. (p. 306): „*Ras à ras* n'est point en nostre cognoissance." [2]

Rière. M. (f⁰ 172 r⁰) le mentionne, O. (p. 313) le déclare antique. [3]

Sans (M. f⁰ 172 r⁰; O. p. 313.

Sauf (O. p. 313; M., éd. de 1607 [adv. d'„excepter"]).

Selon (M. f⁰ 172 r⁰; O. p. 313).

Sinon (O. p. 313); cf. *sinon*, conjonction.

Sous (M. f⁰ 172 r⁰; O. p. 313).

Sur (M. f⁰ 172 r⁰; O. p. 313). O. (p. 231, dans le traité des verbes): „(On dit), tomber sur ses pieds, où il y a quelque chose d'impropre, comme au suivant: cheminer sur ses pieds, et non, avec ses pieds. ... (p. 313): „*Mettre sur soy, ou, sur luy, c'est-à-dire,

---

[1] Cf. Brunot, Hist. III, p. 376.
[2] Cf. Brunot, Hist. III, 382.
[3] Cf. Brunot, Hist. III, p. 383.

despenser tout son bien en habits; fermer la porte sur soy, c'est-à-dire, s'enfermer dans un lieu; estre sur sa bouche, c'est-à-dire sujet à ses appetits, aimer à faire bonne chere".[1] Cf. p. 213.

Sus. M. (f⁰ 172 r⁰) le cite sans observation; O. (p. 313) ne l'admet que dans la locution *courir sus à quelqu'un*, et là, il n'est pas préposition. Vaugelas (II, 453) prescrit de dire ,mettre une armée sus pied', mais c'est le seul cas où il accepte cette préposition.[2] Cf. p. 245.

Suivant (O. p. 313).

Touchant, „pour proche" (O. p. 313).

Vers (M. f⁰ 172 r⁰; O. p. 313).

Veu. O. (p. 313): „veu la qualité du personnage".[3]

Vis-à-vis se construit avec ou sans *de*, suivant M. (f⁰ 172 v⁰), qui en fait la même observation que de *pres*: ... ne sonne bien de dire *vis-à-vis vous*, ... ouy bien ... *vis-à-vis de vous*. O. (p. 306) ne donne que *vis-à-vis de*.

Voy, voicy, voila, voyez-cy, voyez-là. M. (f⁰ 169 v⁰) se borne à constater que ces „adverbes" „gouvernent la chose demonstree à l'accusatif" et que *voy* „ne s'adresse qu'à une personne à qui nous parlons par *tu* et *toy*".

O. (p. 297, 298) est plus explicite: d'après lui, les pronoms se mettent devant („me voicy, me voila, le voicy, le voila, les voila, en voicy, vous y voila"), les substantifs et les infinitifs après les expressions *voicy* et *voila* (voicy un homme, voila faire du bruit); „mais jamais on ne doit mettre (les pronoms) au milieu de ces adverbes, comme d'aucuns qui disent: voy le cy, voy le là; car ce sont de fort mauvais arrengemens". — „Lorsque la negative precede,

---

[1] Dans les 'Curiositez', ce dernier exemple est marqué d'un astérisque, ce qui signifie qu'il est vieilli; j'y trouve encore: „sur le disner, sur le souper, etc., c'est-à-dire, environ l'heure, à l'heure du disner; et ainsi des autres; avoir de l'argent sur soy, c'est-à-dire, porter de l'argent."

[2] Cf. Brunot, Hist. III, p. 383. Voici in extenso la remarque de Vaugelas: „Il faut dire *mettre une armée sus pied*, et non-pas *sur pied* ny *sur les pieds*. Et M. de Malherbe ayant dit dans sa Traduction de Tite-Live, *du temps que Philippe estoit encore sur ses pieds*, il a mal parlé. Il falloit, *estoit encore sus pied*. Et c'est icy la seule exception qu'il y ait à cette reigle générale: Qu'il faut tousjours dire *sur*, et non *sus*, quand c'est une preposition qui va devant le substantif. Comme, *il luy a mis la couronne sur la teste*, et non *sus la teste*. Je sçay bien que ceux qui n'ont aucun soin de la politesse du langage, dont le nombre est infini, négligeront cette remarque, et se serviront du premier qui leur viendra au bout de la plume; mais je sçay bien d'ailleurs que M. le Cardinal du Perron, M. Coëffeteau, et généralement tous ceux qui se rendent exacts en la pureté de nostre langue, ne se servent jamais de *sus* pour préposition auprès des noms. Ils disent tousjours *sur*. Il est vray que l'on dit *courir sus aux ennemis*, comme je l'ay déjà remarqué; mais qui ne voit que *sus* en ce lieu-là ne tient point lieu de préposition, puisque l'on se sert de cette mesme phrase en disant, *il leur a couru sus*. Ce que l'on ne diroit pas si *sus* estoit là une préposition, qui ne va jamais toute seule, et qu'elle ne soit suivie immédiatement du mot qu'elle régit et précède, comme son nom mesme de préposition le signifie et le dénote assez".

[3] Cf. Brunot, Hist. III, p. 383.

il se faut donner de garde d'y mettre l'impersonnel *il* apres, comme le vulgaire en ce païs-cy, qui use de *ne voilà-t'-il pas* au lieu de *ne voila pas*, qui est plus propre; car *voy* est seconde personne de l'imperatif, qui ne se peut rapporter à *il*, qui est une troisieme." — „*Voyez-cy* n'est gueres elegant et *voyez-la* fort peu frequent". Le grammairien donne cependant encore *voy*.

„On se sert de *voila* en une maniere assez mauvaise, *voila qui est beau, voila qui est plaisant*, au lieu de dire, plus nettement, *cela est beau, cela est plaisant*, etc."

Prépositions et adverbes substantifiés.

M. (f⁰ 55 v⁰): „Vous remarquerez ... aucunes prépositions ou adverbes qui semblent devenir noms, en tant que nous leur adoptons toutes sortes d'articles masculins; de ce nombre sont: *lendemain, dedans, dehors, apres, derriére, devant, dessus, dessous.*"

D'après O., ce sont les adverbes de „comparaison" qui peuvent être employés substantivement, comme *le bien, le mal, le pis, le peu, le moins*, etc. (p. 294), de même que plusieurs adverbes de lieu, comme *le devant, le derriere, le dessus, le dessous*, Monsieur *de ceans*, les villes *d'alentour* (p. 265). „Pour *le deça* et *le delà*, cela ne se dit point" (ib.).

De plus, „il y a quelques adverbes du temps qui reçoivent la nature des noms substantifs et se construisent avec l'article indefiny *de*, par exemple: les hommes *d'à present, d'aujourd'huy, de maintenant; jamais*, fait substantif, denote l'éternité: vous en avez pour un jamais" (O. p. 273).

Prépositions entrant, comme préfixes, dans des compositions de mots.

M. (f⁰ 173 v⁰, 174 r⁰): „Aucunes de nos prepositions entrent en composition avec des verbes, noms ou autres parties d'oraison:

Entre signifie une mutuelle et reciproque action, moyenant que les verbes soient reciproquez, comme s'entre-aimer, s'entre-hair, s'entre-aider, s'entre-nuire; autrement action diminutive: entr'ouvrir, entr'ouïr, entre-voir. Comp. p. 166.

Contre (signifie) repugnance: contredire, contrequarrer; item imitation: contrefaire.

Pour: pourchasser, poursuivre, pourfendre.

Sur: surmonter, surprendre, surpasser, survivre.

Plusieurs (sont) inseparables, la pluspart tirees des latins *a, ab, abs, in, ex, prae, pro, dis, per, trans, con, re*, qui n'ont autre valeur qu'en latin; nous en avons aucunes inseparables, propres à nostre langue:

Mes ... suppose erreur: mesdire, mesprendre, mesgarde.

Des change en sens contraire: desordre, despecer, desdire.

For (signifie) issue: forligner, forclurre, forbannir, fortraire.

Tres: trespasser, tressaillir, trespigner, tremousser.

O. (p. 313): „Les (prépositions) suivantes servent à la composition: a, ab, abs, avant, con, contre, entre, qui s'escrit avec une apostrophe devant une voyelle, ex, des, dis, for, in, per, pre, pro, re, trans, tre et tres."

La Conjonction.[1]

A cause que (M. f⁰ 176 v⁰, O. p. 304 [r. c.]).

A raison de (M. f⁰ 176 v⁰) „ne se dit point" selon O. (p. 304) [r. c.].

A ce que demande le présent, l'imparfait, le passé indéfini ou le plusqueparfait du subjonctif (M. f⁰ 177 r⁰); „à ce que, peu commun parmy ceux qui escrivent nettement, ... *se met en autre sens de *selon* ou *comme*: à ce que j'ay entendu, c'est-à-dire, selon que, ou, comme j'ay entendu." (O. p. 303) [r. c.] (voir Brunot, Hist. III, 384).

A condition que, à la charge que, par tel si que „et phrases de pareil sens" se construisent avec le futur et le futur passé de l'indicatif, de même qu'avec tous les temps du subjonctif et du conditionnel (M: f⁰ 175 r⁰). O. admet *à condition que, à la charge que*, et il condamne *par tel si que*[2] comme „hors d'usage" (p. 302) [cond.].

Afin de se construit avec l'infinitif (M. f⁰ 177 r⁰, O. p. 303 [r. c.]).

Afin que[3] demande le présent, l'imparfait* (M. f⁰ 177 r⁰; O. p. 303) et le plusqueparfait du subjonctif (M. ib.): afin que vous fissiez, afin que vous consideriez (O. ib.) [r. c.].

A celle fin est „vulgaire" (O. p. 303 [r. c.]); Vaugelas (II, 313) le jugera „insupportable".

Ains, Ainsois, Mais (M. f⁰ 177 r⁰ [dis.]): „Mais, ains, ainsois signifient bien l'une comme l'autre, à sçavoir *at, sed, atqui, immo*, voire, estans correctives, peuvent en mesme sens passer l'une pour l'autre, soit affirmant ou niant: un tel n'est pas sçavant, mais, ains, ainsois n'a pas du seuil salué les bonnes lettres; beaux yeux, ainsois flambeaux, mais soleils de mon ame, qui luisez, ains lancez une amoureuse flame. Et en ce sens n'obligent à aucun temps des verbes, ains suivent du tout la construction de la sentence precedente qu'elles corrigent.

Mais estans adversatives, elles ont differant usage, en tant que *mais* est generale, pouvant servir à tout où les autres. *Ains, ainsois* s'opposent seulement à un propos negatif precedant: je vous aime, mais vous ne me rendez pas le reciproque, et non, ains, ou, ainsois. Vous ne m'aimez pas, mais, ains, ainsois vous me haissez."

(O. p. 304 [d.]): „*Ains* est devenu vieil depuis dis ans en çà; *ainçois* ... (est) hors d'usage."

Les deux mots étaient déjà condamnés par Malherbe (Brunot,

---

[1] Comp. Brunot, Hist. III, 651 et sv.

[2] Voir Brunot, Hist. III, 392.

[3] „Ne mettez point la négative apres celui-cy sans le personnel: *afin que vous ne faciez*, et non pas, à l'antique, *afin que ne faciez*; *de peur que* de mesme ..." (O. p. 298 [adv. de „caution"]). M. (f⁰ 169 r⁰ [adv. de „deffense ou caution"]) avait cité *afin que ne...*

Malh. 254, 255) qui, quant à *ains*, fut suivi par Vaugelas (II, 426). (Voir aussi Brunot, Hist. III, 350, 351).

Ainsque, ainsoisque „emportent signification de temps et signifient *avant que, premierque*; ils se construisent de mesme avec (le présent, l'imparfait, le passé indéfini et le plusqueparfait du subjonctif.) (M. f⁰ 177 v⁰ [d.]); „*ainçois que* (est) hors d'usage" (O. p. 304 [d.]; p. 270 [adv. de temps]); „*ains*, pour *avant*, est antique: ains que cela soit, c'est-à-dire, devant que cela soit" (O. p. 309, au traité des prépositions).

A la mienne volonté que; cette expression est donnée par **M.** (dans l'exposé de la conjugaison des verbes) et par O. (p. 283 [adverbe de „souhait"]) — (voir aussi Brunot, Hist. III, 385).

A moins de „. . . sert pour asseurer avec plus de force": a moins d'estre fol, on ne le feroit pas; à moins d'estre aveugle, on s'en appercevroit. (O. p. 279 [adverbe de qualité]).[1]

Attendu que, veu que, puis que „se plaisent avec tous les temps indicatifs, et encor accompagnans une conditionnelle ou expresse ou sousentendue, ou un propos imperatif ou hortatif, elles compatiront avec [le conditionnel prés. et les deux formes du conditionnel passé]: attendu que je vous aurois aidé en vostre necessité, vous me deussiez rendre la pareille; que ne secourez-vous vos amis, puis que vous le feriez bien si vouliez" (M. f⁰ 178 r⁰).

O. (p. 304, 305) donne *attendu que* et *veu que* [d.].

Vaugelas (II, 250) constate qu'„*attendu que* commence à se rendre fort commun dans le beau stile, mais [que] du temps du Cardinal du Perron et de M. Cœffeteau il estoit banni de leurs escrits et de ceux de tous les meilleurs autheurs" (voir aussi Brunot, Hist. III, 397).

Aussi que „(sert) à accorder au propos precedant, en amenant une raison confirmative": vous haïssez un tel, . . . aussi qu'il vous en a donné occasion; vous vous fiez en moy, . . . aussi que je suis de vos meilleurs amis (M. f⁰ 179 r⁰ [d.]); „*aussi que* est une façon de parler un peu antique: aussi qu'il falloit, pour dire, parce qu'il falloit aussi" (O. p. 300 [cop.]) — „aussi que (M. f⁰ 177 r⁰) n'a point de cours." (O. p. 304) [d.] — (voir Brunot, Hist. III, 385).

Avec (M. f⁰ 174 r⁰); „*avec* est une vraye préposition, et cependant quelques-uns s'en servent au lieu de la conjonction *et*: moy avec un autre, c'est-à-dire, moy et un autre. (O. p. 300) [cop.].

Avant que,[2] *auparavant que*,[3] *devant que*[2] „se construisent avec

---

[1] On sait que Vaugelas (II, 59) exige qu'on dise *à moins que de faire cela*, au lieu de *à moins de faire cela* ou *à moins que faire cela*.

[2] „*Avantque, devantque*, tous deux sont bons, . . . mais *avant que* est plus de la Cour et plus en usage; l'un et l'autre devant l'infinitif demande l'article *de*, par exemple il faut dire *avant que de mourir*, et *devant que de mourir*, et non pas *avant que mourir*, ny *devant que mourir*, et beaucoup moins encore *avant mourir*, comme disent quelques-uns en langage barbare" (Vaugelas I, 435). Voir Brunot, Hist. III, 389.

[3] „*Auparavant que* pour *devant que* ou *avant que* n'est pas . . . du bel usage. Les bons escrivains ne diront jamais par exemple, *auparavant*

le subjonctif: *avant que vous soyez arrivé, auparavant qu'il soit venu, etc.*; et jamais on ne les met avec l'imparfaict indicatif, car au lieu de dire *avant que vous estiez*, il faut dire *avant que vous fussiez arrivé*. Ils se construisent aussi avec l'infinitif par le moyen de la particule *de: il faut cognoistre avant que d'aimer.*" (O. p. 269, 270 [adv. de temps])[1]; *avant que* est donné par M. (⁰ 177 v⁰ [d.]) — voir ainsque, ainsoisque. —

Bien que, combien que, ja-soit que, ore que, encore que „ont mesme sens et construction avec [tous les temps et modes], mais mieux avec [le présent, l'imparfait, le passé indéfini et le plusque-parfait du subjonctif]. M. (f⁰ 178 r⁰) — Toutes ces conjonctions („il faut escrire *or que*"), sauf *jaçoit que*, qui „ne se doit plus escrire", sont admises par O. (p. 304, 305) [d.].

(Pour *jaçoit que* et *ore que*, voir Brunot, Hist. III, 390, 392).

Car (M. f⁰ 176 v⁰); „nous avons des modernes qui ne veulent point admettre le *car*, mais il y a des occasions où ils se trouve-roient bien empeschez à ne le pas employer" (O. p. 304)* [r. c.].

(Sur le sort curieux de ce mot, voir Brunot, Hist. III, 385 et sv.)

C'est pourquoy, voila pourquoy (O. p. 304 [r. c.]).

Comme ainsi soit que peut se construire avec tous les temps et modes, „mais plus aisément" avec le présent, l'imparfait, le passé indéfini et le plusqueparfait du subj. (M. f⁰ 178 r⁰ [d.]). — Cette „conjonction" est déclarée „antique" par O. (304 [d.]), et Vaugelas ne peut que constater le grand „descry", auquel elle est venue (II, 248). (Voir aussi Brunot, Hist. III, 388).

Comme ainsi fust que „ . . . se trouve quelquefois et s'adjoint à l'imparfait et au plusqueparf. du subj. (M. f⁰ 178 r⁰ [d.]).

Comme si (O. p. 296 [adv. de „similitude"]).

D'autant que (M. f⁰ 176 v⁰, O. p. 303 [r. c.]). M. l'écrit en un seul mot, ce qui sera exigé plus tard par Vaugelas, quand le mot signifie *parce que* (II, 1).

De façon que (O. p. 278 [adverbe de quantité])[2], *de maniere que,*[2] *de sorte que, en sorte que, tellement que* (M. f⁰ 164 r⁰ [adverbes de „renfort"]; O. p. 278 [adverbes de „quantité"]).

De peur que[3] (M. f⁰ 169 r⁰ [adv. ca.], O. p. 304 [r. c.]); *à peur que* „ne se dit point" (O. ib.). (Voir p. 251.)

---

que vous soyez venu, pour dire *avant*, ou *devant que vous soyez venu*" (Vaugelas II, 207). Comp. Brunot Hist. III, 385.

[1] „*Devant* n'admet point la particule *que* devant les pronoms personnels absolus, et on ne dit point *devant que moy, devant que luy, devant qu'*elle, mais on l'y met, quand ce sont les impersonnels conjonctifs, construits avec leurs verbes, comme *devant que vous fussiez arrivé, devant qu'elle eust disné*, etc. La mesme chose se peut observer pour *avant* et *auparavant*" (O. p. 267 [adv. de temps]).

[2] „Ces façons de parler *de façon que, de maniere que*, sont Françoises à la verité, mais si peu elegantes, qu'il ny a pas un bon autheur qui s'en serve …" (Vaugelas II, 160).

[3] Voir *afin que* (note).

Depuis que (O. p. 267, 270 [adv. de temps]).

Des que (M. f⁰ 161 v⁰; O. p. 270) [adv. de temps.]. Il se construit avec tous les temps de l'indicatif et avec l'imparfait du subjonctif. (O. p. 273).

Donc, doncques, ainsi donc (M. f⁰ 179 r⁰; O. p. 304 [concl.]).[1]

Encor, pour *toutefois* (O. p. 304 [d.])*.

En tant que (M. f⁰ 176 v⁰; O. p. 304 [r. c.]).

Et (M. f⁰ 174 r⁰; O. p. 300); „... son usage est de la mettre une seule fois en toute une periode et ne la pas repeter fort souvent, comme, s'il y a plusieurs substantifs, on la pose aupres du dernier: les hommes, les femmes et les enfans; ainsi en une quantité de phrases: je vous veux advertir d'un affaire, vous obliger par une autre et vous déclarer" (O. p. 301) [cop.]. — C'est aussi l'avis de Vaugelas (II, 119, 433).[2] *Et si*, *et mesmes* (O. p. 301 [cop.]).

Incontinentque (M. f⁰ 161 v⁰ [adv. de temps]). Il se construit avec tous les temps de l'indicatif et avec l'imparfait du subj. (O. p. 273). Voir Brunot, Hist. III, 390.

Joint (M. f⁰ 174; O. p. 301) [cop.].

Joint que. Malgré le jugement défavorable de Malherbe (Brunot, Malh. 307), il est dans M. (f⁰ 147 r⁰) et dans O. (p. 301), qui le cite aussi comme adverbe „d'abondant et de surcroist" (p. 298) [cop.]. (Voir aussi Brunot, Hist. III, 390).

Jusqu'à ce que, jusques à ce que (M. f⁰ 161 v⁰ [adv. de temps]); O. (p. 271 [adv. de temps]) ne donne que la forme *jusqu'à ce que*.

Jusqu'à tant que, jusques à tant que (M. f⁰ 161 v⁰ [adv. de temps]); O. reconnaît implicitement cette locution, en disant que *tant que* vaut *jusques à tant que* (p. 272).

Lorsque, alorsque, quand „sont adverbes de temps[3] et à divers esgard conjonctions, et valent cum, quando, dum. [Ils] se peuvent joindre à tous les temps indic. et encor au [cond. prés. et aux deux formes du cond. passé], comme aussi *tandis que, cependant que, à mesme que, à l'heure que* et autres formules semblables" (M. f⁰ 177 v⁰, 178 r⁰); comp. *maisque.* — [d.]

Lorsque et *quand* sont donnés aussi par O., qui y ajoute *quand bien* (p. 304, 305) [d.]; parmi les adverbes de temps (p. 272), le grammairien cite *tandisque* et *quand*. *Alorsque, à mesme que* et *cependant que* sont blâmés par Vaugelas (I, 361; II, 190; I 358). (Pour tous les trois et pour *quand*, voir aussi Brunot, Hist. III, 385, 388, 394.)

---

[1] „*Donc* semble avoir grace en second ou troisiéme lieu: Cesar donc estant arrivé; qui donc vous croira? qui vous croira donc?" (M. f⁰ 127 r⁰).

[2] „La conjonction *et*, conjoingnant quelque appendice à un propos precedent, fait postposer la syllabe *on* et autres noms nominatifs: le roy se porte bien, et dit-on qu'il viendra bien tost icy; voila un honneste homme, et fait-on grand cas de luy ..." (M. f⁰ 62 v⁰) (Comp. p. 95, 98).

[3] En effet, *lorsque* et *quand* se trouvent indiqués aussi comme adv. de temps (M. f⁰ 161 v⁰, 161 r⁰).

Lors „commence un discours sans antecedent sous-entendu avec plus de grace qu'*alors*: lorsque j'estois en Allemagne ...“ (O. p. 271 [adv. de temps]). „*Tandis que* et *durant que* suivent la reigle de *lors que*“ (O. ib.).

Mais (M. f⁰ 177 r⁰; O. p. 304 [dis.])[1] voir adv.

Maisque[2] et *pourveu que* se construisent avec le prés., l'imp., le passé indéfini et le plusqueparfait du subjonctif (M. f⁰ 175 r⁰ [cond.]), et, „... comme *si non que*, *si ce n'est que*, etc., peuvent se mettre ... avec tous temps indicatifs et conjonctifs ...“ (f⁰ 176 v⁰).

O. (p. 302 [cond.]; p. 271 [adv. de temps]) juge *mais que* vulgaire; à propos de *pourveu que*, il fait la même observation que M., sauf qu'il ne mentionne guères l'emploi du plusqueparf. du subj. à la suite de cette conjonction. Il la cite aussi comme adverbe „d'excepter“ (p. 300).

On sait que Vaugelas a condamné définitivement *mais que*, dans le sens de *quand* (I, 268) (voir aussi Brunot, Hist. III, 391).

„*Mesme et mesmes* ont une signification qui approche de celle d'*encor*: mesmes qu'on a dit, mesmes qu'il est venu, etc.; et commencent absolument une periode“ (O. p. 301 [cop.])*.

Moyennant que se construit avec le prés., l'imp. et le passé indéfini du subj. (O. p. 302 [cond.]): moyennant que je veuille, que vous fissiez, qu'il ait eu.

Ne, ni et ny; „je trouve le dernier mieux escrit“ (O. p. 302 [disj.]) (voir négation).

Neantmoins (M. f⁰ 177 r⁰). „*Neantmoins* et jamais *neanmoins*; *ce neantmoins* n'est pas bon, mais superflu en la particule *ce*“ (O. p. 304) [d.].

Non obstant; „*ce non obstant* n'est pas bon, mais superflu en la particule *ce*“ (O. p. 304) [d.].

Non que „est un peu antique“ (O. p. 292 [adv. de „contrarieté“])*.

Non seulement ... mais aussi (O. p. 298 [adverbe „d'abondant et de surcroist“]).

Or, „estant conjonction copulative, entame le sens avec gravité, comme *porro, autem, coeterum* latines, et se met au commencement de la période“ (M. f⁰ 174 v⁰); O. (p. 301) fait à peu près la même remarque; il ajoute qu'on dit *or est-il*, „en argumentant“ [cop.] (voir l'adverbe or).

Ou, ou bien, ou que (M. f. 174 v⁰; O. p. 302) [disj.].

---

[1] „*Mais, ains, ainsois, toutesfois, néantmoins, si est ce que* s'aiment avec tout l'indicatif, [le cond. prés. et les deux formes du conditionnel passé]. Avec les autres temps conj., ce ne sera de leur naturel propre, ains en vertu de quelque autre particule regissante le propos“ (M. f⁰ 177 r⁰).

[2] *Maisque* est adverbe de temps et à divers esgard conjonction et vaut *cum, quando, dùm* (M. f⁰ 177 v⁰, 178 r⁰ [d.]).

Outre que (O. p. 298 [adverbe „d'abondant et de surcroist"]).
— C'est la forme qui a remplacé *outre ce que* (voir Brunot, Hist.
III, 392).

Par ainsi (M. f⁰ 179 r⁰ [concl.]);[1] *ainsi* (O. p. 304 [d.]).

Parce (M. f⁰ 176 v⁰ [r. c.]); f⁰ 179 r⁰ [concl.]; O. p. 304 [r. c.]);
par cecy, par cela (M. f⁰ 169 r⁰ [concl.]).

Parce que (M. f⁰ 176 v⁰; O. p. 304) [r. c.].[2]

Parquoy (M. f⁰ 176 v⁰ [r. c.]; f⁰ 179 r⁰ [concl.]) est jugé antique
par O. (p. 304) [r. c.] (voir Brunot, Hist. III, 366, 392).

Partant (M. f⁰ 179 r⁰ [concl.]) „. . . est different de *pourtant*,
en ce qu'il se rapporte à la conjonction *pour ce sujet*, et *pourtant*
signifie toutefois" (O. p. 304 [r. c.]) (voir Brunot, Hist. III, 366,
392). Du temps de Vaugelas (I, 360) ce mot commençait à vieillir.

Posé le cas que (M. f⁰ 171 v⁰, O. p. 293 [adv. acq.]).

Pour se fait suivre d'un infinitif (O. p. 304 [r. c.]); *pour ne*
(O. ib.), *pour ce que*[2] (M. f⁰ 176 v⁰; O. p. 304) [r. c.]); *pour ce* (M.
f⁰ 176 v⁰ [r. c.]; f⁰ 179 r⁰ [concl.]; O. p. 304);[3] *pour ce sujet* (O. ib.
[r. c.]), *pour cecy, pour cela* (M. f⁰ 179 r⁰ [concl.]).

Pour que[4] „ne se trouve point" (O. p. 304 [r. c.]) et n'est
pas reconnu par Vaugelas, quoique „ce terme [soit] fort usité"
(I 72) (voir Brunot, Hist. III, 397).

Pour autant (O. p. 305 [d.], p. 304 [r. c.]).

Pour autant que (M. f⁰ 176 v⁰; O. p. 304) [r. c.].

Pour chose que (O. p. 305 [d.]).

Pourtant (M. f⁰ 177 r⁰ [d.], f⁰ 179 r⁰ [concl.]; O. p. 304
[r. c.]) (voir Brunot, Hist. III, 394) (comp. *partant*).

Pourtant que est „de frontiere" (O. p. 305 [d.]).

Premier que. Il est donné implicitement par M. (f⁰ 177 v⁰)
(voir *ains que, ainsois que*); O. (p. 270 [adv. de temps]) le juge
„un peu rude", et, en 1647, Vaugelas n'aura qu'à constater que
„c'est une façon de parler ancienne, dont plusieurs se servent
encore . . . en parlant et escrivant, mais [que] ceux qui ont quelque
soin de la pureté du langage, n'en usent jamais" (I, 200) (comp.
Brunot, Hist. III, 382).

Prenez que (M. f⁰ 171 v⁰, O. p. 293 [adv. acq.]); *prenez le cas
que* (M. ib.) „ne se dit point" suivant O. (ib.)

Que; „. . . pour commencer la période, ordinairement le
demonstratif *ce* devance": ce que, ou, de ce que vous vous es-

---

[1] „. . . *par ainsi*, dont M. Coëffeteau et M. de Malherbe se servent si
souvent . . ., n'est presque plus en usage; on dit simplement *ainsi* sans *par*."
(Vaugelas I, 163). — Voir Brunot Hist. III, 365.

[2] Sur *parce que* et *pour ce que* comp. Vaugelas I, 117 (il hésite encore
entre les deux mots) et Brunot Hist. III, 393.

[3] „Je dis que ce *pour ce*, pour dire *partant* ou *à cause de cela*, n'est
pas bon et qu'il ne doit jamais estre employé à cet usage. Il se disoit autrefois, mais il ne se dit plus" (Vaugelas I, 162).

[4] „*Pour que* se trouve maintenant fort peu en usage parmy nous"
(O. p. 198 [adverbe de „caution"]).

jouïssez de ma prosperité, je ne m'en esbahi pas (M. f⁰ 174 v⁰).
O. (p. 301) exige de dire toujours *de ce que*: de ce que vous vous
plaignez, je ne m'en estonne pas. Sans doute, il s'est laissé
entraîner trop loin par le juste désir de corriger la phrase de M.,
sans s'apercevoir non plus qu'il faut tenir compte de la construction
du verbe — [cop.].

Que sert aussi à lier le verbe à un complément mis en vedette
par *c'est*:

M. (f⁰ 74 v⁰ à propos du pronom relatif)[1]: c'est Dieu que
j'aime et de luy que j'attend tout mon bien; c'est à luy que je
m'adresse; c'est à vous que je recommande mes affaires; c'est à
la raison que je me rends, ... car c'est en elle que je me fonde;
... c'est pour le public que je travaille ... (f⁰ 77 r⁰): est-ce de
celte monnoye-là que me cuidez payer?[2]

O. (p. 127): c'est de toy que j'attends; c'est d'elle que j'espere;
c'est à toy ... que je parle ... — Voir p. 118. (Comp. Brunot,
Hist. III, 509.)

Que „(s'emploie) en phrase imperative": que cela soit (O.
p. 304 [r. c]).

Que „(s'emploie) pour horsmis, en phrase negative: il n'a rien
de beau que l'esprit" (O. p. 313 [prep.]). Comp. p. 253.

Sur *que*, conjonction de comparaison, voir p. 240 (plus), p. 271
(remarque après *de*), p. 242 (*si*).

Que remplaçant d'autres conjonctions.

Au lieu de répéter, dans une période, les conjonctions *quand*,
lorsque et *si*, on emploie *que*, avec l'indicatif, après *quand* et *lorsque*
(O. p. 272), et avec le subjonctif, après *si* (O. p. 300, 302): quand
de telles affaires arrivent et qu'on les neglige ... (p. 272). Si
vous appellez vostre frere et qu'il ne vous responde pas ... (p. 300);
si vous vouliez croire ce que je dis, ou que vous voulussiez m'en
demander de plus grandes asseurances ... (p. 302).[3]

Quoy que, c'est-à-dire *bien que* (O. p. 305 [d.]).[4]

---

[1] „Que si quelcun debatoit qu'en ces maniéres de parler *que* est plustost à reputer conjonction que pronom relatif, je ne m'en formaliseray point
contre luy (ib), ne plus ne moins aussi, lorsque cette particule *que* sert d'expletive à une demonstration formée par le demonstratif *ce* devant (*être*): c'est
une belle, grande et riche ville que Paris; ce sera une belle Damoiselle que
la fille de ce Gentilhomme-là, c'est une belle vertu que la patience (id. 1625).

[2] On peut dire aussi: c'est de Dieu de qui j'attends ..., c'est à luy à
qui, auquel je m'adresse, c'est à vous à qui, auquel je recommande ..., c'est
à la raison à qui, à laquelle je me rends, c'est en elle en qui, en laquelle, en
quoy je me fonde (id. ib.).

[3] Dans M., qui ne traite pas la question, je trouve cependant la phrase
que voici: si j'avois chose qui vous fust utile ... ou qu'eussiez affaire de moy
et me voulissiez employer, je vous servirois de bon coeur (f⁰ 176r⁰). — Comp.
Vaugelas I, 137; II, 115, 246; Brunot Hist. III, 655.

[4] M. (f⁰ 87 v⁰ [pronoms indéfinis]): „ ... (quoy-que) signifie aucunefois
quamvis: quoy-que vous me haïssiez, si ne vous fis-je jamais tost; quoy-que
je soye pauvre, toutefois j'aime l'honneur; quoy-que vous faciez peu de cas de
moy, si est-ce que je vous vaux bien".

Selon que (O. p. 296 [adverbe de „similitude"]).

Si, conjonction „dubitative", se construit avec tous les temps de l'indicatif (y compris le futur et le futur antérieur), le conditionnel présent, et les deux formes du conditionnel passé (M. f⁰ 175 r⁰).

Si, conditionnel, se construit avec tous les temps de l'indicatif, sauf le futur, „tres souvent" avec le plusqueparfait du subjonctif et quelquefois, „mais rarement", avec l'imparfait du subjonctif.[1]

Au lieu du futur, la conjonction *si* „s'allie au present, qu'elle a cette vertu de rendre futur quant au sens" (M. f⁰ 175 r⁰).

„. . . les estrangers confondent souvent *si* et *quand*, toutesfois la difference y est fort grande, car *quand* denote le temps et jamais la condition . . ." (O. p. 303 [cond.].

„*Si ne* est defectueux, si d'avanture on ne le construit avec un pronom personnel, qui se met alors au milieu: si vous ne voulez que je pense, et non pas, si ne voulez, etc." (O. p. 303 [cond.]).

Si tant est que (O. p. 303 [cond.]).

Suppresion de si. O. (p. 302 [cond.]): „*N'estoit* et *n'eust esté que* attirent [le cond. prés.]: n'estoit cela, nous ferions; mais j'aimerois mieux dire plus modernement: si ce n'estoit, si ce n'eust esté."

Sinon „est une forme d'exception qui n'appelle point de verbe apres soy, mais quelque nom, pronom, participe ou autre partie d'oraison . . ."

Il peut être remplacé, dans la phrase affirmative, par *sauf, fors, hormis* (j'ay veu toute la France, sinon, sauf, fors la Bretagne), et, dans la phrase négative, par *que*, (je ne connay *sinon [que]* vous en cette ville). (M. f⁰ 175 r⁰, v⁰)⁰ [cond.].

„*Sinon* ne m'agrée point en signification exceptive: je n'ay veu personne en France sinon vous, etc.; je ne cognois point d'homme icy sinon vous; j'ay veu toute l'Allemaigne sinon Auguste ou Augsbourg. Nous avons assez d'autres mots pour éviter ce *sinon*, . . . [dont] le vray sens . . . se rapporte à *autrement*" (O. p. 303 [cond.]).[2]

---

[1] „Pour ce que toute preposition conditionnelle est composee de deux parties, antecedant et consequent, il faut entendre que *si*, conditionnellement construite en l'antecedant avec un imparfait ou plusqueparfait indicatifs, exige ordinairement [un conditionnel prés. ou passé] en son consequent: si j'avois de l'argent, je vous en presterois; si j'avois escrit cecy, j'aurois achevé ma tasche.

Mais estant en l'antecedant avec d'autres temps indic., le verbe du consequent pourra estre de quelques temps indicatifs que ce soit, selon que le sens requerra, ou mesme, s'il vient à point, [du conditionnel prés., du plusquep. du subj., du cond. passé et du futur passé].

Et avec un [plusqueparf. du subj.] en l'antecedant, le semblable sera communément au consequent; un [cond. prés. ou passé] y pourroit aussi entrer" (M. f⁰ 175 v⁰, 176 r⁰). — Comp. p. 139, 140; on y voit que, suivant O. aussi, on emploie *si* avec le présent, l'imparfait et le plusqueparfait de l'indicatif.

[2] *Sinon* se trouve aussi parmi les prépositions (O. p. 313).

288

Sinon que (de même que *sauf que*, *fors que*[1] etc.) se construit „avec tous les temps indicatifs et conjonctifs" (M. f⁰ 175 v⁰) [cond.]).

O. (p. 303 [cond.]) juge *sinon que* „encore plus mauvais que *sinon*. Voir aussi Brunot, Hist. III, 395.

Soit (M. f⁰ 174 v⁰; O. p. 302); *soit que* (id. ib., id. ib.); *fust*, *fust que* (M. éd. 1625) [disj.].

M. (1625): „*Soit* et *fust* n'appellent point de verbes apres soy, mais quelques noms, comme: soit riche, soit pauvre, je n'en fay pas moins d'estime, pourveu qu'il soit homme de bien. *Fust* se peut mettre apres phrases de temps passé, comme: il les salua toutes, fust belles, fust laides, combien qu'en termes pluriers il semble mieux souvent de dire *soient* et *fussent*, comme: cette province est si fertile que, soyent villes ou bourgades, tout est rempli de biens; il offrit de quitter tous les avantages qu'il avoit receus, fussent honneurs, dignitez ou possessions.

Soit que, *fust que* appellent verbes apres eux de temps optatifs, comme aussi *soient que* et *fussent que*, sçavoir est, *soit que* et *soient que* le (présent du subjonctif), le 1. imparfait (= l'imparfait du subj.), le parfait (= le passé indéfini du subj.) et le 1. plusqueparfait (= le plusqueparfait du subj.), et *fust que*, *fussent que* le premier imparfait (= l'imparfait du subj.) et le 1. plusqueparfait (= le plusqueparfait du subj.); et representent la signification et usage de la disjonctive *sive*".

O. (p. 302) se borne à constater que *soit* „regit le verbe au conjonctif" et que *fust* „est un peu nud et hors d'usage"; il préfère ‚ou que ce fust au logis, ou que ce fust en campagne' à ‚fust au logis, fust en campagne'.

Soit ou (O. p. 302 [disj.]). Voir aussi Brunot, Hist. III, 397.

Si que, *si bien que*, *tant que* (M. f⁰ 164 r⁰ [adverbes de „renfort"]); le fait que ces expressions sont mentionnées parmi les adverbes, nous fait hésiter pour savoir si nous avons affaire à des conjontions véritables ou à des adverbes suivis de la conjonction *que* (si . . . que; si bien . . . que; tant . . . que). —

Mais il s'agit évidemment d'une conjonction, quand O. (p. 272 [adv. de temps]) cite *tant que*, „c'est-à-dire *jusques à tant que*", sens dans lequel cette expression avait été blâmée par Malherbe (Brunot, Malh. 49 et Hist. III, 396). Il en est de même, quand il remarque à propos de *si bien que*, donné à côté de *si que*, que cet „adverbe" „regit les temps indicatifs et les optatifs (c'est-à-dire le subj. et le conditionnel) selon l'occasion, mais, en chose douteuse, [le cond. prés.]: si bien que je voudrois" (O. p. 278 [adverbe de quantité]). — *Tant que*, sans autre observation, est donné par M. (f⁰ 161 v⁰) comme adverbe de temps. —

---

[1] Dans l'éd. de 1607 de la grammaire de Maupas, *forsque* est donné aussi comme adverbe „d'exception"; O. (p. 300) le cite parmi les adverbes „d'excepter", mais il ne le juge „gueres elegant".

Si tost que (M. f⁰ 161 r⁰, O. p. 273 [adv. de temps]). Il se construit avec tous les temps de l'indicatif et avec l'imparfait du subjonctif (O. ib.).

Aussi tost que (O. p. 273); „les estrangers disent *tantost qu'il sera arrivé*, pour *aussi tost qu'il* etc." (O. ib. [adv. de temps]).

Soudain que (M. f⁰ 161 v⁰, O. p. 272 [adv. de temps]).

Tant . . . que: les hommes tant anciens que modernes (O p. 301 [cop.]).

Toutesfois (M. f⁰ 177 r⁰); O. (p. 305) écrit *toutefois* [d.].

<hr>

Ordre des mots.[1]

Nous avons rangé en leur lieu les remarques spéciales concernant la position dans la phrase des différentes espèces de mots.

Mais voici quelques observations envisageant l'ensemble de la question:

M. (f⁰ 126 r⁰; 127 v⁰): „Nostre langue aime a suivre, en l'arrengement de nos mots, l'ordre naturel de l'entendement, qui est que la diction regissant soit devant la regie, ce qu'un poëte François assez estimé en son temps (Clément Marot) a dit en ces vers:

> Enfans, oyez cette leçon:
> Nostre langue a cette façon
> Que le terme qui va devant
> Volontiers regit le suivant.

Qui est cause qu'elle ne permet un tel meslange et entrelacement de paroles comme la latine et quelques autres.

Partant, nous commençons ordinairement par le nominatif, qui precede son verbe, (puis) vient l'accusatif ou le datif ou tous deux, si le propos le requiert, puis l'adverbe; ou bien l'adverbe soudain apres le verbe, puis les cas accusatif (et) datif: ces disputes de la religion ont apporté de merveilleusement grands remuëmens en France; la vertu rend l'homme grandement recommendable à tous. Es temps où l'auxiliaire a lieu, il suit pour le mieux son nominatif, et, entre luy et son participe commun, vous pouvez interposer beaucoup de mots, non pas bien l'accusatif du verbe, mais notamment c'est la droite place de l'adverbe, quand il est explicatif du verbe: les disputes de la Religion ont de nostre temps grandement esclairci la verité. Car l'adverbe doit tous-jours adherer au terme qu'il expose. Et sur tout, il se faut garder de rejetter le verbe à la fin de la periode, comme on fait souvent en Latin et Allemand.

Rarement advient que nous interposions, entre le nominatif et son verbe, aucun mot qui appartiéne au regime dudit verbe. Car quand deux substantifs sont conjoints par les articles *de, du, des,*

---

[1] Comp. Brunot, Hist. III, p. 657 et sv.

ils ne doivent estre comptez que pour un nominatif, n'en pouvans estre desunis: la clemence de Cesar a tous-jours esté prisee; l'autorité du peuple Romain est beaucoup décheute. Et autrement, quand quelque clause toute entiére, comme une espece de parenthese, est entremise entre le nominatif et son verbe, les mots de cette clause ne touchent le verbe, et se fait comme une suspension de sens: le Roy, apres avoir connu ma fidelité et diligence en plusieurs importans affaires, m'a amplement remuneré et depuis tous-jours bien aimé; les Ambassadeurs, ayans en plein conseil exposé leur charge, ont receu favorable response. ... Les nominatifs (de noms) endurent aucunefois l'adverbe adherant au verbe entre eux deux: mon precepteur souvent me reprend, si seroit-ce mieux dit, me reprend souvent; Monsieur volontiers et ordinairement employe la matinee aux exercices; il seroit mieux sonnant, Monsieur employe volontiers; cela grandement me plaist; mieux: me plaist grandement.

Il nous advient bien quelquefois de postposer le nominatif à son verbe, ce qui n'est pas trait d'apprenti, mais de bien versé en la langue, de le faire avec grace. C'est volontiers quand la periode commence par un adverbe, conjonction ou autre partie indeclinable: si parla le Roy à eux; lors se leva Monsieur le president; soudain s'esmeut un grand bruit; tot apres vindrent les Ambassadeurs.

(f⁰ 157 v⁰, 158 r⁰): „... sans l'entremise ... des relatifs accusatifs *que, lequel, laquelle, lesquels, lesquelles* (ou) ... des pronoms accusatifs ... *me, te, se, nous, vous, le, la, les,* ... le substantif accusatif ne peut bonnement preceder son verbe ni son participe ausquels il est sujet; car ces langages, j'ay enhui une belle leçon apprise, je vous ay m'amour donnee, sa bonne grace elle m'a ottroyee, sont hors d'usage, sinon en vers, où peut-estre on les pourroit passer."

O. (p. 200—205): „L'ordre general qu'on tient en la disposition des phrases entieres, est de mettre tousjours les nominatifs devant leurs verbes, ou seuls, ou construits par le moyen de quelque autre particule: la vertu est estimée; Aristote dit; la prudence et la sagesse sont admirées.

Apres (vient) le verbe, l'adverbe ou la preposition, et puis les cas qui en sont regis: Monsieur desire extremement vostre bonne fortune; la gentillesse est grandement à priser en compagnie; vous estes à plaindre.

Quelquefois deux substantifs de divers cas se rencontrent devant le verbe, mais il faut que l'un soit au nominatif: la vertu d'Alexandre est fort remarquable. Si toutefois il y a quelque discours qui precede et qu'on vienne à rapporter un proverbe, un tesmoignage d'autheur, un trait de quelque livre ou bien le propos d'une personne, le nominatif se met apres le verbe: la raison le veut, dit l'histoire; respons au fol selon sa folie, dit le sage, et ainsi des autres.

Nous posons librement quantité de mots entre les auxiliaires et le participe, aux temps composez des verbes actifs, aux passifs et reciproquez: les affaires douteuses ont de tout temps grandement empesché les esprits; je suis, à dire la vérité, bien aimé de vous; je me suis sans sujet tous-jours estimé malheureux. Si on ne pose qu'un seul adverbe, il le faut mettre entre lesdits auxiliaires et la composition: ont grandement empesché; je suis bien aimé; je me suis tousjours estimé; et tousjours il faut que, dans un plus grand nombre de dictions, ledit adverbe soit proche du participe, comme vous avez veu dans les premiers exemples.

On met aussi, par occasion, tout une phrase entiere, qui demonstre le sujet de l'action, entre le nominatif et son verbe: le Prince, ayant connu le merite de vostre parent, a commandé qu'on le reçoive honorablement. Je ne trouve pourtant pas à propos d'y mettre un simple adverbe: mon valet souvent revient tard; il est mieux de dire, mon valet revient souvent, etc.; on peut aussi dire, mon valet bien souvent revient fort tard; et lors ces deux adverbes *bien souvent* ne s'attachent pas au verbe, mais font une espece de parenthese.

Quand la periode commence par un adverbe, il est indifferent de mettre le nominatif devant ou apres le verbe: ainsi parla monsieur le President aux assistans, ou, ainsi monsieur le President parla, etc.; le dernier toutefois m'agrée beaucoup mieux que le premier ...

Jugez combien cet arrengement est necessaire en d'autres occasions, par les exemples qui suivent. L'adverbe *plus*, selon qu'il est construict, a deux forces bien esloignées; par exemple, il n'y a plus rien à craindre; *plus* s'accorde à l'impersonnel *il n'y a*, qui le precede, et au neutre *rien*, et signifie *amplius*; dites au contraire, il n'y a rien plus à craindre, le voila dans un autre sens et destaché du sujet qui le precede, pour s'accorder au verbe *craindre* qui le suit, et alors il a la force de *magis*. En voicy un autre: la diction *aussi*, mise devant le nom, se prend pour adverbe de comparaison: il est aussi beau; et si elle se trouve apres, elle passe pour conjonction: il est beau aussi; le sens descouvre facilement au premier la comparaison de beauté, et au dernier la conjonction. Encore cestuy-cy: la responce pleut si bien à Alexandre qu'il le delivra; les particules *si bien* se doivent expliquer par *tellement*; autrement, la responce pleut à Alexandre si bien qu'il le delivra, en ce dernier, lesdites particules *si bien* s'expliquent *tellement que*, qui est une conjonction.

Quant à la suite des periodes entieres, parce que les dernieres se rapportent ordinairement à celles qui les precedent, il faut prendre garde de ne les pas entrelacer de sorte qu'il y aye un esloignement de relation qui embrouille et change le sens; par exemple, si on finit une lettre par les paroles qui suivent: c'est ainsi que vous ferez voir en effect, ce que vous ne me tesmoignez qu'en apparence, de mesme que je monstreray d'estre, etc.; le dessein estant de rapporter la derniere pointe à l'effect qui se trouve en la premiere, il est necessaire de changer l'ordre et dire, c'est ainsi que ce que vous ne me tesmoignez qu'en apparence, se fera voir en effect, de mesme que je monstreray, etc.; et de de l'autre façon, il semble vouloir dire qu'on ne monstrera qu'en apparence d'estre ou serviteur ou affectionné, à cause de la periode plus proche qui porte le mot d'apparence, et non pas celuy de l'effect.

Ainsi en arriveroit-il, si l'on mettoit un substantif ou nom propre entre le verbe et l'adverbe du temps: je vous ay escrit gentil-homme depuis peu, je vous ay desiré monsieur depuis quelques années, où l'equivoque importe fort.

Nous avons quelques façons de parler, mais fort peu frequentes, où le cas regy se trouve devant son verbe: sans coup ferir, sans mot dire.

Et le tout despend du jugement de ceux qui s'exercent à nostre langue:

(p. 259, 260): „... les dispositions anciennes ne sont plus en usage, car il faut necessairement que le verbe ou le participe regissant ... precede les cas regis; par exemple, on ne dira pas en ce temps-cy, je vous ay m'amour donnée, mes actions sont par vous considerées; encore moins, de nostre temps sont advenuës choses memorables; car où l'auxiliaire passif se rencontre, il est mieux de mettre le substantif devant: des choses memorables sont advenues de nostre temps; ou, s'il vient apres, laisser le participe en sa terminaison singuliere masculine: il est advenu des choses memorables de nostre temps; et, d'ordinaire, c'est un impersonnel qui admet point de nombre plurier."

Appendice.

„**Advis touchánt l'orthographe**" (O. p. 316—318).[1]

„Je m'estonne de quelques modernes qui, sans aucune consideration, se sont meslez de reformer, mais plustost de renverser nostre orthographe; et bien que leurs escrits, dignes d'admiration, tesmoignent un grand jugement, ce defaut, qui en rabbat une bonne partie, nous descouvre de la presomption ou de la brouillerie.

Je ne m'attache pas à un seul. Il y en a trop qui pechent maintenant en cela, mais je rougis pour des pedants qui, sortis des frontieres où le parler n'a point de raison establie, nous donnent à cognoistre qu'ils sont plus habiles en Latin qu'en leur propre langue.

Qui sera-ce d'entre eux qui, bannissant les lettres radicales, vray fondement de l'origine de nos dictions, nous tirera des confusions où nous jette leur impertinente façon d'escrire qu'ils acomodent à la prononciation; comment discernera-on *an*, annus, d'avec *en*, in, preposition; *amande*, amigdala, & *amende*, mulcta; *accord*, contractus, & *accort*, prudens; *ambler*, aller l'amble, tollutim incedere, & *embler*, furari; *autel*, altare, et *Hostel*, Domicilium; *aulx*, plurier *d'ail*, allium, & *os*, ossa.

(*Balet*, genus choreae; *balay*, scopae.)*

Chaisne catena, & *chesne* quercus; *cents* centum, & *sens*, sensus; (*clerc*, clerus: *clair*, clarus)* *choeur*, chorus, & *coeur*, cor; *Comte*, Comes, *compte*, computatio, et *conte*, narratio (*ceps* compedes, *seps* vites).*

Comment cognoistroit-on *dans*, in, preposition, & *dents* dentes; *doibt* du verbe devoir, debet, & *doigt*, digitus; *demanday*, parfaict definy, & *demandé*, participe.

Faiste, fastigium, & *feste*, dies festus; *faim*, fames, & *fin*, finis ou astutus (*fraiz* sumptus, *frais* recens).*

Lacer ligare, *lasser* fatigare; *lys* lilium, & *licts* lectuli.

Meurs maturi, & *moeurs* mores.

Noeud nodus, & *neuf* novus ou novem.

Or aurum, & *ord* sordidus.

---

[1] On voit facilement que cet „advis" a été provoqué par la réforme de Meigret.

Poing pugnus, *poinct* punctum, & *point* non. *Paon* Pavo, & *pan* pars vestimenti; *poids*, pondus, *poix*, pix, & *pois* pisa; *paix* pax, & *pets* crepitus; *pris* captus, & *prix* pretium.

Quoy quid, & *coy* quietus.

Rets retia, *rais* (radius, *rez* rasus)*.

Seur securus, *soeur* soror, & *sur* super; *six* sex, & *sis* jacens; *souris* mus, & *sousris*, subrisus.

Tein color vultus, & *thim* thymus.

Vingt, viginti, & *vint* de venir, venit; *vis* cochlea, & *vis* à *vis*, contra; & une infinité d'autres, qui s'escrivans d'une mesme sorte, nous embrouïlleroient estrangement:

Voeu votum, *veu* du verbe voir, visus.

Il est bien vray que les habiles qui sont ennemis des nouveautez et de telles ignorances, escrivent indifferemment plusieurs paroles Françoises, comme *connoistre* & *cognoistre*, *proufit* & *profit*, *souscrire* & *soubscrire*, *debvoir* & *devoir*; encore voudrois-je qu'on observast en ces derniers une difference, car *devoir* sans *b* se rapporte à *officium*, & l'autre à *debere*; *distiller* & *distiler*, *porreaux* & *pourreaux*, &c.

Davantage on retrenche maintenant beaucoup de lettres qu'on escrivoit autresfois sans aucune raison, comme le *b* de *Prestre*, le *g* d'*un*, & plusieurs autres que la memoire ne me peut fournir à cette heure. Ne vous arrestez donc pas aux nouvelles escritures, car je vous asseure que les plus renommez du temps n'ont point d'autre opinion que celle que je vous mets icy.

Que s'il arrive qu'on retrenche l'*s* des mots où elle ne se prononce point, je ne trouve pas à propos de mettre un *é* accentué à sa place, dautant qu'il oblige les estrangers à le faire sonner fermé, où naturellement il est ouvert; par exemple, *estre*, qui se lit *aitre*, estant escrit *étre*, doit bien prendre un autre son selon la force dudit *é*. Et toutes ces raisons nous doivent faire tenir à la plus commune façon d'escrire, qui est la plus seure."

Errata et Addenda.

P. 4. M. Brunot, à son tour (Hist. III, 353, note 2, p. 361, note 2, p. 617, note 2), est frappé de certaines ressemblances dans les remarques d'Oudin et de Vaugelas; mais l'exemple que je donne reste le plus significatif.

P. 27. M. et O. exposent aussi la „declinaison“ des noms et ils en donnent des exemples; mais il tombent d'accord sur ce que „les noms substantifs et adjectifs ne changent point de terminaison en leurs cas et (que) leur variation ne depend que des articles“ (O.) (M. f⁰ 53 r⁰, O. p. 82).

P. 31. Au lieu de *Genre de noms*, lire: *Genre des noms*.

P. 56. Ajouter, après le passage consacré à *Dame*:

„*Gens* ne se construit point avec les nombres, mais avec les adverbes *beaucoup*, *bien*, etc.: on ne dit pas *trois ou quatre gens*, mais *trois ou quatre personnes*, *quantité de gens*, *plusieurs gens*, *beaucoup de gens*“ (O. p. 85, 86).

P. 63. M. (f⁰ 51 r⁰) fait remarquer des phrases telles que *voilà celle que j'ayme le mieux*, *celuy qui me plaist le mieux* et (éd. de 1625) *cette Damoiselle parle des mieux*, *ce Gentilhomme jouë des mieux à la paume; est-il bien adroit aux armes? des plus*.

P. 64. Supprimer ligne 10.

P. 67. Ajouter: Comp., pour le chapitre précédent, Brunot, Hist. III, 466 et sv.

P. 74. Ajouter: Comp., pour le chapitre précédent, Brunot, Hist. III, 474 et sv.

P. 76, ligne 22. Au lieu de *d'après M.* ( ) *et d'O.*, lire: *d'après M.* ( ) *et O.*

P. 78. Ajouter, après *de l'Escurial*: „(on dit) *sortir d'enfer* ou *de l'enfer*, *sortir de purgatoire* et *du purgatoire*“ (O. p. 238).

P. 81, ligne 7. Supprimer *r⁰*.

P. 87, ligne 11. Remplacer *et* par *ni*.

P. 90. Ajouter: Comp., pour le chapitre précédent, Brunot, Hist. III, 241 et sv.

P. 93, ligne 42. Ajouter: Comp. p. 189.

P. 110. On dit *m'amie* et *m'amour* etc, aussi suivant O. (p. 50).

P. 134. On peut dire, suivant M. (f⁰ 20 v⁰) et O. (p. 50), *a'-vous* et *sça'-vous*, au lieu de *avez-vous* et *sçavez-vous*; mais O. ajoute qu' „au demeurant, l'apocope n'est plus en usage chez les poëtes, qui évitent, le plus qu'ils peuvent, les licences des anciens" et que, „en effet, il est mal à propos de citer les vieux autheurs, pour toutes sortes de raisons, puis que la langue est entierement reformée depuis quelque temps".

P. 139. Nous n'exposons, quant à Oudin, que la nomenclature qu'il donne en 1640, quoique celle de 1632 en diffère assez sensiblement.

P. 140, ligne 10. Le „preterit indéfini redoublé" existe aussi suivant O. (p. 190).

P. 188. La „proposition participe" se trouve aussi dans O. (p. 106) qui donne les exemples que voici: Monsieur ayant veu cela, il luy sembla bon de faire; Madame l'ayant escouté, il luy parut . . .

P. 189. Au lieu de *Temps* de *verbe*, lire: *Temps* du *verbe*.

P. 208. Ajouter aux remarques consacrées au verbe *faire*:

O., lui aussi, fait mention des constructions *ne faire . . . que* et *ne faire que de*:

(p. 301 [conj. copulative])*: „*que* s'accompagne de l'article ou preposition *de*, qui luy donne un certain sens particulier": je ne fay que d'arriver, il n'est chere que d'avaricieux.

(p. 128)*: *que* a une force particuliere en ces phrases: il ne fait que sortir, c'est-à-dire, il sort à toute heure; il ne fait que de sortir, c'est-à-dire, il est sorty tout maintenant."

Druck von Ehrhardt Karras, Halle a. S.

Beihefte zur Zeitschrift für romanische Philologie.

11. **Neumann-Ritter von Spallart, A.,** Weitere Beiträge zur Charakteristik des Dialektes der Marche. 1907. VIII, 89 S.
Abonnementspreis ℳ 2,40; Einzelpreis ℳ 3,—

12. **Wagner, Max Leopold,** Lautlehre der südsardischen Mundarten mit besonderer Berücksichtigung der um den Gennargentu gesprochenen Varietüten. Mit 11 Karten. 1907. XI, 88 S.
Abonnementspreis ℳ 4,80; Einzelpreis ℳ 6,—

13. **Ewald, Franz,** Die Schreibweise in der autographischen Handschrift des „Canzoniere" Petrarcas (Cod. Vat. Lat. 3195). 1907. VIII, 68 S. Abonnementspreis ℳ 2,—; Einzelpreis ℳ 2,60

14. **Jordan, Leo,** Ueber Boeve de Hanstone. 1908. VIII, 107 S.
Abonnementspreis ℳ 2,80; Einzelpreis ℳ 3,60

15. **Röhrsheim, Ludwig,** Die Sprache des Fra Guittone von Arezzo. (Lautlehre.) 1908. VIII, 94 S.
Abonnementspreis ℳ 2,80; Einzelpreis ℳ 3,60

16. **Jacobius, Helene,** Die Erziehung des Edelfräuleins im alten Frankreich. Nach Dichtungen des XII., XIII. und XIV. Jahrhunderts. 1908. 80 S. Abonnementspreis ℳ 2,—; Einzelpreis ℳ 2,60

17. **Sommer, H. Oskar,** Messire Robert de Borron und der Verfasser des Didot-Perceval. Ein Beitrag zur Kritik der Graal-Romane. 1908. 53 S. Abonnementspreis ℳ 1,60; Einzelpreis ℳ 2,—

18. **Thomas, Lucien-Paul,** Le lyrisme et la préciosité cultistes en Espagne. Étude historique et analytique. 1909. 191 S.
Abonnementspreis ℳ 6,—; Einzelpreis ℳ 8,—

19. **Boje, Christian,** Ueber den altfranzösischen Roman von Beuve de Hamtone. 1909. VII, 145 S.
Abonnementspreis ℳ 4,—; Einzelpreis ℳ 5,—

20. **Bertoni, Giulio,** Il laudario dei Battuli di Modena. Con una tavola fuori testo. 1909. XXXII, 103 S.
Abonnementspreis ℳ 3,60; Einzelpreis ℳ 5,—

21. **Benedetto, Luigi Foscolo,** Il „Roman de la Rose" e la letteratura italiana. 1910. 260 S.
Abonnementspreis ℳ 8,—; Einzelpreis ℳ 10,—

22. **Wilke, Wilhelm,** Die französischen Verkehrsstrassen nach den chansons de geste. 1910. X, 90 S. Mit einer Karte.
Abonnementspreis ℳ 3,—; Einzelpreis ℳ 4,—

23. **Semrau, Franz,** Würfel und Würfelspiel im alten Frankreich. 1910. XV, 164 S. Abonnementspreis ℳ 5,—; Einzelpreis ℳ 6,50

24. **Gierach, Erich,** Synkope und Lautabstufung. Ein Beitrag zur Lautgeschichte des vorliterarischen Französisch. 1910. X, 194 S.
Abonnementspreis ℳ 5,60; Einzelpreis ℳ 7,—

25. **Hämel, Adalbert,** Der Cid im spanischen Drama des XVI. und XVII. Jahrhunderts. 1910. X, 169 S.
Abonnementspreis ℳ 4,60; Einzelpreis ℳ 6,—

26. Prinzipienfragen der romanischen Sprachwissenschaft. Wilhelm Meyer-Lübke zur Feier der Vollendung seines 50. Lehrsemesters und seines 50. Lebensjahres gewidmet. Teil I: **Karl v. Ettmayer,** Benötigen wir eine wissenschaftlich deskriptive Grammatik? — **Sextil Puşcariu,** Zur Rekonstruktion des Urrumänischen. — **Eugen Herzog,** Das to-Partizip im Altromanischen. — **Margarete Rösler,** Das Vigesimalsystem im Romanischen. 1910. XII, 213 S. Mit Porträt. Abonnementspreis ℳ 6,—; Einzelpreis ℳ 8,—

Beihefte zur Zeitschrift für romanische Philologie.

27. Prinzipienfragen der romanischen Sprachwissenschaft. Teil II: Peter Skok, Die Verbalkomposition in der romanischen Toponomastik. — Elise Richter, Der innere Zusammenhang in der Entwicklung der romanischen Sprachen. — Alice Sperber, Zur Bildung romanischer Kindernamen. — Ernst Gamillscheg, Ueber Lautsubstitution. 1911. 201 S.
Abonnementspreis ℳ 6,—; Einzelpreis ℳ 8,—

28a. Prinzipienfragen der romanischen Sprachwissenschaft. Teil III: Carlo Battisti, Le dentali esplosive intervocaliche nei dialetti italiani. 1912. VII, 248 S.
Abonnementspreis ℳ 8,—; Einzelpreis ℳ 10,—

28b. Prinzipienfragen der romanischen Sprachwissenschaft. Teil IV: Matteo Giulio Bartoli, Alle fonti del neolatino. — Julius Subak, Grammatikalische und stilistische Untersuchung der Anredeformen. — Giuseppe Vidossich, Le teorie dello stile.
(In Vorbereitung)

29. Spitzer, Leo, Die Wortbildung als stilistisches Mittel exemplifiziert an Rabelais. Nebst einem Anhang über die Wortbildung bei Balzac in seinen „Contes drolatiques". 1910. 157 S.
Abonnementspreis ℳ 4,—; Einzelpreis ℳ 5,—

30. Schaechtelin, P., Das Passé défini und Imparfait im Altfranzösischen. 1911. 83 S.   Abonnementspreis ℳ 2,40; Einzelpreis ℳ 3,—

31. Wędkiewicz, Stanislaus, Materialien zu einer Syntax der italienischen Bedingungssätze. 1911. X, 112 S.
Abonnementspreis ℳ 3,60; Einzelpreis ℳ 4,50

32. Vita Sancti Honorati, Die. Nach drei Handschriften herausgegeben von Bernhard Munke. Nebst Untersuchungen über das Verhältnis zu Raimon Feraut von Wilhelm Schäfer und über die Ortsnamen beider Texte von Adolf Krettek. Mit 2 Faksimile und 2 Landkarten. 1911. VIII, 204 S.
Abonnementspreis ℳ 6,50; Einzelpreis ℳ 8,—

33. Koehler, Gustav, Der Dandysmus im französischen Roman des XIX. Jahrhunderts. 1911. 79 S.
Abonnementspreis ℳ 2,40; Einzelpreis ℳ 3,60

34. Remppis, Max, Die Vorstellungen von Deutschland im altfranzösischen Heldenepos und Roman und ihre Quellen. 1911. XVI, 169 S.   Abonnementspreis ℳ 5,—; Einzelpreis ℳ 6,—

35. Körver, Carl, Stendhal und der Ausdruck der Gemütsbewegungen in seinen Werken. 1912. VII, 146 S.
Abonnementspreis ℳ 4,—; Einzelpreis ℳ 5,—

36. Schröder, Theodor, Die dramatischen Bearbeitungen der Don Juan-Sage in Spanien, Italien und Frankreich bis auf Molière einschliesslich. 1912. XV, 215 S.
Abonnementspreis ℳ 6,50; Einzelpreis ℳ 8,—

38. Winkler, Émile, La doctrine grammaticale française d'après Maupas et Oudin. 1912. X, 297 S.
Abonnementspreis ℳ 10,—; Einzelpreis ℳ 12,—

39. Balcke, Curt, Der anorganische Nasallaut im Französischen. 1912. VI, 74 S.   Abonnementspreis ℳ 2,40; Einzelpreis ℳ 3,—

40. Benary, Walter, Die germanische Ermanarichsage und die französische Heldendichtung. 1912. VI, 78 S.
Abonnementspreis ℳ 2,80; Einzelpreis ℳ 3,60

Druck von Ehrhardt Karras, Halle a. S.

www.ingramcontent.com/pod-product-compliance
Ingram Content Group UK Ltd.
Pitfield, Milton Keynes, MK11 3LW, UK
UKHW020727120726
13693UKWH00001B/211